Norbert Mohr

Gefahrgut Straße

Mitarbeiterschulung

Unterweisung von Personen, die an der Beförderung gefährlicher Güter beteiligt sind

Stand: Juni 2013
5. Auflage
Bestell-Nr. 11120

VERKEHRSVERLAG FISCHER

Zu diesem Lehrbuch ist eine Trainer-CD mit einer Schulungspräsentation erhältlich.

ISBN 978 - 3 - 87841 - 570 - 1 • Bestell-Nr. 11120

Verkehrs -Verlag J. Fischer GmbH & Co. KG
Corneliusstraße 49, D – 40215 Düsseldorf

Herstellung und Vertrieb:

VERKEHRSVERLAG FISCHER

Verkehrs -Verlag J. Fischer GmbH & Co. KG
Corneliusstraße 49, D – 40215 Düsseldorf
Telefon: +49 (0)211 / 9 91 93 - 0
Telefax: +49 (0)211 / 6 80 15 44
E-Mail: vvf@verkehrsverlag-fischer.de
Internet: www.verkehrsverlag-fischer.de
www.gefahrzettel24.de

Vertrieb für Österreich:

MEIXNER

Marion Meixner
A - 7000 Eisenstadt
Sandgrubweg 2

Telefon: +43 (0)699 / 110 70 515
E-Mail: info@marktplatz-meixner.at
Internet: www.marktplatz-meixner.at

Inhaltsverzeichnis

Seite

Inhaltsverzeichnis

1. Einleitung

1.1 Vorwort

Gefahrgüter sind Stoffe und Gegenstände, deren Beförderung nach den internationalen Bestimmungen für den Transport gefährlicher Güter auf der Straße (ADR) verboten oder nur unter bestimmten Bedingungen gestattet ist. Das ADR definiert die Gefahrgutbeförderung als Ortsveränderung mit eventuellen Zwischenaufenthalten, transport- oder verkehrsbedingt. Da sie im öffentlichen Verkehrsraum erfolgt, ist sie damit ein entsprechender Risikofaktor. Es handelt sich um ganz spezifische, teilweise schwer kalkulierbare Risiken, mit denen sich die Beteiligten auseinandersetzen müssen. Die an der Beförderung gefährlicher Güter Beteiligten haben die nach Art und Ausmaß der vorhersehbaren Gefahren erforderlichen Vorkehrungen zu treffen, um Schadensfälle zu verhindern und bei Eintritt eines Schadens dessen Umfang so gering wie möglich zu halten.

Es sind Vorkehrungen auf organisatorischem, technischem und personellem Gebiet nötig. Es gilt, den sicheren Umgang mit den Gefahren, die im Zusammenhang mit der Beförderung für die öffentliche Sicherheit oder Ordnung, insbesondere für die Allgemeinheit, für wichtige Gemeingüter, für Leben und Gesundheit von Menschen, sowie für Tiere und Sachen ausgehen, in ein Gleichgewicht zwischen gesetzlichen Regelungen und den Bedarf der Wirtschaft zu bringen. Das öffentliche Interesse wird durch Gesetze und Verordnungen zum Ausdruck gebracht, auf deren Basis technische Lösungen zu entwickeln und personelle Voraussetzungen zu schaffen und umzusetzen sind.

Der Mensch ist hierbei das zentrale Element. Er bestimmt durch eigenständiges Handeln sein Tun. Auf dem Gebiet Sicherheit beim Gefahrguttransport geht es deshalb darum, ihn für seine Handlungen zu sensibilisieren und ihm zu veranschaulichen, dass seine Tätigkeiten Auswirkungen auf die Sicherheit von Gefahrguttransporten haben. Er soll in die Lage versetzt werden, die von ihm geforderten gefahrgutrelevanten Tätigkeiten zu erkennen und entsprechend zielgerichtet bearbeiten zu können. Die Vermittlung dieser Sachkunde wird durch gesetzliche Vorschriften eingefordert, das Erreichen einer inneren Überzeugung für ein sicherheitsbewusstes Handeln sollte dabei erklärtes Ziel der Unterweisungen sein.

Das vorliegende Unterweisungsmaterial will in ausgewählter Form gesetzliche Vorgaben zusammengefasst anbieten, vereinfachen und von Verweisen freimachen. Es soll die Vorgaben erfüllen, die im Rahmen von Mitarbeiterschulungen für alle am Gefahrguttransport beteiligten Personen (außer Gefahrgutbeauftragte, Fahrer von kennzeichnungspflichtigen Gefahrguttransporten) auf der Basis der internationalen Gefahrgutvorschriften für den Straßentransport (ADR) gefordert werden.

Eine Rechtsgrundlage kann diese Unterlage nicht sein.

Wer eine Mitarbeiterschulung durchzuführen hat, wird in dieser Broschüre nicht auf alle seine Fragen eine passende Antwort finden. Außerdem sind die gesetzlichen Vorgaben vom Unterweisenden immer mit den speziellen betrieblichen Komponenten in Einklang zu bringen. Nur so kann die angebotene Theorie praxisnah, verständlich und direkt nutzbar für die Betroffenen vermittelt werden.

Für die fast vollständige Ausgestaltung des Unterweisungsmaterials mit Bildern gebührt Herrn Frank Rex besonderer Dank.

Norbert Mohr — im Juni 2013

1.2 Rechtliche Verpflichtung zur Mitarbeiterschulung im Gefahrgutwesen

Die Anforderungen an Mitarbeiterschulungen im Gefahrguttransport sind mit den Vorschriften des ADR 2011 erheblich verdeutlicht, um nicht zu sagen, verschärft worden.

Jede Person, die mit der Beförderung gefährlicher Güter auf der Straße befasst ist, muss entsprechend ihren **Verantwortlichkeiten** und **Funktionen** eine **Unterweisung** nach Kapitel 1.3 über die Bestimmungen **erhalten haben**, die für die Beförderung dieser Güter gelten.

Diese Vorschrift gilt z.B.

- für das vom Beförderer oder Absender beschäftigte Personal,
- das die gefährlichen Güter beladende und entladende Personal,
- das Personal der Spediteure und Verlader sowie
- die an der Beförderung gefährlicher Güter auf der Straße beteiligten Fahrzeugführer, die nicht im Besitz einer Bescheinigung gemäß Abschnitt 8.2.1 (Ausbildung von Fahrzeugführern) sind.

Das Kapitel 1.3 ADR i.V.m. 8.2.3 ADR beinhaltet diese Schulungsverpflichtungen.

Beschäftigte Personen, deren Arbeitsbereich die Beförderung gefährlicher Güter umfasst, **müssen** in den Anforderungen, die die Beförderung gefährlicher Güter an ihren Arbeits- und Verantwortungsbereich stellt, **unterwiesen sein**.

Arbeitnehmer müssen vor der Übernahme von gefahrgutrechtlichen Pflichten unterwiesen sein und dürfen Aufgaben, für die eine erforderliche Unterweisung noch nicht stattgefunden hat, nur unter der direkten Überwachung einer unterwiesenen Person wahrnehmen.

An diese Unterweisungen werden auch gezielte **Anforderungen** gestellt:

Einführung:

Das Personal muss mit den allgemeinen Bestimmungen der Vorschriften für die Beförderung gefährlicher Güter vertraut gemacht sein.

Aufgabenbezogene Unterweisung:

Das Personal muss seinen Aufgaben und Verantwortlichkeiten entsprechend über die Vorschriften unterwiesen sein, die die Beförderung gefährlicher Güter regeln. In den Fällen, in denen die Beförderung gefährlicher Güter multimodale Transportvorgänge umfasst, muss das Personal die für andere Verkehrsträger geltenden Vorschriften kennen.

Sicherheitsunterweisung:

Entsprechend den bei der Beförderung gefährlicher Güter und ihrer Be- und Entladung möglichen Gefahren einer Verletzung oder Schädigung als Folge von Zwischenfällen muss das Personal über die von den gefährlichen Gütern ausgehenden Risiken und Gefahren unterwiesen sein.

Ziel der Unterweisung muss es sein, dem Personal die sichere Handhabung und die Notfallmaßnahmen zu verdeutlichen.

Unterweisung im Bereich der Sicherung (Kap. 1.10 ADR):

Die festgelegte erstmalige Unterweisung und Auffrischungsunterweisung muss auch Bestandteile beinhalten, die der Sensibilisierung gegenüber der Sicherung dienen.

Die Unterweisung zur Sensibilisierung gegenüber der Sicherung muss sich auf die Art der Sicherungsrisiken, deren Erkennung und die Verfahren zur Verringerung dieser Risiken sowie die bei Beeinträchtigung der Sicherung zu ergreifenden Maßnahmen beziehen. Sie muss Kenntnisse über eventuelle Sicherungspläne entsprechend dem Arbeits- und Verantwortungsbereich des Einzelnen und dessen Rolle bei der Umsetzung dieser Pläne vermitteln.

Alle **Unterweisungen** sind in **regelmäßigen Abständen** durch **Auffrischungskurse** zu ergänzen, um Änderungen in den Vorschriften Rechnung zu tragen. Dies gilt auch für Fahrzeugführer, die eine ADR-Schulungsbescheinigung haben. Hier ist der 5-jährige Turnus zur Verlängerung der ADR-Schulungsbescheinigung nicht ausreichend, da sich im Gültigkeitszeitraum die Vorschriften mehrfach regelmäßig (z.B. das ADR alle 2 Jahre) ändern.

Dokumentation:

Aufzeichnungen der erhaltenen Unterweisungen sind vom Arbeitgeber aufzubewahren und dem Arbeitnehmer oder der zuständigen Behörde auf Verlangen zur Verfügung zu stellen. Die Aufzeichnungen müssen vom Arbeitgeber für den von der zuständigen Behörde festgelegten Zeitraum aufbewahrt werden. Die Aufzeichnungen der erhaltenen Unterweisung sind bei der Aufnahme einer neuen Tätigkeit zu überprüfen.

Dem Schulungspersonal kommt hier eine große Verantwortung zu, den Schulungsinhalten gerecht zu werden. In diversen Einzelregelungen werden weitere Schulungsverpflichtungen gefordert.

Als Beispiel soll an dieser Stelle auf die Unterweisungspflicht gemäß Abschnitt 5.5.2.2 ADR von Personal bei der Handhabung von begasten Güterbeförderungseinheiten hingewiesen werden.

Alle internationalen Regelwerke ADR/RID/ADN/IMDG-Code enthalten Schulungs- und Unterweisungsregelungen für die im Rahmen von Gefahrgutbeförderungen beschäftigten Personen.

In der GGVSEB und in der GGVSee sind bei allen Beteiligten, die Personen beschäftigen, deren Arbeitsbereich die Beförderung gefährlicher Güter umfasst, entsprechende Pflichten aufgenommen, um die Umsetzung verbindlicher internationaler Vorschriften sicherzustellen. Außerdem ist durch die Vorgaben des Ordnungswidrigkeitenrechts sichergestellt, dass eine Pflichtenübertragung nur unter den dort genannten Bedingungen wirksam ist.

1. Einleitung

2. Begriffsbestimmungen

Zentrale Begriffsbestimmungen für das ADR befinden sich im Kapitel 1.2.1 ADR,
weitere Definitionen finden sich u.a. im ADR Teil 2,
für die Klasse 1 unter 2.2.1.4,
für die Klasse 7 unter 2.2.7.1,
für umweltgefährdende Stoffe unter 2.2.9.1.10.1 und 2.2.9.1.10.2,
im Teil 9 zum Thema Zulassung von Fahrzeugen unter 9.1.1.2.

Für den deutschen Rechtsraum gelten vorrangig die Definitionen nach deutschen Gesetzen und Verordnungen, die vom ADR abweichen können bzw. ergänzende Begriffsbestimmungen festlegen.

Die Begriffsdefinitionen erheben nicht den Anspruch exakt bzw. vollständig dargestellt zu sein. Es wird auch auf in der Praxis gebräuchliche Formulierungen zurückgegriffen.

Es ist leider gängiger Alltag, dass verschiedene Rechtsbereiche unterschiedliche Festlegungen für gleiche Sachverhalte aufweisen. Daher ist es sehr wichtig bei der Prüfung von juristischen Sachverhalten auch das zuständige Recht mit seinen Begriffsbestimmungen zu Rate zu ziehen. Häufig ergibt sich eine unterschiedliche Betrachtungsweise oberflächlich gleicher Sachverhalte aus der Unterschiedlichkeit der Zielsetzung eines Rechtsbereiches.

Abfälle

nach ADR (1.2.1 ADR)

Stoffe, Lösungen, Gemische, oder Gegenstände, für die keine unmittelbare Verwendung vorgesehen ist, die aber befördert werden zur Aufarbeitung, zur Deponie oder zur Beseitigung durch Verbrennung oder durch sonstige Entsorgungsverfahren.

nach Kreislaufwirtschaftsgesetz (§ 3 KrWG)

Absatz 1:

Abfälle im Sinne dieses Gesetzes sind alle Stoffe oder Gegenstände, derer sich ihr Besitzer entledigt, entledigen will oder entledigen muss. Abfälle zur Verwertung sind Abfälle, die verwertet werden; Abfälle, die nicht verwertet werden, sind Abfälle zur Beseitigung.

Absatz 5:

Gefährlich im Sinne dieses Gesetzes sind die Abfälle, die durch Rechtsverordnung nach § 48 Satz 2 oder auf Grund einer solchen Rechtsverordnung bestimmt worden sind. Nicht gefährlich im Sinne dieses Gesetzes sind alle übrigen Abfälle.

Absender (1.2.1 ADR)

Absender ist das Unternehmen, das selber gefährliche Güter versendet oder mit einem Frachtführer (Beförderer) einen Frachtvertrag (Beförderungsvertrag) abschließt. Ist ein Spediteur eingeschaltet, wird er zum Absender und das ursprüngliche Unternehmen zum Auftraggeber des Absenders.

Vom Frachtvertrag / Beförderungsvertrag ist der Kaufvertrag zu unterscheiden, z.B., wenn ein Kunde Heizöl bestellt und sich anliefern lässt.
Für den durchführenden Mitarbeiter im Unternehmen gilt, wer auf dem Beförderungspapier als Absender eingetragen ist, hat die Absenderpflichten zu erfüllen. Ihm ist nicht zuzumuten, komplizierte vertragliche Regelungen zu analysieren.

Ätzwirkung

Fähigkeit von Stoffen und Zubereitungen (chemisch aggressiven Verbindungen), auf Oberflächen (von lebendem Gewebe) zerstörend (auflösend) einzuwirken.

Aufsetztank (1.2.1 ADR)

Ein Tank mit einem Fassungsraum > 450 Litern, der durch seine Bauart nicht dazu bestimmt ist, Güter ohne Umschlag zu befördern und gewöhnlich nur im leeren Zustand abgenommen werden kann. Festverbundene Tanks, ortsbewegliche Tanks, Tankcontainer und Elemente von Batterie-Fahrzeugen oder MEGC fallen also nicht darunter.

WICHTIG:
Ist der Aufsetztank auf ein Trägerfahrzeug aufgesetzt, muss die Einheit den Vorschriften für Tankfahrzeuge entsprechen (9.7.1.2 ADR).

Auftraggeber des Absenders

Das Unternehmen, das den Auftrag zur Beförderung erteilt. Bei der Gefahrgutbeförderung ist das häufig, aber längst nicht immer, der Hersteller der Gefahrgüter. Er wird manchmal auch als Versender bezeichnet. Siehe auch ABSENDER.

Außenverpackung (1.2.1 ADR)

Der äußere Schutz einer Kombinationsverpackung oder einer zusammengesetzten Verpackung einschließlich aller weiteren Materialien zum Schutz der inneren Verpackungen/Gefäße.

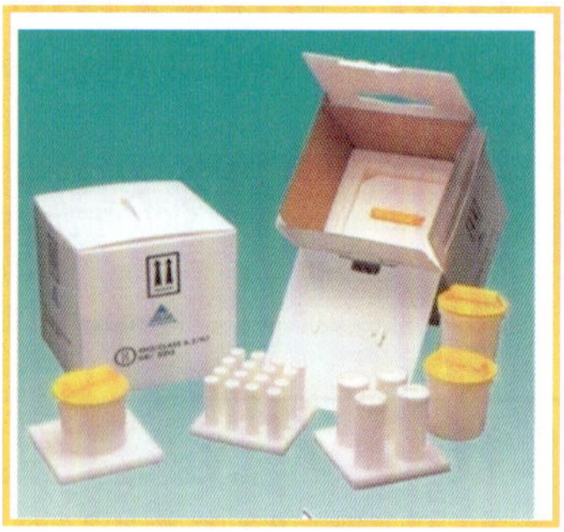

Beförderer

nach ADR (1.2.1 ADR)
das Unternehmen, das die Beförderung mit oder ohne Beförderungsvertrag durchführt.

Häufig ist der Beförderer auch der Halter der Fahrzeuge, die zur Beförderung eingesetzt werden. Ein Fahrzeugführer ist nur dann auch Beförderer, wenn er Inhaber des Unternehmens (Auftragnehmer) ist, das den Transport / die Beförderung durchführt.

nach IMDG-Code
(internationale Gefahrgutvorschriften für den Seeverkehr, 1.2.1 IMDG-Code)
Eine Person, Organisation oder Regierung, welche die Beförderung gefährlicher Güter mit jedem beliebigen Beförderungsmittel durchführt. Der Begriff schließt sowohl Beförderung mit oder ohne Beförderungsvertrag ein.

Beförderung

nach ADR (1.2.1 ADR)
Die Ortsveränderung der gefährlichen Güter – einschließlich der transportbedingten Aufenthalte und einschließlich des verkehrsbedingten Verweilens der gefährlichen Güter in den Fahrzeugen, Tanks und Containern – vor, während und nach der Ortsveränderung.

nach Richtlinie 2008/68/EG tr0006 der Europäischen Union (§ 1)
Jede Beförderung gefährlicher Güter auf der Straße, mit der Eisenbahn oder auf Binnenwasserstraßen innerhalb eines Mitgliedstaats oder von einem Mitgliedstaat in einen anderen, einschließlich der vom Anhang erfassten Tätigkeiten des Ein- und Ausladens der Güter, des Umschlags auf einen oder von einem anderen Verkehrsträger sowie der transportbedingten Aufenthalte.

nach IMDG-Code (1.2.1 IMDG-Code)
Die tatsächliche Verbringung einer Sendung vom Herkunftsort zum Bestimmungsort.

nach Gefahrgutbeförderungsgesetz (§ 2 GGBefG)
Die Beförderung im Sinne dieses Gesetzes umfasst nicht nur den Vorgang der Ortsveränderung, sondern auch die Übernahme und die Ablieferung des Gutes sowie zeitweilige Aufenthalte im Verlauf der Beförderung, Vorbereitungs- und Abschlusshandlungen (Verpacken und Auspacken der Güter, Be- und Entladen), Herstellen, Einführen und Inverkehrbringen von Verpackungen, Beförderungsmitteln und Fahrzeugen für die Beförderung gefährlicher Güter, auch wenn diese Handlungen nicht vom Beförderer ausgeführt werden. Ein zeitweiliger Aufenthalt im Verlauf der Beförderung liegt vor, wenn dabei gefährliche Güter für den Wechsel der Beförderungsart oder des Beförderungsmittels (Umschlag) oder aus sonstigen transportbedingten Gründen zeitweilig abgestellt werden. Auf Verlangen sind Beförderungsdokumente vorzulegen, aus denen Versand- und Empfangsort feststellbar sind. Wird die Sendung nicht nach der Anlieferung entladen, gilt das Bereitstellen der Ladung beim Empfänger zur Entladung als Ende der Beförderung. Versandstücke, Tankcontainer, Tanks und Kesselwagen dürfen während des zeitweiligen Aufenthaltes nicht geöffnet werden.

2. Begriffsbestimmungen

nach Gefahrgutkontrollverordnung (§ 2 GGKontrollV)
jeder Transport, der auf den öffentlichen Straßen in Deutschland mit einem Fahrzeug erfolgt, einschließlich der Tätigkeiten des Ein- und Ausladens der Güter, und zwar unbeschadet der vorgesehenen Regelungen über die Verantwortlichkeiten.

Damit definiert die deutsche GGKontrollV die Beförderung hinsichtlich der beteiligten Fahrzeuge und der einbezogenen Tätigkeiten nicht nach ADR und nicht nach dem deutschen GGBefG.

Beförderungseinheit

nach ADR (1.2.1 ADR)
Ein Kraftfahrzeug ohne Anhänger oder eine Einheit aus Kraftfahrzeug und Anhänger.

nach IMDG-Code (1.2.1 IMDG-Code)
Ein Straßengüterfahrzeug, Güterwagen, Frachtcontainer, ein Straßentankfahrzeug, ein Kesselwagen oder ortsbeweglicher Tank.

Befüller (1.2.1 ADR)

Das Unternehmen, das die gefährlichen Güter in einen Tank (Tankfahrzeug, Aufsetztank, ortsbeweglicher Tank oder Tankcontainer), in ein Batterie-Fahrzeug oder MEGC und/oder in ein Fahrzeug, Großcontainer oder Kleincontainer für Güter in loser Schüttung einfüllt.

Bergungsverpackung (1.2.1 ADR)

Sonderverpackung, in die beschädigte, defekte, undichte oder nicht den Vorschriften entsprechende Versandstücke mit gefährlichen Gütern oder verschüttete oder ausgetretene gefährliche Güter eingesetzt werden, um sie der Wiedergewinnung oder Entsorgung zuzuführen.

Bergungsdruckgefäß (1.2.1 ADR)

Ein Druckgefäß mit einem mit Wasser ausgeliterten Fassungsraum von höchstens 1000 Litern, in das ein oder mehrere beschädigte, defekte, undichte oder nicht den Vorschriften entsprechende Druckgefäße für Zwecke der Beförderung, z.B. zur Wiederverwertung oder Entsorgung eingesetzt werden.

Beteiligte nach ADR (1.4.2 und 1.4.3 ADR)

Das ADR unterscheidet in Hauptbeteiligte und andere Beteiligte.

Hauptbeteiligte (1.4.2 ADR): Absender, Beförderer, Empfänger.

Andere Beteiligte (1.4.3 ADR): Verlader, Verpacker, Befüller, Betreiber eines Tankcontainers oder eines ortsbeweglichen Tanks, Entlader.

Betreiber eines Tankcontainers oder eines ortsbeweglichen Tanks (1.2.1 ADR)

Das Unternehmen, auf dessen Namen der Tankcontainer oder der ortsbewegliche Tank eingestellt oder sonst zum Verkehr zugelassen ist.

Container (1.2.1 ADR)

Ein Beförderungsgerät,

- das von dauerhafter Beschaffenheit und deshalb genügend widerstandsfähig ist, um wiederholt verwendet werden zu können;
- besonders dafür gebaut ist, um die Beförderung von Gütern durch einen oder mehrere Verkehrsträger ohne Veränderung der Ladung zu erleichtern;
- mit Vorrichtungen versehen ist, welche die Befestigung und die Handhabung insbesondere beim Übergang von einem Beförderungsmittel auf ein anderes erleichtern;
- so gebaut ist, dass die Befüllung und Entleerung erleichtert wird;
- das mit der Ausnahme von Containern zur Beförderung radioaktiver Stoffe ein Innenvolumen von mindestens $1 m^3$ hat.

Container, Großcontainer (1.2.1 ADR)

Ein Container mit folgenden Vorgaben:

- Fassungsraum > $3 m^3$;
- besonders dafür gebaut ist, um die Beförderung von Gütern durch einen oder mehrere Verkehrsträger ohne Veränderung der Ladung zu erleichtern;
- im Sinne des CSC ein Container mit einer durch die vier unteren äußeren Ecken begrenzte Grundfläche von mindestens $14 m^2$ oder wenn er mit oberen Eckbeschlägen ausgerüstet ist, mit einer Grundfläche von mindestens $7 m^2$.

2. Begriffsbestimmungen

Container, Kleincontainer (1.2.1 ADR)

Ein Container, der entweder Außenabmessungen (Länge, Breite oder Höhe) von weniger als 1,5 m oder ein Innenvolumen von höchstens 3 m^3 hat.

Container, bedeckt, für Schüttgüter, auch BK1-Container

(1.2.1, 6.11.1 und 6.11.2 ADR)

Ein oben offener Container, mit starrem Boden, Seitenwänden und Stirnseiten, der zum Schutz der Ladung mit einer Plane versehen ist.

Container, geschlossen, gedeckt, für Schüttgüter, auch BK2-Container

(1.2.1, 6.11.1 und 6.11.2 ADR)

Vollständig geschlossener Container mit starrem Dach, starren Seiten- und Stirnwänden und starrem (einschließlich trichterförmigem) Boden. Es gehören dazu Schüttgutcontainer mit öffnungsfähigem Dach, öffnungsfähigen Seiten- und Stirnwänden, die während der Beförderung geschlossen werden können. Sie dürfen mit Öffnungen zum Austausch von Dämpfen und Gasen mit Luft ausgerüstet sein, die aber ein Freiwerden fester Stoffe sowie Eindringen von Regen- oder Spritzwasser von außen verhindern.

Container, Multiple Element Gas Container MEGC (1.2.1 ADR)

Ein Container zur Beförderung von Gasen der Klasse 2 mit folgenden speziellen Merkmalen:

- besteht aus mehreren Elementen (Flaschen, Großflaschen, Druckfässer, Flaschenbündel, Tanks),
- die Elemente sind durch ein Sammelrohr verbunden,
- die Elemente sind in einem Rahmen montiert,
- Fassungsraum > 450 Liter.

Container, Tankcontainer (1.2.1 ADR)

- Besteht aus einem Tankkörper (Tankmantel und Tankböden einschließlich der Öffnungen und Deckel) und den Ausrüstungsteilen (bauliche und Bedienungsausrüstung) sowie der Einrichtungen, die sein Umsetzen ohne wesentliche Veränderung der Gleichgewichtslage erlauben.
- Verwendbar für die Beförderung von gasförmigen, flüssigen, pulverförmigen oder körnigen Stoffen.
- Hat einen Fassungsraum > 450 Liter (0,45 m^3), wenn er für die Beförderung von Gasen der Klasse 2 verwendet wird.

Dampfdruck

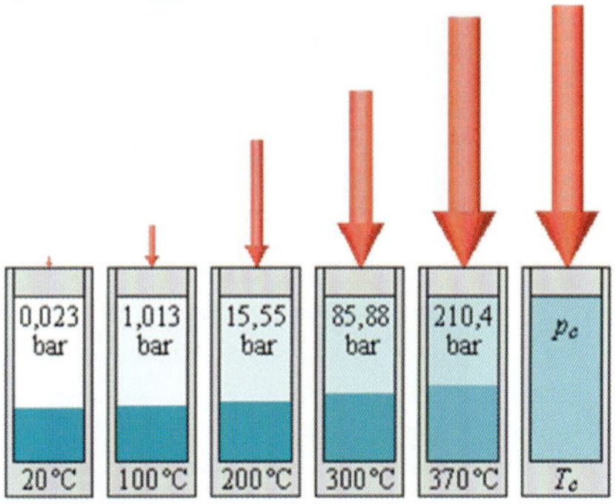

Der Dampfdruck ist ein stoff- und temperaturabhängiger Gasdruck und bezeichnet den Umgebungsdruck, unterhalb dessen eine Flüssigkeit – bei konstanter Temperatur – beginnt, in den gasförmigen Zustand überzugehen.

Druckfass (1.2.1 ADR)

Ortsbewegliches Druckgefäß, geschweißt, Fassungsraum > 150 bis max. 1.000 Liter.

Druckgaspackung/Aerosol (1.2.1 ADR)

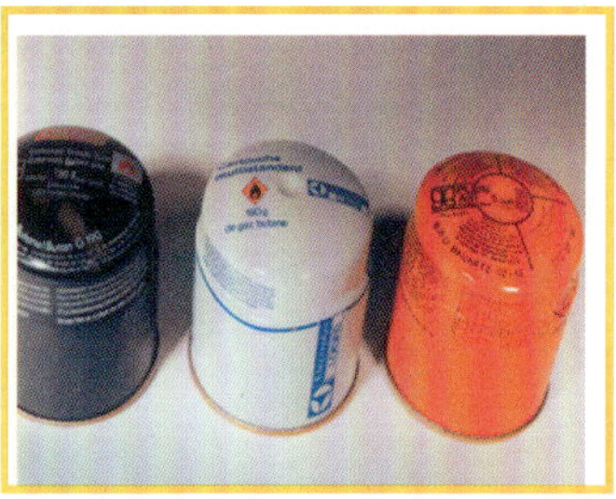

Nicht nachfüllbares Gefäß, aus Metall, Glas oder Kunststoff, welches ein verdichtetes, verflüssigtes oder unter Druck gelöstes Gas mit oder ohne einen flüssigen, pastösen oder pulverförmigen Stoff enthält, mit einer Entnahmeeinrichtung zum Ausstoßen.

2. Begriffsbestimmungen

Elektrostatische Aufladung

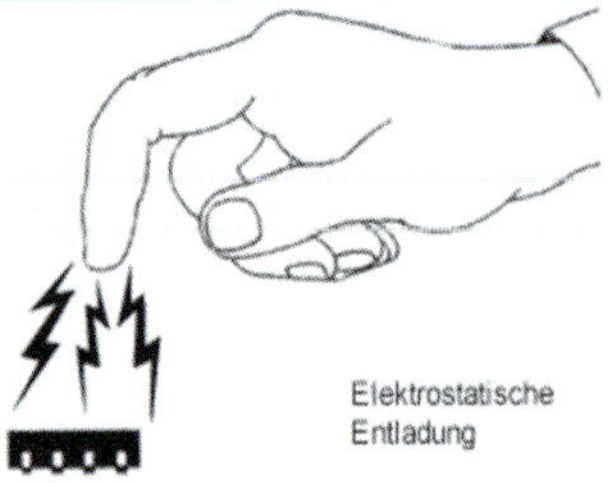

Elektrische Ladungen, die durch Berührung (Reibung, Strömung) von zwei zuvor ungeladenen (schlecht elektrisch leitenden) Stoffen an deren Oberfläche auftreten. Die Hauptgefahr der elektrostatischen Aufladung liegt im Auftreten zündfähiger Entladungen (Funkenüberschlag) durch eine große elektrische Potentialdifferenz der Ladungen. Abhilfe wird erreicht durch Erdungsmaßnahmen.

Empfänger (1.2.1 ADR)

Das Unternehmen, das nach Beförderungsvertrag als Empfänger bestimmt ist. Bestimmt dieser Empfänger einen Dritten, so gilt dieser als Empfänger. Erfolgte die Beförderung ohne Beförderungsvertrag, so ist Empfänger, wer die Sendung bei Ankunft übernimmt.

Explosion

Eine Explosion ist eine chemische Reaktion oder ein physikalischer Vorgang, bei dem Temperatur oder Druck in kurzer Zeit erheblich ansteigen. Dabei kommt es zu einer plötzlichen Volumenausdehnung von Gasen und der Freisetzung von großen Energiemengen auf kleinem Raum.

Im Allgemeinen spricht man von:

- **Verpuffung,** eine an der Explosionsgrenze ablaufende, schnelle Verbrennung mit in der Regel dumpfem Knall. Der Druckanstieg ist ausreichend, um Fensterscheiben zu zerstören und Türen aus dem Rahmen zu drücken. Personenschäden belaufen sich meist auf Prellungen, Brand- und Schnittverletzungen.
- **Deflagration,** bei der die Ausbreitungsgeschwindigkeit der Flamm- oder Reaktionsfront **langsamer als die Schallgeschwindigkeit des jeweiligen Mediums** (dem Explosivstoff) ist und sich die Abgasschwaden entgegen der Ausbreitungsrichtung bewegen. Der entstehende Druck ist ausreichend, um Gebäude ganz oder teilweise zu zerstören. Personen erleiden meist schwere Verletzungen, die auch zum Tod führen können.
- **Detonation**, die sich mit **Überschallgeschwindigkeit im Medium** ausbreitet und bei der sich die Abgasschwaden in der Ausbreitungsrichtung bewegen. Sie ist die heftigste Reaktion; sie kommt vor allem bei Sprengstoffen vor. Sie führt in weitem Umkreis zu schwersten Zerstörungen. Personen haben im direkten Einflussbereich kaum eine Überlebenschance.

Explosionsgrenze

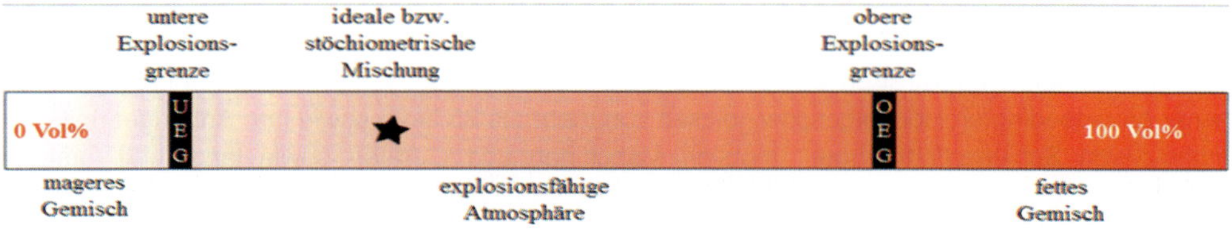

Gemische aus brennbaren Gasen, Dämpfen oder Stäuben mit dem in Luft enthaltenen Sauerstoff sind bei bestimmten Mischungsverhältnissen explosionsfähig. Der Bereich, der alle explosiven Mischungsverhältnisse zusammenfasst, wird von zwei **Explosionsgrenzen**, der oberen und der unteren Explosionsgrenze (OEG bzw. UEG), beschrieben. Diese Grenzen werden auch als Zündgrenzen bezeichnet.

Man bezeichnet den Bereich unterhalb der unteren Explosionsgrenze, in dem die Konzentration des brennbaren Stoffes zu gering ist, auch als **mageres Gemisch**. Der Bereich oberhalb der oberen Explosionsgrenze wird als **fettes Gemisch** bezeichnet. Hier ist die Konzentration des brennbaren Stoffes zu hoch, um zu explodieren. Ein fettes Gemisch kann allerdings unter Luftzufuhr weiter verdünnt werden und so unter die OEG gelangen, womit es wieder zu einer Explosion kommen kann. Die Explosionsgrenzen sind temperatur- und druckabhängig. Bei Stäuben haben zusätzlich auch die Teilchengröße und die Teilchengrößenverteilung des Feststoffs einen Einfluss auf die Explosionsgrenzen.

Wenn die Konzentration des brennbaren Stoffes in der Luft innerhalb der Explosionsgrenzen liegt, wird das Gemisch als explosionsfähige Atmosphäre bezeichnet.

Fahrzeug

nach ADR (1.2.1 und 9.1.1.2)

Es wird keine allgemeine Definition gegeben. Es wird verwiesen auf die Begriffsbestimmungen zu Batteriefahrzeug, bedecktes Fahrzeug, gedecktes Fahrzeug, offenes Fahrzeug und Tankfahrzeug.

2. Begriffsbestimmungen

Jedes Fahrzeug zur Beförderung gefährlicher Güter auf der Straße, unabhängig davon, ob es vollständig, unvollständig oder vervollständigt ist.

nach Richtlinie 2008/68/EG tr0006 der Europäischen Union (§ 2)
alle zur Teilnahme am Straßenverkehr bestimmten Kraftfahrzeuge mit mindestens vier Rädern und einer bauartbedingten Höchstgeschwindigkeit von mehr als 25 km/h sowie ihre Anhänger, mit Ausnahme von Schienenfahrzeugen, mobilen Maschinen und Geräten sowie land- und forstwirtschaftlichen Zug- und Arbeitsmaschinen, sofern diese nicht mit einer Geschwindigkeit von über 40 km/h fahren, wenn sie gefährliche Güter befördern.

nach Gefahrgutverordnung Straße, Eisenbahn und Binnenschifffahrt (§ 2 GGVSEB)
Fahrzeuge sind im innerstaatlichen Verkehr und innergemeinschaftlichen Verkehr – abweichend von der Begriffsbestimmung im ADR – die in Abschnitt 1.2.1 ADR beschriebenen Fahrzeuge mit einer bauartbedingten Höchstgeschwindigkeit von mehr als 25 Kilometer pro Stunde sowie ihre Anhänger, und Güterstraßenbahnen, die auf einem vom Eisenbahnnetz getrennten Schienennetz verkehren.

nach Gefahrgutkontrollverordnung (§ 2 GGKontrollV)
Alle zur Teilnahme am Straßenverkehr bestimmten Kraftfahrzeuge und ihre Anhänger.

Fahrzeug, Batteriefahrzeug (1.2.1 ADR)

Ein Fahrzeug, das aus Elementen besteht, die durch ein Sammelrohr miteinander verbunden sind und die dauerhaft auf diesem Fahrzeug befestigt sind. Als Elemente gelten Flaschen, Großflaschen, Drückfässer, und Flaschenbündel sowie Tanks mit einem Fassungsraum von mehr als 450 Liter für Gase der Klasse 2.

Fahrzeug, bedeckt (1.2.1 ADR)

Ein offenes Fahrzeug, das zum Schutz der Ladung mit einer Plane versehen ist.

Fahrzeug, gedeckt (1.2.1 ADR)

Ein Fahrzeug mit einem Aufbau, der geschlossen werden kann.

Fahrzeug, offen (1.2.1 ADR)

Ein Fahrzeug, dessen Ladefläche offen oder nur mit Seitenwänden und einer Rückwand versehen ist.

Fahrzeug, Tankfahrzeug (1.2.1 ADR)

Ein Fahrzeug mit einem oder mehreren festverbundenen Tanks zur Beförderung von flüssigen, gasförmigen, pulverförmigen oder körnigen Stoffen. Es besteht – außer dem eigentlichen Fahrzeug oder einem Fahrgestell – aus einem oder mehreren Tankkörpern, deren Ausrüstungsteilen und den Verbindungsteilen zum Fahrzeug oder zum Fahrgestell.

Fahrzeug, Tankfahrzeug Typ FL (9.1.1.2 ADR)

Fahrzeug zur Beförderung flüssiger Stoffe (Flammpunkt max. 60°C, außer Dieselkraftstoff, Gas- oder leichtem Heizöl) in festverbundenen Tanks oder Aufsetztanks > 1 m^3, oder Tankcontainern und ortsbeweglichen Tanks > 3 m^3 Einzelfassungsraum,

Fahrzeug zur Beförderung entzündbarer Gase in festverbundenen Tanks oder Aufsetztanks > 1 m^3, oder Tankcontainern und ortsbeweglichen Tanks > 3 m^3 Einzelfassungsraum,

Batterie-Fahrzeug zur Beförderung entzündbarer Gase mit einem Gesamtfassungsraum > 1 m^3.

Fahrzeug, Tankfahrzeug Typ OX (9.1.1.2 ADR)

Fahrzeug zur Beförderung von Wasserstoffperoxid (UN 2015) in festverbundenen Tanks oder Aufsetztanks > 1 m^3, oder Tankcontainern und ortsbeweglichen Tanks > 3 m^3 Einzelfassungsraum.

Fahrzeug, Tankfahrzeug Typ AT (9.1.1.2 ADR)

Fahrzeug, das kein Fahrzeug EX/III, FL oder OX oder kein MEMU ist, zur Beförderung gefährlicher Güter in festverbundenen Tanks oder Aufsetztanks > 1 m^3, oder Tankcontainern und ortsbeweglichen Tanks > 3 m^3 Einzelfassungsraum, Batterie-Fahrzeug mit einem Gesamtfassungsraum > 1 m^3, das kein Fahrzeug FL ist.

Fahrzeug, Saug-Druck-Tank für Abfälle (1.2.1 ADR)

Ein hauptsächlich für die Beförderung gefährlicher Abfälle verwendeter festverbundener Tank, Aufsetztank, Tankcontainer oder Tankwechselaufbau, der in besonderer Weise gebaut oder ausgerüstet ist, um die Be- und Entladung von Abfällen gemäß den Vorschriften des Kapitels 6.10 ADR zu erleichtern.

Fahrzeug, Fahrzeug EX/II und EX/III (9.1.1.2 ADR)

Fahrzeuge zur Beförderung von explosiven Stoffen oder Gegenständen mit Explosivstoff der Klasse 1.

Fahrzeug, MEMU (1.2.1 und 9.1.1.2 ADR)

Ein Fahrzeug, das der Begriffsbestimmung für „Mobile Einheit zur Herstellung von explosiven Stoffen oder Gegenständen mit Explosivstoff" in Abschnitt 1.2.1 ADR entspricht.

Eine Einheit oder ein Fahrzeug, auf dem eine Einheit befestigt ist, zur Herstellung und zum Laden von explosiven Stoffen oder Gegenständen mit Explosivstoff aus gefährlichen Gütern, die selbst keine explosiven Stoffe oder Gegenstände mit Explosivstoff sind.

Die Einheit besteht aus verschiedenen Tanks, Schüttgut-Containern und Herstellungseinrichtungen sowie aus Pumpe und der damit zusammenhängenden Ausrüstung. Die MEMU kann verschiedene besondere Laderäume für verpackte explosive Stoffe oder Gegenstände mit Explosivstoff haben.

Fahrzeug, vollständig (9.1.1.2 ADR)

Jedes Fahrzeug, das keiner weiteren Vervollständigung bedarf z.B. Lastkraftwagen, Zugmaschinen und Anhänger, die in einem einzigen Produktionsschritt gebaut werden.

Fahrzeug, unvollständig (9.1.1.2 ADR)

Jedes Fahrzeug, das noch einer Vervollständigung in mindestens einem weiteren Produktionsschritt bedarf (z.B. Fahrgestelle mit Fahrerhaus oder Anhängerfahrgestelle).

Fahrzeug, vervollständigt (9.1.1.2 ADR)

Jedes Fahrzeug, das das Ergebnis eines aus mehreren Schritten bestehenden Produktionsprozesses ist (z.B. mit einer Karosserie versehene Fahrgestelle oder Fahrgestelle mit Fahrerhaus)

Fahrzeug, typgenehmigt (9.1.1.2 ADR)

Jedes Fahrzeug, das in Übereinstimmung mit der ECE-Regelung Nr. 105 oder der Richtlinie 98/91/EG zugelassen wurde.

Fahrzeugführer

ist, wer das Fahrzeug lenkt.

Fass (1.2.1 ADR)

Zylindrische Verpackung aus Metall, Pappe, Kunststoff, Sperrholz oder einem anderen geeigneten Stoff mit flachen oder gewölbten Boden.

Feinstblechverpackung (1.2.1 ADR)

Verpackung mit rundem, elliptischem, rechteckigem oder mehreckigem Querschnitt sowie Verpackungen mit kegelförmigen Hals oder eimerförmige Verpackungen aus Metall mit einer Wanddicke unter 0,5 mm.

2. Begriffsbestimmungen

Flammpunkt (1.2.1 ADR)

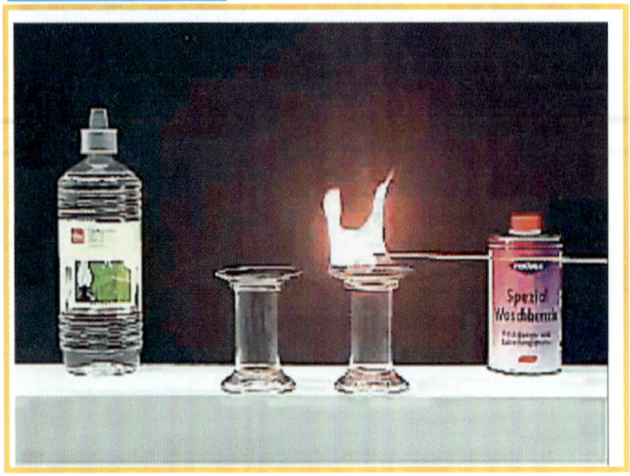

Die niedrigste Temperatur eines flüssigen Stoffes, bei der seine Dämpfe mit der Luft ein entzündbares Gemisch bilden und durch eine offene Flamme entzündet werden können.

Der Flammpunkt ist zu unterscheiden vom Brennpunkt (liegt höher und die Dämpfe brennen nach der Entflammung selbständig weiter) und vom Zündpunkt, bei dem die Zündung durch eine beliebige Zündquelle erfolgen kann.

Flasche (1.2.1 ADR)

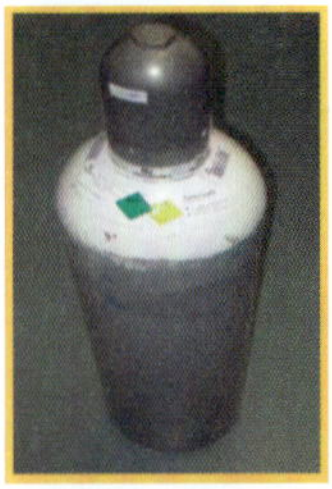

Ortsbewegliches Druckgefäß mit einem Fassungsraum von max. 150 Liter.

Flaschenbündel (1.2.1 ADR)

Einheit aus Flaschen, die aneinander befestigt und durch ein Sammelrohr untereinander verbunden sind. Sie werden als untrennbare Einheit befördert. Fassungsraum max. 3.000 Liter (bei giftigen Gasen der Unterklasse 2.3 nur max. 1.000 Liter).

Flüssiggas (LPG, Liquefied Petroleum Gas) (1.2.1 ADR)

Unter geringem Druck verflüssigtes Gas, das aus einem oder mehreren nur der UN-Nummer 1011 (Butan), 1075 (Petroleumgase, verflüssigt), 1965 (Kohlenwasserstoffgas, Gemisch, verflüssigt, n.a.g. (Gemisch A, A01, A02, A0, A1, B1, B2, B oder C)), 1969 (Isobutan) oder 1978 (Propan) zugeordneten leichten Kohlenwasserstoffen besteht und das neben Spuren anderer Kohlenwasserstoffgase hauptsächlich Propan, Butan, Butan-Isomeren und/oder Butan enthält.
Entzündbare Gase, die anderen UN-Nummern zugeordnet sind, gelten nicht als LPG.

Gefährliche Güter

nach ADR (1.2.1 ADR)
Stoffe und Gegenstände, deren Beförderung gemäß ADR/RID verboten oder nur unter diesem Übereinkommen vorgesehenen Bedingungen gestattet ist.

nach Gefahrgutbeförderungsgesetz (§ 2 GGBefG)

Stoffe und Gegenstände, von denen auf Grund ihrer Natur, ihrer Eigenschaften oder ihres Zustandes im Zusammenhang mit der Beförderung Gefahren für die öffentliche Sicherheit oder Ordnung, insbesondere für die Allgemeinheit, für wichtige Gemeingüter, für Leben und Gesundheit von Menschen sowie für Tiere und Sachen ausgehen können.

nach Gefahrgutverordnung Straße, Eisenbahn und Binnenschifffahrt (§ 2 GGVSEB)

Gefährliche Güter sind die Stoffe und Gegenstände, deren Beförderung nach Teil 2 Kapitel 3.2 Tabelle A und Kapitel 3.3 ADR/RID/ADN verboten oder nach den vorgesehenen Bedingungen des ADR/RID/ADN gestattet ist, sowie zusätzlich für innerstaatliche Beförderungen die in der Anlage 2 Gliederungsnummer 1.1 und 1.2 genannten Güter.

nach Gefahrgutkontrollverordnung (§ 2 GGKontrollV)

die Güter, die in der Richtlinie 94/55/EG (mittlerweile ersetzt durch RL 2008/68/EG tr0006) zur Angleichung der Rechtsvorschriften der Mitgliedstaaten für den Gefahrguttransport auf der Straße als gefährlich eingestuft sind. Dies sind in der Regel Güter, deren Beförderung nach den Anlagen A und B des ADR verboten oder nur unter bestimmten Bedingungen erlaubt ist.

Gefährliche Stoffe

nach der Gefahrstoffverordnung (§ 3 GefStoffV)

1. sind gefährliche Stoffe und Zubereitungen nach § 3a des Chemikaliengesetzes sowie Stoffe und Zubereitungen, die sonstige chronisch schädigende Eigenschaften besitzen,
2. Stoffe, Zubereitungen und Erzeugnisse, die explosionsfähig sind,
3. Stoffe, Zubereitungen und Erzeugnisse, aus denen bei der Herstellung oder Verwendung Stoffe oder Zubereitungen nach Nummer 1 oder 2 entstehen oder freigesetzt werden können,
4. sonstige gefährliche chemische Arbeitsstoffe im Sinne des Artikels 2 Buchstabe b in Verbindung mit Buchstabe a der Richtlinie 98/24/EG des Rates vom 7. April 1998 zum Schutz von Gesundheit und Sicherheit der Arbeitnehmer vor der Gefährdung durch chemische Arbeitsstoffe bei der Arbeit (ABl. EG Nr. L 131 S. 11).

GHS (Globally Harmonized System of Classification and Labelling of Chemicals) (1.2.1 ADR)

Das von den Vereinten Nationen veröffentlichte global harmonisierte System zur Einstufung und Kennzeichnung von Chemikalien.

Großflasche (1.2.1 ADR)

Ortsbewegliches Druckgefäß, nahtlos, Fassungsraum > 150 Liter bis max. 3.000 Liter.

Großpackmittel IBC (1.2.1 ADR)

Starre oder flexible, transportable Verpackung, für mechanische Handhabung ausgelegt ist und den Beanspruchungen bei der Handhabung und Beförderung standhalten kann.

2. Begriffsbestimmungen

Der Fassungsraum beträgt:

1. max. 3 m^3 für feste und flüssige Stoffe der Verpackungsgruppen II und III,
2. max. 3 m^3 für feste Stoffe der Verpackungsgruppe I bei Verpacken in metallenen IBC,
3. max. 3 m^3 für radioaktive Stoffe der Klasse 7,
4. max. 1,5 m^3 für feste Stoffe der Verpackungsgruppe I (bei Verpacken in flexiblen IBC, Kunststoff- und Kombinations-IBC sowie IBC aus Pappe oder Holz).

Großverpackung (1.2.1 ADR)

Eine Außenverpackung, die Innenverpackungen oder Gegenstände enthält, für eine mechanische Handhabung ausgelegt ist und eine Nettomasse von mindestens 400 kg oder einen Fassungsraum von 450 Liter, aber ein Höchstvolumen von 3 m^3 hat.

Kanister (1.2.1 ADR)

Verpackung aus Metall oder Kunststoff von rechteckigem oder mehreckigem Querschnitt mit einer oder mehreren Öffnungen.

Kombinationsverpackung (1.2.1 ADR)

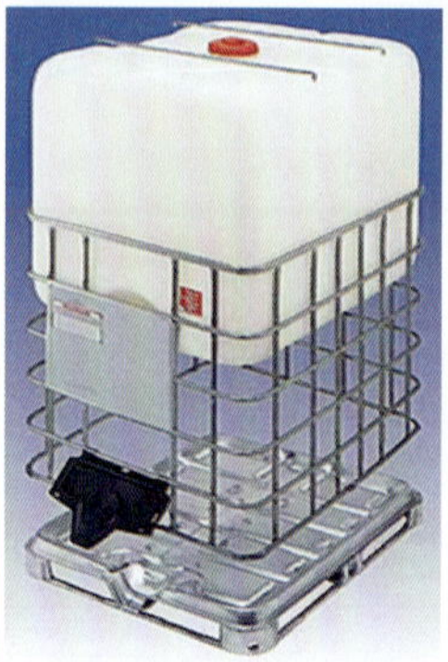

Aus einem Innengefäß und einer Außenverpackung bestehende Verpackung. Ist sie einmal zusammengebaut, so bildet sie eine untrennbare Einheit, die als solche gefüllt, gelagert, befördert und entleert wird.

Kryo-Behälter (1.2.1 ADR)

Ortsbewegliches wärmeisoliertes Druckgefäß für die Beförderung tiefgekühlt verflüssigter Gase mit einem Fassungsraum von höchstens 1000 Liter.

Lagerung

nach Gefahrstoffverordnung (§ 2 GefStoffV)

„Lagern" ist das Aufbewahren zur späteren Verwendung sowie zur Abgabe an andere. Es schließt die Bereitstellung zur Beförderung ein, wenn die Beförderung nicht binnen 24 Stunden nach der Bereitstellung oder am darauf folgenden Werktag erfolgt. Ist dieser Werktag ein Samstag, so endet die Frist mit Ablauf des nächsten Werktages.

nach den Technischen Regeln für Gefahrstoffe (Ziffer 2 TRGS 510 Lagerung von Gefahrstoffen in ortsbeweglichen Behältern)

Bereitstellung im Sinne dieser TRGS ist das kurzzeitige Aufbewahren für eine konkret vorgesehene Verwendung (z. B. Beförderung), für in der Regel nicht länger als 24 Stunden oder bis zum darauffolgenden Werktag. Ist dieser Werktag ein Samstag, so endet die Frist mit Ablauf des nächsten Werktages

nach dem Wasserhaushaltsgesetz (§ 62 und 63 WHG)

Anlagen zum Lagern, Abfüllen, Herstellen und Behandeln wassergefährdender Stoffe sowie Anlagen zum Verwenden wassergefährdender Stoffe im Bereich der gewerblichen Wirtschaft und im Bereich öffentlicher Einrichtungen müssen so beschaffen sein und so errichtet, unterhalten, betrieben und stillgelegt werden, dass eine nachteilige Veränderung der Eigenschaften von Gewässern nicht zu besorgen ist.

Anlagen zum Lagern, Abfüllen oder Umschlagen wassergefährdender Stoffe dürfen nur errichtet und betrieben werden, wenn ihre Eignung von der zuständigen Behörde festgestellt worden ist.

Dies gilt nicht wenn wassergefährdende Stoffe kurzzeitig in Verbindung mit dem Transport bereitgestellt oder aufbewahrt werden und die Behälter oder Verpackungen den Vorschriften und Anforderungen für den Transport im öffentlichen Verkehr genügen.

nach Gefahrgutbeförderungsgesetz (§ 2 GGBefG)

zeitweiliger Aufenthalt

Ein zeitweiliger Aufenthalt im Verlauf der Beförderung liegt vor, wenn dabei gefährliche Güter für den Wechsel der Beförderungsart oder des Beförderungsmittels (Umschlag) oder aus sonstigen transportbedingten Gründen zeitweilig abgestellt werden. Auf Verlangen sind Beförderungsdokumente vorzulegen, aus denen Versand- und Empfangsort feststellbar sind. Wird die Sendung nicht nach der Anlieferung entladen, gilt das Bereitstellen der Ladung beim Empfänger zur Entladung als Ende der Beförderung. Versandstücke, Tankcontainer, Tanks und Kesselwagen dürfen während des zeitweiligen Aufenthaltes nicht geöffnet werden.

2. Begriffsbestimmungen

Mitglied der Fahrzeugbesatzung (1.2.1 ADR)

Ein Fahrer oder jede andere Person, die den Fahrer aus Sicherheits-, Sicherungs-, Ausbildungs- oder Betriebsgründen begleitet.
An diese Personen werden bestimmte Anforderungen hinsichtlich der Fähigkeit zur Ergreifung von Notfallmaßnahmen und Ausstattung mit Schutzausrüstungsgegenständen gestellt.

n.a.g.-Eintragung (nicht anderweitig genannte Eintragung) (1.2.1 ADR)

Eine Sammelbezeichnung, der solche Stoffe, Gemische, Lösungen oder Gegenstände zugeordnet werden können, die in Kapitel 3.2 Tabelle A nicht namentlich genannt sind und chemische, physikalische und/oder gefährliche Eigenschaften besitzen, die der Klasse, dem Klassifizierungscode, der Verpackungsgruppe und der Benennung der n.a.g.-Eintragung entsprechen.

Netto-Explosivstoffmasse (NEM) (1.2.1 ADR)

Die Gesamtmasse der explosiven Stoffe ohne Verpackungen, Gehäuse usw.

Notfalltemperatur (1.2.1 ADR)

Die Temperatur, bei der bei Ausfall der Temperaturkontrolle Notfallmaßnahmen zu ergreifen sind.

Pflichtenträger nach Gefahrgutverordnung Straße, Eisenbahn und Binnenschifffahrt (§§ 17-34a GGVSEB)

Es handelt sich dabei zum einen um die Beteiligten nach ADR (ggf. abweichende Pflichtenlage beachten); darüber hinaus kommen beispielsweise dazu: Auftraggeber des Absenders, Betreiber eines Tankcontainers, ortsbeweglichen Tanks, MEGC, Schüttgut-Containers oder MEMU, Hersteller und Rekonditionierer von Verpackungen und der Stellen für Inspektionen und Prüfungen von IBC.

Reibung

Man unterscheidet zwischen äußerer und innerer Reibung. Bei der äußeren Reibung fester Körper wird zwischen Haft-, Gleit- und Rollreibung unterschieden. Eine Kenngröße ist die Reibungszahl. Die innere Reibung tritt in festen, flüssigen und gasförmigen Stoffen auf. Ihre Kenngröße (bei flüssigen und gasförmigen Stoffen) ist die Viskosität, die außer vom Medium auch von Temperatur und Druck abhängt. Die Reibung spielt eine erhebliche Rolle bei der Ladungssicherung und bei der Entstehung elektrostatischer Aufladungen.

Siedepunkt

Der Siedepunkt oder auch Kochpunkt eines Reinstoffes besteht aus zwei Größen: Der Sättigungstemperatur (speziell auch Siedetemperatur) und dem Sättigungsdampfdruck (speziell auch Siededruck) an der Grenzlinie zwischen Gas und Flüssigkeit. Er setzt sich also aus den beiden Zustandsgrößen Druck und Temperatur beim Übergang eines Stoffes vom flüssigen in den gasförmigen Aggregatzustand zusammen.

Der Siedepunkt stellt die Bedingungen dar, welche beim Übergang eines Stoffes von der flüssigen in die gasförmige Phase vorliegen, was man als Sieden oder Verdampfen bezeichnet. Zudem ist er für den umgekehrten Vorgang der Kondensation, allerdings nur bei Reinstoffen, identisch mit dem Kondensationspunkt. Beim Verdampfen eines Stoffgemisches kommt es zu einem veränderten Siedeverhalten und man beobachtet einen Siedebereich anstatt eines einzelnen Siedepunktes. Bei einem Übergang von der flüssigen in die gasförmige Phase unterhalb des Siedepunktes, spricht man von einer Verdunstung.

In Tabellenwerken werden die Siedetemperaturen bei Normaldruck angegeben, also bei 1013,25 hPa. Dieser Siedepunkt wird als Normalsiedepunkt, die angegebene Siedetemperatur als Normalsiedetemperatur bezeichnet. Bei einem Schnellkochtopf macht man sich beispielsweise zu nutze, dass die Siedetemperatur und der Siededruck voneinander abhängen. Durch eine Druckerhöhung von meist einem Bar (1000 hPa) erreicht man auf diese Weise eine Steigerung der Siedetemperatur des Wassers von 100 °C auf ungefähr 120 °C. Beide Temperaturen stellen Siedetemperaturen dar, jedoch ist nur der Wert von 100 °C auch die Siedetemperatur unter Normaldruck und somit die Normalsiedetemperatur.

Spezifisches Gewicht

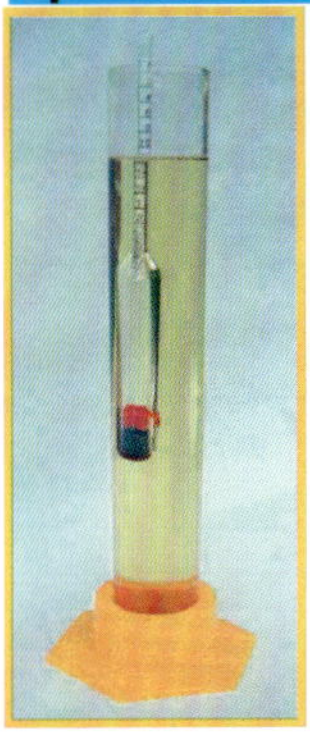

ist das Verhältnis der Gewichtskraft eines Körpers zu seinem Volumen.

Das spezifische Gewicht wird bezogen auf Normal-Luftdruck (in Meereshöhe) und Normaltemperatur 0 °C bzw. Raumtemperatur 21 °C bzw. Standardtemperatur 25 °C oder 20 °C, angegeben.

Daneben ist die Wichte, das spezifische Gewicht also, auch temperaturabhängig, da sich das Volumen eines Körpers mit der Temperatur ändert. Hat sich die ursprüngliche Wichte infolge einer Vergrößerung der Abmessungen zum Beispiel aufgrund von Temperaturerhöhung verändert, kann daraus auch eine relative Dichte abgeleitet werden.

Stoffe, pyrophor

Als **pyrophor** (griechisch, von *pyr* = Feuer und *phorein* = tragen, also feuertragend) werden chemische Stoffe bezeichnet, die fein verteilt schon bei Raumtemperatur und an der Luft heftig mit Sauerstoff reagieren. Die bei dieser Oxidation freiwerdende Energie ist so hoch, dass die Stoffe glühen oder sogar Feuererscheinung zeigen.

Tankakte (1.2.1 ADR)

Ein Dokument, das alle technisch relevanten Informationen eines Tanks, Batterie-Fahrzeugs oder MEGC enthält. Dazu gehören beispielsweise die in den Unterabschnitten 6.8.2.3, 6.8.2.4 und 6.8.3.4 ADR genannten Bescheinigungen über die Baumusterprüfung, Prüfung für die erstmalige Inbetriebnahme, Bescheinigungen über die wiederkehrenden Prüfungen u.ä. (als Kopien). Für das Führen der Tankakte ist der Eigentümer bzw. der Betreiber verantwortlich.

Toxizität

Die **Toxizität** bedeutet die Giftigkeit. Die Toxizität ist eine Stoffeigenschaft. Die toxische Wirkung eines Stoffes auf ein Lebewesen hängt neben seiner Giftigkeit auch entscheidend von der Exposition, d. h. von der Art ihrer Aufnahme ab: eine orale Aufnahme (durch den Mund) unterscheidet sich im Verlauf der Vergiftung häufig von einer inhalativen (durch die Atmung), dermalen (durch Hautkontakt), oder gar intravenösen, intramuskulären oder intraperitonealen (durch die Bauchhöhle) Aufnahme derselben Substanz. Die Toxizität wird vielfältig gemessen. So wird die akute Toxizität eines Stoffes oft als LD_{50} (Letale Dosis) bzw. bei wässrigen Lösungen und Atemgiften als LC_{50} (Letale Konzentration) ausgedrückt. Liegen mehrere Stoffe nebeneinander vor, so können Kombinationswirkungen auftreten.

Umverpackung (1.2.1 ADR)

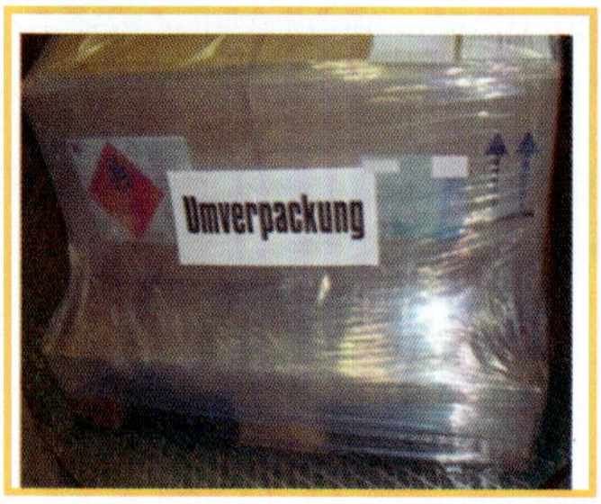

Eine Umschließung, die für die Aufnahme von einem oder mehreren Versandstücken und für die Bildung einer Einheit zur leichteren Handhabung und Verladung während der Beförderung verwendet wird.

Beispiele für Umverpackungen sind:

- eine Ladeplatte, wie eine Palette, auf die mehrere Versandstücke gestellt oder gestapelt werden und die durch Kunststoffband, Schrumpf- oder Dehnfolie oder andere geeignete Mittel gesichert werden;
- eine äußere Schutzverpackung wie eine Kiste oder ein Verschlag.

Unternehmen

nach ADR (1.2.1 ADR)

- jede natürliche Person,
- jede juristische Person mit oder ohne Erwerbszweck,
- jede Vereinigung oder jeder Zusammenschluss von Personen ohne Rechtspersönlichkeit mit oder ohne Erwerbszweck sowie
- jede staatliche Einrichtung, unabhängig davon, ob diese über eine eigene Rechtspersönlichkeit verfügt oder von einer Behörde mit Rechtspersönlichkeit abhängt.

nach Gefahrgutkontrollverordnung (§ 2 GGKontrollV)

- jede natürliche und juristische Person mit oder ohne Erwerbszweck,
- jede Vereinigung oder jeder Zusammenschluss von Personen mit oder ohne Rechtspersönlichkeit oder mit oder ohne Erwerbszweck,
- jede staatliche Einrichtung, unabhängig davon, ob sie über eine eigene Rechtspersönlichkeit verfügt oder von einer Behörde mit Rechtspersönlichkeit abhängt,

die gefährliche Güter befördert (d.h. transportiert) – einschl. des zeitweiligen Aufenthalts im Verlaufe der Beförderung – lädt, entlädt oder befördern lässt,
sowie eine solche, die gefährliche Güter im Zusammenhang mit einer Beförderungstätigkeit verpackt, sammelt oder in Empfang nimmt, sofern sie ihren Sitz im Gebiet der Gemeinschaft hat.

Verbrennung

Im allgemeinen Sprachgebrauch versteht man unter Verbrennung die Oxidation eines brennbaren Materials mit Luftsauerstoff unter Flammenbildung als „Feuer“. Diese Reaktion kann auch mit anderen Chemikalien als Sauerstofflieferanten (Oxidationsmittel) ohne Beteiligung von Luftsauerstoff erfolgen (Taucherfackeln). Verbrennungen gibt es aber auch bei Reaktionen ohne Sauerstoff, dazu gehört die Reaktion von Fluor und Wasserstoff zu Fluorwasserstoff; hier ersetzt das Fluor den Sauerstoff als Oxidationsmittel.

Verlader (1.2.1 ADR)

Das Unternehmen, das die gefährlichen Güter in ein Fahrzeug oder einen Großcontainer verlädt.

Verpacker (1.2.1 ADR)

Das Unternehmen, das die gefährlichen Güter in Verpackungen, einschließlich Großverpackungen und Großpackmittel (IBC) einfüllt und ggf. die Versandstücke zur Beförderung vorbereitet.

Verpackung (1.2.1 ADR)

Ein oder mehrere Gefäße und alle anderen Bestandteile und Werkstoffe, die notwendig sind, damit die Gefäße ihre Behältnis- und andere Sicherheitsfunktionen erfüllen können.

Versandstück (1.2.1 ADR)

Das versandfertige Endprodukt des Verpackungsvorganges, bestehend aus der Verpackung, der Großverpackung oder dem Großpackmittel (IBC) und ihrem bzw. seinem Inhalt.

Viskosität

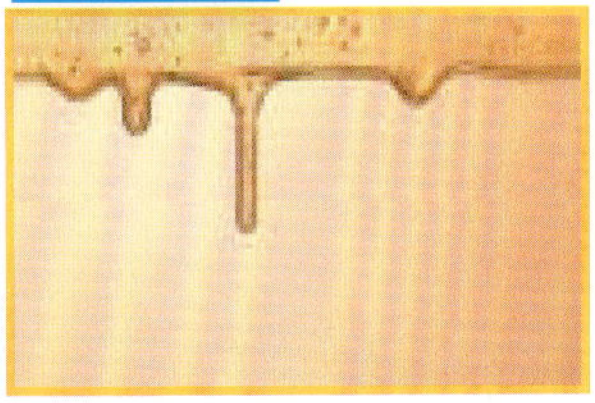

Die Viskosität ist ein Maß für die Zähflüssigkeit eines Stoffes. Über die Viskosität wird bestimmt, ob die Stoffe als feste oder flüssige Stoffe eingeordnet werden. Die Viskosität eines Stoffes ist temperatur- und druckabhängig. Der Begriff Viskosität geht auf den typisch zähflüssigen Saft der Beeren in der Pflanzengattung Misteln (*Viscum*) zurück. Aus diesen Misteln wurde der Vogelleim gewonnen, „viskos“ bedeutet also grob „zäh wie Vogelleim“.

Volumenänderung

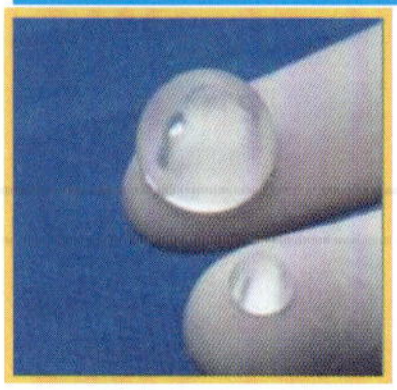

Eine Volumenänderung wird durch Ausdehnung oder Zusammenziehen eines Stoffes, bezogen auf einen bestimmten Rauminhalt, bewirkt. In der Regel bewirkt die Temperaturerhöhung das Ausdehnen eines Stoffes. Diese Erscheinung ist z.B. beim Einfüllen von Flüssigkeiten in Umschließungen bzw. Tanks zu beachten.

Wechselaufbau, Wechselbehälter (1.2.1 ADR)

Ein Beförderungsgerät mit folgenden zusätzlichen Merkmalen:

- hinsichtlich der mechanischen Festigkeit ausschließlich für die Beförderung mit Wagen oder Fahrzeugen im Land- und Fährverkehr ausgelegt,
- nicht stapelbar,
- von Fahrzeugen mit bordeigenen Mitteln auf Stützbeinen absetzbar und wieder aufnehmbar.

Zündpunkt

Der Zündpunkt ist die Temperatur, bei der eine entzündbare Flüssigkeit soviel brennfähiges Dampf-/Luft-Gemisch (Gas) entwickelt hat, dass sie durch eine beliebige Zündquelle zur Entzündung gebracht wird.

3. Rechtliche Grundlagen

Die internationalen Gefahrgutvorschriften basieren wie viele Rechtsnormen auf dem Völkerrecht der Vereinten Nationen (United Nations). Der Wirtschafts- und Sozialrat (ECOSOC – Economic and Social Council) hat Empfehlungen für den weltweiten Transport gefährlicher Güter mit den verschiedenen Verkehrsträgern herausgegeben, dass sogenannte „**Orange Book**".

Diese Empfehlungen beinhalten zwei Bände, die im 2-Jahres-Rhythmus aktualisiert werden:

- Band 1: Die Modelregelungen (Model Regulations)
- Band 2: Das Handbuch für Prüfungen und Kriterien (Manual of Tests and Criteria)

Darauf basieren alle internationalen verkehrsträgerbezogenen Gefahrguttransportvorschriften.

Diese internationalen Regelwerke bekommen aber nur nationale Rechtsgültigkeit, wenn sie über ein Gesetz im jeweiligen Staat zur nationalen Vorschrift erhoben werden. In Deutschland werden hierzu weitere Rechtsverordnungen als Durchführungsvorschriften der beauftragten Ministerien erlassen, die diese internationalen Regelwerke durch Veröffentlichung der gesetzlichen Bekanntmachungsorgane (Bundesgesetzblatt, Verkehrsblatt) auch in Deutschland zur nationalen Vorschrift einsetzen.

Zwischengeschaltet sind u.U. auch noch Richtlinien der Europäischen Union, die entsprechend auch von Deutschland mit nationalen Verordnungen umgesetzt und zu deutschem Recht erhoben werden.

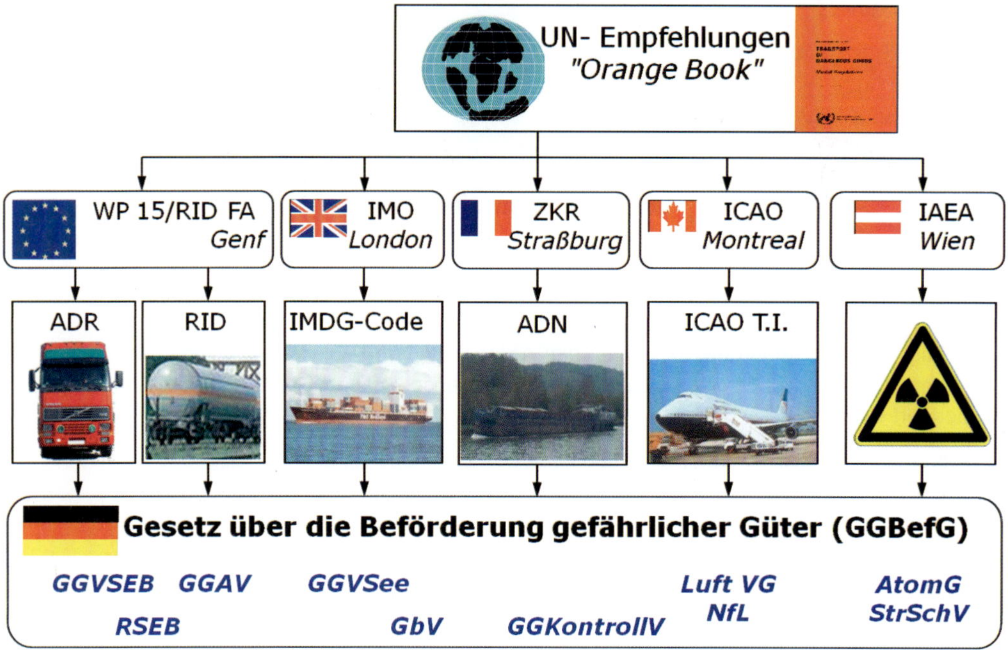

3.1 Gefahrgutrechtliche Vorschriften

ADR

Accord Européen Relatif Au Transport International Des Marchandises Dangereuses Par Route
Europäisches Übereinkommen über die internationale Beförderung gefährlicher Güter auf der Straße.

Dieses Abkommen besteht seit September 1957 und jeder Staat, der in der Lage ist die Auflagen zu erfüllen, kann diesem Abkommen formell beitreten. Dies haben mittlerweile 48 Staaten weit über den europäischen Bereich hinaus getan.

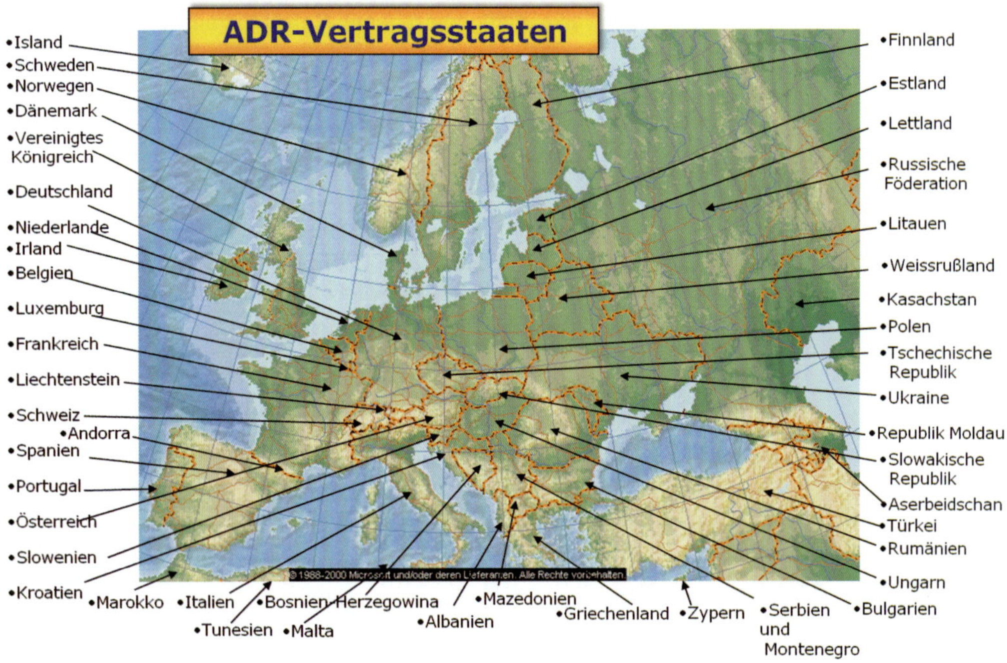

Wichtig für die Gefahrgutpraxis sind die **Anlagen A und B** des Abkommens, die mit der Gefahrgutverordnung Straße, Eisenbahn und Binnenschifffahrt (GGVSEB) in deutsches Recht überführt werden.

Wenn man vom ADR spricht, meint man immer diese Anlagen A und B.
Das ADR besteht aus

- insgesamt 9 Teilen,
- aufgeteilt in 7 Teile der Anlage A und
- 2 Teile der Anlage B.

Aufbau und Inhalt des **ADR** **Anlage A**

Teil 1
Allgemeine Vorschriften

Teil 2
Klassifizierung

Teil 3

Gefahrgutverzeichnis Tabelle 3.2A und Freistellung bei Beförderung in begrenzten/freigestellten Mengen

Teil 4
Vorschriften für die Verwendung von Verpackungen, Großpackmitteln (IBC), Großverpackungen und Tanks

Teil 5
Vorschriften für den Versand

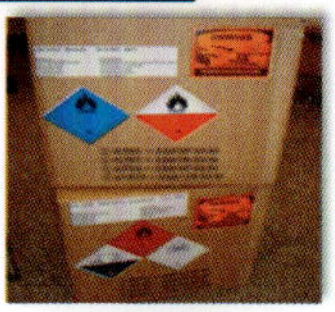

Teil 6
Bau- und Prüfvorschriften für Verpackungen, Großpackmittel (IBC), Großverpackungen und Tanks

Teil 7
Vorschriften für die Beförderung, die Be- und Entladung und die Handhabung

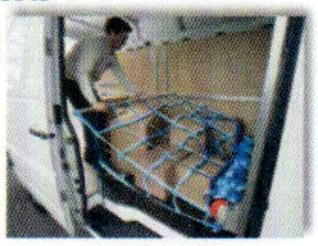

Aufbau und Inhalt des **ADR** **Anlage B**

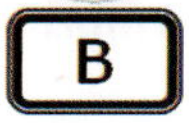

Teil 8
Vorschriften für die Fahrzeugbesatzung, die Ausrüstung, den Betrieb der Fahrzeuge und die Dokumentation

Teil 9
Vorschriften für den Bau und die Zulassung von Fahrzeugen

3. Rechtliche Grundlagen

Das ADR ist zwischen den Jahren 1999 und 2001 völlig neu aufgebaut worden, sodass es jetzt in einer modernen, EDV-tauglichen Weise strukturiert ist. Mit dieser Strukturierung kann auch der Ungeübte schnell eine Information im ADR finden. Dies schafft in der Praxis eine erheblichere Handlungssicherheit.

Die Inhalte des ADR erschließen sich über ein **Fundstellenverzeichnis**. Diese Fundstellen beginnen grob in einem der 9 Teile und enden in der Tiefe konkret bei einem Sachverhalt.

Ein Beispiel:
Ein Disponent möchte nachschlagen, welche gefahrgutrechtlichen Inhalte im Allgemeinen in einem Beförderungspapier (z.B. einem Frachtbrief) enthalten sein müssen, da er dieses Beförderungspapier für den Versand von Gefahrgut erstellen und dem Fahrer mitgeben muss.

Auf die hier beschriebene Weise kann er sich dann zu der benötigten Information „durchhangeln“:

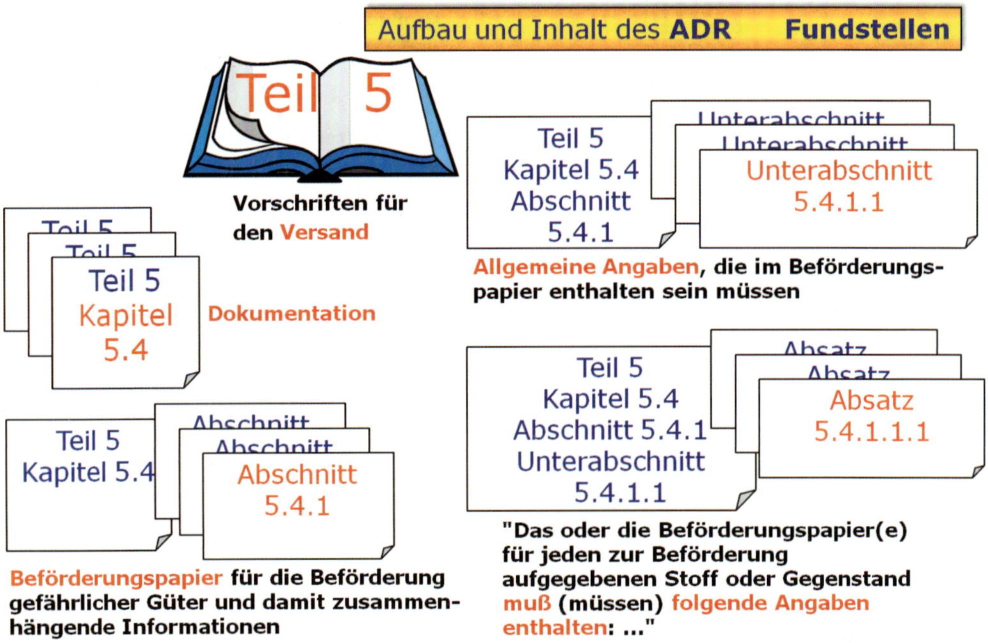

Zentrales Element und damit das **„Herzstück"** des **ADR** ist die **Tabelle 3.2 A**.

Diese Tabelle ist nach aufsteigenden UN-Nummern sortiert. In den einzelnen Spalten werden für jede UN-Nummer entsprechende Angaben gemacht. Diese Angaben erfolgen entweder direkt in Klartext oder werden in Form einer Codierung aufgeführt. Die Bedeutung der Codierungen erfährt man dann in der Fundstelle, die im Spaltenkopf der Tabelle aufgeführt ist. Befindet sich in einer Zelle keine Angabe, so bedeutet dies, dass es zu diesem Sachverhalt keine Regelung gibt, bzw. das dieser Sachverhalt für diese UN-Nummer nicht zutrifft oder sogar nicht erlaubt ist.

Auf diese Art und Weise findet man auch ohne tiefere Kenntnisse notwendige Informationen im **ADR**.

Verzeichnis der gefährlichen Stoffe und Gegenstände (Tabelle 3.2 A)

UN-Nummer	Benennung und Beschreibung 3.1.2	Klasse 2.2	Klassifizierungscode 2.2	Verpackungsgruppe 2.1.1.3	Gefahrzettel 5.2.2	Sondervorschriften 3.3	Begrenzte und freigestellte Mengen 3.4.6 / 3.5.1.2		Verpackung		
									Anweisungen 4.1.4	Sondervorschriften 4.1.4	Zusammenpackung 4.1.10
(1)	(2)	(3a)	(3b)	(4)	(5)	(6)	(7a)	(7b)	(8)	(9a)	(9b)
1978	Propan	2	2F		2.1	652 657 660	0	E 0	P200		MP9
1203	Benzin oder Ottokraftstoff	3	F1	II	3	243 363 534	1 l	E2	P001 IBC02 R001	BB2	MP19

"Gefahrzettel": Spaltenüberschrift **"5.2.2": Fundstelle** **"(5)": Spaltennummer** **"2.1": Produktbezogene Angabe**

ortsbewegliche Tanks und Schüttgutcontainer		ADR-Tanks		Fahrzeug für die Beförderung in Tanks 9.1.1.2	Beförderungskategorie (Tunnelbeschränkungs-code) 1.1.3.6 8.6	Sondervorschriften für die Beförderung				Nummer zur Kennzeichnung der Gefahr 5.3.2.3
Anweisungen 4.2.5.2 7.3.2	Sondervorschriften 4.2.5.3	Tankcodierung 4.3	Sondervorschriften 4.3.5 6.8.4			Versandstücke 7.2.4	lose Schüttung 7.3.3	Be- und Entladung, Handhabung 7.5.11	Betrieb 8.5	
(10)	(11)	(12)	(13)	(14)	(15)	(16)	(17)	(18)	(19)	(20)
T50 (M)		PxBN(M)	TA4 TT9	FL	2 (B/D)			CV9 CV10 CV36	S2 S20	23
T4	TP1	LGBF	TU9	FL	2 (D/E)				S2 S20	33

3. Rechtliche Grundlagen

Europäische Richtlinien

Richtlinien des europäischen Parlamentes und des Rates für die Beförderung gefährlicher Güter im Binnenland werden zur rechtssicheren Anwendung der internationalen Gefahrgutvorschriften bzw. als Grundlage weiterer nationaler Regelungen im Rahmen der Verträge über die europäische Union erlassen.

Es gibt mittlerweile nur noch eine europäische Richtlinie für die Beförderung gefährlicher Güter im Binnenland, da mittlerweile die Gefahrgutregelwerke für die Straße (ADR), die Eisenbahn (RID) und die Binnenschifffahrt (ADN) entsprechende Regelungen auch beispielsweise für die Aus- und Weiterbildung von Sicherheitsberatern (in Deutschland: Gefahrgutbeauftragter) und von anderen Personen, die am Gefahrguttransport beteiligt sind (außer den Gefahrgutfahrern) enthalten.

Dies ist die

Richtlinie 2008/68/EG des europäischen Parlamentes und des Rates für die Beförderung gefährlicher Güter im Binnenland.

Die Umsetzung der Inhalte erfolgt wie beschrieben, über das Gefahrgutbeförderungsgesetz und die daraus resultierenden Verordnungen.

Gefahrgutbeförderungsgesetz (GGBefG)

Das GGBefG ist die Grundlage für die deutsche Gefahrgutgesetzgebung.

Es besteht aus 18 Paragraphen:

§ 1 Geltungsbereich
§ 2 Begriffsbestimmungen
§ 3 Ermächtigungen
§ 4 (weggefallen)
§ 5 Zuständigkeiten
§ 6 Allgemeine Ausnahmen
§ 7 Sofortmaßnahmen
§ 7a Anhörung
§ 7b Beirat
§ 8 Maßnahmen der zuständigen Behörden
§ 9 Überwachung
§ 9a Amtshilfe und Datenschutz
§ 10 Ordnungswidrigkeiten
§ 11 Strafvorschriften
§ 12 Kosten
§ 13 Änderung anderer Gesetze
§ 14 (weggefallen)
§ 15 Inkrafttreten

Zu § 1:
Hier wird der sachliche und räumliche Geltungsbereich festgelegt.

- **Sachlich:**

Für die Beförderung mit Eisenbahn-, Magnetschwebebahn-, Straßen-, Wasser- und Luftfahrzeugen. Nicht für die Beförderung mit Bergbahnen.

Für das Herstellen, Einführen und Inverkehrbringen von Verpackungen, Beförderungsbehältnissen und Fahrzeugen.

- **Räumlich:**

Im Bereich der Bundesrepublik Deutschland.

Nicht bei grenzüberschreitenden Beförderungen.

Nicht innerhalb eines Betriebes (abgeschlossenes Gelände) oder mehrerer verbundener Betriebsgelände (Industrieparks)

Zu § 2:

Hier werden wichtige **Begriffsbestimmungen** festgelegt:

- Was sind gefährliche Güter
- Was ist Beförderung
- Was ist ein zeitweiliger Aufenthalt im Verlaufe der Beförderung

§ Gefährliche Güter §

- **Stoffe** und **Gegenstände**
- von denen auf Grund ihrer Natur, ihrer Eigenschaften oder ihres Zustandes
- im Zusammenhang mit der **Beförderung**
- **Gefahren**
- für die öffentliche Sicherheit oder Ordnung, insbesondere für
  - die Allgemeinheit,
  - für wichtige Gemeingüter,
  - für Leben und Gesundheit von Menschen sowie
  - **für Tiere und Sachen**

  ausgehen können.

§ Beförderung §

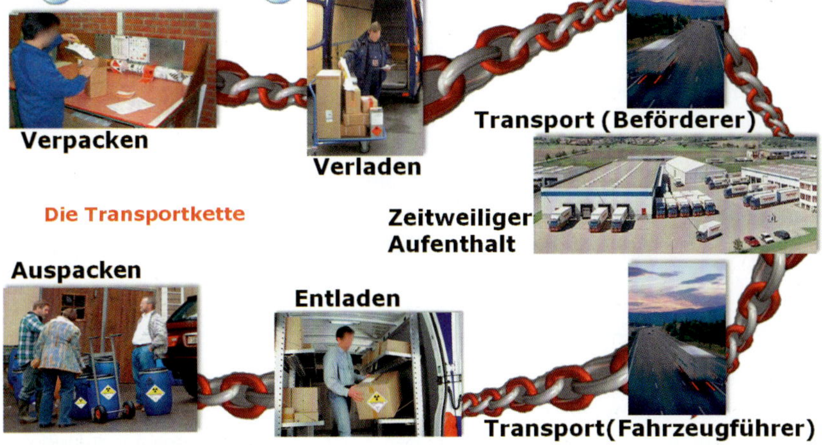

§ Zeitweiliger Aufenthalt §

- Wechsel der Beförderungsart
- **Wechsel des Beförderungsmittels (Umschlag)**
- Nachweis durch Beförderungsdokumente
  - Angaben Versand-/Empfangsort

Bereitstellung der Ladung beim Empfänger zur Entladung =

Ende der Beförderung

Zu § 3:
Hier wird das Ministerium für Verkehr, Bau und Stadtentwicklung (BMVBS) ermächtigt, Rechtsverordnungen (mit Zustimmung des Bundesrates) und allgemeine Verwaltungsvorschriften zu erlassen.

Zu § 5:
Hier werden Ministerien, Behörden und Institutionen benannt, die Zuständigkeiten zur Umsetzung dieses Gesetzes übertragen bekommen:

Das BMVBS hat hier immer bestimmende Autorität:

- Bundesamt für Güterverkehr (BAG)
- Bundesamt für Strahlenschutz
- Bundesamt für Verbraucherschutz und Lebensmittelsicherheit
- Bundesamt für Materialforschung und –prüfung (BAM)
- Bundesinstitut für Risikobewertung
- Eisenbahn-Bundesamt (EBA)
- Kraftfahrt-Bundesamt (KBA)
- Physikalisch-Technische Bundesanstalt (PTB)
- Robert-Koch-Institut (RKI)
- Umweltbundesamt (UBA)
- Wehrwissenschaftliche Institut für Werk-, Explosiv-, und Betriebsstoffe (WIWEB)
- Industrie- und Handelskammern (IHK)
- Sachverständige und sachkundige Personen für Prüfungen, Überwachungen und Bescheinigungen
- Ggf. Behörden von Vertragsstaaten
- Behörden von Bundeswehr und Bundespolizei

Zu § 6:
Das BMVBS wird ermächtigt allgemeine Ausnahmen im Zusammenhang der Beförderung mit Eisenbahn- und Straßenfahrzeugen, weiteren bestimmten Fahrzeugen, Wasser- und Luftfahrzeugen zuzulassen.

Zu § 7:
Das BMVBS kann bei bestimmten Erkenntnissen hinsichtlich der Sicherheitslage bei der Beförderung, sofort weitere Beförderungen untersagen bzw. unter Auflagen stellen.

Auch Beförderungen von Gütern, die bisher nicht diesen Vorschriften unterlagen, können bei entsprechender Erkenntnislage sofort unter diese Vorschriften und Auflagen gestellt werden.

Zu § 7a:
An der Erstellung der vom BMVBS erarbeiteten Rechtsverordnungen sollen die o.a. Stellen möglichst mitwirken.

Zu § 7b:
Beim BMVBS wird ein Gefahrgut-Verkehrs-Beirat eingesetzt. Seine Aufgabe ist die Beratung des Ministeriums.

Mitglieder sollten Vertreter

- o.a. Sicherheitsbehörden
- der Länder
- von Verbänden der Wirtschaft und der Verkehrswirtschaft
- der Gewerkschaften
- der Wissenschaft
- bei Bedarf weiterer Ministerien

sein.

Die jeweilige Zusammensetzung wird vom BMVBS geregelt.

Zu § 8:
Die für die Überwachung zuständigen Behörden können Anordnungen treffen, die zur Beseitigung festgestellter oder zur Verhütung künftiger Verstöße erforderlich sind.

Zu § 9:
Beschreibung der Überwachungsmaßnahmen der für die Überwachung zuständigen Behörden.

Zu § 9a:
Festlegungen der Übermittlung und Speicherung personenbezogener Daten bei schwerwiegenden oder wiederholten Verstößen.

Zu § 10:
Festlegungen, was als Ordnungswidrigkeit bei Verstößen gegen dieses Gesetz geahndet wird.

Zu § 11:
Festlegungen, was als Straftat bei Verstößen gegen dieses Gesetz geahndet wird.

Zu § 12:
Festlegungen zu Gebühren und Kosten und zu gebührenpflichtigen Tatbeständen.

Die Gefahrgutverordnung Straße, Eisenbahn und Binnenschifffahrt (GGVSEB)

Die GGVSEB ist die **Durchführungsverordnung** des BMVBS für die Beförderung gefährlicher Güter.

Sie besteht aus einer Rahmenverordnung, dem Paragraphenteil mit 40 Paragraphen und 2 Anlagen:

§ 1	Geltungsbereich
§ 2	Begriffsbestimmungen
§ 3	Zulassung zur Beförderung
§ 4	Allgemeine Sicherheitspflichten
§ 5	Ausnahmen
§ 6 - § 16	Zuständigkeiten
§ 17 - § 34a	Pflichten der Beteiligten
§ 35	Fahrweg und Verlagerung im Straßenverkehr
§ 36	Prüffrist für Feuerlöschgeräte
§ 37	Ordnungswidrigkeiten
§ 38	Übergangsbestimmungen
Anlage 1	Gefährlicher Güter, für deren innerstaatliche und grenzüberschreitende Beförderung § 35 gilt
Anlage 2	Einschränkungen aus Gründen der Sicherheit bei der Beförderung gefährlicher Güter zu den Teilen 1 – 9 des ADR und zu den Teilen 1 – 7 des RID für innerstaatliche Beförderungen, sowie zu den Teilen 1 – 9 des ADN für innerstaatliche und grenzüberschreitende Beförderungen

Zu § 1:

Wichtige Regelung hier ist die Inkraftsetzung des ADR für den Straßenverkehr, des RID für den Eisenbahnverkehr und des ADN für die Binnenschifffahrt für die Bundesrepublik Deutschland.

Zu § 2:

Hier werden nur **Begriffsbestimmungen** aufgenommen, die nicht inhaltsgleich im ADR/RID/ADN enthalten sind. Aufgenommen sind nur Begriffe, die im Rahmen dieser Verordnung erweitert oder eingeschränkt werden.

Im Einzelnen sind folgende Begriffe geregelt:

- Absender
- Befüller
- Verlader
- Verpacker
- Versandstück
- Fahrzeuge
- Gefährliche Güter
- ergänzend werden auf Begriffsbestimmungen für diverse Verpackungen im ADR Bezug genommen
- ergänzend wird auf einige weitere Vorschriften in ihrer amtlichen Veröffentlichung Bezug genommen

Zu § 3:

Hier ist der Grundsatz zu entnehmen, das gefährliche Güter nur befördert werden dürfen, wenn deren Beförderung nach bestimmten Teilen des ADR nicht ausgeschlossen ist.

Wenn die Beförderung also zugelassen ist, dann darf sie nur unter Einhaltung der Vorschriften des ADR/RID/ADN erfolgen.

Zu § 4:
Mit einer der wichtigsten Paragraphen der GGVSEB.

Hier werden nämlich **alle** an der Beförderung gefährlicher Güter **Beteiligten** verpflichtet, erforderliche Vorkehrungen zu treffen, aufgrund **vorhersehbarer Gefahren Schadensfälle zu vermeiden** oder bei deren Eintritt so gering wie möglich zu halten. Das ist u.a. der Personenkreis, der nicht von den Pflichten der Beteiligten der §§ 17 - 34a erfasst wird (z.B. der Disponent bei der Fahrtroutenfestlegung).

Daraus lässt sich beispielsweise grundsätzlich auch ableiten, dass jeder am Beförderungsvorgang Beteiligte für seinen Aufgabenbereich unterwiesen sein muss.

§ Allgemeine Sicherheitspflichten §

Die an der Beförderung gefährlicher Güter Beteiligten haben die nach Art und Ausmaß der vorhersehbaren Gefahren erforderlichen Vorkehrungen zu treffen, um Schadensfälle zu verhindern und bei Eintritt eines Schadens dessen Umfang so gering wie möglich zu halten.

Bei Austritt von Gefahrgut
- ohne direkte Möglichkeit der Beseitigung
- bzw. bei unmittelbarer Gefahr für die öffentliche Sicherheit
- sind umgehend die zuständigen Behörden, Einsatz- und Sicherheitskräfte
- mit den erforderlichen Angaben zu informieren.

Zu § 5:

Hier werden die Regeln benannt, von denen **Ausnahmen** erteilt werden können und unter welchen Bedingungen.

Des Weiteren werden die zuständigen Behörden der einzelnen Bundesländer benannt, die für die Ausnahmeerteilung zuständig sind.

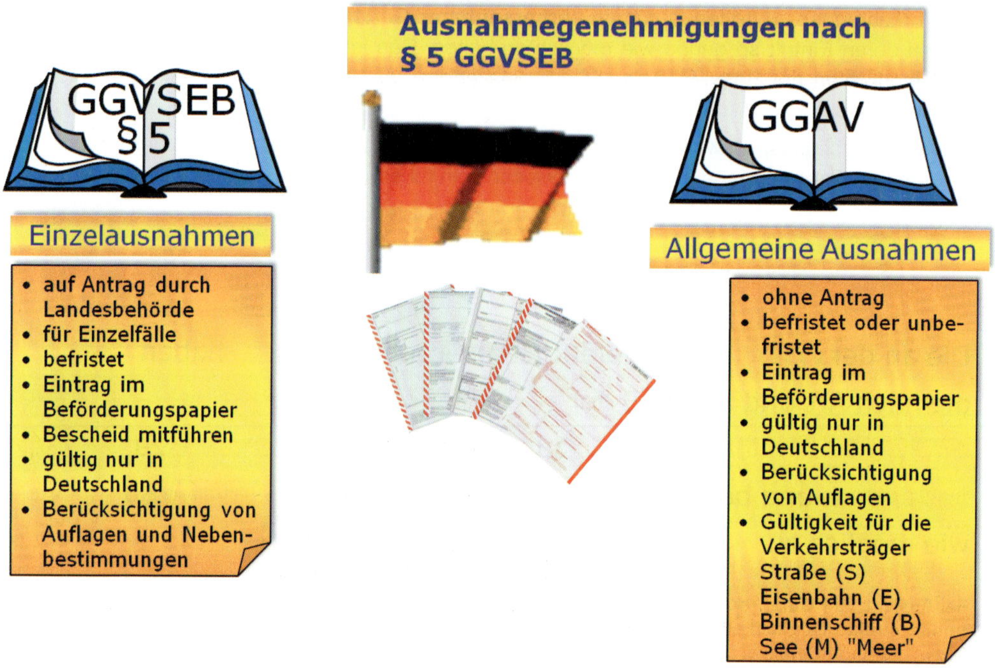

Zu § 6 - § 16:

Hier werden alle **zuständigen Behörden** mit ihren Aufgabenfeldern aufgeführt.

Zu § 17 - § 34a:

Hier werden alle **Pflichten der einzelnen Beteiligten** aufgeführt.

Dabei ist es wichtig, dass bei Verantwortlichen, die auch im ADR/RID/ADN benannt sind, in Deutschland immer die Pflichten nach GGVSEB anzuwenden sind.

Zu § 35:

Die sogenannte **„Fahrwegbestimmung"** ist eine deutsche Besonderheit.

In der Anlage 1 zur GGVSEB sind 4 Tabellen enthalten, die verschiedenste besonders gefährliche Güter auflisten. Für einen Teil dieser Güter muss beispielsweise vorrangig die Eisenbahn- oder Binnenschiffbeförderung bzw. der „Huckepack-Verkehr" geprüft werden.

Straßenbeförderungen müssen vorrangig auf Autobahnen durchgeführt werden, deren Benutzung aber auch unter bestimmten Voraussetzungen nicht berücksichtigt werden braucht.

Für die Benutzung „normaler" Straßen ist durch die Verantwortlichen eine Fahrwegbestimmung formal zu beantragen. Die zuständigen Behörden erteilen bei Erfüllung der Antragsvoraussetzungen eine schriftliche Fahrwegbestimmung, u.U. mit zusätzlichen Nebenbestimmungen als Auflage. Diese schriftliche Fahrwegbestimmung muss der Fahrzeugführer als Begleitpapier mitführen.

Zuständige Behörden können Fahrwegbestimmungen auch in Form von Allgemeinverfügungen in den amtlichen Veröffentlichungsorganen bekannt machen. Es kann dann ggf. danach verfahren werden.
Hier wird noch im Kapitel 9.6 näher drauf eingegangen.

Zu § 36:
Festlegung der Prüffrist für in Deutschland hergestellte Feuerlöscher. Sie beträgt 2 Jahre.

Zu § 37:
Festlegungen, was als **Ordnungswidrigkeit** bei Verstößen gegen diese Verordnung geahndet wird.

Zu § 38:
Festlegungen zur Übergangsfrist der Anwendung der letzten Fassung der GGVSEB.

Zur Anlage 2:
Hier werden **nationale „Abweichungen"** vom ADR/RID/ADN festgelegt. Dies bedeutet aber nicht, dass die ADR/RID/ADN-Vertragsstaaten Regelungen dieser Vorschriftenwerke mit nationalen Bestimmungen wieder „aushebeln" können. Im Rahmen dieser nationalen Abweichungen können nur Verschärfungen bzw. Konkretisierungen dieser Regelungen vorgenommen werden.

In der Anlage 2 werden folgende Abweichungen vorgenommen:

- Festlegung bestimmter Güter, deren Beförderung abweichend von ADR/RID/ADN verboten sind
- Aufzählung bestimmter Güter, die auch den organischen festen und flüssigen giftigen Stoffen der Klasse 6.1 zugeordnet werden
- Regelungen zu den Freistellungen im Zusammenhang mit der Art der Beförderungsdurchführung nach Unterabschnitt 1.1.3.1 ADR/RID

- Regelungen zu den Übergangsvorschriften
- Verbot von Feuer und offenem Licht
- Unterrichtung des Fahrpersonals durch Befüller und Entlader
- Überwachung der Fahrzeuge und Container
- Regelungen für den Eisenbahnverkehr
- Regelungen für die Binnenschifffahrt
- Spezielle Regelungen für die Beförderung auf dem Rhein

3. Rechtliche Grundlagen

Gefahrgutausnahmeverordnung (GGAV)

Die GGAV basiert auf dem § 5 der alten GGVSEB. Die momentan aktuelle und noch gültige Fassung stammt aus dem Jahr 2011 und muss noch der neuen GGVSEB angepasst werden.

Abweichungen, die in der Bundesrepublik Deutschland von allgemeinem Interesse sind, werden in der Verordnung über Ausnahmen von den Vorschriften über die Beförderung gefährlicher Güter (GGAV) zusammengefasst.

Die **Zugehörigkeit** für die jeweiligen **Verkehrsträger** wird durch Großbuchstaben verdeutlicht, die nach der jeweiligen Nummer der Ausnahme in Klammern erscheinen.

Es stehen

- **„S“** für Straße,
- **„E“** für Eisenbahn,
- **„M“** für den Seeverkehr (von Maritim) und
- **„B“** für den Verkehrsträger Binnenschiff.

Die GGAV beinhaltet derzeit folgende gültige, unbefristete bzw. bis zum 30.06.2015 gültige Ausnahmen

- 6 Ausnahmen für den Verkehrsträger Straße
- keine Ausnahme für den Verkehrsträger Eisenbahn
- 1 Ausnahme für den Verkehrsträger See
- 1 Ausnahmen für den Verkehrsträger Binnenschiff
- 2 Ausnahmen gemeinsam für die Verkehrsträger Straße und Eisenbahn
- 4 Ausnahmen gemeinsam für die Verkehrsträger Straße, Eisenbahn und Binnenschiff.

Da das EU-Recht das Ziel hat, für alle EU-Staaten grundsätzlich einheitliche Vorschriften zu schaffen, wird durch die EU das Erteilen von nationalen Ausnahmen stark eingeschränkt. Die Ausnahmen nach GGAV gelten zwar nur in Deutschland, müssen der EU-Kommission jedoch mitgeteilt werden. Die EU-Kommission muss auch zustimmen.

Ausnahmen nach GGAV sind **gelegentlich befristet**. Sie gelten dann **max. 5 Jahre** und brauchen vom Fahrzeugführer mit den Begleitpapieren nicht mitgeführt werden, jedoch kann ein Vermerk auf dem Beförderungspapier erforderlich sein, wenn eine Ausnahme genutzt wird.
Ausnahmen nach GGAV dürfen bei Transporten innerhalb von Deutschland auch von ausländischen Transporteuren genutzt werden.

ADR-Vereinbarungen (Multilaterale Vereinbarungen)

Im Zusammenhang von Ausnahmeregelungen ist die Möglichkeit zu erwähnen, dass zwischen mindestens zwei ADR-Vertragsstaaten **zeitweilige Abweichungen** beschlossen werden können, sofern dadurch die Sicherheit nicht beeinträchtigt wird.

Um die Möglichkeit einer ständigen Anpassung der Vorschriften des ADR an die industriell-technische Entwicklung zu gewährleisten, dürfen gem. 1.5.1 ADR zwischen den Staaten zeitweilig Ausnahmen vom ADR vereinbart werden.

Sie sind dem Sekretariat der UN-Wirtschaftskommission für Europa mitzuteilen, und zwar von der Behörde, die die Initiative zu dieser Ausnahme ergreift.

Ihre **Geltungsdauer** darf **5 Jahre** nicht überschreiten. Falls ihr Inhalt früher in das ADR übernommen werden sollte (z.B. über eine ADR-Änderungs-Verordnung), verliert sie zu diesem Zeitpunkt ihre Gültigkeit.

Die ADR-Vereinbarungen bekommen eine „Registrier-Nummer“, die sich aus dem Buchstaben „M“ (für multilateral) und einer Zählnummer zusammensetzt.

ADR-Vereinbarungen gelten innerstaatlich in ADR-Vertragsstaaten, die diese Vereinbarungen gezeichnet haben. Sollten Unterzeichnerstaaten dabei gemeinsame Grenzen haben, können die ADR-Vereinbarungen auch im grenzüberschreitenden Verkehr angewendet werden.

Die von der Bundesrepublik Deutschland gezeichneten ADR-Vereinbarungen werden in die deutsche Sprache übersetzt und in den amtlichen Veröffentlichungsorganen bekannt gemacht.

ADR-Vereinbarung nach Kapitel 1.5 ADR (Multilaterale Vereinbarung)

- auf Vorschlag eines ADR-Staates
- ohne Antrag
- befristet
- in der Regel Eintrag im Beförderungspapier
- Kopie des Textes mitführen (wenn gefordert)
- gültig nur in Unterzeichnerstaaten
- bei gemeinsamen Grenzen der Unterzeichnerstaaten auch grenzüberschreitend

Eintrag im Beförderungspapier:

"Beförderung vereinbart nach Abschnitt 1.5.1 des ADR (M198)"

Richtlinien zur Durchführung der Gefahrgutverordnung Straße, Eisenbahn und Binnenschifffahrt (RSEB)

Die Richtlinien zur Durchführung der Gefahrgutbeförderung Straße, Eisenbahn und Binnenschifffahrt (RSEB) erläutern Bestimmungen der GGVSEB, einschließlich des ADR.

Sie sind eine Verwaltungsvorschrift (gewissermaßen eine **Gebrauchsanleitung**) und sollen helfen, **einheitliche Auslegungen** der Bestimmungen zu sichern. Dennoch sind gegebenenfalls unterschiedliche Auffassungen einzelner Bundesländer bei der Auslegung o.g. Vorschriften zu berücksichtigen, was die Anwendung des Gefahrgutrechts in Deutschland nicht unbedingt vereinfacht und übersichtlicher macht. Die Anwendung und „Gültigkeit" der RSEB muss formal von jedem Bundesland beschlossen und verkündet werden.

Zu den o.a. Erläuterungen zu den Einzelvorschriften beinhaltet die RSEB aber wichtige **Anlagen**. In momentan 18 Anlagen werden **Musterformulare** für bestimmte Antrags- und Bekanntmachungsverfahren und Verfahrensbeschreibungen für bestimmte Prüfungen zur Verfügung gestellt.

Beispielsweise findet man hier ein Formular sowohl für die **Antragstellung** als auch für die **Erteilung** einer **Fahrwegbestimmung** nach § 35 GGVSEB.

Für die Praxis häufig benötigt, aber nicht durch das ADR/RID/ADN bereitgestellt, ist ein **alphabetisches Verzeichnis der gefährlichen Güter** beigefügt.

Für die Beteiligten nach GGVSEB findet man in der RSEB auch den **Bußgeld- und Verwarnungsgeldkatalog**, der beschreibt welche Pflichtenverstöße geahndet werden und „was es kostet".

Richtlinien zur Durchführung der GGVSEB (RSEB)

- Verwaltungsvorschrift "Gebrauchsanleitung" zur GGVSEB
- Enthält Erläuterung zur einheitlichen Auslegung der Vorschriften
- wichtige Anlagen
- Musterformulare für Antragsverfahren und Genehmigungen
- alphabetisches Verzeichnis der gefährlichen Güter
- Buß- und Verwarnungsgeldkatalog "Gefahrgut"

Gefahrgutbeauftragtenverordnung (GbV)

Die Gefahrgutbeauftragtenverordnung wurde in 2011 völlig neu herausgegeben. Da viele Inhalte der „alten" GBV mit der Entwicklung in anderen internationalen Regelwerken nicht mehr im Einklang waren, waren grundlegende Anpassungen erforderlich.

Aus der Begründung zur neuen GbV:

- Der Entwurf hat zum Ziel, alle über internationale Vorgaben hinausgehenden Anforderungen an die Bestellung von Gefahrgutbeauftragten für die Verkehrsträger Straße, Eisenbahn und Binnenschifffahrt zu streichen und die Durchführung der Schulung und Prüfung weitgehend dem Satzungsrecht der IHK'en zu unterwerfen. Damit kann auch die Gefahrgutbeauftragten-Prüfungsverordnung aufgehoben werden. Somit trägt die Verordnung zur Entbürokratisierung und zu einer Vereinfachung für die Wirtschaft bei.
- Für die Seeschifffahrt sind im IMDG-Code bisher keine Regelungen für Gefahrgutbeauftragte enthalten. Hier soll aber der bisherige Rechtsstand zur Bestellung von Gefahrgutbeauftragten beibehalten werden.
- Im Luftverkehr kann auf die Bestellung von Gefahrgutbeauftragten verzichtet werden, da wegen der im Einzelnen geregelten Schulungsanforderungen an die jeweiligen Beteiligten sichergestellt ist, dass an jeder Stelle in den Unternehmen geschulter Sachverstand vorhanden ist und damit die Einhaltung der Vorschriften gewährleistet wird.
- Die bisher in der GbV enthaltenen Regelungen zu Beauftragten Personen oder sonstigen verantwortlichen Personen können künftig in der GbV entfallen, da zwischenzeitlich die internationalen Regelwerke ADR/RID/ADN/IMDG-Code Schulungs- und Unterweisungsregelungen für die im Rahmen von Gefahrgutbeförderungen beschäftigten Personen aufgenommen haben. In der GGVSEB und in der GGVSee werden bei allen Beteiligten, die

Personen beschäftigen, deren Arbeitsbereich die Beförderung gefährlicher Güter umfasst, entsprechende Pflichten aufgenommen, um die Umsetzung verbindlicher internationaler Vorschriften sicher zu stellen. Außerdem ist durch die Vorgaben des Ordnungswidrigkeitenrechts sicher gestellt, dass eine Pflichtenübertragung nur unter den dort genannten Bedingungen wirksam ist.

Die GbV besteht aus 13 Paragraphen:

§ 1 Geltungsbereich
§ 2 Befreiungen
§ 3 Bestellung von Gefahrgutbeauftragten
§ 4 Schulungsnachweis
§ 5 Schulungsanforderungen
§ 6 Prüfungen
§ 7 Zuständigkeiten
§ 8 Pflichten des Gefahrgutbeauftragten
§ 9 Pflichten der Unternehmer
§ 10 Ordnungswidrigkeiten
§ 11 Übergangsbestimmungen
§ 12 Aufheben von Vorschriften
§ 13 Inkrafttreten

Zu § 1:

Wesentlich hier ist die Anwendungspflicht für Straßen-, Eisenbahn- und Binnenschiffsbeförderung durch Unternehmen, da das ADR/RID/ADN hierzu Vorschriften enthält (Sicherheitsberater).

Obwohl der IMDG-Code eine solche Funktion international nicht enthält, soll aber auch weiterhin ein Gefahrgutbeauftragter national für Seebeförderungen erforderlich bleiben.

Zu § 2:

Gefahrgutbeauftragte brauchen nicht bestellt zu werden, wenn ausschließlich Mengen im Rahmen der Freistellungsregelungen des Teil 1 ADR/RID/ADN bzw. begrenzte und freigestellte Mengen der Kapitel 3.4 und 3.5 ADR/RID/ADN/IMDG-Code und sonstigen spezifischen Freistellungsregelungen in den internationalen Regelwerken durchgeführt werden.

Weiterhin befreit sind Unternehmen, die nicht mehr als 50 Tonnen netto für den Eigenbedarf in Erfüllung betrieblicher Aufgaben befördern.

Spezielle Freistellungen existieren für Unternehmen, die nur bestimmte Pflichten von Beteiligten der GGVSEB wahrzunehmen haben.

Zu § 3:

Es ist mindestens ein Gefahrgutbeauftragter schriftlich zu bestellen. Bei klarer Aufgabenabgrenzung können auch mehrere bestellt werden. Der Gefahrgutbeauftragte muss nicht Mitarbeiter des Unternehmens sein, es kann auch ein externer bestellt werden. In jedem Falle muss der Gefahrgutbeauftragte für die jeweiligen Verkehrsträger eine gültige Schulungsbescheinigung haben.

Überwachungsbehörden können auch bei wiederholten oder schwerwiegenden Vorschriftenverstößen freigestellte Unternehmen zur Bestellung eines Gefahrgutbeauftragten verpflichten.

Zu § 4:

Jeder Gefahrgutbeauftragte muss eine Schulung für den jeweiligen Verkehrsträger absolviert und mit einer Prüfung abgeschlossen haben. Darüber hat er einen Schulungsnachweis zu erbringen.

Zu § 5:

Die Lehrgänge müssen anerkannt sein (in Deutschland durch die IHK) und in deutscher Sprache durchgeführt werden (Schulungen in englischer Sprache sind auf Antrag bei Einhaltung bestimmter Voraussetzungen möglich).

Die Schulung für den ersten Verkehrsträger (Grundschulung) umfasst mindestens 22 Stunden und 30 Minuten. Weitere Verkehrsträger benötigen mindestens 7 Stunden und 30 Minuten. Ein Unterrichtstag hat maximal 7 Stunden und 30 Minuten.

Zu § 6:

Die Prüfung ist schriftlich und in deutscher Sprache durchzuführen (Prüfungen in englischer Sprache sind auf Antrag bei Einhaltung bestimmter Voraussetzungen möglich). Sie darf maximal einmal ohne nochmalige Schulung wiederholt werden.

Vor Ablauf einer 5-jährigen Gültigkeitsfrist ist eine Prüfung zur Verlängerung des Schulungsnachweises abzulegen. Diese Prüfung darf mehrmals wiederholt werden.

Zu § 7:

Im Regelfall ist die jeweilige IHK zuständig. Es können aber auch eigene Schulungen und Prüfungen z.B. durch die Bundeswehr durchgeführt werden.

Zu § 8:

- Der Gefahrgutbeauftragte muss immer einen gültigen Schulungsnachweis vorweisen können.
- Er muss die Aufgaben des Unterabschnittes 1.8.3.3 ADR/RID/ADN wahrnehmen.
- Er muss über seine Tätigkeiten schriftliche Aufzeichnungen erstellen.
- Er muss einen Jahresbericht über die Tätigkeit des Unternehmens in Bezug auf die Gefahrgutbeförderung mit bestimmten geforderten Inhalten erstellen.
- Ggf. ist bei entsprechenden Vorkommnissen durch ihn ein Unfallbericht zu erstellen.

Zu § 9:

- Es besteht ein ausdrückliches Benachteiligungsverbot durch den Unternehmer für den bestellten Gefahrgutbeauftragten.
- Der Unternehmer darf nur Gefahrgutbeauftragte mit gültigem Schulungsnachweis bestellen.
- Er muss den Gefahrgutbeauftragten in jeder Hinsicht bei der Erfüllung seiner Aufgaben unterstützen und die Voraussetzungen hierfür schaffen.
- Der Jahresbericht ist durch ihn 5 Jahre aufzubewahren.
- Er muss erforderliche Unterlagen auf Verlangen der Überwachungsbehörde vorlegen.

Zu § 10:

Es werden Ordnungswidrigkeiten festgelegt bei Verstößen als

- Unternehmer
- Schulungsveranstalter
- Gefahrgutbeauftragter

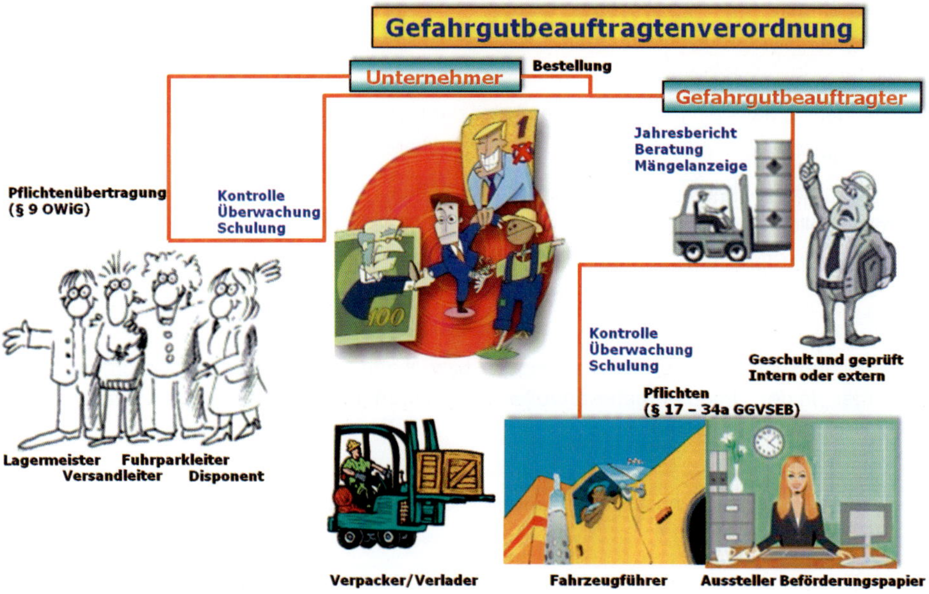

Gefahrgutkontrollverordnung (GGKontrollV)

Die Gefahrgutkontrollverordnung regelt die in § 9 GGBefG geforderte **Überwachung der Gefahrgutbeförderung** und zwar sowohl auf der **Straße** wie auch in **Unternehmen**.

Da die GGKontrollV auch EU-Recht beinhaltet, gilt es hinsichtlich des Beförderungsbegriffes die Unterschiede zwischen dem GGBefG und der GGKontrollV zu beachten. Beförderung ist hier jeder Transport, der auf öffentlichen Straßen in Deutschland mit einem Fahrzeug i.S. der GGKontrollV, d.h. mit jedem zur Teilnahme am Straßenverkehr bestimmten Kraftfahrzeug und ihrer Anhänger, erfolgt, einschl. der Tätigkeiten des Ein- und Ausladens.

Die GGKontrollV besteht aus 6 Paragraphen und ehemals 5 Anlagen

§ 1	Anwendungsbereich
§ 2	Begriffsbestimmungen
§ 3	Kontrollen auf der Straße
§ 4	Kontrollen in den Unternehmen
§ 5	Berichtswesen
§ 6	Inkrafttreten
Anlage 1	Prüfliste
Anlage 2	(weggefallen)
Anlage 3	Verstöße
Anlage 4	(weggefallen)
Anlage 5	Formularmuster für den Bericht an das BMVBS

Zu § 2:

Wie schon erwähnt, werden in der GGKontrollV eigene Begriffsbestimmungen für die Kontrollen festgelegt.

Im Einzelnen werden definiert:

- Fahrzeug
- Gefährliche Güter

- Unternehmen
- Kontrolle

Zu § 3:
Hier wird festgelegt, dass ein repräsentativer Anteil der Gefahrguttransporte zu kontrollieren ist.

Dem Fahrzeugführer ist eine geeignete Kontrollbescheinigung auszuhändigen.

Es dürfen dem Transportgut Proben entnommen werden.

Die Kontrollen sollen einen angemessenen Zeitraum nicht überschreiten.

Es dürfen alle erforderlichen Maßnahmen bei Verstößen getroffen werden, um Gefahren abzuwenden.

Zu § 4:
Die Überwachungsbehörden können vorbeugend bzw. wenn Verstöße bei der Beförderung festgestellt wurden, in den Unternehmen Kontrollen durchführen. Es können, je nach Kontrollergebnis, Beförderungen untersagt werden.

Zu § 5:
Die oberste Kontrollbehörde muss einen Jahresbericht mit festgelegten Inhalten erstellen und an das BMVBS übergeben.

Zu Anlage 1:
Nach dieser **Prüfliste** sind die Kontrollen durchzuführen.

Zu Anlage 3:
Hier werden die **Verstöße**, die vorwiegend zu bemängeln sind, als Leitlinie ohne Anspruch auf Vollständigkeit aufgelistet.

Die Verstöße werden in 3 Gefahrenkategorien eingestuft, wobei Verstöße der Gefahrenkategorie I die gefährlichsten Verstöße darstellen. Die Zuordnung zu einer Gefahrenkategorie liegt im Ermessen der Kontrollbehörde bzw. des Kontrollbeamten.

- **Mängel der Kategorie I** sind mit hoher Lebensgefahr, Gefahr schwerer gesundheitlicher Schäden oder einer erheblichen Schädigung der Umwelt verbunden. Sie führen z.B. zur Untersagung der Weiterfahrt oder Stilllegung des Fahrzeugs.
- **Mängel der Kategorie II** sind mit der Gefahr schwerer Verletzungen oder einer erheblichen Schädigung der Umwelt verbunden. Sie müssen angemessen am Kontrollort, spätestens jedoch nach Abschluss der laufenden Beförderung behoben werden.
- **Mängel der Kategorie III** beinhalten eine geringe Gefahr von Verletzungen oder einer Umweltschädigung. Ihre Beseitigung kann zu einem späteren Zeitpunkt auf dem Betriebsgelände erfolgen.

Gefahrgutkontrollverordnung

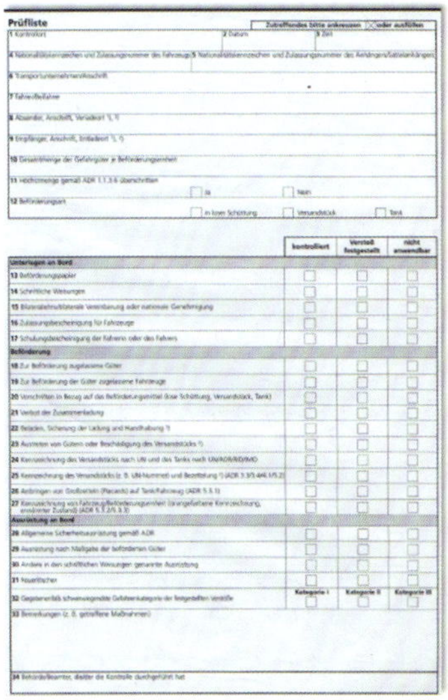

Prüfliste — Zutreffendes bitte ankreuzen ☒ oder ausfüllen

1 Kontrollort | 2 Datum | 3 Zeit

4 Nationalitätskennzeichen und Zulassungsnummer des Fahrzeugs | 5 Nationalitätskennzeichen und Zulassungsnummer des Anhängers/Sattelanhängers

6 Transportunternehmen/Anschrift

7 Fahrer/Beifahrer

8 Absender, Anschrift, Versandort 1), 2)

9 Empfänger, Anschrift, Entladeort 1), 2)

10 Gesamtmenge der Gefahrgüter je Beförderungseinheit

11 Höchstmenge gemäß ADR 1.1.3.6 überschritten ☐ Ja ☐ Nein

12 Beförderungsart ☐ in loser Schüttung ☐ Versandstück ☐ Tank

	kontrolliert	Verstoß festgestellt	nicht anwendbar
Unterlagen an Bord			
13 Beförderungspapier	☐	☐	☐
14 Schriftliche Weisungen	☐	☐	☐
15 Bilaterale/multilaterale Vereinbarung oder nationale Genehmigung	☐	☐	☐
16 Zulassungsbescheinigung für Fahrzeuge	☐	☐	☐
17 Schulungsbescheinigung der Fahrerin oder des Fahrers	☐	☐	☐
Beförderung			
18 Zur Beförderung zugelassene Güter	☐	☐	☐
19 Zur Beförderung der Güter zugelassene Fahrzeuge	☐	☐	☐
20 Vorschriften in Bezug auf das Beförderungsmittel (lose Schüttung, Versandstück, Tank)	☐	☐	☐
21 Verbot der Zusammenladung	☐	☐	☐
22 Beladen, Sicherung der Ladung und Handhabung 1)	☐	☐	☐
23 Austreten von Gütern oder Beschädigung des Versandstücks 1)	☐	☐	☐
24 Kennzeichnung des Versandstücks nach UN und des Tanks nach UN/ADR/RID/IMO	☐	☐	☐
25 Kennzeichnung des Versandstücks (z. B. UN-Nummer) und Bezettelung 1) (ADR 3.3/5.4/4.1/5.2)	☐	☐	☐
26 Anbringen von Großzetteln (Placards) auf Tank/Fahrzeug (ADR 5.3.1)	☐	☐	☐
27 Kennzeichnung von Fahrzeug/Beförderungseinheit (orangefarbene Kennzeichnung, erwärmter Zustand) (ADR 5.3.2/5.3.3)	☐	☐	☐
Ausrüstung an Bord			
28 Allgemeine Sicherheitsausrüstung gemäß ADR	☐	☐	☐
29 Ausrüstung nach Maßgabe der beförderten Güter	☐	☐	☐
30 Andere in den schriftlichen Weisungen genannte Ausrüstung	☐	☐	☐
31 Feuerlöscher	☐	☐	☐
	Kategorie I	Kategorie II	Kategorie III
32 Gegebenenfalls schwerwiegendste Gefahrenkategorie der festgestellten Verstöße	☐	☐	☐

33 Bemerkungen (z. B. getroffene Maßnahmen)

34 Behörde/Beamter, die/der die Kontrolle durchgeführt hat

Kontrolle eines repräsentativen Anteils der Gefahrguttransporte

Prüfung anhand einer Kontrollliste

Kontrollen sollen eine angemessene Zeitdauer nicht überschreiten

Ausstellung einer Kontrollbescheinigung

Gefahrgutkontrollverordnung

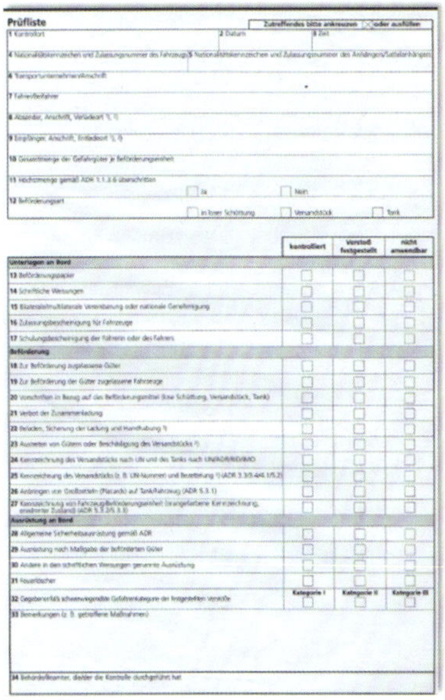

Prüfliste — Zutreffendes bitte ankreuzen ☒ oder ausfüllen
1 Kontrollort | 2 Datum | 3 Zeit
4 Nationalitätskennzeichen und Zulassungsnummer des Fahrzeugs | 5 Nationalitätskennzeichen und Zulassungsnummer des Anhängers/Sattelanhängers
6 Transportunternehmen/Anschrift
7 Fahrer/Beifahrer
8 Absender, Anschrift, Versandort 1), 2)
9 Empfänger, Anschrift, Entladeort 1), 2)
10 Gesamtmenge der Gefahrgüter je Beförderungseinheit
11 Höchstmenge gemäß ADR 1.1.3.6 überschritten ☐ Ja ☐ Nein
12 Beförderungsart ☐ in loser Schüttung ☐ Versandstück ☐ Tank
(Items 13–34 as in the Prüfliste above)

Mängel in drei Kategorien:

I:

hohe Lebensgefahr, Gefahr schwerer gesundheitlicher Schäden, erhebliche Schädigung der Umwelt.
Untersagung der Weiterfahrt oder Stilllegung des Fahrzeugs

II:

Gefahr schwerer Verletzungen, erhebliche Schädigung der Umwelt.
Angemessen am Kontrollort, spätestens nach Abschluss der laufenden Beförderung beheben

III:

geringe Gefahr von Verletzungen oder Umweltschädigung.
Beseitigung zu einem späteren Zeitpunkt auf dem Betriebsgelände

Anlage 1 GGKontrollV

Prüfliste

1. Ort der Kontrolle .... **2. Datum** .... **3. Zeit** ....

4. Nationalitätskennzeichen und Zulassungsnummer des Fahrzeugs ....

5. Nationalitätskennzeichen und Zulassungsnummer des Anhängers/Sattelanhängers ....

6. Transportunternehmen / Anschrift ....

7. Fahrer / Beifahrer ....

8. Absender, Anschrift, Verladeort [1), 2)] ....

9. Empfänger, Anschrift, Entladeort [1), 2)] ....

10. Gesamtmenge der Gefahrgüter je Beförderungseinheit ....

11. Höchstmenge gemäß ADR 1.1.3.6 überschritten ☐ Ja ☐ Nein

12. Beförderungsart ☐ in loser Schüttung ☐ Versandstück ☐ Tank

Dokumente an Bord			
13. Beförderungspapier	☐ kontrolliert	☐ Verstoß festgestellt	☐ nicht anwendbar
14. Schriftliche Weisungen	☐ kontrolliert	☐ Verstoß festgestellt	☐ nicht anwendbar
15. Bilaterale / multilaterale Vereinbarung oder nationale Genehmigung	☐ kontrolliert	☐ Verstoß festgestellt	☐ nicht anwendbar
16. Zulassungsbescheinigung für Fahrzeuge	☐ kontrolliert	☐ Verstoß festgestellt	☐ nicht anwendbar
17. Schulungsbescheinigung des Fahrers	☐ kontrolliert	☐ Verstoß festgestellt	☐ nicht anwendbar
Beförderung			
18. Zur Beförderung zugelassene Güter	☐ kontrolliert	☐ Verstoß festgestellt	☐ nicht anwendbar
19. Zur Beförderung der Güter zugelassene Fahrzeuge	☐ kontrolliert	☐ Verstoß festgestellt	☐ nicht anwendbar
20. Vorschriften in Bezug auf das Beförderungsmittel (lose Schüttung, Versandstück, Tank)	☐ kontrolliert	☐ Verstoß festgestellt	☐ nicht anwendbar
21. Verbot der Zusammenladung	☐ kontrolliert	☐ Verstoß festgestellt	☐ nicht anwendbar
22. Beladen, Sicherung der Ladung und Handhabung [3)]	☐ kontrolliert	☐ Verstoß festgestellt	☐ nicht anwendbar
23. Austreten von Gütern oder Beschädigung des Versandstücks [3)]	☐ kontrolliert	☐ Verstoß festgestellt	☐ nicht anwendbar
24. Kennzeichnung des Versandstücks nach UN und des Tanks nach UN/ADR/RID/IMO	☐ kontrolliert	☐ Verstoß festgestellt	☐ nicht anwendbar
25. Kennzeichnung des Versandstücks (z.B. UN-Nummer) und Bezettelung [2)] (ADR 3.3 / 3.4 / 4.1 / 5.2)	☐ kontrolliert	☐ Verstoß festgestellt	☐ nicht anwendbar
26. Anbringen von Großzetteln (Placards) auf Tank / Fahrzeug (ADR 5.3.1)	☐ kontrolliert	☐ Verstoß festgestellt	☐ nicht anwendbar
27. Kennzeichnung von Fahrzeug/Beförderungseinheit (orangefarbene Kennzeichnung, erwärmter Zustand) (ADR 5.3.2 / 5.3.3)	☐ kontrolliert	☐ Verstoß festgestellt	☐ nicht anwendbar
Ausrüstung an Bord			
28. Allgemeine Sicherheitsausrüstung gemäß ADR	☐ kontrolliert	☐ Verstoß festgestellt	☐ nicht anwendbar
29. Ausrüstung nach Maßgabe der beförderten Güter	☐ kontrolliert	☐ Verstoß festgestellt	☐ nicht anwendbar
30. Andere in den schriftlichen Anweisungen genannte Ausrüstung	☐ kontrolliert	☐ Verstoß festgestellt	☐ nicht anwendbar
31. Feuerlöscher	☐ kontrolliert	☐ Verstoß festgestellt	☐ nicht anwendbar
32. Gegebenenfalls schwerwiegendste Gefahrenkategorie der festgestellten Verstöße	☐ Kategorie I	☐ Kategorie II	☐ Kategorie III

33. Bemerkungen (z.B. getroffene Maßnahmen) ....

34. Behörde / Beamter die / der die Kontrolle durchgeführt hat ....

1) Nur ausfüllen, wenn für einen Verstoß von Bedeutung.

2) Bei Sammelbeförderungen unter „Bemerkungen“ angeben.

3) Prüfung auf sichtbare Verstöße.

Zu den Gefahrgutvorschriften müssen noch die weiteren **verkehrsträgerbezogenen Vorschriften** erwähnt werden:

Verkehrsträger Eisenbahn RID:

Règlement Concernant Le Transport International Ferroviaire Des Marchandises Dangereuses
Regelungen den internationalen Transport gefährlicher Güter mit der Eisenbahn betreffend.

Das RID ist ein Bestandteil des **COTIF** (Convention relative aux transports internationaux ferroviaires, engl. Convention concerning International Carriage by Rail; es regelt die grenzüberschreitende Beförderung von Gütern als auch von Personen).

Das RID entspricht weitestgehend dem ADR. Daher findet man in der Praxis häufig die Ausdrucksweise „ADR/RID". Vorschriftenwerke beinhalten häufig beide Regelwerke in einer synoptischen Darstellungsweise (parallele Anordnung / gegenüber gestellt).

Die **Mitgliedsstaaten** des **COTIF** und damit auch des **RID** sind:
Albanien, Algerien, Armenien, Belgien, Bosnien und Herzegowina, Bulgarien, Dänemark, Deutschland, Estland, Finnland, Frankreich, Georgien, Griechenland, Irak, Iran, Irland, Italien, Kroatien, Lettland, Libanon, Liechtenstein, Litauen, Luxemburg, Marokko, Mazedonien (ehemalige jugoslawische Republik), Monaco, Montenegro, Niederlande, Norwegen, Österreich, Polen, Portugal, Rumänien, Russland, Schweden, Schweiz, Serbien, Slowakei, Slowenien, Spanien, Syrien, Tschechische Republik, Tunesien, Türkei, Ukraine, Ungarn, Vereinigtes Königreich.
Jordanien ist ein sogenannter assoziierter Mitgliedstaat.

Verkehrsträger Binnenschiff ADN:

Accord Européen Relatif Au Transport International Des Marchandises Dangereuses Par Voie De Navigation Intérieure
Europäisches Übereinkommen über den internationalen Transport gefährlicher Güter auf Binnenwasserstraßen.

Das ADN bildet das umfassende Basisregelwerk für die Beförderung gefährlicher Güter auf Binnenwasserstraßen. Es enthält Vorschriften insbesondere für die Klassifizierung, Verpackung, Kennzeichnung und Dokumentation gefährlicher Güter und für den Umgang während der Beförderung.

Das Übereinkommen selbst ist, nach der Ratifizierung seitens Deutschlands, am 29.02.2008 in Kraft getreten. Die Anlage zum ADN mit den umfänglichen technischen und betrieblichen Vorschriften gilt vertragsgemäß seit dem 28.02.2009.

Durch die GGVSEB wird das ADN für alle schiffbaren Binnengewässer zur Anwendung gebracht. Die speziellen Regelungen für den Gefahrguttransport auf dem Rhein (ehemals das ADNR) sind als nationale Regelung in die Anlage 2 der GGVSEB aufgenommen worden.

Die **Mitgliedsstaaten** des **ADN** sind:
Bulgarien, Deutschland, Frankreich, Kroatien, Luxemburg, Niederlande, Österreich, Polen, Republik Moldau, Rumänien, Russische Föderation, Schweiz, Slowakei, Serbien, Tschechische Republik, Ukraine, Ungarn.

Verkehrsträger See IMDG-Code:

International Maritime Dangerous Goods Code
Internationale Vorschriften für den Seetransport gefährlicher Güter.

Die internationalen Vorschriften für den Seetransport gefährlicher Güter basieren auf weiteren umfangreichen Vorschriften für die Sicherheit bei Seetransporten:

3. Rechtliche Grundlagen

Dem SOLAS: **International Convention For The Safety Of Life At Sea**

Im **Kapitel VII** „Beförderung gefährlicher Güter“ dieser Vorschrift gibt es drei Teile:
Teil A: IMDG-Code für verpackte Stoffe
Teil B: IBC-Code für flüssige Stoffe (Tankschiffe)
Teil C: IGC-Code für Gase (Gastankschiffe)

Dem MARPOL: **International Convention For The Prevention Of Pollution From Ships**

Der IMDG-Code ist inhaltlich ähnlich aufgebaut wie ADR/RID/ADN. Der IMDG-Code enthält Vorschriften insbesondere für die Klassifizierung, Verpackung, Kennzeichnung und Dokumentation gefährlicher Güter sowie für den Umgang während der Beförderung, zum Beispiel in Form von Stauvorschriften.

Die Rechtssetzung für die Bundesrepublik Deutschland erfolgt durch die Gefahrgutverordnung See (GGVSee).

Verkehrsträger See Gefahrgutverordnung See (GGVSee):

Die Gefahrgutverordnung See ist die nationale Vorschrift für den Gefahrguttransport mit Seeschiffen. Neben der Einführung des IMDG-Codes in deutsches Recht werden unter anderem Regelungen zu Zuständigkeiten, Pflichten und Ordnungswidrigkeiten analog zur GGVSEB getroffen.

Verkehrsträger See Durchführungsrichtlinie See (RM):

Zur Sicherstellung einer einheitlichen Anwendung und Auslegung der Vorschriften für die Gefahrgutbeförderung werden von Bund und Ländern die Richtlinien zur Durchführung der Gefahrgutverordnung See (RM) erarbeitet und im Verkehrsblatt bekannt gemacht. Sie beinhalten Hinweise zur Anwendung der GGVSee, insbesondere zur Zuständigkeit der betreffenden Behörden, sowie den Bußgeldkatalog analog zur RSEB.

Verkehrsträger See Memorandum Of Understanding (MoU):

Das Memorandum of Understanding ist ein **multilaterales Abkommen der Ostsee-Anrainerstaaten** und regelt die Beförderung gefährlicher Güter auf RoRo-Schiffen auf der Ostsee. Mit ihm werden insbesondere Erleichterungen für den Kombinierten Verkehr geschaffen.

Verkehrsträger Luft ICAO-TI:

International Civil Aviation Organization-Technical Instructions For The Safe Transport Of Dangerous Goods By Air
Die ICAO ist die internationale Luftfahrtbehörde und gibt für den Lufttransport gefährlicher Güter die Technischen Instruktionen (TI) heraus.

Verkehrsträger Luft IATA-DGR:

International Air Transport Association-Dangerous Goods Regulations
Da die ICAO-TI nur in englischer Sprache verfügbar sind und der Aufbau der ICAO-TI nicht unbedingt geeignet ist, als Alltagsvorschrift angewendet werden zu können, hat die **internationale Vereinigung der Luftverkehrsgesellschaften (IATA)** die IATA-DGR herausgegeben. Diese können in verschiedenen Sprachen, auch in Deutsch, bezogen werden und sind so aufgebaut, dass die am Lufttransport Beteiligten damit arbeiten können. Die IATA-DGR beinhalten die vollständigen Forderungen der ICAO-TI und präzisieren diese bzw. gehen teilweise darüber praxisorientiert hinaus. So enthalten die IATA-DGR weitergehende **besondere Regelungen** der einzelnen

Mitgliedsstaaten der IATA und noch **spezieller** individuelle **Regelungen** der einzelnen **Luftverkehrsgesellschaften**.

Die Philosophie der Sicherheit beim Lufttransport gefährlicher Güter ist aufgrund der Besonderheiten der Fliegerei anders aufgebaut als bei den anderen Verkehrsträgern. Das Regelwerk ist täglicher Begleiter der handelnden Verantwortlichen. Es kommt hier ein eigenes System von sogenannten Personalkategorien zur Anwendung, wobei jede Personalkategorie über ganz bestimmte Themengebiete geschult werden muss, bevor sie zum Einsatz kommen darf.

Verkehrsträger Luft Luftverkehrsgesetz:

Neben dem GGBefG ist die Beförderung gefährlicher Güter in Luftfahrzeugen im **§ 27** des **Luftverkehrsgesetzes** geregelt.

Zuständige **europäische Behörde** für die Anwendung internationaler Luftvorschriften ist die **Joint Aviation Administration (JAA). Nationale Behörde** der JAA ist das **Luftfahrtbundesamt (LBA).** Das LBA ist die zuständige Behörde, die in Deutschland die nationalen Umsetzungen vornimmt.

Neben der Inkraftsetzung der ICAO-TI auch für Deutschland gibt das LBA spezielle **Durchführungsregelungen** heraus. Das Veröffentlichungsorgan sind die **„Nachrichten für Luftfahrer (NfL)“**.

3.2 Tangierende Vorschriften

Das Gefahrgutrecht wird dem Transportrecht zugerechnet, ist aber mit verschiedenen Vorschriften aus anderen Rechtsgebieten eng verzahnt. Beispiele dafür sind:

- **Gefahrstoffverordnung,**
- **Kreislaufwirtschaftsgesetz,**
- **Wasserhaushaltsgesetz,**
- **Sprengstoffgesetz,**
- **Straßenverkehrsverordnung,**
- **Betriebssicherheitsverordnung,**
- **Ortsbewegliche Druckgeräte Verordnung,**
- **Unfallverhütungsvorschriften.**

Insbesondere wenn die z.T. sehr großzügig formulierten Freistellungen von den Vorschriften des ADR genutzt werden, ist zu überprüfen, ob der gleiche Sachverhalt nicht in einer anderen Vorschrift geregelt ist, die parallel zu den Gefahrgutvorschriften dennoch zu erfüllen ist. Das trifft z.B. bei der Problematik Sicherheitsunterweisung zu. Auch wenn das ADR bei Freistellungen von den Vorschriften des ADR befreit und Sicherheitsunterweisungen nicht ausdrücklich davon ausnimmt, das Einhalten z.B. der berufsgenossenschaftlichen Unfallverhütungsvorschriften (BGV A1/BGR A1) zwingt zur Belehrung, in deren Rahmen bei entsprechendem Tatbestand natürlich auch die Gefahrgutproblematik mit abzuhandeln ist. Regelungen zur Unterweisung/Einweisung der Beschäftigten über Arbeitsaufgaben, Verantwortung, Unfall- und Gesundheitsgefahren sowie über Maßnahmen zu deren Abwendung finden sich in unterschiedlicher Form z.B. bereits im Betriebsverfassungsgesetz und im Arbeitsschutzgesetz.

Es sind natürlich noch wesentlich mehr Regelwerke im Zusammenhang mit der Gefahrgutbeförderung zu beachten. Dies hängt besonders vom jeweiligen Gefahrgut ab.

Gefahrstoffverordnung (GefStoffV)

Die GefStoffV ist genauso wie die GGVSEB eine Durchführungsverordnung auf der Basis eines deutschen Gesetzes, dem Chemikaliengesetz, auf das hier an dieser Stelle nicht näher eingegangen wird. Das Chemikaliengesetz stellt wiederum die Umsetzung von Richtlinien der EU sicher. Neben der Einführung des GHS-Systems (siehe weiter unten) wurde von der EU auch eine neue einheitliche Vorgehensweise für Chemikalien in Form einer EU-Chemikalienverordnung erlassen (REACH-Verordnung, siehe weiter unten).

Die GefStoffV regelt u.a. den **Umgang** (d.h. es gilt das Umgangsrecht) **mit gefährlichen Stoffen** und Zubereitungen sowie mit Stoffen, Zubereitungen und Erzeugnissen, die explosionsfähig sind. Gefährliche Güter können gleichzeitig auch Gefahrstoffe sein. Bei den gefahrtragenden Eigenschaften gibt es einige, die sowohl im Gefahrstoffrecht wie im Gefahrgutrecht benannt werden, wie z.B. Entzündbarkeit, Toxizität, Ätzwirkung, Explosionsgefährlichkeit. Gewisse Gemeinsamkeiten gibt es auch bei der Verdeutlichung der Gefahreigenschaften auf den Piktogrammen zur Kennzeichnung.

Für jeden Stoff, mit dem im Betrieb umgegangen wird oder der bei der Bearbeitung entsteht, muss ermittelt werden, ob es sich dabei um einen Gefahrstoff handelt. Laut Gefahrstoffverordnung ist das dann der Fall, wenn er eine oder mehrere der folgenden **Eigenschaften** besitzt:

- Hochentzündlich / Leichtentzündlich
- Entzündlich
- Brandfördernd
- Sehr giftig / Giftig
- Ätzend
- Gesundheitsschädlich / Reizend / Sensibilisierend
- Krebserzeugend / Fortpflanzungsgefährdend / Erbgutverändernd
- Umweltgefährlich
- Auf sonstige Weise chronisch schädigend bei wiederholter oder länger andauernder Einwirkung

Informationsquellen sind dabei die Etikettierung der Gebinde oder die **Sicherheitsdatenblätter**, die beim Inverkehrbringen von Stoffen, Zubereitungen und Erzeugnissen zum Schutz der Beschäftigten und anderer Personen vor Gefährdung ihrer Gesundheit und Sicherheit durch Gefahrstoffe und zum Schutz der Umwelt vor stoffbedingten Schädigungen bereitgestellt werden müssen.

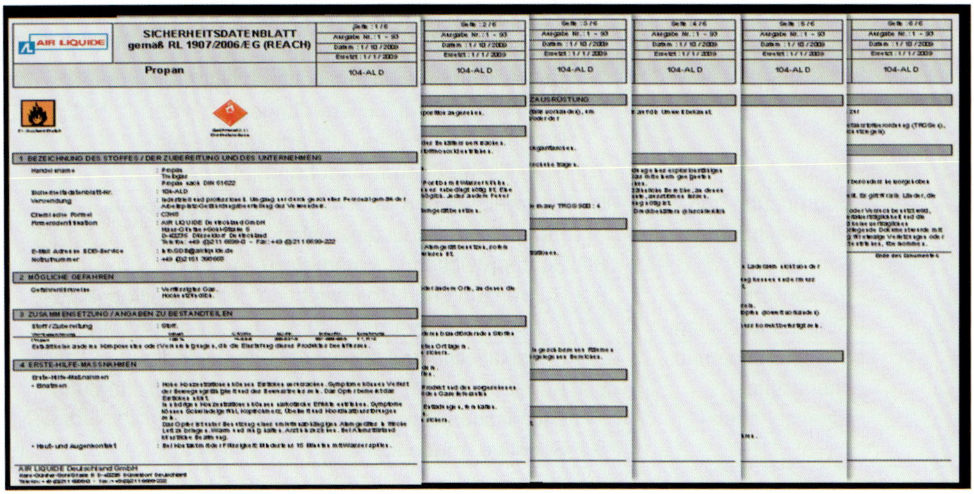

3. Rechtliche Grundlagen

Der standardisierte Aufbau nach der REACH-Verordnung fordert folgende Inhalte:

Abschnitt	Bezeichnung	Bezeichnung mit Unterabschnitten
1	Bezeichnung des Stoffes bzw. der Zubereitung und Firmenbezeichnung	1. Bezeichnung des Stoffes bzw. Gemisch und des Unternehmens 1.1 Produktidentifikator 1.2 Relevante identifizierte Verwendungen des Stoffs/Gemischs und Verwendungen, von denen abgeraten wird. 1.3 Einzelheiten zum Lieferanten, der das SDB bereitstellt 1.4 Notfallnummer
2	Mögliche Gefahren	2. Mögliche Gefahren 2.1 Einstufung des Stoffs und Gemischs 2.2 Kennzeichnungselemente 2.3 Sonstige Gefahren
3	Zusammensetzung / Angaben zu Bestandteilen	3. Zusammensetzung/Angaben zu Bestandteilen 3.1 Stoffe 3.2 Gemische
4	Erste-Hilfe-Maßnahmen	4. Erste-Hilfe-Maßnahmen 4.1 Beschreibung der Erste-Hilfe-Maßnahmen 4.2 Wichtigste akute und verzögert auftretende Symptome und Wirkungen 4.3 Hinweise auf ärztliche Soforthilfe oder Spezialbehandlung
5	Maßnahmen zur Brandbekämpfung	5. Maßnahmen zur Brandbekämpfung 5.1 Löschmittel 5.2 Besondere von Stoff/Gemisch ausgehende Gefahren 5.3 Hinweise für die Brandbekämpfung
6	Maßnahmen bei unbeabsichtigter Freisetzung	6. Maßnahmen bei unbeabsichtigter Freisetzung 6.1 Personenbezogene Vorsichtsmaßnahmen, Schutzausrüstungen und in Notfällen anzuwendende Verfahren 6.2 Umweltschutzmaßnahmen 6.3 Methoden und Material für Rückhaltung und Reinigung 6.4 Verweis auf andere Abschnitte
7	Handhabung und Lagerung	7. Handhabung und Lagerung 7.1 Schutzmaßnahmen zur sicheren Handhabung 7.2 Bedingungen zur sicheren Lagerung unter Berücksichtigung von Unverträglichkeiten 7.3 Spezifische Endanwendungen
8	Begrenzung und Überwachung der Exposition/ Persönliche Schutzausrüstungen	8. Begrenzung und Überwachung der Exposition / Persönliche Schutzausrüstungen 8.1 Zu überwachende Parameter 8.2 Begrenzung und Überwachung der Exposition
9	Physikalische und chemische Eigenschaften	9. Physikalische und chemische Eigenschaften 9.1 Angaben zu den grundlegenden physikalischen und chemischen Eigenschaften 9.2 Sonstige Angaben

10	Stabilität und Reaktivität	10. Stabilität und Reaktivität 10.1 Reaktivität 10.2 Chemische Stabilität 10.3 Möglichkeit gefährlicher Reaktionen 10.4 Zu vermeidende Bedingungen 10.5 Unverträgliche Materialien 10.6 Gefährliche Zersetzungsprodukte
11	Toxikologische Angaben	11. Toxikologische Angaben 11.1 Angaben zu toxikologischen Wirkungen
12	Umweltbezogene Angaben	12. Umweltbezogene Angaben 12.1 Toxizität 12.2 Persistenz und Abbaubarkeit 12.3 Bioakkumulationspotenzial 12.4 Mobilität im Boden 12.5 Ergebnisse der PBT- und vPvB-Beurteilung 12.6 Andere schädliche Wirkungen
13	Hinweise zur Entsorgung	13. Hinweise zur Entsorgung 13.1 Verfahren der Abfallbehandlung
14	**Angaben zum Transport**	**14. Angaben zum Transport** **14.1 UN-Nummer** **14.2 Ordnungsgemäße UN-Versandbezeichnung** **14.3 Transportgefahrenklassen** **14.4 Verpackungsgruppe** **14.5 Umweltgefahren** **14.6 Besondere Vorsichtsmaßnahmen für den Verwender** **14.7 Massengutbeförderung gemäß Anhang II des MARPOL-Übereinkommens 73/78 und gemäß IBC-Code**
15	Rechtsvorschriften	15. Rechtsvorschriften 15.1 Vorschriften zu Sicherheit, Gesundheits- und Umweltschutz/ spezifische Rechtsvorschriften für den Stoff oder das Gemisch 15.2 Stoffsicherheitsbeurteilung
16	Sonstige Angaben	16. Sonstige Angaben

Für alle Gefahrstoffe muss geprüft werden, ob sie nicht durch ungefährlichere Stoffe ersetzt oder eventuell durch Einsatz anderer Arbeitsverfahren ganz vermieden werden können. Alle **nicht ersetzbaren Gefahrstoffe** im Betrieb müssen in einem **Gefahrstoffverzeichnis** erfasst werden. Aus der Ermittlung der möglichen Gefahren sind entsprechende **Maßnahmen zum Schutz** der Beschäftigten und der Auszubildenden abzuleiten. Für jeden Gefahrstoff im Betrieb ist eine **arbeitsplatzbezogene Betriebsanweisung** (Arbeitsanweisung in schriftlicher Form, siehe „Berufsgenossenschaftliches Regelwerk") zu erstellen, in der auf die möglichen Gefahren für Mensch und Umwelt, die erforderlichen Schutzmaßnahmen und Verhaltensregeln, das Verhalten im Gefahrfall, Maßnahmen zur Ersten Hilfe und die sachgerechte Entsorgung hingewiesen wird.

Wesentlich ist vor allem der **Übergang** vom **Gefahrstoffrecht** zum **Gefahrgutrecht**.

Wird ein Gefahrstoff hergestellt, wird mit ihm umgegangen oder wird er gelagert, dann sind auch die Verantwortlichkeiten aus dem Gefahrstoffrecht anzuwenden.

3. Rechtliche Grundlagen

Wird ein Gefahrstoff aus der Lagerung entnommen um für den Versand vorbereitet zu werden, findet hier der Übergang vom Gefahrstoffrecht zum Gefahrgutrecht statt. Der Lagerarbeiter, der mit der Verpackung des Gefahrstoffs für den Versand beauftragt ist, ist schon ein Verantwortlicher nach § 22 GGVSEB, er ist der Verpacker.

Aus der GefStoffV ist ein für die Gefahrgutbeförderung wichtiger Begriff ableitbar. Es taucht immer wieder die Frage auf, wann handelt es sich um einen zeitweiligen Aufenthalt im Verlaufe der Beförderung (ist im GGBefG geregelt) oder wann handelt es sich schon um **Lagerung**. Die Begriffsbestimmung des Lagerns ist weiter unten in der Grafik aufgeführt.

Globally Harmonized System of Classification and Labelling of Chemicals (GHS)

Dieses System dient der **systematischen Vereinheitlichung der Einstufung und Kennzeichnung von Chemikalien** und ihrer Sicherheitsdatenblätter. Ziel der Bemühungen um das GHS ist es, Gefahren für die menschliche Gesundheit und die Umwelt bei der Herstellung, beim Transport und beim Umgang von Gefahrstoffen zu minimieren. Instrumente hierfür sind **weltweit einheitliche Gefahrensymbole** (Piktogramme) und **einheitliche Einstufungskriterien**.

Das GHS hat auch enorme Bedeutung für die Gefahrgutbeförderung. Die Regelungen des GHS werden in die UN-Model-Regulations, das „Orange-Book“ aufgenommen. Dies soll eine weltweit einheitliche Klassifizierung von Gefahrstoffen und Gefahrgütern sicherstellen. Viele Klassifizierungskriterien des GHS sind mittlerweile auch schon in das ADR/RID/ADN übernommen worden.

Gefahrstoffverordnung

Gefahrstoff - Gefahrgut

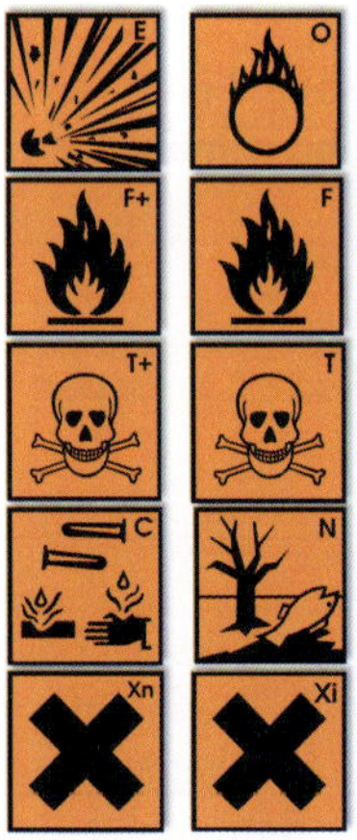

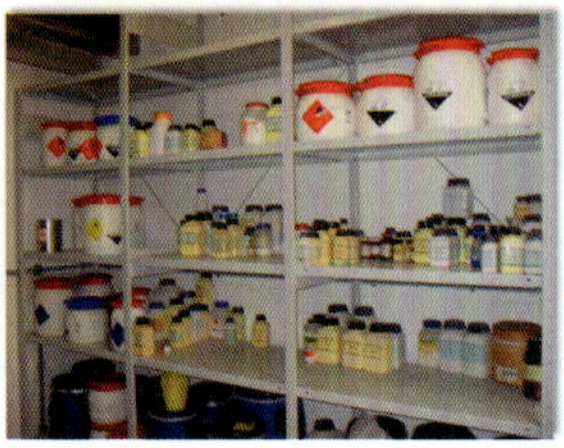

NEU!! – GHS
(Globally Harmonized System)

Gefahrgutrecht = Ordnungsrecht
Schutz
- des Menschen,
- Arbeitnehmers/Verbrauchers
- der Umwelt
bei der Beförderung, bei der Bereitstellung zur Beförderung

Lagern ist das Aufbewahren zur späteren Verwendung sowie zur Abgabe an Andere. Es schließt die Bereitstellung zur Beförderung ein, wenn die Beförderung nicht binnen 24 Stunden nach der Bereitstellung oder am darauf folgenden Werktag erfolgt. Ist dieser Werktag ein Samstag, so endet die Frist mit dem Ablauf des nächsten Werktages.

§ 2 Abs. 5 Gefahrstoffverordnung

EU-Chemikalienverordnung REACH

Registration, Evaluation, Authorisation and Restriction of Chemicals (REACH)
Registrierung, Bewertung, Zulassung und Beschränkung von Chemikalien.

Das REACH-System überträgt die **Verantwortung** auf die **Industrie**. Es dürfen nur noch **chemische Stoffe** in Verkehr gebracht werden, die vorher registriert worden sind. Jeder Hersteller oder Importeur, der seine Stoffe in Verkehr bringen will, muss für diese Stoffe eine eigene **Registrierungsnummer** besitzen.

Für diese **Registrierung** wurde eine eigene Agentur ins Leben gerufen, die die Registrierungsaufgaben wahrnimmt. Es handelt sich um die **Europäische Chemikalienagentur** (ECHA, European Chemicals Agency) mit Sitz in Helsinki.

Eine Neuheit in der Philosophie von REACH ist die Erweiterung der Informationspflichten in der Lieferkette. Weitere **Anwender** erhalten **Aufgaben und Pflichten**. Sie müssen ihren vorgeschalteten Herstellern oder Importeuren **Informationen** über die **genaue Verwendung** liefern, damit diese die Verwendung in ihren **Angaben** zur Exposition und ggf. in ihren Expositionsszenarien **berücksichtigen** und geeignete **Risikominderungsmaßnahmen** empfehlen können. Die Verwendung wird dann zu einer „identifizierten Verwendung". Der Anwender hat dann die **Pflicht**, diese **Risikominderungsmaßnahmen anzuwenden**.

Werden keine Angaben zur Identifizierung aus diversen Gründen („Betriebsgeheimnisse") gemacht, besteht die Pflicht zur Meldung im Rahmen eines **Stoffsicherheitsberichtes**.

Weiterhin **zentrales Informationsmedium** ist das **Sicherheitsdatenblatt**. Der Aufbau und die geforderten Angaben werden auch von REACH vorgegeben, so dass eine länderübergreifende Standardisierung realisiert wird. Beispielsweise müssen zusätzlich die Registrierungsnummer, ggf. Angaben zur Beschränkung von Verwendungen, ggf. Angaben zur Zulassungspflicht und die „identifizierten Verwendungen" mit aufgenommen werden (siehe weiter oben Angaben zum Aufbau).

Kreislaufwirtschaftsgesetz (KrWG)

Zweck des Gesetzes ist die **Förderung der Kreislaufwirtschaft** zur **Schonung der natürlichen Ressourcen** und der **Schutz von Mensch und Umwelt bei Erzeugung und Bewirtschaftung von Abfällen**.
Dabei ist die **Prüfung** folgender **Kriterien** vorgegeben:

- Vermeidung
- Verwertung
- Beseitigung
- Sonstige Maßnahmen der Abfallbewirtschaftung

Fallen sie dennoch an, so müssen sie in der Regel transportiert werden. Da Abfälle gefährliche Stoffe enthalten können oder selbst sind und transportiert werden, können sie während der Beförderung unter das Gefahrgutrecht fallen. Hier gilt auch: die Parallelität der Gesetzesregelungen ist zu beachten. Das Gefahrgutrecht ersetzt im Verlauf der Beförderung nicht das Abfallrecht. Es gestattet lediglich bei entsprechender Vervollständigung die Nutzung von abfallrechtlichen Unterlagen. So kann z.B. ein Abfallbegleitschein auch als Beförderungspapier nach Gefahrgutrecht genutzt werden. Ein Abfalltransport muss dann auch die Kennzeichnungsverpflichtungen nach dem KrWG und nach dem Gefahrgutrecht einhalten.

Kreislaufwirtschaftsgesetz

Abfallvermeidung
Abfallverwertung
Abfallbeseitigung
Abfallbegleitschein

Schutz von Mensch und Umwelt
Schonung der natürlichen Ressourcen
Förderung der Kreislaufwirtschaft

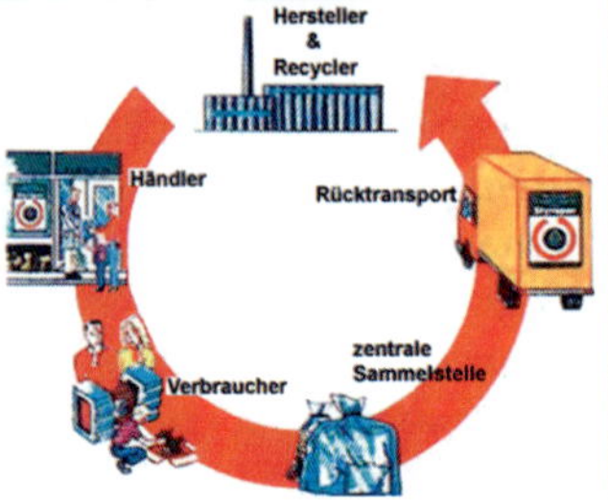

Kennzeichnung der Fahrzeuge

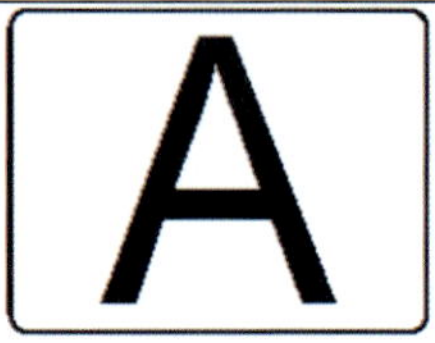

Baseler Abkommen über die Kontrolle der grenzüberschreitenden Verbringung gefährlicher Abfälle und ihrer Entsorgung

Mit der Konvention wurden erstmals **weltweit geltende Regelungen über Zulässigkeit, Genehmigung und Kontrolle von Exporten gefährlicher Abfälle** getroffen. Grenzüberschreitende Abfallverbringungen benötigen die **Genehmigung** des **Ausfuhrlandes**, die Genehmigung sämtlicher **Durchfuhrländer** sowie die Genehmigung des **Einfuhrlandes**. Insbesondere sollen hierdurch Staaten geschützt werden, die nicht über die notwendigen technischen Voraussetzungen für den Umgang mit gefährlichen Abfällen verfügen.

Deutschland ist seit dem 20. Juli 1995 Vertragsstaat des „Basler Übereinkommens über die Kontrolle der grenzüberschreitenden Verbringung gefährlicher Abfälle und ihrer Entsorgung" vom 22. März 1989. Dem Übereinkommen sind inzwischen rund 170 Staaten beigetreten.

Sprengstoffgesetz (SprengG)

Das SprengG regelt den **Umgang, den Verkehr und die Einfuhr von explosionsgefährlichen Stoffen**. Das SprengG gilt sowohl für den gewerblichen Bereich (z.B. Hersteller, Feuerwerker, Steinbruchbetriebe) als auch für den nichtgewerblichen Bereich (z.B. Böllerschützen, Wiederlader). Explosionsgefährliche Stoffe dürfen in Deutschland nur verwendet werden, wenn sie vorher zugelassen wurden.

Explosionsgefährliche Stoffe dürfen nur Firmen oder Personen überlassen werden, die eine **Erlaubnis** besitzen. Ausnahmen von der Erlaubnispflicht sind in der 1. Verordnung zum Sprengstoffgesetz geregelt. Folgende Erlaubnisarten sind im SprengG verankert:

- **Erlaubnis** nach § 7 SprengG für den **Umgang**, Verkehr und Einfuhr von/mit explosionsgefährlichen Stoffen im **gewerblichen Bereich**

Diese Erlaubnis benötigen Unternehmen, die mit explosionsgefährlichen Stoffen umgehen wollen. Der Umgang im Sinne des SprengG umfasst das Herstellen, Bearbeiten, Verarbeiten, Verwenden, Aufbewahren, Vernichten, Verbringen sowie innerhalb der Betriebstätte das Überlassen, die Empfangnahme und den Transport dieser Stoffe. Hersteller von explosionsgefährlichen Stoffen und Firmen, die solche Stoffe kaufen und verwenden möchten benötigen eine derartige Erlaubnis.

➧ **Erlaubnis** nach § 27 SprengG für den **Umgang** und Verkehr mit explosionsgefährlichen Stoffen im **nicht-gewerblichen Bereich**

Der Umgang mit explosionsgefährlichen Stoffen im privaten Bereich ist nur Personen erlaubt, die eine Erlaubnis nach § 27 SprengG besitzen.

Typische Beispiele für den privaten Umgang sind Böllerschießen, Wiederladen von Munition und Vorderladerschießen.

Die Erlaubnis berechtigt zum Erwerb, Transport, Verwenden und Aufbewahren der explosionsgefährlichen Stoffe. Das Herstellen, die Einfuhr und auch das Bearbeiten von explosionsgefährlichen Stoffen ist nicht erlaubt.

➧ **Befähigungsschein** nach § 20 SprengG für Beschäftigte, die Umgang mit explosionsgefährlichen Stoffen haben

Beschäftigte die Umgang mit explosionsgefährlichen Stoffen haben, benötigen für ihre **Arbeit** einen **Befähigungsschein**. Für die Erlangung eines Befähigungsscheines sind folgende **Voraussetzungen** notwendig:

- Mindestalter von 21 Jahren
- Zuverlässigkeit. Die Zuverlässigkeit wird von den Behörden durch die Abfrage von Bundeszentralregister, zentralem staatsanwaltschaftlichem Verfahrensregister und Polizei festgestellt.
- Persönliche Eignung (keine Alkohol- oder Drogensucht, keine Fremd- oder Eigengefährdung)
- Fachkunde. Der Inhaber eines Befähigungsscheines muss einen staatlichen oder staatlich anerkannten Fachkundelehrgang erfolgreich besucht haben. Für die verschiedenen Arbeitsgebiete gibt es bestimmte Lehrgänge, die absolviert werden müssen. Zum Teil ist der Nachweis über regelmäßig besuchte Wiederholungslehrgänge zu erbringen.

Der Befähigungsschein ist bundesweit gültig und darf wegen der grundgesetzlich geschützten Berufsfreiheit nicht auf bestimmte Betriebe beschränkt werden. Für den Erlaubnisinhaber zuständig ist die Sprengstoffbehörde, in deren Bezirk der gewöhnliche Aufenthalt (in der Regel ist dies der Hauptwohnsitz) erfolgt.

➧ Genehmigung nach § 17 für die Lagerung von explosionsgefährlichen Stoffen

Grundsätzlich ist für die Aufbewahrung von explosionsgefährlichen Stoffen eine Genehmigung nach § 17 SprengG notwendig. In der 2. Verordnung zum Sprengstoffgesetz sind Ausnahmen enthalten, die in Abhängigkeit von der Art und Menge der Stoffe die gesetzliche Befreiung von der Genehmigungspflicht bilden.

Die Gefahrgutvorschriften fordern für die Beförderung von explosiven Stoffen und Gegenständen mit Explosivstoffen (Klasse 1) neben der ADR-Bescheinigung für Stück- und Schüttgüter (Basiskurs) zusätzlich den Aufbaukurs Klasse 1.

Sprengstoffgesetz

Umgang, Verkehr und Einfuhr von explosionsgefährlichen Stoffen

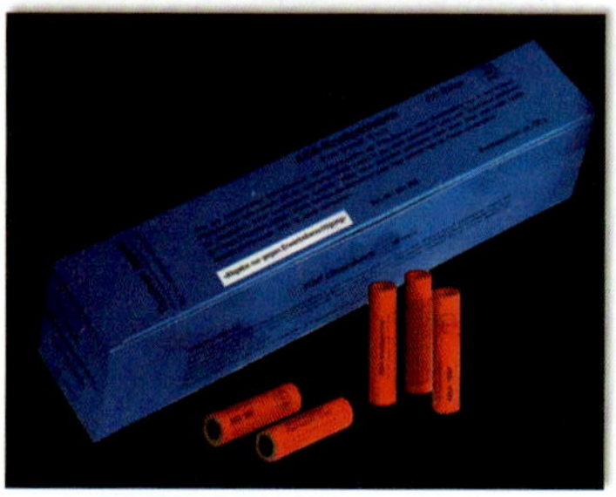

Überlassung ist genehmigungspflichtig für den:

gewerblichen Bereich (§ 7)

privaten Bereich (§ 27)

Genehmigungspflichtiges Lagern (§ 17)

Befähigungsschein für den Umgang erforderlich (§ 20):

Mindestalter 21 Jahre

Zuverlässigkeit (Behördliche Überprüfung)

Persönliche Eignung

Fachkunde

Strahlenschutzverordnung (StrlSchV)

Zweck dieser Verordnung ist es, zum **Schutz des Menschen und der Umwelt vor der schädlichen Wirkung ionisierender Strahlung Grundsätze und Anforderungen für Vorsorge- und Schutzmaßnahmen** zu regeln, die bei der Nutzung und Einwirkung radioaktiver Stoffe und ionisierender Strahlung zivilisatorischen und natürlichen Ursprungs Anwendung finden.

Hierzu legt die Strahlenschutzverordnung **maximal zulässige Strahlenbelastungen** durch künstliche Strahlenquellen für beruflich Strahlenexponierte und die Bevölkerung fest. Beruflich Strahlenexponierte sind alle, die beruflich Umgang mit radioaktiven Stoffen haben. Dazu zählen das Betriebspersonal in kerntechnischen Anlagen (z.B. Kernkraftwerke) sowie Beschäftigte in Forschung und bestimmten Bereichen der Industrie.

Die Regelungen der Verordnung müssen bei folgenden **Tätigkeiten** bzw. Tätigkeitsbereichen angewendet werden:

1. beim Umgang mit radioaktiven Stoffen,
2. beim Erwerb, der Abgabe an andere, der Beförderung sowie der grenzüberschreitenden Verbringung radioaktiver Stoffe,
3. die Verwahrung und Aufbewahrung von Kernbrennstoffen,
4. die Errichtung, den Betrieb, die sonstige Innehabung, die Stilllegung, den sicheren Einschluss einer Anlage sowie den Abbau einer Anlage oder von Anlageteilen mit Kernbrennstoffen (nach § 7 AtG),
5. die Bearbeitung, die Verarbeitung und sonstige Verwendung von Kernbrennstoffen (nach § 9 AtG),
6. die Errichtung und den Betrieb von Anlagen zur Sicherstellung und Endlagerung radioaktiver Abfälle,
7. die Errichtung und den Betrieb von Anlagen zur Erzeugung ionisierender Strahlen,

8. den Zusatz von radioaktiven Stoffen bei der Herstellung von Konsumgütern, Arzneimitteln, Pflanzenschutzmitteln, Schädlingsbekämpfungsmitteln sowie die Aktivierung der vorgenannten Produkte,
9. für Personen, die natürlichen Strahlungsquellen ausgesetzt werden können (z.B. Uranbergbau).

Der Transport radioaktiver Stoffe ist dem Umgang mit radioaktiven Stoffen zuzuordnen.
Alle Tätigkeiten, welche mit einer Strahlengefahr für Menschen und Umwelt verbunden sind bzw. sein können, müssen unter Abwägung ihres wirtschaftlichen, sozialen und sonstigen Nutzens gegenüber den möglicherweise von ihr ausgehenden Gefahr gerechtfertigt sein.

Die genehmigungsbedürftige Beförderung (§ 16)

In diesem Paragraphen ist das Genehmigungsverfahren für die Beförderung von radioaktiven Stoffen nach § 4 AtG näher bzw. detaillierter beschrieben.
Bei der Beförderung ist eine Ausfertigung oder eine amtlich beglaubigte Abschrift des Genehmigungsbescheids mitzuführen. Die Genehmigung gilt für einen einzelnen Beförderungsvorgang, kann jedoch dem Antragsteller allgemein für längstens drei Jahre erteilt werden.

Die genehmigungsfreie Beförderung (§ 17)

Folgende Beförderungen radioaktiver Stoffe unterliegen nicht der Genehmigungspflicht:

1. Stoffe mit einer Aktivität oder spezifischen Aktivität unterhalb bestimmter Grenzwerte
2. bestimmte Arzneimittel
3. bauartzugelassene Mess- oder Bestrahlungsgeräte
4. bestimmte Konsumgüter, Pflanzenschutzmittel, ...
5. Stoffe, die von der Anwendung der Vorschriften für die Beförderung von gefährlichen Gütern (z.B.: ADR) befreit sind
6. nach ADR sonstige radioaktive Stoffe in freigestellten Versandstücken
7. sonstige radioaktive Stoffe, deren Aktivität je Beförderungseinheit oder Versandstück bestimmte Freigrenzen nicht überschreiten und deren Beförderungen nach den geltenden Rechtsvorschriften (ADR und Gefahrgutbeförderungsgesetz) erfolgt.

Die Gefahrgutvorschriften fordern für die Beförderung von radioaktiven Stoffen und Gegenständen (Klasse 7) neben der ADR-Bescheinigung für Stück- und Schüttgüter (Basiskurs) zusätzlich den Aufbaukurs Klasse 7.

Straßenverkehrsordnung (StVO)

Die StVO nimmt bei der Beförderung gefährlicher Güter naturbedingt einen hohen Stellenwert ein. Neben den Bestimmungen, die jeder am Straßenverkehr Beteiligter einzuhalten hat, legt das Verkehrsrecht auch bestimmte Regelungen für die Beförderung gefährlicher Güter fest.

§ 2 (3a) StVO (Schlechtwetterregel):

Wer ein kennzeichnungspflichtiges Fahrzeug mit gefährlichen Gütern führt, muss bei einer Sichtweite unter 50 m, bei Schneeglätte oder Glatteis jede Gefährdung anderer ausschließen und wenn nötig den nächsten geeigneten Platz zum Parken aufsuchen.

§ 41 (1) StVO (Verkehrszeichen):

Nr. 261
Verbot für kennzeichnungspflichtige Kraftfahrzeuge mit gefährlichen Gütern

Nr. 269
Verbot für Fahrzeuge mit wassergefährdender Ladung (mehr als 20 l)

§ 42 (2) StVO (Verkehrszeichen):

Nr. 354 Wasserschutzgebiet
Es mahnt Fahrzeugführer mit wassergefährdender Ladung zu besonderer Vorsicht.

Nr. 421, 422, 442 Wegweiser / Vorwegweiser für bestimmte Verkehrsarten

für kennzeichnungspflichtige Fahrzeuge

für Fahrzeuge mit wassergefährdender Ladung

Streckenverbote als Zusatzschild

für kennzeichnungspflichtige Fahrzeuge

für Fahrzeuge mit wassergefährdender Ladung

Wasserhaushaltsgesetz (WHG)

Zweck dieses Gesetzes ist es, durch eine **nachhaltige Gewässerbewirtschaftung die Gewässer als Bestandteil des Naturhaushalts, als Lebensgrundlage des Menschen, als Lebensraum für Tiere und Pflanzen sowie als nutzbares Gut zu schützen**.

Das WHG gilt für oberirdische Binnengewässer, das Küstenmeer (12-Meilen-Zone) und das Grundwasser.

Das WHG legt fest, welche Tätigkeiten Benutzungen der Gewässer darstellen:

Für **oberirdische Binnengewässer**:

- Aufstauen und Absenken
- Entnehmen und Ableiten von Wasser
- Entnehmen von festen Stoffen, soweit dies auf den Zustand des Gewässers oder auf den Wasserabfluss einwirkt
- Einbringen und Einleiten von Stoffen

Für **Küstengewässer**:

- Einbringen und Einleiten von Stoffen

Für das **Grundwasser**:

- Einleiten von Stoffen
- Entnehmen, Zutagefördern, Zutageleiten und Ableiten
- Aufstauen, Absenken und Umleiten durch Anlagen, die hierzu bestimmt oder hierfür geeignet sind

Als **Auffangtatbestand** gelten auch Maßnahmen, die geeignet sind, dauernd oder in einem nicht nur unerheblichen Ausmaß **schädliche Veränderungen der physikalischen, chemischen oder biologischen Beschaffenheit des Wassers** herbeizuführen, als Benutzungen.

Die zuständigen Behörden können bestimmte Gebiete als **Wasserschutzgebiet** bzw. **Heilquellenschutzgebiet** ausweisen, um im Interesse der derzeit bestehenden oder künftigen öffentlichen Wasserversorgung bzw. Nutzung als Heilquelle Gewässer vor nachteiligen Einwirkungen zu schützen. In den Schutzgebieten können **bestimmte Handlungen verboten** oder für nur **beschränkt zulässig** erklärt werden. Die Eigentümer und Nutzungsberechtigten von Grundstücken können zur Duldung bestimmter Maßnahmen verpflichtet werden.

Ein weiterer wichtiger Regelungssachverhalt ist der **Umgang mit wassergefährdenden Stoffen**. Der Begriff Umgang enthält das Lagern, Abfüllen, Umschlagen, Herstellen, Behandeln und Verwenden der Stoffe.

Der § 62 WHG regelt den Umgang mit wassergefährdenden Stoffen:

Wassergefährdende Stoffe sind feste, flüssige und gasförmige Stoffe, die geeignet sind, dauernd oder in einem nicht nur unerheblichen Ausmaß nachteilige Veränderungen der Wasserbeschaffenheit herbeizuführen.

Anlagen zum Lagern, Abfüllen, Herstellen und Behandeln wassergefährdender Stoffe sowie Anlagen zum Verwenden wassergefährdender Stoffe im Bereich der gewerblichen Wirtschaft und im Bereich öffentlicher Einrichtungen müssen so beschaffen sein und so errichtet, unterhalten, betrieben und stillgelegt werden, dass eine nachteilige Veränderung der Eigenschaften von Gewässern nicht zu besorgen ist. Das Gleiche gilt für Rohrleitungsanlagen, die

1. den Bereich eines Werksgeländes nicht überschreiten,
2. Zubehör einer Anlage zum Umgang mit wassergefährdenden Stoffen sind oder
3. Anlagen verbinden, die in engem räumlichen und betrieblichen Zusammenhang miteinander stehen.

Für Anlagen zum Umschlagen wassergefährdender Stoffe sowie zum Lagern und Abfüllen von Jauche, Gülle und Silagesickersäften sowie von vergleichbaren in der Landwirtschaft anfallenden Stoffen gilt Satz 1 entsprechend mit der Maßgabe, dass der bestmögliche Schutz der Gewässer vor nachteiligen Veränderungen ihrer Eigenschaften erreicht wird.

In den Verwaltungsvorschriften wassergefährdende Stoffe (VwVwS) werden die wassergefährdenden Stoffe in drei Wassergefährdungsklassen eingestuft:

- **WGK 1:** **schwach wassergefährdend**
- **WGK 2:** **wassergefährdend**
- **WGK 3:** **schwach wassergefährdend**

Auch hier besteht der Zusammenhang mit dem Gefahrguttransport. Die Wassergefährdung ist zwar (noch) kein explizites Kriterium der Gefahrgutvorschriften. Während des Transports müssen aber beispielsweise die verkehrsrechtlichen Regelungen für den Transport wassergefährdender Stoffe beachtet werden.

Wasserhaushaltsgesetz

Schutz der Gewässer

Vermeidung von Verunreinigungen

Vermeidung nachhaltiger Veränderungen der biologischen, physikalischen und chemischen Eigenschaften

Einteilung der Gefährdung in Wassergefährdungsklassen:

WGK 1: schwach wassergefährdender Stoff

WGK 2: wassergefährdender Stoff

WGK 3: stark wassergefährdender Stoff

(auch Jauche, Gülle, Silagesickersaft)

Betriebssicherheitsverordnung (BetrSichV)

Verordnung über Sicherheit und Gesundheitsschutz bei der Bereitstellung von Arbeitsmitteln und deren Benutzung bei der Arbeit, über Sicherheit beim Betrieb überwachungsbedürftiger Anlagen und über die Organisation des betrieblichen Arbeitsschutzes.

Die Betriebssicherheitsverordnung (BetrSichV) ist die deutsche Umsetzung der Arbeitsmittelrichtlinie 89/665/EWG und regelt in Deutschland die **Bereitstellung von Arbeitsmitteln** durch den Arbeitgeber, die **Benutzung von Arbeitsmitteln** durch die Beschäftigten bei der Arbeit sowie den **Betrieb von überwachungsbedürftigen Anlagen** im Sinne des Arbeitsschutzes. Das in ihr enthaltene Schutzkonzept ist auf alle von Arbeitsmitteln ausgehenden Gefährdungen anwendbar. Grundbausteine dieses **Schutzkonzeptes** sind

- eine einheitliche Gefährdungsbeurteilung der Arbeitsmittel
- sicherheitstechnische Bewertung für den Betrieb überwachungsbedürftiger Anlagen
- „Stand der Technik“ als einheitlicher Sicherheitsmaßstab
- geeignete Schutzmaßnahmen und Prüfungen
- Mindestanforderungen für die Beschaffenheit von Arbeitsmitteln

Zu den **überwachungsbedürftigen Anlagen** gehören:

- Dampfkesselanlagen
- Druckbehälteranlagen
- Füllanlagen
- Rohrleitungen unter innerem Überdruck
- Aufzugsanlagen
- Anlagen in explosionsgefährdeten Bereichen
- Lageranlagen
- Füllstellen
- Tankstellen und Flugbetankungsanlagen
- Entleerstellen

Da in solchen überwachungsbedürftigen Anlagen regelmäßig Be- und Entladevorgänge mit gefährlichen Gütern stattfinden, besteht hier eine elementare Schnittstelle zum Gefahrgutrecht.

Verordnung über ortsbewegliche Druckgeräte (OrtsDruckV)

Die Verordnung ist anzuwenden auf

- Konformitätsbewertung, Prüfung, Zulassung, Herstellung, Kennzeichnung von ortsbeweglichen Druckgeräten,
- das Inverkehrbringen und Bereitstellen von neuen ortsbeweglichen Druckgeräten,
- die wiederkehrenden Prüfungen, Zwischenprüfungen dieser ortsbeweglichen Druckgeräte sowie
- die Verwendung und die Marktüberwachung dieser ortsbeweglichen Druckgeräte

Sie erfasst u.a. Gefäße (Flaschen, Großflaschen, Druckfässer, Kryo-Behälter, Flaschenbündel) und Tanks, einschl. Aufsetztanks, Tanks von Batterie-Fahrzeugen, Tankcontainer, ortsbewegliche Tanks, festverbundene Tanks (Tankfahrzeuge) und MEGC für die Beförderung von Gasen der Klasse 2 und bestimmter gefährlicher Stoffe anderer Klassen.

3. Rechtliche Grundlagen

Unfallverhütungsvorschriften (Berufsgenossenschaftliche Vorschriften BGV, Regeln BGR, Informationen BGI und Grundsätze BGG)

Das System der Arbeitssicherheit und Unfallverhütung auf der Basis des Arbeitsschutzgesetzes und des Sozialgesetzbuches begleitet jeden Arbeitnehmer in Deutschland. **Arbeitnehmer sind gesetzlich unfallversichert.** Arbeitnehmer, die im Besonderen mit gefährlichen Gütern arbeiten, bedürfen dabei eines erweiterten Schutzes.

Die Versicherten haben nach ihren Möglichkeiten alle Maßnahmen zur **Verhütung** von **Arbeitsunfällen**, **Berufskrankheiten** und **arbeitsbedingten Gesundheitsgefahren** sowie für eine **wirksame Erste Hilfe** zu unterstützen und die entsprechenden Anweisungen des Unternehmers zu befolgen.

Sie haben die zur Verfügung gestellten **persönlichen Schutzausrüstungen** zu **benutzen**.

Stellt ein Versicherter fest, dass eine Einrichtung im Hinblick auf die Verhütung von Arbeitsunfällen, Berufskrankheiten und arbeitsbedingten Gesundheitsgefahren nicht einwandfrei ist, so hat er diesen **Mangel** unverzüglich zu **beseitigen**. Gehört dies nicht zu seiner Arbeitsaufgabe oder verfügt er nicht über Sachkunde, so hat er den **Mangel** dem Vorgesetzten unverzüglich zu **melden**.

Die Versicherten dürfen Einrichtungen nur zu dem Zweck verwenden, der vom Unternehmer bestimmt oder üblich ist.

Versicherte dürfen **Einrichtungen** und **Arbeitsstoffe nicht unbefugt benutzen**. Sie dürfen Einrichtungen nicht unbefugt betreten.

Das vollständige System der UVV hier darzustellen würde den Rahmen dieses Buches sprengen. Ansprechpartner für grundlegende Informationen ist immer die **zuständige Berufsgenossenschaft** des Gewerbebereiches. Jeder Unternehmer ist automatisch Pflichtmitglied einer Berufsgenossenschaft. Es besteht auch eine Belehrungs- /Einweisungs- und Unterweisungspflicht des Arbeitgebers gegenüber den Arbeitnehmern.

Beispiele von **Unfallverhütungsvorschriften** der Berufsgenossenschaften im Zusammenhang mit der Beförderung gefährlicher Güter:

BGI 857	Sicherer Betrieb von Tankfahrzeugen mit Mineralölprodukten
BGR 132	Vermeidung von Zündgefahren infolge elektrostatischer Aufladungen
BGR 189	Einsatz von Schutzkleidung

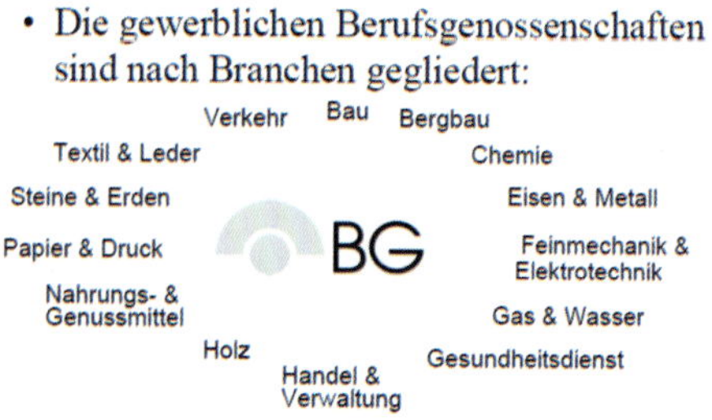

Als organisatorische Maßnahme legen die Unfallverhütungsvorschriften sehr viel Wert auf die **Unterrichtung der Arbeitnehmer am Arbeitsplatz** in Form sogenannter **Betriebsanweisungen**.

Eine Betriebsanweisung ist immer dann zu erstellen, wenn eine **Gefährdung für die Mitarbeiter** vorliegt, die durch die geforderte Gefährdungsbeurteilung ermittelt wurde. Betriebsanweisungen sind Anweisungen des Unternehmers an seine Mitarbeiter technische Einrichtungen oder Erzeugnisse, Stoffe oder Zubereitungen ordnungsgemäß zu verwenden, um Unfälle oder Gesundheitsrisiken zu vermeiden. Einbezogen werden sollte auch der Sach- und Umweltschutz.

Es sind somit Betriebsanweisungen für chemische und biologische Arbeitsstoffe, für Maschinen / Geräte oder besonders gefährliche Tätigkeiten zu erstellen. Die Betriebsanweisung unterstützt den Unternehmer oder Vorgesetzten bei der Unterweisung der Mitarbeiter und hilft den Beschäftigten sich bei ihren Tätigkeiten sicher zu verhalten.

Diese können ausgehangen werden oder an jedem Arbeitnehmer bekannten Ort ausgelegt bzw.bereitgehalten werden.

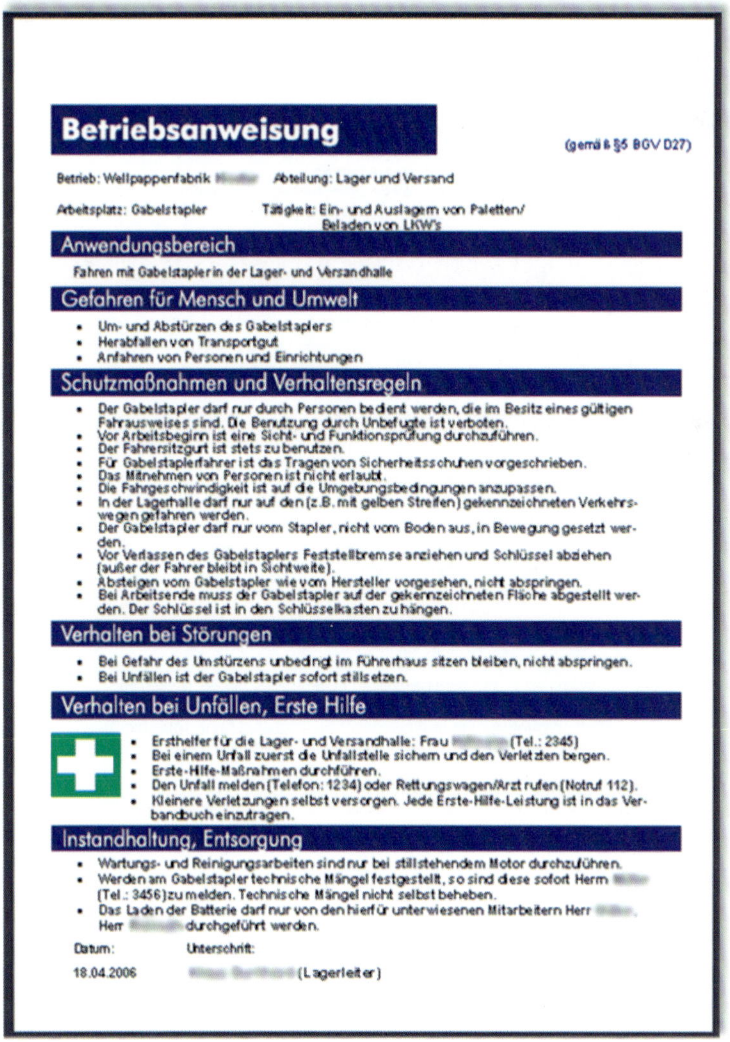

Betriebsanweisung (gemäß §5 BGV D27)

Betrieb: Wellpappenfabrik [illegible] Abteilung: Lager und Versand

Arbeitsplatz: Gabelstapler Tätigkeit: Ein- und Auslagern von Paletten/ Beladen von LKW's

Anwendungsbereich

Fahren mit Gabelstapler in der Lager- und Versandhalle

Gefahren für Mensch und Umwelt

- Um- und Abstürzen des Gabelstaplers
- Herabfallen von Transportgut
- Anfahren von Personen und Einrichtungen

Schutzmaßnahmen und Verhaltensregeln

- Der Gabelstapler darf nur durch Personen bedient werden, die im Besitz eines gültigen Fahrausweises sind. Die Benutzung durch Unbefugte ist verboten.
- Vor Arbeitsbeginn ist eine Sicht- und Funktionsprüfung durchzuführen.
- Der Fahrersitzgurt ist stets zu benutzen.
- Für Gabelstaplerfahrer ist das Tragen von Sicherheitsschuhen vorgeschrieben.
- Das Mitnehmen von Personen ist nicht erlaubt.
- Die Fahrgeschwindigkeit ist auf die Umgebungsbedingungen anzupassen.
- In der Lagerhalle darf nur auf den (z.B. mit gelben Streifen) gekennzeichneten Verkehrswegen gefahren werden.
- Der Gabelstapler darf nur vom Stapler, nicht vom Boden aus, in Bewegung gesetzt werden.
- Vor Verlassen des Gabelstaplers Feststellbremse anziehen und Schlüssel abziehen (außer der Fahrer bleibt in Sichtweite).
- Absteigen vom Gabelstapler wie vom Hersteller vorgesehen, nicht abspringen.
- Bei Arbeitsende muss der Gabelstapler auf der gekennzeichneten Fläche abgestellt werden. Der Schlüssel ist in den Schlüsselkasten zu hängen.

Verhalten bei Störungen

- Bei Gefahr des Umstürzens unbedingt im Führerhaus sitzen bleiben, nicht abspringen.
- Bei Unfällen ist der Gabelstapler sofort stillsetzen.

Verhalten bei Unfällen, Erste Hilfe

- Ersthelfer für die Lager- und Versandhalle: Frau [illegible] (Tel.: 2345)
- Bei einem Unfall zuerst die Unfallstelle sichern und den Verletzten bergen.
- Erste-Hilfe-Maßnahmen durchführen.
- Den Unfall melden (Telefon: 1234) oder Rettungswagen/Arzt rufen (Notruf 112).
- Kleinere Verletzungen selbst versorgen. Jede Erste-Hilfe-Leistung ist in das Verbandbuch einzutragen.

Instandhaltung, Entsorgung

- Wartungs- und Reinigungsarbeiten sind nur bei stillstehendem Motor durchzuführen.
- Werden am Gabelstapler technische Mängel festgestellt, so sind diese sofort Herrn [illegible] (Tel.: 3456) zu melden. Technische Mängel nicht selbst beheben.
- Das Laden der Batterie darf nur von den hierfür unterwiesenen Mitarbeitern Herr [illegible], Herr [illegible] durchgeführt werden.

Datum: 18.04.2006

Unterschrift: [illegible] (Lagerleiter)

BETRIEBSANWEISUNG
gemäß § 14 GEFSTOFFV

Stand:
abgezeichnet am:

Betrieb/Gebäude:

Geltungsbereich: Laser-Faxgerät, Drucker, -Kopierer

GEFAHRSTOFFBEZEICHNUNG

Produktname: Tonerstaub
Auswechseln der Tonerkassette, Entfernen von Tonerstaub

GEFAHREN FÜR MENSCH UND UMWELT

- Toner kann die Schleimhäute der Atemwege, die Bindehaut der Augen und die Haut reizen.
- Toner kann sensibilisierend wirken.
- Toner ist brennbar.

SCHUTZMASSNAHMEN UND VERHALTENSREGELN

- Die Betriebsanleitung des Herstellers beachten.
- Hautkontakt vermeiden, dazu gehört:
  - Toner nicht mit den Händen berühren.
  - Tonerstaub nicht aufwirbeln (zum Beispiel durch Pusten, Luftzug).
  - Mit verschmutzten Händen nicht Mund, Nase oder Augen berühren.
- Während des Tonerwechsels und bei Reinigungsarbeiten im Gerät bereit gestellte Einweg-Schutzhandschuhe benutzen.
- Während des Tonerwechsels nicht essen, trinken oder rauchen.
- Während des Tonerwechsels Zündquellen fernhalten.

VERHALTEN BEI STÖRUNGEN UND IM GEFAHRFALL

- Vorgesetzte informieren.
- Verschütteten Toner mit Reinigungstuch (evtl. anfeuchten) aufnehmen.
- Aufwirbeln und Verteilen des Toners im Raum durch Pusten oder Luftzug vermeiden.
- Brennenden Toner mit dem Feuerlöscher löschen.

VERHALTEN BEI UNFÄLLEN - ERSTE HILFE

Hautkontakt: Toner mit Wasser und Seife abwaschen.
Augenkontakt: Toner mit viel Wasser abspülen.
Einatmen: Mund und Rachen ausspülen bzw. Nase reinigen und Frischluft atmen.

- Ersthelfer und Vorgesetzten verständigen.
- Bei anhaltender Reizung Arzt aufsuchen.

SACHGERECHTE ENTSORGUNG

Geräte gemäß Betriebsanleitung regelmäßig warten und prüfen.
Tonerwechsel wird vorgenommen durch: .Herr/Frau ______________________
Leere Tonerbehälter in den bereitgestellten Folienbeutel geben, diesen verschließen.
Gebrauchte Reinigungstücher und Handschuhe möglichst ohne Tonerberührung ebenfalls in den bereitgestellten Folienbeutel geben und diesen verschließen.
Die verschlossenen Beutel sachgerecht entsorgen, zuständig: ______________

3.3 Haftungs- und Strafrecht, Ordnungswidrigkeiten

Beteiligte an der Gefahrgutbeförderung können bei Pflichtverletzungen haftbar gemacht werden. Das kann aber nicht nur nach den in den gefahrgutrechtlichen Vorschriften aufgezeigten Tatbeständen erfolgen. Die Möglichkeiten reichen vom Verwarnungsgeld über Bußgeld, Geld- oder Freiheitsstrafen bis hin zu Schadenersatzleistungen. Pflichtverletzungen bei der Gefahrgutbeförderung erfolgen in der Regel im Rahmen eines Arbeitsrechtsverhältnisses. In diesem Fall ist genau zu prüfen, wer in welchem Umfang welche Pflichten verletzt hat. In aller Regel wird der nach Anweisungen arbeitende Arbeitnehmer nicht allein in der Verantwortung sein. Im Gefahrgutrecht wird die als Bußgeldadressat anzusehende beauftragte Person die Erfüllung der Pflichten deutlich machen müssen.

WICHTIG: Ein Verursacher darf für das gleiche Delikt nicht mehrfach bestraft werden. Nicht vergessen werden darf aber: Schadenersatz leisten ist kein Straftatbestand.

3.3.1 Haftungsrecht

Die Haftung für einen Schaden ist in den verschiedensten Gesetzen geregelt. An einigen wichtigen Paragraphen soll die Haftungsverantwortung verdeutlicht werden.

Bürgerliches Gesetzbuch

§ 823 BGB Schadenersatz:

(1) Wer vorsätzlich oder fahrlässig das Leben, den Körper, die Gesundheit, die Freiheit, das Eigentum oder ein sonstiges Recht eines anderen widerrechtlich verletzt, ist dem anderen zum Ersatz des daraus entstehenden Schadens verpflichtet.

(2) Die gleiche Verpflichtung trifft denjenigen, welcher gegen ein den Schutz eines anderen bezweckendes Gesetz verstößt. Ist nach dem Inhalt des Gesetzes ein Verstoß gegen dieses auch ohne Verschulden möglich, so tritt die Ersatzpflicht nur im Falle des Verschuldens ein.

Der benannte Paragraph braucht den Nachweis des Verschuldens.

Er legt keine Haftungsobergrenzen fest.

§ 249 BGB Art und Umfang des Schadenersatzes

(1) Wer zum Schadensersatz verpflichtet ist, hat den Zustand herzustellen, der bestehen würde, wenn der zum Ersatz verpflichtende Umstand nicht eingetreten wäre.

(2) Ist wegen Verletzung einer Person oder wegen Beschädigung einer Sache Schadensersatz zu leisten, so kann der Gläubiger statt der Herstellung den dazu erforderlichen Geldbetrag verlangen. Bei der Beschädigung einer Sache schließt der nach Satz 1 erforderliche Geldbetrag die Umsatzsteuer nur mit ein, wenn und soweit sie tatsächlich angefallen ist.

Straßenverkehrsgesetz

§ 7 StVG Haftung des Halters, Schwarzfahrt

(1) Wird bei dem Betrieb eines Kraftfahrzeugs oder eines Anhängers, der dazu bestimmt ist, von einem Kraftfahrzeug mitgeführt zu werden, ein Mensch getötet, der Körper oder die Gesundheit eines Menschen verletzt oder eine Sache beschädigt, so ist der Halter verpflichtet, dem Verletzten den daraus entstehenden Schaden zu ersetzen.

(2) Die Ersatzpflicht ist ausgeschlossen, wenn der Unfall durch höhere Gewalt verursacht wird.

(3) Benutzt jemand das Fahrzeug ohne Wissen und Willen des Fahrzeughalters, so ist er anstelle des Halters zum Ersatz des Schadens verpflichtet; daneben bleibt der Halter zum Ersatz des Schadens verpflichtet, wenn die Benutzung des Fahrzeugs durch sein Verschul-

den ermöglicht worden ist. Satz 1 findet keine Anwendung, wenn der Benutzer vom Fahrzeughalter für den Betrieb des Kraftfahrzeugs angestellt ist oder wenn ihm das Fahrzeug vom Halter überlassen worden ist. Die Sätze 1 und 2 sind auf die Benutzung eines Anhängers entsprechend anzuwenden.

Wasserhaushaltsgesetz

§ 89 WHG Haftung für Änderungen der Wasserbeschaffenheit

(1) Wer in ein Gewässer Stoffe einbringt oder einleitet oder wer in anderer Weise auf ein Gewässer einwirkt und dadurch die Wasserbeschaffenheit nachteilig verändert, ist zum Ersatz des daraus einem anderen entstehenden Schadens verpflichtet. Haben mehrere auf das Gewässer eingewirkt, so haften sie als Gesamtschuldner.

(2) Gelangen aus einer Anlage, die bestimmt ist, Stoffe herzustellen, zu verarbeiten, zu lagern, abzulagern, zu befördern oder wegzuleiten, derartige Stoffe in ein Gewässer, ohne in dieses eingebracht oder eingeleitet zu sein, und wird dadurch die Wasserbeschaffenheit nachteilig verändert, so ist der Betreiber der Anlage zum Ersatz des daraus einem anderen entstehenden Schadens verpflichtet. Absatz 1 Satz 2 gilt entsprechend. Die Ersatzpflicht tritt nicht ein, wenn der Schaden durch höhere Gewalt verursacht wird.

§ 96 WHG Art und Umfang von Entschädigungspflichten

(1) Eine nach diesem Gesetz zu leistende Entschädigung hat den eintretenden Vermögensschaden angemessen auszugleichen. Soweit zum Zeitpunkt der behördlichen Anordnung, die die Entschädigungspflicht auslöst, Nutzungen gezogen werden, ist von dem Maß ihrer Beeinträchtigung auszugehen. Hat die anspruchsberechtigte Person Maßnahmen getroffen, um die Nutzungen zu steigern, und ist nachgewiesen, dass die Maßnahmen die Nutzungen nachhaltig gesteigert hätten, so ist dies zu berücksichtigen. Außerdem ist eine infolge der behördlichen Anordnung eingetretene Minderung des Verkehrswerts von Grundstücken zu berücksichtigen, soweit sie nicht nach Satz 2 oder Satz 3 bereits berücksichtigt ist.

(2) Soweit als Entschädigung durch Gesetz nicht wasserwirtschaftliche oder andere Maßnahmen zugelassen werden, ist die Entschädigung in Geld festzusetzen.

(3) Kann auf Grund einer entschädigungspflichtigen Maßnahme die Wasserkraft eines Triebwerks nicht mehr im bisherigen Umfang verwertet werden, so kann die zuständige Behörde bestimmen, dass die Entschädigung ganz oder teilweise durch Lieferung elektrischen Stroms zu leisten ist, wenn die entschädigungspflichtige Person ein Energieversorgungsunternehmen ist und soweit ihr dies wirtschaftlich zumutbar ist. Die für die Lieferung des elektrischen Stroms erforderlichen technischen Vorkehrungen hat die entschädigungspflichtige Person auf ihre Kosten zu schaffen.

(4) Wird die Nutzung eines Grundstücks infolge der die Entschädigungspflicht auslösenden behördlichen Anordnung unmöglich oder erheblich erschwert, so kann der Grundstückseigentümer verlangen, dass die entschädigungspflichtige Person das Grundstück zum Verkehrswert erwirbt. Lässt sich der nicht betroffene Teil eines Grundstücks nach seiner bisherigen Bestimmung nicht mehr zweckmäßig nutzen, so kann der Grundstückseigentümer den Erwerb auch dieses Teils verlangen. Ist der Grundstückseigentümer zur Sicherung seiner Existenz auf Ersatzland angewiesen und kann Ersatzland zu angemessenen Bedingungen beschafft werden, so ist ihm auf Antrag anstelle einer Entschädigung in Geld das Eigentum an einem Ersatzgrundstück zu verschaffen.

(5) Ist nach § 97 die begünstigte Person entschädigungspflichtig, kann die anspruchsberechtigte Person Sicherheitsleistung verlangen.

3.3.2 Strafrecht

Straftaten werden im Strafgesetzbuch definiert und mit Ahndungsmöglichkeiten versehen.

Im 29. Abschnitt des StGB werden Straftaten gegen die Umwelt behandelt.

Unkommentiert sollen einige Paragraphen zitiert werden, damit Vorstellungen gewonnen werden können, wie der Gesetzgeber gegen Verursacher von schweren Umweltsünden vorgehen könnte.

Strafgesetzbuch

§ 324 StGB Gewässerverunreinigung:

(1) Wer unbefugt ein Gewässer verunreinigt oder sonst dessen Eigenschaften nachteilig verändert, wird mit Freiheitsstrafe bis zu fünf Jahren oder mit Geldstrafe bestraft.

(2) Der Versuch ist strafbar.

(3) Handelt der Täter fahrlässig, so ist die Strafe Freiheitsstrafe bis zu drei Jahren oder Geldstrafe.

§ 324a StGB Bodenverunreinigung:

(1) Wer unter Verletzung verwaltungsrechtlicher Pflichten Stoffe in den Boden einbringt, eindringen lässt oder freisetzt und diesen dadurch

1. in einer Weise, die geeignet ist, die Gesundheit eines anderen, Tiere, Pflanzen oder andere Sachen von bedeutendem Wert oder ein Gewässer zu schädigen, oder
2. in bedeutendem Umfang

verunreinigt oder sonst nachteilig verändert, wird mit Freiheitsstrafe bis zu fünf Jahren oder mit Geldstrafe bestraft.

(2) Der Versuch ist strafbar.

(3) Handelt der Täter fahrlässig, so ist die Strafe Freiheitsstrafe bis zu drei Jahren oder Geldstrafe.

§ 325 StGB Luftverunreinigung

(1) Wer beim Betrieb einer Anlage, insbesondere einer Betriebsstätte oder Maschine, unter Verletzung verwaltungsrechtlicher Pflichten Veränderungen der Luft verursacht, die geeignet sind, außerhalb des zur Anlage gehörenden Bereichs die Gesundheit eines anderen, Tiere, Pflanzen oder andere Sachen von bedeutendem Wert zu schädigen, wird mit Freiheitsstrafe bis zu fünf Jahren oder mit Geldstrafe bestraft. Der Versuch ist strafbar.

(2) Wer beim Betrieb einer Anlage, insbesondere einer Betriebsstätte oder Maschine, unter grober Verletzung verwaltungsrechtlicher Pflichten Schadstoffe in bedeutendem Umfang in die Luft außerhalb des Betriebsgeländes freisetzt, wird mit Freiheitsstrafe bis zu fünf Jahren oder mit Geldstrafe bestraft.

(3) Handelt der Täter fahrlässig, so ist die Strafe Freiheitsstrafe bis zu drei Jahren oder Geldstrafe.

(4) Schadstoffe im Sinne des Absatzes 2 sind Stoffe, die geeignet sind,

1. die Gesundheit eines anderen, Tiere, Pflanzen oder andere Sachen von bedeutendem Wert zu schädigen oder

2. nachhaltig ein Gewässer, die Luft oder den Boden zu verunreinigen oder sonst nachteilig zu verändern.

(5) Die Absätze 1 bis 3 gelten nicht für Kraftfahrzeuge, Schienen-, Luft- oder Wasserfahrzeuge.

§ 325a StGB Verursachen von Lärm, Erschütterungen und nichtionisierenden Strahlen

(1) Wer beim Betrieb einer Anlage, insbesondere einer Betriebsstätte oder Maschine, unter Verletzung verwaltungsrechtlicher Pflichten Lärm verursacht, der geeignet ist, außerhalb des zur Anlage gehörenden Bereichs die Gesundheit eines anderen zu schädigen, wird mit Freiheitsstrafe bis zu drei Jahren oder mit Geldstrafe bestraft.

(2) Wer beim Betrieb einer Anlage, insbesondere einer Betriebsstätte oder Maschine, unter Verletzung verwaltungsrechtlicher Pflichten, die dem Schutz vor Lärm, Erschütterungen oder nichtionisierenden Strahlen dienen, die Gesundheit eines anderen, ihm nicht gehörende Tiere oder fremde Sachen von bedeutendem Wert gefährdet, wird mit Freiheitsstrafe bis zu fünf Jahren oder mit Geldstrafe bestraft.

(3) Handelt der Täter fahrlässig, so ist die Strafe

1. in den Fällen des Absatzes 1 Freiheitsstrafe bis zu zwei Jahren oder Geldstrafe,
2. in den Fällen des Absatzes 2 Freiheitsstrafe bis zu drei Jahren oder Geldstrafe.

(4) Die Absätze 1 bis 3 gelten nicht für Kraftfahrzeuge, Schienen-, Luft- oder Wasserfahrzeuge.

§ 326 StGB Unerlaubter Umgang mit gefährlichen Abfällen

(1) Wer unbefugt Abfälle, die

1. Gifte oder Erreger von auf Menschen oder Tiere übertragbaren gemeingefährlichen Krankheiten enthalten oder hervorbringen können,
2. für den Menschen krebserzeugend, fruchtschädigend oder erbgutverändernd sind,
3. explosionsgefährlich, selbstentzündlich oder nicht nur geringfügig radioaktiv sind oder
4. nach Art, Beschaffenheit oder Menge geeignet sind,
   a) nachhaltig ein Gewässer, die Luft oder den Boden zu verunreinigen oder sonst nachteilig zu verändern oder
   b) einen Bestand von Tieren oder Pflanzen zu gefährden,

außerhalb einer dafür zugelassenen Anlage oder unter wesentlicher Abweichung von einem vorgeschriebenen oder zugelassenen Verfahren behandelt, lagert, ablagert, ablässt oder sonst beseitigt, wird mit Freiheitsstrafe bis zu fünf Jahren oder mit Geldstrafe bestraft.

(2) Ebenso wird bestraft, wer Abfälle im Sinne des Absatzes 1 entgegen einem Verbot oder ohne die erforderliche Genehmigung in den, aus dem oder durch den Geltungsbereich dieses Gesetzes verbringt.

(3) Wer radioaktive Abfälle unter Verletzung verwaltungsrechtlicher Pflichten nicht abliefert, wird mit Freiheitsstrafe bis zu drei Jahren oder mit Geldstrafe bestraft.

(4) In den Fällen der Absätze 1 und 2 ist der Versuch strafbar.

(5) Handelt der Täter fahrlässig, so ist die Strafe

1. in den Fällen der Absätze 1 und 2 Freiheitsstrafe bis zu drei Jahren oder Geldstrafe,
2. in den Fällen des Absatzes 3 Freiheitsstrafe bis zu einem Jahr oder Geldstrafe.

(6) Die Tat ist dann nicht strafbar, wenn schädliche Einwirkungen auf die Umwelt, insbesondere auf Menschen, Gewässer, die Luft, den Boden, Nutztiere oder Nutzpflanzen, wegen der geringen Menge der Abfälle offensichtlich ausgeschlossen sind.

§ 327 StGB Unerlaubtes Betreiben von Anlagen

(1) Wer ohne die erforderliche Genehmigung oder entgegen einer vollziehbaren Untersagung

1. eine kerntechnische Anlage betreibt, eine betriebsbereite oder stillgelegte kerntechnische Anlage innehat oder ganz oder teilweise abbaut oder eine solche Anlage oder ihren Betrieb wesentlich ändert oder
2. eine Betriebsstätte, in der Kernbrennstoffe verwendet werden, oder deren Lage wesentlich ändert,

wird mit Freiheitsstrafe bis zu fünf Jahren oder mit Geldstrafe bestraft.

(2) Mit Freiheitsstrafe bis zu drei Jahren oder mit Geldstrafe wird bestraft, wer

1. eine genehmigungsbedürftige Anlage oder eine sonstige Anlage im Sinne des Bundes-Immissionsschutzgesetzes, deren Betrieb zum Schutz vor Gefahren untersagt worden ist,
2. eine genehmigungsbedürftige Rohrleitungsanlage zum Befördern wassergefährdender Stoffe im Sinne des Gesetzes über die Umweltverträglichkeitsprüfung oder
3. eine Abfallentsorgungsanlage im Sinne des Kreislaufwirtschafts- und Abfallgesetzes

ohne die nach dem jeweiligen Gesetz erforderliche Genehmigung oder Planfeststellung oder entgegen einer auf dem jeweiligen Gesetz beruhenden vollziehbaren Untersagung betreibt.

(3) Handelt der Täter fahrlässig, so ist die Strafe

1. in den Fällen des Absatzes 1 Freiheitsstrafe bis zu drei Jahren oder Geldstrafe,
2. in den Fällen des Absatzes 2 Freiheitsstrafe bis zu zwei Jahren oder Geldstrafe.

§ 328 StGB Unerlaubter Umgang mit radioaktiven Stoffen und anderen gefährlichen Stoffen und Gütern

(1) Mit Freiheitsstrafe bis zu fünf Jahren oder mit Geldstrafe wird bestraft,

1. wer ohne die erforderliche Genehmigung oder entgegen einer vollziehbaren Untersagung Kernbrennstoffe oder
2. wer grob pflichtwidrig ohne die erforderliche Genehmigung oder wer entgegen einer vollziehbaren Untersagung sonstige radioaktive Stoffe, die nach Art, Beschaffenheit oder Menge geeignet sind, durch ionisierende Strahlen den Tod oder eine schwere Gesundheitsschädigung eines anderen herbeizuführen,

aufbewahrt, befördert, bearbeitet, verarbeitet oder sonst verwendet, einführt oder ausführt.

(2) Ebenso wird bestraft, wer

1. Kernbrennstoffe, zu deren Ablieferung er auf Grund des Atomgesetzes verpflichtet ist, nicht unverzüglich abliefert,
2. Kernbrennstoffe oder die in Absatz 1 Nr. 2 bezeichneten Stoffe an Unberechtigte abgibt oder die Abgabe an Unberechtigte vermittelt,
3. eine nukleare Explosion verursacht oder
4. einen anderen zu einer in Nummer 3 bezeichneten Handlung verleitet oder eine solche Handlung fördert.

(3) Mit Freiheitsstrafe bis zu fünf Jahren oder mit Geldstrafe wird bestraft, wer unter grober Verletzung verwaltungsrechtlicher Pflichten

1. beim Betrieb einer Anlage, insbesondere einer Betriebsstätte oder technischen Einrichtung, radioaktive Stoffe oder Gefahrstoffe im Sinne des Chemikaliengesetzes lagert, bearbeitet, verarbeitet oder sonst verwendet oder
2. gefährliche Güter befördert, versendet, verpackt oder auspackt, verlädt oder entlädt, entgegennimmt oder anderen überlässt

und dadurch die Gesundheit eine anderen, ihm nicht gehörende Tiere oder fremde Sachen von bedeutendem Wert gefährdet.

(4) Der Versuch ist strafbar.

(5) Handelt der Täter fahrlässig, so ist die Strafe Freiheitsstrafe bis zu drei Jahren oder Geldstrafe.

(6) Die Absätze 4 und 5 gelten nicht für Taten nach Absatz 2 Nr. 4.

§ 329 StGB Gefährdung schutzbedürftiger Gebiete

(1) Wer entgegen einer auf Grund des Bundes-Immissionsschutzgesetzes erlassenen Rechtsverordnung über ein Gebiet, das eines besonderen Schutzes vor schädlichen Umwelteinwirkungen durch Luftverunreinigungen oder Geräusche bedarf oder in dem während austauscharmer Wetterlagen ein starkes Anwachsen schädlicher Umwelteinwirkungen durch Luftverunreinigungen zu befürchten ist, Anlagen innerhalb des Gebiets betreibt, wird mit Freiheitsstrafe bis zu drei Jahren oder mit Geldstrafe bestraft. Ebenso wird bestraft, wer innerhalb eines solchen Gebiets Anlagen entgegen einer vollziehbaren Anordnung betreibt, die auf Grund einer in Satz 1 bezeichneten Rechtsverordnung ergangen ist. Die Sätze 1 und 2 gelten nicht für Kraftfahrzeuge, Schienen-, Luft- oder Wasserfahrzeuge.

(2) Wer entgegen einer zum Schutz eines Wasser- oder Heilquellenschutzgebietes erlassenen Rechtsvorschrift oder vollziehbaren Untersagung

1. betriebliche Anlagen zum Umgang mit wassergefährdenden Stoffen betreibt,
2. Rohrleitungsanlagen zum Befördern wassergefährdender Stoffe betreibt oder solche Stoffe befördert oder
3. im Rahmen eines Gewerbebetriebes Kies, Sand, Ton oder andere feste Stoffe abbaut,

wird mit Freiheitsstrafe bis zu drei Jahren oder mit Geldstrafe bestraft. Betriebliche Anlage im Sinne des Satzes 1 ist auch die Anlage in einem öffentlichen Unternehmen.

(3) Wer entgegen einer zum Schutz eines Naturschutzgebietes, einer als Naturschutzgebiet einstweilig sichergestellten Fläche oder eines Nationalparks erlassenen Rechtsvorschrift oder vollziehbaren Untersagung

1. Bodenschätze oder andere Bodenbestandteile abbaut oder gewinnt,
2. Abgrabungen oder Aufschüttungen vornimmt,
3. Gewässer schafft, verändert oder beseitigt,
4. Moore, Sümpfe, Brüche oder sonstige Feuchtgebiete entwässert,
5. Wald rodet,
6. Tiere einer im Sinne des Bundesnaturschutzgesetzes besonders geschützten Art tötet, fängt, diesen nachstellt oder deren Gelege ganz oder teilweise zerstört oder entfernt,

7. Pflanzen einer im Sinne des Bundesnaturschutzgesetzes besonders geschützten Art beschädigt oder entfernt oder
8. ein Gebäude errichtet

und dadurch den jeweiligen Schutzzweck nicht unerheblich beeinträchtigt, wird mit Freiheitsstrafe bis zu fünf Jahren oder mit Geldstrafe bestraft.

(4) Handelt der Täter fahrlässig, so ist die Strafe

1. in den Fällen der Absätze 1 und 2 Freiheitsstrafe bis zu zwei Jahren oder Geldstrafe,
2. in den Fällen des Absatzes 3 Freiheitsstrafe bis zu drei Jahren oder Geldstrafe.

§ 330 StGB Besonders schwerer Fall einer Umweltstraftat

(1) In besonders schweren Fällen wird eine vorsätzliche Tat nach den §§ 324 bis 329 mit Freiheitsstrafe von sechs Monaten bis zu zehn Jahren bestraft. Ein besonders schwerer Fall liegt in der Regel vor, wenn der Täter

1. ein Gewässer, den Boden oder ein Schutzgebiet im Sinne des § 329 Abs. 3 derart beeinträchtigt, dass die Beeinträchtigung nicht, nur mit außerordentlichem Aufwand oder erst nach längerer Zeit beseitigt werden kann,
2. die öffentliche Wasserversorgung gefährdet,
3. einen Bestand von Tieren oder Pflanzen der vom Aussterben bedrohten Arten nachhaltig schädigt oder
4. aus Gewinnsucht handelt.

(2) Wer durch eine vorsätzliche Tat nach den §§ 324 bis 329

1. einen anderen Menschen in die Gefahr des Todes oder einer schweren Gesundheitsschädigung oder eine große Zahl von Menschen in die Gefahr einer Gesundheitsschädigung bringt oder
2. den Tod eines anderen Menschen verursacht,

wird in den Fällen der Nummer 1 mit Freiheitsstrafe von einem Jahr bis zu zehn Jahren, in den Fällen der Nummer 2 mit Freiheitsstrafe nicht unter drei Jahren bestraft, wenn die Tat nicht in § 330a Abs. 1 bis 3 mit Strafe bedroht ist.

(3) In minder schweren Fällen des Absatzes 2 Nr. 1 ist auf Freiheitsstrafe von sechs Monaten bis zu fünf Jahren, in minder schweren Fällen des Absatzes 2 Nr. 2 auf Freiheitsstrafe von einem Jahr bis zu zehn Jahren zu erkennen.

§ 330a StGB Schwere Gefährdung durch Freisetzen von Giften

(1) Wer Stoffe, die Gifte enthalten oder hervorbringen können, verbreitet oder freisetzt und dadurch die Gefahr des Todes oder einer schweren Gesundheitsschädigung eines anderen Menschen oder die Gefahr einer Gesundheitsschädigung einer großen Zahl von Menschen verursacht, wird mit Freiheitsstrafe von einem Jahr bis zu zehn Jahren bestraft.

(2) Verursacht der Täter durch die Tat den Tod eines anderen Menschen, so ist die Strafe Freiheitsstrafe nicht unter drei Jahren.

(3) In minder schweren Fällen des Absatzes 1 ist auf Freiheitsstrafe von sechs Monaten bis zu fünf Jahren, in minder schweren Fällen des Absatzes 2 auf Freiheitsstrafe von einem Jahr bis zu zehn Jahren zu erkennen.

(4) Wer in den Fällen des Absatzes 1 die Gefahr fahrlässig verursacht, wird mit Freiheitsstrafe bis zu fünf Jahren oder mit Geldstrafe bestraft.

(5) Wer in den Fällen des Absatzes 1 leichtfertig handelt und die Gefahr fahrlässig verursacht, wird mit Freiheitsstrafe bis zu drei Jahren oder mit Geldstrafe bestraft.

§ 14 StGB Handeln für einen Anderen

(1) Handelt jemand

1. als vertretungsberechtigtes Organ einer juristischen Person oder als Mitglied eines solchen Organs,
2. als vertretungsberechtigter Gesellschafter einer rechtsfähigen Personengesellschaft oder
3. als gesetzlicher Vertreter eines anderen,

so ist ein Gesetz, nach dem besondere persönliche Eigenschaften, Verhältnisse oder Umstände (besondere persönliche Merkmale) die Strafbarkeit begründen, auch auf den Vertreter anzuwenden, wenn diese Merkmale zwar nicht bei ihm, aber bei dem Vertretenen vorliegen.

(2) Ist jemand von dem Inhaber eines Betriebs oder einem sonst dazu Befugten

1. beauftragt, den Betrieb ganz oder zum Teil zu leiten, oder
2. ausdrücklich beauftragt, in eigener Verantwortung Aufgaben wahrzunehmen, die dem Inhaber des Betriebs obliegen,

und handelt er auf Grund dieses Auftrags, so ist ein Gesetz, nach dem besondere persönliche Merkmale die Strafbarkeit begründen, auch auf den Beauftragten anzuwenden, wenn diese Merkmale zwar nicht bei ihm, aber bei dem Inhaber des Betriebs vorliegen. Dem Betrieb im Sinne des Satzes 1 steht das Unternehmen gleich. Handelt jemand auf Grund eines entsprechenden Auftrags für eine Stelle, die Aufgaben der öffentlichen Verwaltung wahrnimmt, so ist Satz 1 sinngemäß anzuwenden.

(3) Die Absätze 1 und 2 sind auch dann anzuwenden, wenn die Rechtshandlung, welche die Vertretungsbefugnis oder das Auftragsverhältnis begründen sollte, unwirksam ist.

3.3.3 Ordnungswidrigkeitenrecht

Um die strafrechtlichen Tatbestände auf die wirklich strafwürdigen Fälle zu beschränken, wurde in Deutschland das Ordnungswidrigkeitenrecht eingeführt. Es ahndet nicht mit Strafen, sondern mit Geldbußen und liegt vorrangig in der Hand von Verwaltungsbehörden. Es kommt allerdings vor, dass die gleiche Handlung sowohl im Strafrecht wie auch im Ordnungswidrigkeitenrecht als ahndungswürdig erscheint. Den Unterschied macht hier die Intensität der Fehlhandlung.

Zu unterscheiden ist die Ordnungswidrigkeit von einer Pflichtverletzung.

Im Ordnungswidrigkeitengesetz definiert § 1:

(1) „Eine Ordnungswidrigkeit ist eine rechtswidrige und vorwerfbare Handlung, die den Tatbestand eines Gesetzes verwirklicht, das die Ahndung mit einer Geldbuße zulässt."

Das Ordnungswidrigkeitenrecht gestattet schnelles und unkompliziertes Handeln. Gerichte sind zur rechtlichen Kontrolle bei Widerspruch vorgesehen.

Die Bußgeldtatbestände haben als Folge der rasanten Zunahme der Gebots- und Verbotsregelungen erheblich zugenommen und wären über das Strafrecht praktisch nicht mehr beherrschbar. Im OWiG gilt auch: ein Beschuldigter kann für den gleichen Tatbestand nicht zweimal zur Verantwortung gezogen werden. Das Gefahrgutrecht kennt aber vielfach eine mehrfache Verantwortung für den gleichen Tatbestand. Das ist der Unterschied. Der Bußgeldkatalog für Verstöße gegen die GGVSEB ist Bestandteil der RSEB. Bei der Betrachtung von Ordnungswidrigkeiten darf nicht übersehen werden, dass der gleiche Sachverhalt in unterschiedlichen Regelungen mit Bußgeld bedroht sein kann. Beispiel: Ladungssicherung. Auch die Straßenverkehrsordnung sagt, dass die Ladung zu sichern ist. Es ist nicht verboten, Verstöße bei Gefahrguttransporten nach der Straßenverkehrsordnung zu verfolgen.

Es kommt vor, dass Unternehmen gegen Bußgelder nicht vorgehen, weil der Aufwand z.T. hoch und das Bußgeld dazu im Verhältnis gering erscheint. Dazu muss man wissen, dass im Verkehrszentralregister Bußgelder von Bußgeldbehörden erfasst werden, wenn sie 40 € und im Gewerbezentralregister (im Zusammenhang mit der Gewerbeausübung) 200 € übersteigen.

Und noch etwas ist in diesem Zusammenhang wichtig: Erfasst wird nicht, wer das Bußgeld bezahlt hat, sondern gegen wen es verhängt wurde.

Ordnungswidrigkeitengesetz

§ 9 OWiG Handeln für einen Anderen

(1) Handelt jemand

1. als vertretungsberechtigtes Organ einer juristischen Person oder als Mitglied eines solchen Organs,
2. als vertretungsberechtigter Gesellschafter einer rechtsfähigen Personengesellschaft oder
3. als gesetzlicher Vertreter eines anderen,

so ist ein Gesetz, nach dem besondere persönliche Eigenschaften, Verhältnisse oder Umstände (besondere persönliche Merkmale) die Möglichkeit der Ahndung begründen, auch auf den Vertreter anzuwenden, wenn diese Merkmale zwar nicht bei ihm, aber bei dem Vertretenen vorliegen.

(2) Ist jemand von dem Inhaber eines Betriebes oder einem sonst dazu Befugten

1. beauftragt, den Betrieb ganz oder zum Teil zu leiten, oder
2. ausdrücklich beauftragt, in eigener Verantwortung Aufgaben wahrzunehmen, die dem Inhaber des Betriebes obliegen,

und handelt er auf Grund dieses Auftrages, so ist ein Gesetz, nach dem besondere persönliche Merkmale die Möglichkeit der Ahndung begründen, auch auf den Beauftragten anzuwenden, wenn diese Merkmale zwar nicht bei ihm, aber bei dem Inhaber des Betriebes vorliegen. Dem Betrieb im Sinne des Satzes 1 steht das Unternehmen gleich. Handelt jemand auf Grund eines entsprechenden Auftrages für eine Stelle, die Aufgaben der öffentlichen Verwaltung wahrnimmt, so ist Satz 1 sinngemäß anzuwenden.

(3) Die Absätze 1 und 2 sind auch dann anzuwenden, wenn die Rechtshandlung, welche die Vertretungsbefugnis oder das Auftragsverhältnis begründen sollte, unwirksam ist.

Der Gesetzestext ist mit dem aus dem Strafrecht nahezu identisch (s.o.). Für den Begriff Strafe erscheint allerdings der Begriff Ahndung. Der Text bezieht sich auf einen definierten Personenkreis, z.B. bei Unternehmern auf die, die für ihn voll oder auf festgelegten Teilbereichen handeln. Sie müssen mit der rechtlichen Selbständigkeit ausgestattet, d.h. gesetzlicher Vertreter oder vom Unternehmer (schriftlich) beauftragt, sein.

Im Gefahrgutrecht sind neben dem Unternehmer und dem Gefahrgutbeauftragten vor allem die „beauftragten Personen“ Normadressaten für Bußgelder. Das können Personen aus der vorhandenen aber auch außerhalb der Leitungshierarchie sein. Letztere müssen „ausdrücklich“, d.h. gesondert schriftlich, beauftragt werden, wenn sie Pflichten des Unternehmers in eigener Verantwortung erfüllen sollen.

§ 130 OWiG Verletzung der Aufsichtspflicht in Betrieben und Unternehmen

(1) Wer als Inhaber eines Betriebes oder Unternehmens vorsätzlich oder fahrlässig die Aufsichtsmaßnahmen unterlässt, die erforderlich sind, um in dem Betrieb oder Unternehmen Zuwiderhandlungen gegen Pflichten zu verhindern, die den Inhaber treffen und deren Verletzung mit Strafe oder Geldbuße bedroht ist, handelt ordnungswidrig, wenn eine solche Zuwiderhandlung begangen wird, die durch gehörige Aufsicht verhindert oder wesentlich erschwert worden wäre. Zu den erforderlichen Aufsichtsmaßnahmen gehören auch die Bestellung, sorgfältige Auswahl und Überwachung von Aufsichtspersonen.

(2) Betrieb oder Unternehmen im Sinne des Absatzes 1 ist auch das öffentliche Unternehmen.

(3) Die Ordnungswidrigkeit kann, wenn die Pflichtverletzung mit Strafe bedroht ist, mit einer Geldbuße bis zu einer Million Euro geahndet werden. Ist die Pflichtverletzung mit Geldbuße bedroht, so bestimmt sich das Höchstmaß der Geldbuße wegen der Aufsichtspflichtverletzung nach dem für die Pflichtverletzung angedrohten Höchstmaß der Geldbuße. Satz 2 gilt auch im Falle einer Pflichtverletzung, die gleichzeitig mit Strafe und Geldbuße bedroht ist, wenn das für die Pflichtverletzung angedrohte Höchstmaß der Geldbuße das Höchstmaß nach Satz 1 übersteigt.

Der Paragraph beruht darauf, dass der Betriebsleiter gem. § 9 OWiG verpflichtet ist, erforderliche Aufsichtsmaßnahmen zu treffen. Viele Gesetzesverletzungen im Betrieb haben die Ursache in mangelhafter Organisation (Organisationsverschulden). Der § 130 OWiG richtet sich gem. § 9 OWiG aber auch an die in seinem Auftrag handelnden Personen.

Gefahrgutrecht

Wie in der Darstellung der rechtlichen Grundlagen zum Gefahrgutrecht schon aufgezeigt, beinhalten die Gefahrgutgesetze und -verordnungen spezifische Paragraphen zur Bestimmung der Ordnungswidrigkeiten:

- **§ 10 GGBefG**
- **§ 10 GbV**
- **§ 37 GGVSEB**
- **Anlage 7 RSEB**

Die speziellen Ordnungswidrigkeitstatbestände mit der Höhe der Sanktionierung werden in der Anlage 7 zur GGVSEB in einem Buß- und Verwarnungsgeldkatalog aufgeführt.

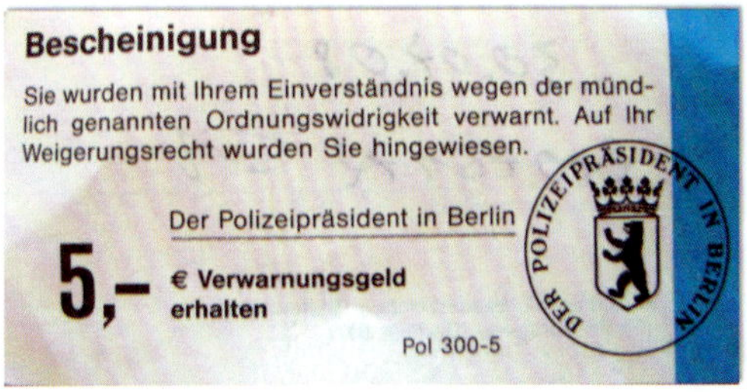

Erläuternd zum § 37 GGVSEB werden in der RSEB folgende Bemerkungen gemacht:

Zu § 37 Ordnungswidrigkeiten

37.1 Die Verfolgung von Ordnungswidrigkeiten liegt im pflichtgemäßen Ermessen der Verfolgungsbehörde (Opportunitätsgrundsatz, § 47 Abs. 1 Satz 1 des OWiG).

37.2 Die Bußgeldbeträge des Bußgeldkatalogs in der **Anlage 7** der RSEB sind Regelsätze, die von fahrlässiger Begehung, normalen Tatumständen und von mittleren wirtschaftlichen Verhältnissen ausgehen. Bei vorsätzlichem Handeln sind die angegebenen Sätze angemessen bis zum doppelten Satz zu erhöhen. Die Regelsätze, soweit die Angelegenheit nicht strafrechtlich verfolgt wird, erhöhen sich um mindestens 25 %, wenn durch die Zuwiderhandlung ein anderer gefährdet oder geschädigt ist. Liegt Tateinheit vor, so ist der höchste in Betracht kommende Regelsatz um 25 % der Regelsätze für die anderen Ordnungswidrigkeiten zu erhöhen.

37.3 Bei geringfügigen Ordnungswidrigkeiten kann die Verwaltungsbehörde den Betroffenen verwarnen und ein Verwarnungsgeld von fünf bis fünfunddreißig Euro erheben (§ 56 Abs. 1 Satz 1 des OWiG). Mit der Verwarnung soll bei einer geringfügigen Ordnungswidrigkeit dem Betroffenen sein Fehlverhalten vorgehalten werden; sie ist daher mit einem Hinweis auf die Zuwiderhandlung zu verbinden. Die Beträge des Verwarnungsgeldkatalogs sind Regelsätze für fahrlässige Begehung unter gewöhnlichen Tatumständen. Dies gilt auch bei Verstößen gegen eine Bestimmung einer Ausnahmeregelung. Bei Formalverstößen sollte von einer Ahndung mit einem Bußgeld abgesehen werden.

37.4 Ob die Ordnungswidrigkeit geringfügig ist, richtet sich nach der Bedeutung der Handlung und dem Grad der Vorwerfbarkeit. Dabei kommt es auf eine Gesamtbetrachtung an; auch bei einem gewichtigeren Verstoß kann die Handlung wegen geringer Vorwerfbarkeit insgesamt geringfügig sein. Verwaltungsbestimmungen in Form von Richtlinien und Weisungen zur Konkretisierung des Anwendungsbereiches sind zulässig. Soweit Verwaltungsbestimmungen fehlen, hat die Verwaltungsbehörde die Frage, ob eine Ordnungswidrigkeit geringfügig ist, nach pflichtgemäßem Ermessen zu beurteilen.

37.5 Bei Verstößen gegen eine Bestimmung einer Ausnahme nach der Gefahrgut-Ausnahmeverordnung (GGAV) liegt ein Verstoß gegen die entsprechende Vorschrift des ADR/RID/ADN i.V.m. der GGVSEB vor. Demgemäß gelten in diesem Fall die Ordnungswidrigkeitentatbestände der GGVSEB.

37.6 Die Bußgeldnormen des § 37 der GGVSEB sind im Bußgeldkatalog mit Nummer (arabische Zahlen) und Buchstabe (kleine Buchstaben) zitiert. Die einzelnen Verstöße sind in die Kategorien (Gefahrenkategorien I, II und III, wobei I die schwerwiegendste ist) entsprechend der Anlage 3 zur GGKontrollV unterteilt.

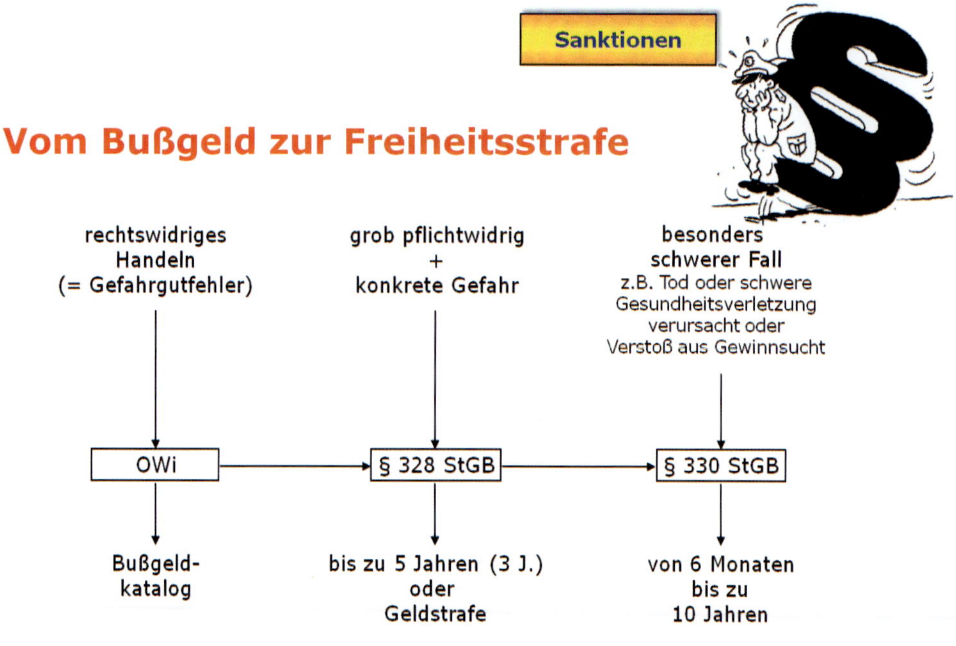

3.4 Pflichten der Beteiligten

Die RSEB legt unter 17.1 fest, dass sich die Pflichten in der Bundesrepublik Deutschland für Beteiligte an der Gefahrgutbeförderung ausschließlich nach der GGVSEB und nicht nach den Vorschriften des Kapitels 1.4 ADR richten.

Die Formulierung „zu sorgen“ beinhaltet unter Berücksichtigung von § 9 Abs. 2 OWiG die Möglichkeit, durch Vertrag oder über Auftrag anderen die Wahrnehmung der entsprechenden Pflichten zu übertragen.

Belädt ein Fahrzeugführer nicht selbst, bleibt er trotzdem im Rahmen der zumutbaren Einwirkungsmöglichkeiten für die Beladung mit verantwortlich, neben dem, der tatsächlich beladen hat. Von ihm ist zu verlangen, dass er vor Abfahrt die sichere Verstauung durch äußere Besichtigung prüft und während der Fahrt erkennbare Störungen behebt oder beheben lässt. Müssen Verlader und Fahrzeugführer aber gemeinsam die Vorschriften über die Beladung und Handhabung beachten, ist zu prüfen, wer beladen hat. War es der Verlader, haftet er allein.

Bei mehrfach festgelegter Verantwortlichkeit ist derjenige in der Verantwortung, der die Pflicht tatsächlich erfüllt hat.

Das enge Auslegen der Erläuterungen zu den Festlegungen von „zu sorgen“ und „hat sich vor dem Befüllen zu vergewissern“ kann bei verschiedenen Pflichtenträgern zu komplizierten Fragestellungen führen. Hier hilft nur das konkrete Nachlesen des Gesetzestextes und/oder eine Rückfrage bei kompetenten amtlichen Stellen.

Es werden nur die allgemeinen Pflichten und die für den Straßenverkehr wiedergegeben.

3.4.1 Die wichtigsten Pflichten im Überblick

§ 17 GGVSEB Auftraggeber des Absenders

Ist, wer dem Absender einen Auftrag zur Beförderung eines Gutes erteilt.

§ 18 GGVSEB Absender

Das Unternehmen, das selbst oder für einen Dritten gefährliche Güter versendet. Erfolgt die Beförderung auf Grund eines Beförderungsvertrages, gilt als Absender der Absender gemäß diesem Vertrag.

§ 19 GGVSEB Beförderer

Das Unternehmen, das die Beförderung mit oder ohne Beförderungsvertrag durchführt.

§ 20 GGVSEB Empfänger

Der Empfänger gemäß Beförderungsvertrag. Bezeichnet der Empfänger gemäß den für den Beförderungsvertrag geltenden Bestimmungen einen Dritten, so gilt dieser als Empfänger im Sinne des ADR/RID. Erfolgt die Beförderung ohne Beförderungsvertrag, so ist Empfänger das Unternehmen, welches die gefährlichen Güter bei der Ankunft übernimmt.

§ 21 GGVSEB Verlader

Das Unternehmen, das die verpackten gefährlichen Güter, Kleincontainer oder ortsbewegliche Tanks in oder auf einen Wagen/ein Fahrzeug oder einen Container verlädt oder einen Container, Schüttgut-Container, Tankcontainer oder ortsbeweglichen Tank auf einen Wagen/ein Fahrzeug verlädt.

Verlader ist auch das Unternehmen, das als unmittelbarer Besitzer das gefährliche Gut dem Beförderer zur Beförderung übergibt oder selbst befördert.

§ 22 GGVSEB Verpacker

Das Unternehmen, das die gefährlichen Güter in Verpackungen, einschließlich Großverpackungen und Großpackmittel (IBC) einfüllt und gegebenenfalls die Versandstücke zur Beförderung vorbereitet.

§ 23 GGVSEB Befüller

Das Unternehmen, das die gefährlichen Güter in einen Tank (Tankfahrzeug, Aufsetztank, Kesselwagen, Wagen mit abnehmbaren Tanks, ortsbeweglicher Tank oder Tankcontainer), in einen MEGC, einen Großcontainer oder Kleincontainer für Güter in loser Schüttung, ein Batterie-Fahrzeug, ein MEMU, einen Wagen für Güter in loser Schüttung, einen Batteriewagen, einfüllt.

Befüller ist auch das Unternehmen, das als unmittelbarer Besitzer das gefährliche Gut dem Beförderer zur Beförderung übergibt oder selbst befördert.

§ 23a GGVSEB Entlader

Das Unternehmen, das einen Container, Schüttgut-Container, MEGC, Tankcontainer oder ortsbeweglichen Tank von einem Fahrzeug/Wagen absetzt oder verpackte gefährliche Güter, Kleincontainer oder ortsbewegliche Tanks aus oder von einem Wagen oder Container entlädt oder gefährliche Güter aus einem Tank (Tankfahrzeug/Kesselwagen, abnehmbarer Tank, ortsbeweglicher Tank oder Tankcontainer) oder aus einem Batteriefahrzeug(/wagen) MEMU oder MEGC oder aus einem Wagen, Großcontainer oder Kleincontainer für Güter in loser Schüttung oder einem Schüttgut-Container entleert.

§ 24 GGVSEB Betreiber

Das Unternehmen, auf dessen Namen der Tankcontainer oder der ortsbewegliche Tank eingestellt oder sonst zum Verkehr zugelassen ist.

§ 28 GGVSEB Fahrzeugführer

Ist, wer das Fahrzeug/die Beförderungseinheit tatsächlich lenkt.

3.4.2 Pflichten des Auftraggeber des Absenders (§ 17 GGVSEB)

(1) Der Auftraggeber des Absenders im Straßen- und Eisenbahnverkehr sowie in der Binnenschifffahrt hat dafür zu sorgen,

1. sich vor Erteilung eines Auftrags an den Absender zu vergewissern, ob die gefährlichen Güter nach Teil 2 ADR/RID/ADN klassifiziert sind und nach § 3 befördert werden dürfen;
2. dass dem Absender die Angaben nach den Unterabschnitten 5.4.1.1, 5.4.1.2 sowie den Absätzen 5.5.2.4.1, 5.5.2.4.3 und 5.5.3.7.1 ADR/RID/ADN, im Straßenverkehr mit Ausnahme von Namen und Anschrift des Absenders nach Absatz 5.4.1.1.1 Buchstabe g ADR, schriftlich mitgeteilt werden, und ihn, wenn Güter auf der Straße befördert werden, die § 35 Absatz 1 unterliegen, auf dessen Beachtung schriftlich hinzuweisen, und
3. dass der Absender bei Beförderung nach Kapitel 3.4 auf das gefährliche Gut in begrenzten Mengen unter Angabe der Bruttomasse und bei Beförderung nach Kapitel 3.5 auf das gefährliche Gut in freigestellten Mengen unter Angabe der Anzahl der Versandstücke, ausgenommen bei Beförderungen nach Unterabschnitt 3.5.1.4 ADR/RID/ADN, hingewiesen wird.

(1) Der Auftraggeber des Absenders im Eisenbahnverkehr hat dafür zu sorgen, dass dem Absender die Angabe nach Absatz 1.1.4.4.5 RID schriftlich mitgeteilt werden.

3.4.3 Pflichten des Absenders (§ 18 GGVSEB)

(1) Der Absender im Straßen- und Eisenbahnverkehr sowie in der Binnenschifffahrt hat

1. den Beförderer und, wenn die gefährlichen Güter über deutsche See-, Binnen- oder Flughäfen eingeführt worden sind, den Verlader, der als erster die gefährlichen Güter zur Beförderung mit Straßenfahrzeugen, mit der Eisenbahn oder mit Binnenschiffen übergibt oder im Straßenverkehr oder im Binnenschiffsverkehr selbst befördert, mit Erteilung des Beförderungsauftrags
   a) auf das gefährliche Gut durch die Angaben nach Absatz 5.4.1.1.1 Buchstabe a bis d ADR/RID/ADN oder Absatz 5.4.1.1.2 Buchstabe a bis d ADN
   b) und, wenn Güter auf der Straße befördert werden, die § 35 Absatz 1 unterliegen, auf dessen Beachtung

   schriftlich hinzuweisen; bei Beförderungen nach den Kapiteln 3.4 und 3.5 ADR/RID/ADN ist ein allgemeiner Hinweis auf das gefährliche Gut in begrenzten und freigestellten Mengen erforderlich;
2. den Beförderer bei Beförderungen nach Kapitel 3.4.12 ADR/RID/ADN in nachweisbarer Form über die Bruttomasse der in begrenzten Mengen zu versendenden gefährlichen Güter zu informieren.
3. sich vor Erteilung des Beförderungsauftrags und vor Übergabe gefährlicher Güter zur Beförderung zu vergewissern, ob die gefährlichen Güter nach Teil 2 ADR/RID/ADN klassifiziert sind und nach § 3 (GGVSEB) befördert werden dürfen;
4. dafür zu sorgen, dass die in einer Ausnahme, einer Vereinbarung nach § 5 (GGVSEB) oder einer Ausnahmeverordnung nach § 6 des Gefahrgutbeförderungsgesetzes festgelegten Angaben in das Beförderungspapier eingetragen werden;
5. dafür zu sorgen, dass nur Verpackungen, Großverpackungen, IBC, Tanks, MEMU oder Schiffe verwendet werden, die für die Beförderung der betreffenden Güter nach Kapitel 3.2 Tabelle A ADR/RID, Unterabschnitt 1.1.4.3 ADR/RID („Verwendung der für den Seeverkehr zugelassenen ortsbeweglichen Tanks des IMO-Typs") oder Kapitel 3.2 Tabelle A und zusätzlich bei Tankschiffbeförderung nach Tabelle C ADN zugelassen und geeignet sind;

6. dafür zu sorgen, dass die zuständige Behörde nach Absatz 5.1.5.1.4 ADR/RID/ADN („Benachrichtigung bei Gütern der Klasse 7") benachrichtigt wird;
7. im Besitz einer Kopie der Anweisungen nach Absatz 4.1.9.1.8 (Klasse 7) und einer Kopie der erforderlichen Zeugnisse nach Absatz 5.5.2.1 zu sein und auf Anfrage der zuständigen Behörde nach Absatz 5.1.5.2.3 (Versandstückmuster Klasse 7) ADR/RID/ADN Aufzeichnungen zur Verfügung zu stellen;
8. dafür zu sorgen, dass ein Beförderungspapier nach Abschnitt 5.4.1 mitgegeben wird, das die nach Abschnitt 5.4.1, die nach den anwendbaren Sondervorschriften in Kapitel 3.3 sowie die nach den Absätzen 5.5.2.4.1, 5.5.2.4.3 und 5.5.3.7.1 ADR/RID/ADN („Beförderung von UN 3359 BEGASTE EINHEIT") und Unterabschnitt 6.7.1.3 ADR/RID („Ausstellung einer vorläufigen Genehmigung") geforderten Angaben, Anweisungen und Hinweise enthält;
9. dafür zu sorgen, dass dem Beförderer die Zeugnisse nach Absatz 5.4.1.2.5.4 ADR/RID/ADN vor dem Be- und Entladen zugänglich gemacht werden;
10. dafür zu sorgen, dass dem Beförderungspapier die erforderlichen Begleitpapiere nach den anwendbaren Sondervorschriften in Kapitel 3.3 ADR/RID/ADN, nach Absatz 4.1.3.8.2 ADR/RID („Unverpackte Gegenstände"), Unterabschnitt 5.4.1.2 („Sondervorschriften Klasse 1") und Abschnitt 5.4.2 ADR/RID/ADN („Containerpackzertifikat") beigefügt werden;
11. den Verlader auf die Begasung von Einheiten schriftlich hinzuweisen;
12. eine Kopie des Beförderungspapiers für gefährliche Güter und der im ADR/RID/ADN festgelegten zusätzlichen Informationen und Dokumentation für einen Mindestzeitraum von drei Monaten nach Unterabschnitt 5.4.4.1 ADR/RID/ADN aufzubewahren.

(2) Der Absender im Straßenverkehr hat dafür zu sorgen, dass dem Beförderer vor Beförderungsbeginn die Ausnahme nach § 5 Absatz 1 Satz 1 Nummer 1, Absatz 6 oder 7 (GGVSEB) übergeben wird.

3.4.4 Pflichten des Beförderers (§ 19 GGVSEB)

(1) Der Beförderer im Straßen- und Eisenbahnverkehr sowie in der Binnenschifffahrt

1. muss den Absender nach Unterabschnitt 1.7.6.1 Buchstabe a Gliederungseinheit i ADR/RID/ADN über die Nichteinhaltung eines Grenzwertes für die Dosisleistung oder die Kontamination informieren;
2. darf, wenn er einen Verstoß gegen die in Absatz 1 Nummer 1 und 4 und Absatz 2 bis 4 genannten Vorschriften des ADR/RID/ADN feststellt, die Sendung so lange nicht befördern, bis die Vorschriften erfüllt sind;
3. hat eine Kopie des Beförderungspapiers für gefährliche Güter und der im ADR/RID/ADN festgelegten zusätzlichen Informationen und Dokumentation für einen Mindestzeitraum von drei Monaten nach Unterabschnitt 5.4.4.1 ADR/RID/ADN aufzubewahren;
4. hat dafür zu sorgen, dass die Dokumente im Zusammenhang mit der Beförderung von Güterbeförderungseinheiten (CTU), die begast und vor der Beförderung nicht vollständig belüftet worden sind, die Angaben nach Absatz 5.5.2.4.1 ADR/RID/ADN enthalten und
5. hat dafür zu sorgen, dass die Dokumente im Zusammenhang mit der Beförderung von Fahrzeugen, Wagen oder Containern, die gekühlt oder konditioniert und vor der Beförderung nicht vollständig belüftet wurden, die Angaben nach Absatz 5.5.3.7.1 ADR/RID/ADN enthalten.

(2) Der Beförderer im Straßenverkehr hat

1. das Verbot der anderweitigen Verwendung nach Abschnitt 4.3.5 Sondervorschrift TU 15 ADR einzuhalten;
2. der Fahrzeugbesatzung vor Antritt der Fahrt die schriftlichen Weisungen nach Unterabschnitt 5.4.3.2 ADR zu übergeben, die jedes Mitglied der Fahrzeugbesatzung lesen und verstehen kann, und dafür zu sorgen, dass jedes Mitglied der Fahrzeugbesatzung diese verstehen und richtig anwenden kann;
3. dafür zu sorgen, dass die Vorschriften für die Beförderung in loser Schüttung in Fahrzeugen oder Containern nach den anwendbaren Vorschriften in den Kapiteln 3.3 und 7.3 („Allgemeine Vorschriften lose Schüttung") und die Vorschriften für die Beförderung in Tanks nach Abschnitt 7.4.1 ADR („Tankcodierung") beachtet werden;
4. dafür zu sorgen, dass die Vorschriften über die Begrenzung der beförderten Mengen nach Absatz 7.5.5.2.1 („Mengenbegrenzungen für Transporte Klasse 1") und Unterabschnitt 7.5.5.3 ADR („Mengenbegrenzungen für Transporte Klasse 5.2 und selbstzersetzliche Stoffe Klasse 4.1") eingehalten werden;
5. dafür zu sorgen, dass
   a) die Begleitpapiere nach Unterabschnitt 8.1.2.1 Buchstabe a und b und Unterabschnitt 8.1.2.2 Buchstabe a und c sowie bei innerstaatlichen Beförderungen in Aufsetztanks die Bescheinigung über die Prüfung des Aufsetztanks nach Absatz 6.8.2.4.5 und Unterabschnitt 6.9.5.3 ADR, sofern die Übergangsvorschrift nach Unterabschnitt 1.6.3.41 ADR in Anspruch genommen wird und
   b) die Ausnahme nach § 5 Absatz 1 Satz 1 Nummer 1, Absatz 6 oder 7 (GGVSEB) dem Fahrzeugführer vor Beförderungsbeginn übergeben werden;
6. dafür zu sorgen, dass nur Fahrzeugführer mit einer gültigen Bescheinigung nach Unterabschnitt 8.2.2.8 ADR („ADR-Bescheinigung") eingesetzt werden;
7. dafür zu sorgen, dass ortsbewegliche Tanks nach Unterabschnitt 4.2.3.8 Buchstabe f ADR („Dauer der Beförderung") nicht zur Beförderung aufgegeben werden;

8. dafür zu sorgen, dass für festverbundene Tanks, Aufsetztanks und Batterie-Fahrzeuge die Tankakte nach Absatz 4.3.2.1.7 ADR geführt, aufbewahrt, an einen neuen Beförderer übergeben, auf Anforderung zuständigen Behörden vorgelegt und dem Sachverständigen zur Verfügung gestellt wird;
9. das Fahrzeug mit Feuerlöschgeräten nach Abschnitt 8.1.4 ADR auszurüsten;
10. die Prüffristen („für Feuerlöschgeräte“) nach § 36 (GGVSEB) oder den zugelassenen nationalen Normen einzuhalten;
11. das Fahrzeug mit den erforderlichen Großzetteln (Placards) nach Abschnitt 5.3.1, den orangefarbenen Kennzeichnungen nach Abschnitt 5.3.2 und den Kennzeichen nach Abschnitt 3.4.15 („LTD QTY“), Absatz 5.2.1.8.3 („Kennzeichen umweltgefährdende Stoffe“) und Abschnitt 5.3.3 ADR („Kennzeichen für erwärmt transportierte Stoffe“) und 5.3.6 ADR („Kennzeichen für umweltgefährdende Stoffe“) auszurüsten und hat dafür zu sorgen, dass in den Fällen des Abschnitts 3.4.13 in Verbindung mit Abschnitt 3.4.14 die Kennzeichnung nach Abschnitt 3.4.15 ADR angebracht wird;
12. dafür zu sorgen, dass nur Tanks verwendet werden, deren Dicke der Tankwände den in Absatz 4.3.2.3.1 in Verbindung mit den Absätzen 6.8.2.1.17 bis 6.8.2.1.21 ADR genannten Anforderungen entspricht;
13. dafür zu sorgen, dass festverbundene Tanks, Aufsetztanks, Batterie-Fahrzeuge und Saug-Druck-Tanks auch zwischen den Prüfterminen den Bau-, Ausrüstungs- und Kennzeichnungsvorschriften nach den Unterabschnitten 6.8.2.1, 6.8.2.2, 6.8.2.5, 6.8.3.1, 6.8.3.2 und 6.8.3.5, und den Abschnitten 6.10.2 und 6.10.3 für die in der ADR-Zulassungsbescheinigung nach Unterabschnitt 9.1.3.1 oder in der Bescheinigung nach den Absätzen 6.8.2.4.5 und 6.8.3.4.16 ADR angegebenen Stoffe entsprechen;
14. dafür zu sorgen, dass nach Maßgabe der Absätze 6.8.2.4.4 und 6.8.3.4.14 ADR eine außerordentliche Prüfung der festverbundenen Tanks oder der Batterie-Fahrzeuge durchgeführt wird, wenn die Sicherheit der Tanks oder ihrer Ausrüstung beeinträchtigt sein kann;
15. dem Fahrzeugführer die erforderliche Ausrüstung zur Durchführung der Ladungssicherung zu übergeben;
16. die Beförderungseinheit nach Abschnitt 8.1.5 ADR auszurüsten;
17. dafür zu sorgen, dass an Fahrzeugen,
    a) die nach Unterabschnitt 9.1.2.1 Satz 4 („EX/II, EX/III, FL, OX, AT und MEMU“) zugelassen sind, für die in der ADR-Zulassungsbescheinigung nach Unterabschnitt 9.1.3.5 unter Nummer 10 angegebenen gefährlichen Güter die Vorschriften über den Bau und die Ausrüstung der Fahrzeuge nach Abschnitt 9.2.1 ADR in Verbindung mit den ergänzenden Vorschriften nach den Kapiteln 9.3 bis 9.8 ADR und
    b) die nach Unterabschnitt 9.1.2.1 Satz 4 nicht zulassungspflichtig sind, die Vorschriften über den Bau und die Ausrüstung der Fahrzeuge nach den anwendbaren Sondervorschriften in den Abschnitten 7.3.3, 9.2.1 Satz 2, den Abschnitten 9.4.1 und 9.5.1 und Kapitel 9.6 ADR

    beachtet werden;
18. dafür zu sorgen, dass im innerstaatlichen Verkehr die Vorschrift der Anlage 2 Nummer 3.3 über das Abstellen von kennzeichnungspflichtigen Fahrzeugen eingehalten wird und
19. dafür zu sorgen, dass festverbundene Tanks, Batterie-Fahrzeuge, Aufsetztanks, MEGC, ortsbewegliche Tanks und Tankcontainer nicht verwendet werden, wenn das Datum der nächsten Prüfung überschritten ist.

3.4.5 Pflichten des Empfängers (§ 20 GGVSEB)

(1) Der Empfänger im Straßen- und Eisenbahnverkehr sowie in der Binnenschifffahrt

1. ist nach 1.4.2.3.1 ADR/RID/ADN verpflichtet,
   a) die Annahme des Gutes nicht ohne zwingenden Grund zu verzögern und
   b) nach dem Entladen und vor dem Zurückstellen oder vor der Wiederverwendung zu prüfen, dass die ihn betreffenden Vorschriften des ADR/RID/ADN eingehalten worden sind, und
2. hat den Absender nach Unterabschnitt 1.7.6.1 Buchstabe a Gliederungseinheit ii ADR/RID/ADN in Verbindung mit Buchstabe c über die Nichteinhaltung eines Grenzwertes für die Dosisleistung oder die Kontamination zu informieren.

(2) Der Empfänger im Straßenverkehr darf nach Absatz 1.4.2.3.2 ADR, wenn die Prüfung nach Absatz 1 Nummer 1 Buchstabe b im Falle eines Containers einen Verstoß gegen die Vorschriften des ADR aufzeigt, dem Beförderer den Container erst dann zurückstellen, wenn der Verstoß behoben worden ist.

3.4.6 Pflichten des Verladers (§ 21 GGVSEB)

(1) Der Verlader im Straßen- und Eisenbahnverkehr sowie in der Binnenschifffahrt

1. darf gefährliche Güter dem Beförderer nur übergeben, wenn sie nach § 3 (GGVSEB) befördert werden dürfen;
2. hat bei der Übergabe verpackter gefährlicher Güter oder ungereinigter leerer Verpackungen zur Beförderung zu prüfen, ob die Verpackung erkennbar unvollständig oder beschädigt oder an der Außenseite mit Anhaftungen gefährlicher Rückstände versehen ist. Er darf ein Versandstück, dessen Verpackung erkennbar unvollständig oder beschädigt, insbesondere undicht ist, so dass gefährliches Gut austritt oder austreten kann oder an der Außenseite mit Anhaftungen gefährlicher Rückstände versehen ist, zur Beförderung erst übergeben, wenn der Mangel beseitigt worden ist. Dies gilt auch für die Beförderung nach den Kapiteln 3.4 und 3.5 ADR/RID/ADN;
3. hat dafür zu sorgen, dass ein Versandstück nach Teilentnahme des gefährlichen Gutes nur verladen wird, wenn die Verpackung den Anforderungen des Unterabschnitts 4.1.1.1 ADR/RID („Allgemeine Verpackungsanforderungen") entspricht;
4. hat dafür zu sorgen, dass die Vorschriften über leere Verpackungen nach Unterabschnitt 4.1.1.11 in Verbindung mit Unterabschnitt 4.1.1.1 ADR/RID beachtet werden;
5. hat dafür zu sorgen, dass ein Warnkennzeichen nach Unterabschnitt 5.5.2.3.1 („Warnzeichen BEGASTE EINHEIT") und 5.5.3.6.1 ("Warnzeichen Kühl-/Konditionierungsmittel") ADR/RID/ADN angebracht wird;
6. hat dafür zu sorgen, dass die Kennzeichnungsvorschriften nach den Abschnitten 3.4.13 bis 3.4.15 ADR/RID/ADN („Begrenzte Mengen") beachtet werden, und
7. hat dafür zu sorgen, dass die Anzahl der Versandstücke nach Abschnitt 3.5.5 ADR/RID/ADN („Freigestellte Mengen") nicht überschritten wird und
8. hat dafür zu sorgen, dass bei Verwendung von unverpacktem Trockeneis die Maßnahmen nach Unterabschnitt 5.5.3.5 ADR/RID/ADN ergriffen werden.

(2) Der Verlader im Straßenverkehr hat

1. den Fahrzeugführer auf das gefährliche Gut mit den Angaben nach Absatz 5.4.1.1.1 Buchstabe a bis d ADR sowie, wenn Güter auf der Straße befördert werden, die § 35 Absatz 1 unterliegen, auf dessen Beachtung schriftlich hinzuweisen. Bei der Beförderung nach den Kapiteln 3.4 und 3.5 ADR ist nur ein allgemeiner Hinweis auf das gefährliche Gut in begrenzten und freigestellten Mengen erforderlich;
2. dafür zu sorgen, dass die Vorschriften über die Trägerfahrzeuge von Tankcontainern, ortsbeweglichen Tanks und MEGC nach Abschnitt 7.4.1 ADR eingehalten werden;
3. dafür zu sorgen, dass die Vorschriften über die Gefahrzettel und Kennzeichnungen nach Unterabschnitt 5.1.3.1 in Verbindung mit Kapitel 5.2 ADR beachtet werden;
4. zu prüfen, ob an Containern mit Versandstücken Großzettel (Placards) nach Unterabschnitt 5.3.1.2 und das Kennzeichen nach Abschnitt 5.3.6 ADR angebracht sind, und
5. dafür zu sorgen, dass nur Container eingesetzt werden, die den technischen Anforderungen nach den Abschnitten 7.1.3 und 7.1.4 ADR entsprechen.

3.4.7 Pflichten des Verpackers (§ 22 GGVSEB)

(1) Der Verpacker im Straßen- und Eisenbahnverkehr sowie in der Binnenschifffahrt hat

1. die Vorschriften über das Verpacken, Umverpacken und die Kennzeichnung nach den Abschnitten 3.4.1 bis 3.4.11 ADR/RID/ADN;
2. die Vorschriften über das Verpacken, Umverpacken und die Kennzeichnung nach den Abschnitten 3.5.1 bis 3.5.4 („Freigestellte Mengen“) ADR/RID/ADN;
3. die Vorschriften über die Verwendung und Prüfung der Dichtheit nach dem Befüllen von Druckgefäßen, Verpackungen einschließlich IBC und Großverpackungen nach den Abschnitten 4.1.1 bis 4.1.9 und den Absätzen 6.2.6.3.2.2.1 und 6.2.6.3.2.2.3 ADR/RID sowie den anwendbaren Sondervorschriften in Kapitel 3.3 ADR/RID/ADN;
4. die Vorschriften über das Zusammenpacken nach
   a) Absatz 1.1.4.2.1 Buchstabe b („Beförderung in einer Transportkette“) ADR/RID, wenn eine See- oder Luftbeförderung eingeschlossen ist, und
   b) Abschnitt 4.1.10 („Sondervorschriften“) ADR/RID;
5. die Vorschriften über die Kennzeichnung und Bezettelung
   a) von Versandstücken nach Absatz 1.1.4.2.1 Buchstabe a, wenn eine See- oder Luftbeförderung eingeschlossen ist und
   b) von Versandstücken nach den Abschnitten 5.1.4, 5.2.1 und 5.2.2, nach Unterabschnitt 5.5.3.4 sowie nach den anwendbaren Sondervorschriften in Kapitel 3.3 ADR/RID/ADN

   zu beachten und
6. Versandstücke in den Umverpackungen zu sichern.

(2) Der Verpacker im Straßenverkehr hat die Vorschriften über

1. die Verwendung von Umverpackungen nach Abschnitt 5.1.2 ADR und
2. die Bezettelung von Umverpackungen, die radioaktive Stoffe enthalten, nach Absatz 5.2.2.1.11 ADR

zu beachten.

3.4.8 Pflichten des Befüllers (§ 23 GGVSEB)

(1) Der Befüller im Straßen- und Eisenbahnverkehr sowie in der Binnenschifffahrt

1. darf gefährliche Güter dem Beförderer nur übergeben, wenn sie nach § 3 befördert werden dürfen;
2. darf ortsbewegliche Tanks und UN-MEGC nach Unterabschnitt 4.2.1.1, Unterabschnitt 4.2.2.2 in Verbindung mit Absatz 4.2.2.7.1, Unterabschnitt 4.2.3.2 in Verbindung mit Absatz 4.2.3.6.1, Unterabschnitt 4.2.4.1 in Verbindung mit Absatz 4.2.4.5.1 ADR/RID nur mit den für diese Tanks zugelassenen gefährlichen Gütern befüllen, wenn das Datum der nächsten Prüfung nicht überschritten ist;
3. hat dafür zu sorgen, dass an ortsbeweglichen Tanks und UN-MEGC die Dichtheit der Verschlusseinrichtungen geprüft wird und ortsbewegliche Tanks nach Absatz 4.2.1.9.6 Buchstabe c und Unterabschnitt 4.2.2.8 Buchstabe b, Unterabschnitt 4.2.3.8 Buchstabe b und Unterabschnitt 4.2.4.6 Buchstabe a ADR/RID nicht befördert werden, wenn sie undicht sind;
4. darf Tanks, deren Datum der nächsten Prüfung nicht überschritten sind, mit den nach Absatz 4.3.2.1.5 zulässigen gefährlichen Gütern nur befüllen, wenn die Beförderung dieser gefährlichen Güter nach Absatz 4.3.2.1.1 in Tanks zulässig ist;
5. hat dafür zu sorgen, dass der höchstzulässige Füllungsgrad oder die höchstzulässige Masse der Füllung je Liter Fassungsraum oder die höchstzulässige Bruttomasse nach den Absätzen 4.2.1.9.1.1, 4.2.1.13.13, 4.2.2.7.2, 4.2.2.7.3, 4.2.3.6.2, 4.2.3.6.3, 4.2.3.6.4, 4.2.4.5.2 und 4.2.4.5.3, den anwendbaren Sondervorschriften in Unterabschnitt 4.2.5.3, den Vorschriften in Unterabschnitt 4.3.2.2, den Absätzen 4.3.3.2.3 und 4.3.3.2.5 oder den anwendbaren Sondervorschriften in Abschnitt 4.3.5 ADR/RID eingehalten wird;
6. hat dafür zu sorgen, dass bei Tanks nach dem Befüllen nach den anwendbaren Sondervorschriften in Kapitel 3.3 ADR/RID/ADN und den Vorschriften nach Absatz 4.2.4.5.5 die Dichtheit der Verschlüsse und der Ausrüstung geprüft wird oder nach Absatz 4.3.2.3.3 ADR/RID alle Verschlüsse in geschlossener Stellung sind und keine Undichtheit auftritt;
7. hat dafür zu sorgen, dass nach Absatz 4.2.1.9.6 Buchstabe b oder Absatz 4.3.2.3.5 ADR/RID an den Tanks außen keine gefährlichen Reste des Füllgutes anhaften;
8. hat dafür zu sorgen, dass nach Unterabschnitt 4.2.1.6 oder Absatz 4.3.2.3.6 ADR/RID unmittelbar nebeneinander liegende Tankabteile oder -kammern nicht mit Stoffen, die gefährlich miteinander reagieren können, befüllt werden;
9. hat dafür zu sorgen, dass bei wechselweiser Verwendung von Tanks die Entleerungs-, Reinigungs- und Entgasungsmaßnahmen nach Absatz 4.3.3.3.1 ADR/RID durchgeführt werden;
10. hat dafür zu sorgen, dass an ortsbeweglichen Tanks die Bezeichnung der zur Beförderung zugelassenen Gase nach den Absätzen 6.7.3.16.2 und 6.7.4.15.2 ADR/RID angegeben wird;
11. hat dafür zu sorgen, dass an Tankcontainern, MEGC, Batterie-Fahrzeugen und Batteriewagen die offizielle Benennung der beförderten Stoffe und Gase nach den Absätzen 6.8.2.5.2 und 6.8.3.5.11 und bei Gasen, die einer n.a.g.-Eintragung zugeordnet sind, zusätzlich die technische Benennung nach den Absätzen 6.8.3.5.6 und 6.8.3.5.12 ADR/RID angegeben wird, und
12. hat dafür zu sorgen, dass befüllte MEGC nach Maßgabe des Unterabschnitts 4.2.4.6 Buchstabe b bis d ADR/RID nicht zur Beförderung aufgegeben werden und
13. darf Tanks nur befüllen, wenn sich die Tanks und ihre Ausrüstungsteile in einem technisch einwandfreien Zustand befinden.

(2) Der Befüller im Straßenverkehr

1. hat den Fahrzeugführer auf das gefährliche Gut mit den Angaben nach Absatz 5.4.1.1.1 Buchstabe a bis d ADR sowie, wenn Güter auf der Straße befördert werden, die § 35 Absatz 1 unterliegen, auf dessen Beachtung schriftlich hinzuweisen;
2. hat dem Fahrzeugführer die Nummern zur Kennzeichnung der Gefahr für die orangefarbenen Tafeln nach Abschnitt 5.3.2 ADR mitzuteilen;
3. hat zu prüfen, dass an Tankcontainern, ortsbeweglichen Tanks, MEGC und Containern mit loser Schüttung
   a) Großzettel (Placards) nach Unterabschnitt 5.3.1.2 ADR,
   b) die orangefarbene Tafel nach Abschnitt 5.3.2 ADR,
   c) das Kennzeichen nach Abschnitt 5.3.3 ADR („Erwärmt transportierte Stoffe“) mit Ausnahme an MEGC und
   d) das Kennzeichen nach Abschnitt 5.3.6 ADR („Kennzeichen für umweltgefährdende Stoffe“)

   angebracht werden;
4. hat dafür zu sorgen, dass die Beladevorschriften nach den Unterabschnitten 7.5.1.1 und 7.5.1.2 ADR beachtet werden;
5. hat das Rauchverbot nach den Abschnitten 7.5.9 und 8.3.5 ADR zu beachten;
6. hat dafür zu sorgen, dass die zusätzliche Vorschrift S2 Absatz 2 und 3 in Kapitel 8.5 ADR („Verbrennungsheizgeräte und Erdung“) beachtet wird;
7. hat dafür zu sorgen, dass der Fahrzeugführer vor der erstmaligen Handhabung der Fülleinrichtung nach Anlage 2 Gliederungsnummer 3.2 Satz 1 (GGVSEB „Fahrereinweisung bei Fahrer als Befüller“) eingewiesen wird;
8. hat dafür zu sorgen, dass die anwendbaren Sondervorschriften in Kapitel 3.3 und die Vorschriften nach Kapitel 7.3 ADR über die Beförderung in loser Schüttung beachtet werden;
9. hat dafür zu sorgen, dass bei Fahrzeugen, ortsbeweglichen Tanks oder Tankcontainern die Maßnahmen zur Vermeidung elektrostatischer Aufladungen nach Abschnitt 7.5.10 ADR durchgeführt werden;
10. darf Tanks nach Absatz 4.3.2.1.1 nur mit den nach Absatz 4.3.2.1.5 zugelassenen gefährlichen Gütern befüllen, wenn bei Tankfahrzeugen das Gültigkeitsdatum der ADR-Zulassungsbescheinigung nach Unterabschnitt 9.1.3.4 ADR nicht überschritten ist, und
11. hat sich zu vergewissern, dass die Vorschriften für die Beförderung in Tanks nach Abschnitt 7.4.1 ADR eingehalten sind.

3.4.9 Pflichten des Entladers (§ 23a GGVSEB)

(1) Der Entlader im Straßen- und Eisenbahnverkehr sowie in der Binnenschifffahrt hat

1. sich nach Absatz 1.4.3.7.1 ADR/RID/ADN durch einen Vergleich der entsprechenden Informationen im Beförderungspapier mit den Informationen auf dem Versandstück, Container, Tank, MEMU, MEGC, Fahrzeug, Wagen oder Beförderungsmittel zu vergewissern, dass die richtigen Güter ausgeladen werden;
2. nach Absatz 1.4.3.7.1 ADR/RID/ADN vor und während der Entladung zu prüfen, ob die Verpackungen, der Tank, das Fahrzeug, der Wagen, das Beförderungsmittel oder der Container so stark beschädigt worden sind, dass eine Gefahr für den Entladevorgang entsteht; in diesem Fall hat er sich zu vergewissern, dass die Entladung erst durchgeführt wird, wenn geeignete Maßnahmen zur Abwehr einer Gefahr ergriffen worden sind;
3. nach Absatz 1.4.3.7.1 ADR/RID/ADN unmittelbar nach der Entladung des Tanks, Fahrzeugs, Wagens, Beförderungsmittels oder Containers
   a) gefährliche Rückstände zu entfernen, die nach dem Entladevorgang an der Außenseite des Tanks, Fahrzeugs, Wagens, Beförderungsmittels oder Containers anhaften, und
   b) den Verschluss der Ventile und der Besichtigungsöffnungen sicherzustellen;
4. nach Absatz 1.4.3.7.1 ADR/RID/ADN sicherzustellen, dass die vorgeschriebene Reinigung und Entgiftung von Fahrzeugen, Wagen, Beförderungsmitteln oder Containern vorgenommen wird;
5. nach Absatz 1.4.3.7.1 ADR/RID/ADN dafür zu sorgen, dass bei vollständig entladenen, gereinigten, entgasten und entgifteten Fahrzeugen, Wagen, Beförderungsmitteln, Containern, MEGC, MEMU, Tankcontainern und ortsbeweglichen Tanks keine Gefahrenkennzeichnungen gemäß den Kapiteln 3.4 und 5.3 ADR/RID/ADN mehr sichtbar sind, und
6. das Warnkennzeichen nach Absatz 5.5.2.3.4 ADR/RID/ADN nach der Belüftung und Entladung von begasten Güterbeförderungseinheiten vom Fahrzeug, Wagen, Beförderungsmittel, Container, Tank oder MEGC zu entfernen.

(2) Der Entlader im Straßenverkehr hat dafür zu sorgen, dass

1. bei Fahrzeugen, ortsbeweglichen Tanks oder Tankcontainern die Maßnahmen zur Vermeidung elektrostatischer Aufladungen nach Abschnitt 7.5.10 ADR durchgeführt werden;
2. die zusätzliche Vorschrift S2 Absatz 2 und 3 in Kapitel 8.5 ADR beachtet wird und
3. der Fahrzeugführer vor der erstmaligen Handhabung der Entleerungseinrichtung nach Anlage 2 Gliederungsnummer 3.2 Satz 2 in Verbindung mit Satz 1 eingewiesen wird.

3.4.10 Pflichten des Betreibers eines Tankcontainers, ortsbeweglichen Tanks, MEGC, Schüttgut-Containers oder MEMUs (§ 24 GGVSEB)

Der Betreiber eines Tankcontainers, ortsbeweglichen Tanks, MEGC, Schüttgut-Containers oder MEMU im Straßen- und Eisenbahnverkehr sowie in der Binnenschifffahrt hat dafür zu sorgen, dass

1. Tankcontainer, ortsbewegliche Tanks, MEGC und Schüttgut-Container mit orangefarbener Kennzeichnung nach Abschnitt 5.3.2 ADR/RID/ADN ausgerüstet sind;
2. die Tankcontainer, ortsbeweglichen Tanks, MEGC und Schüttgut-Container auch zwischen den Prüfterminen den Bau-, Ausrüstungs- und Kennzeichnungsvorschriften nach den Abschnitten 6.7.2, 6.7.3, 6.7.4, den Unterabschnitten 6.8.2.1, 6.8.2.2, 6.8.2.5, 6.8.3.1, 6.8.3.2, 6.8.3.5, den Abschnitten 6.9.2, 6.9.3, 6.9.6, den Unterabschnitten 6.11.3.1, 6.11.3.2 und 6.11.3.4 und Abschnitt 6.11.4 ADR/RID entsprechen, mit Ausnahme der durch den Befüller anzugebenden beförderten Stoffe und Gase;
3. nach Maßgabe der Absätze 6.7.2.19.7, 6.7.2.19.11, 6.7.3.15.7, 6.7.4.14.7, 6.7.4.14.12, 6.8.2.4.4, 6.8.3.4.14 und des Unterabschnitts 6.9.5.2 ADR/RID eine außerordentliche Prüfung durchgeführt wird;
4. nur Tankcontainer, ortsbewegliche Tanks oder MEGC verwendet werden, deren Dicke der Tankwände den in Absatz 4.3.2.3.1, den Unterabschnitten 6.7.2.4, 6.7.3.4, 6.7.4.4 und den Absätzen 6.8.2.1.17 bis 6.8.2.1.21 ADR/RID genannten Anforderungen entspricht;
5. MEGC nach Absatz 4.2.4.5.6 ADR/RID nicht zur Befüllung übergeben werden;
6. an ortsbeweglichen Tanks die Druckentlastungseinrichtungen nach Absatz 4.2.1.17.1 ADR/RID geprüft werden;
7. für Tankcontainer und MEGC die Tankakte nach Absatz 4.3.2.1.7 ADR/RID geführt, aufbewahrt, an einen neuen Eigentümer oder Betreiber übergeben, auf Anforderung zuständigen Behörden vorgelegt und dem Sachverständigen zur Verfügung gestellt wird und
8. die MEMU nach Absatz 6.12.3.2.6 untersucht und geprüft werden.

3.4.11 Pflichten des Herstellers und des Rekonditionierers von Verpackungen und der Stellen für Inspektionen und Prüfungen von IBC (§ 25 GGVSEB)

(1) Der Hersteller im Straßen- und Eisenbahnverkehr sowie in der Binnenschifffahrt

1. darf an serienmäßig oder einzeln hergestellten Verpackungen, Gefäßen, IBC und Großverpackungen die Kennzeichnung nach Abschnitt 6.1.3, den Unterabschnitten 6.2.2.7, 6.2.2.8, 6.2.3.9, 6.2.3.10, den Abschnitten 6.3.4, 6.5.2 und 6.6.3 ADR/RID nur anbringen, sofern diese der zugelassenen Bauart entsprechen und die in der Zulassung genannten Nebenbestimmungen erfüllt sind;
2. muss die ausstellende zuständige Behörde über Änderungen des zugelassenen Baumusters nach Absatz 6.2.2.5.4.10 Buchstabe a ADR/RID in Kenntnis setzen und
3. hat dem Verpacker die Anweisungen für das Befüllen und Verschließen der Versandstücke nach Unterabschnitt 4.1.4.1 Verpackungsanweisung P 650 Absatz 12 ADR/RID zu liefern und
4. muss nach Absatz 6.2.3.11.3 ADR/RID dem Eigentümer eines Bergungsdruckgefäßes eine Kopie der Zulassungsbescheinigung zur Verfügung stellen.

(2) Der Rekonditionierer im Straßen- und Eisenbahnverkehr sowie in der Binnenschifffahrt darf an rekonditionierten Verpackungen die Kennzeichnung nach Abschnitt 6.1.3 nur anbringen, sofern die Verpackungen in Übereinstimmung mit dem anerkannten Qualitätssicherungsprogramm nach Unterabschnitt 6.1.1.4 ADR/RID rekonditioniert wurden und die im Anerkennungsbescheid genannten Nebenbestimmungen erfüllt sind.

(3) Die Stelle, die Inspektionen und Prüfungen von IBC nach Unterabschnitt 6.5.4.4.1 Buchstabe a oder 6.5.4.5.2 im Straßen- und Eisenbahnverkehr sowie in der Binnenschifffahrt durchführt, darf an IBC die Kennzeichnung nach den Absätzen 6.5.2.2.1 und 6.5.4.5.3 ADR/RID nur anbringen, sofern die IBC nach einem anerkannten Qualitätssicherungsprogramm untersucht wurden und die im Anerkennungsbescheid des Qualitätssicherungsprogramms genannten Nebenbestimmungen erfüllt sind.

3.4.12 Sonstige Pflichten (§ 26 GGVSEB)

(1) Wer ungereinigte leere Tanks zur Beförderung übergibt, versendet oder selbst befördert, hat dafür zu sorgen, dass

1. nach Absatz 4.3.2.4.1 ADR/RID den Tanks außen keine gefährlichen Reste des Füllgutes anhaften und
2. nach Absatz 4.3.2.4.2 und Unterabschnitt 4.2.1.5 ADR/RID ungereinigte leere und nicht entgaste Tanks ebenso verschlossen und dicht sind wie im gefüllten Zustand.

(2) Wenn eine Sichtprüfung bei Tanks nach Absatz 1 Nummer 2 ergibt, dass keine offensichtlichen Undichtigkeiten vorliegen, kann davon ausgegangen werden, dass beim vorherigen Entleerungsvorgang nicht betätigte Füll- und Entleerungseinrichtungen unverändert dicht sind.

3.4.13 Pflichten mehrerer Beteiligter im Straßen- und Eisenbahnverkehr sowie in der Binnenschifffahrt (§ 27 GGVSEB)

(1) Der Verlader, Befüller, Beförderer, Empfänger im Straßen- und Eisenbahnverkehr sowie in der Binnenschifffahrt und der Eisenbahninfrastrukturunternehmer im Eisenbahnverkehr haben dafür zu sorgen, dass nach Unterabschnitt 1.8.5.1 ADR/RID/ADN die Vorlage eines Berichts spätestens einen Monat nach dem Ereignis

1. im Straßenverkehr an das Bundesamt für Güterverkehr,
2. im Eisenbahnverkehr an das Eisenbahn-Bundesamt und
3. in der Binnenschifffahrt an die Zentralstelle Schiffsuntersuchungskommission/Schiffseichamt

erfolgt.

(2) Der Beförderer, Absender und Empfänger im Straßen- und Eisenbahnverkehr sowie in der Binnenschifffahrt müssen nach Unterabschnitt 1.7.6.1 Buchstabe b ADR/RID/ADN bei Nichteinhaltung eines Grenzwertes für die Dosisleistung oder Kontamination die Nichteinhaltung und ihre Ursachen, Umstände und Folgen untersuchen und geeignete Maßnahmen ergreifen, um diese abzustellen und ein erneutes Auftreten ähnlicher Umstände, die zu der Nichteinhaltung geführt haben, zu verhindern, und haben dafür zu sorgen, dass

1. im Straßenverkehr die nach Landesrecht zuständige Behörde,
2. im Eisenbahnverkehr im Bereich der Eisenbahnen des Bundes das Eisenbahn-Bundesamt und im Bereich der nichtbundeseigenen Eisenbahnen die nach Landesrecht zuständige Behörde und
3. in der Binnenschifffahrt die zuständige Behörde nach § 16 Absatz 7 Nummer 5 (GGVSEB)

informiert wird.

(3) Die an der Beförderung gefährlicher Güter im Straßen- und Eisenbahnverkehr sowie in der Binnenschifffahrt Beteiligten haben entsprechend ihren Verantwortlichkeiten

1. die Vorschriften für die Sicherung nach Kapitel 1.10 zu beachten und insbesondere die in Unterabschnitt 1.10.1.3 ADR/RID/ADN genannten Bereiche, Plätze, Fahrzeugdepots, Liegeplätze und Rangierbahnhöfe ordnungsgemäß zu sichern, gut zu beleuchten und, soweit möglich und angemessen, für die Öffentlichkeit unzugänglich zu gestalten und
2. dafür zu sorgen, dass
   a) die Unterweisung im Bereich der Sicherung nach Unterabschnitt 1.10.2.3 ADR/RID/ADN erfolgt und
   b) die Aufzeichnungen über die Unterweisung des Arbeitnehmers nach Unterabschnitt 1.10.2.4 ADR/RID/ADN fünf Jahre ab ihrer Fertigung aufbewahrt werden.

(4) Die an der Beförderung gefährlicher Güter mit hohem Gefahrenpotential im Straßen- und Eisenbahnverkehr sowie in der Binnenschifffahrt beteiligten Auftraggeber des Absenders, Absender, Verpacker, Verlader, Befüller, Beförderer, Entlader und Empfänger müssen Sicherungspläne nach Absatz 1.10.3.2.1, die mindestens den Anforderungen des Absatzes 1.10.3.2.2 ADR/RID/ADN entsprechen, einführen und anwenden.

(5) Die Beteiligten im Straßen- und Eisenbahnverkehr sowie in der Binnenschifffahrt haben dafür zu sorgen, dass

1. die Unterweisung von Personen, die an der Beförderung gefährlicher Güter beteiligt sind, nach Kapitel 1.3 ADR/RID/ADN erfolgt und
2. die Aufzeichnungen über die Unterweisung des Arbeitnehmers nach Abschnitt 1.3.3 ADR/RID/ADN fünf Jahre ab ihrer Fertigung aufbewahrt werden.

(6) Die Beteiligten im Straßen- und Eisenbahnverkehr sowie in der Binnenschifffahrt haben dafür zu sorgen, dass

1. die mit der Handhabung von begasten Güterbeförderungseinheiten befassten Personen nach Unterabschnitt 5.5.2.2 ADR/RID/ADN und
2. die mit der Handhabung oder Beförderung von gekühlten oder konditionierten Fahrzeugen, Wagen oder Containern befassten Personen nach Absatz 5.5.3.2.4 ADR/RID/ADN

unterwiesen sind.

3.4.14 Pflichten des Fahrzeugführers (§ 28 GGVSEB)

Der Fahrzeugführer im Straßenverkehr hat

1. kein Versandstück zu befördern, dessen Verpackung erkennbar unvollständig oder beschädigt, insbesondere undicht ist, sodass gefährliches Gut austritt oder austreten kann;
2. die Vorschriften der Anlage 3 (GGVSEB) über die nicht oder beschränkt zu benutzenden Autobahnstrecken und die Beförderungsbe- oder -einschränkungen nach Abschnitt 8.6.4 ADR („Tunnelbeschränkungen") zu beachten;
3. wenn er das Tankfahrzeug, den Aufsetztank, den Tankwechselbehälter oder das Batterie-Fahrzeug selbst befüllt, den vom Befüller angegebenen höchstzulässigen Füllungsgrad oder die höchstzulässige Masse der Füllung je Liter Fassungsraum und die zulässige Befülltemperatur nach Unterabschnitt 4.3.2.2, den Absätzen 4.3.3.2.3 und 4.3.3.2.5 oder den anwendbaren Sondervorschriften in Abschnitt 4.3.5 ADR einzuhalten. Er hat bei flüssigen Stoffen mit Ausnahme bei Gasen einen Füllungsgrad von höchstens 90 Prozent einzuhalten, wenn der Befüller den höchstzulässigen Füllungsgrad nicht angeben kann;
4. die Vorschriften über
   a) den Betrieb von Tanks nach Unterabschnitt 4.3.2.3, – mit Ausnahme der Absätze 4.3.2.3.1, 4.3.2.3.3 Satz 4 und 5 und Absatz 4.3.2.3.6 Satz 1 –, und Unterabschnitt 4.3.2.4, den Absätzen 4.3.3.3.2 und 4.3.3.3.3 und Abschnitt 4.3.5 Sondervorschrift TU 13 und TU 14 ADR und
   b) die ihn betreffenden zusätzlichen Vorschriften nach Kapitel 8.5 ADR

   zu beachten;
5. wenn er das Tankfahrzeug selbst befüllt, nach dem Befüllen die Dichtheit der Verschlusseinrichtungen nach Absatz 4.3.2.3.3 Satz 4 und 5 ADR zu prüfen;
6. die Großzettel (Placards) nach den Unterabschnitten 5.3.1.3 bis 5.3.1.6 sowie im Huckepackverkehr nach Absatz 1.1.4.4.3 RID anzubringen und nach Absatz 5.3.1.1.5 ADR zu entfernen oder abzudecken;
7. die Kennzeichnung nach Abschnitt 3.4.15, die orangefarbenen Tafeln nach Abschnitt 5.3.2 und das Kennzeichen nach den Abschnitten 5.3.3 („Kennzeichen erwärmt transportierte Stoffe") und 5.3.6 („Kennzeichen für umweltgefährdende Stoffe") anzubringen oder sichtbar zu machen, die Tafeln nach Absatz 5.3.2.1.8 zu entfernen oder zu verdecken und das Kennzeichen nach Abschnitt 5.3.6 ADR zu entfernen;

8. die in den schriftlichen Weisungen nach Unterabschnitt 5.4.3.4 ADR vorgeschriebenen Maßnahmen zu treffen;
9. sich zu vergewissern, dass ein Warnkennzeichen nach den Absätzen 5.5.2.3.1 („Warnzeichen BEGASTE EINHEIT“) und 5.5.3.6.1 ADR ("Warnzeichen Kühl-/Konditionierungsmittel") am Fahrzeug, Container oder Tank angebracht ist;
10. während der Beförderung
    a) die Begleitpapiere nach den Unterabschnitten 8.1.2.1 und 8.1.2.2 Buchstabe a und c sowie bei innerstaatlichen Beförderungen in Aufsetztanks die Bescheinigung über die Prüfung des Aufsetztanks nach Absatz 6.8.2.4.5, sofern die Übergangsvorschrift nach Unterabschnitt 1.6.3.41 ADR in Anspruch genommen wird,
    b) die Bescheinigung über die Fahrzeugführerschulung nach Unterabschnitt 8.2.2.8 ADR,
    c) die Feuerlöschgeräte nach den Unterabschnitten 8.1.4.1, 8.1.4.2 und 8.1.4.4 Satz 1 ADR,
    d) die Ausrüstungsgegenstände nach Abschnitt 8.1.5 ADR und
    e) die Ausnahme nach § 5 Absatz 1 Satz 1 Nummer 1, Absatz 6 und 7 (GGVSEB)

    mitzuführen und zuständigen Personen auf Verlangen zur Prüfung auszuhändigen;
11. die Vorschriften über die Überwachung der Fahrzeuge nach Kapitel 8.4 in Verbindung mit Kapitel 8.5 ADR sowie bei innerstaatlichen Beförderungen auch nach Anlage 2 Gliederungsnummer 3.3 (GGVSEB) zu beachten;
12. nach Absatz 4.2.1.9.6 Buchstabe b oder Absatz 4.3.2.3.5 ADR außen am Tank anhaftende gefährliche Reste des Füllgutes zu entfernen oder entfernen zu lassen, wenn er das Tankfahrzeug, den Aufsetztank, das Batterie-Fahrzeug, den Tankcontainer, den ortsbeweglichen Tank oder den MEGC selbst befüllt;
13. während der Teilnahme am Straßenverkehr mit kennzeichnungspflichtigen Beförderungseinheiten die Einnahme von alkoholischen Getränken zu unterlassen und die Fahrt mit diesen Gütern nicht anzutreten, wenn er unter der Wirkung solcher Getränke mit einer Wirkung bis 0,249 mg/l AAK oder 0,49 Promille BAK steht;
14. sicherzustellen, dass die Verbindungsleitungen und die Füll- und Entleerrohre nach Absatz 4.3.4.2.2 ADR während der Beförderung entleert sind;
15. wenn er den Tank selbst befüllt oder entleert, das Fahrzeug, den ortsbeweglichen Tank oder den Tankcontainer vor und während des Befüllens oder Entleerens mit den in Abschnitt 7.5.10 ADR genannten Stoffen zur Vermeidung elektrostatischer Aufladungen zu erden und
16. die Vorschriften nach Kapitel 8.3 ADR zu beachten.

3.4.15 Pflichten mehrerer Beteiligter im Straßenverkehr (§ 29 GGVSEB)

(1) Der Verlader und der Fahrzeugführer im Straßenverkehr haben die Vorschriften über die Beladung und die Handhabung nach den Unterabschnitten 7.5.1.1, 7.5.1.2, 7.5.1.3 Satz 2 („Ordnungsgemäßer Zustand bei Be- und Entladung"), den Unterabschnitten 7.5.1.4 („Geschlossene Ladung") und 7.5.1.5 und den Abschnitten 7.5.2 („Zusammenladeverbote"), 7.5.5 („Mengenbegrenzungen"), 7.5.7 („Handhabung und Verstauung"), 7.5.8 („Reinigung nach dem Entladen") und 7.5.11 („Zusätzliche Vorschriften für bestimmte Güter oder Klassen") ADR zu beachten.

(2) Der Verlader, Beförderer, Fahrzeugführer, Entlader und Empfänger im Straßenverkehr haben die Vorschriften

1. über das Verbot der direkten Sonneneinstrahlung und der Einwirkung von Wärmequellen sowie das Abstellen an ausreichend belüfteten Stellen nach Abschnitt 3.3.1 Sondervorschrift 314 Buchstabe b ADR;
2. über die Beförderung in Versandstücken nach Kapitel 7.2 ADR;
3. über das Rauchverbot nach Abschnitt 7.5.9 in Verbindung mit Abschnitt 8.3.5 ADR und
4. über das Rauchverbot sowie Verbot von Feuer und offenem Licht nach Kapitel 8.5 zusätzliche Vorschrift S1 Absatz 3 ADR und bei innerstaatlichen Beförderungen nach der Anlage 2 Gliederungsnummer 3.1 (GGVSEB)

zu beachten.

(3) Der Verlader, Fahrzeugführer und Entlader im Straßenverkehr haben die Vorschriften nach Abschnitt 7.5.4 ADR über Vorsichtsmaßnahmen bei Nahrungs-, Genuss- und Futtermitteln zu beachten.

(4) Der Verlader, Beförderer und Fahrzeugführer im Straßenverkehr haben die Vorschriften über die Verladung in offene oder belüftete Fahrzeuge oder über das Anbringen der Kennzeichnung nach Abschnitt 7.5.11 Sondervorschrift CV 36 ADR zu beachten.

(5) Die Beteiligten im Straßenverkehr haben dafür zu sorgen, dass eine Unterweisung aller an der Beförderung gefährlicher Güter beteiligten Personen nach Abschnitt 8.2.3 ADR erfolgt.

4. Gefahreigenschaften und ihre Auswirkungen

Im Kapitel „Rechtliche Grundlagen“ wurde schon der Unterschied zwischen der Gefahrstoffverordnung und der Gefahrgutverordnung verdeutlicht. Dieser Unterschied hat grundlegende Bedeutung. Beim Umgang, also beispielsweise bei der Herstellung, beim Abfüllen bzw. Abpacken und letztlich bei der Benutzung eines Gefahrstoffs handelt es sich für den Menschen und die Umwelt um andere Gefahren als beim Transport. Beim Transport handelt es sich in der Regel um verpackte Gefahrstoffe, die dann Gefahrgut genannt werden. Auch die Transportarten „lose Schüttung“ und „Tank“ stellen eine Verpackung (im weiteren Sinne) dar. Beim Transport kommt man normalerweise nur bei Unfällen oder bei Beschädigungen der Verpackungen bei Ladetätigkeiten ggf. in direkten Kontakt mit dem Gefahrgut. Daher definieren beide Rechtsbereiche auch teilweise unterschiedliche Gefahreigenschaften.

4.1 Gefahreigenschaften

Gefahrgut ist nicht nur eine Bezeichnung für Substanzen (Stoffe, Lösungen, Gemische), von denen Gefahren ausgehen, sondern es gehören auch Gegenstände mit entsprechenden Eigenschaften dazu. Gefährliche Eigenschaften, die Substanzen besitzen können und zwar unabhängig davon, ob sie gerade befördert werden oder nicht, sind

- **explosionsgefährlich,**
- **entzündbar,**
- **brandfördernd,**
- **giftig,**
- **ansteckungsgefährlich,**
- **radioaktiv,**
- **ätzend,**
- **umweltgefährlich,**
- **krebserzeugend,**
- **fortpflanzungsgefährdend,**
- **erbgutverändernd oder**
- **sensibilisierend.**

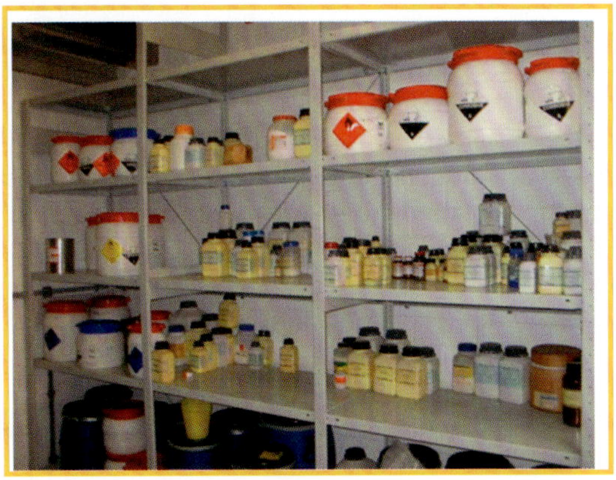

Nicht alle hier aufgeführten Gefahren finden sich so direkt benannt in der Gefahrgutklassifizierung wieder.

Die gefährlichen Eigenschaften sind in Stoffen und Gegenständen in unterschiedlicher Stärke vorhanden und je nachdem, wie stark sie anzutreffen sind, spricht man von

- **sehr gefährlichen,**
- **gefährlichen oder**
- **weniger gefährlichen und wenn sie ganz fehlen, von**
- **ungefährlichen Stoffen oder Gegenständen.**

Andererseits können die bei einer Substanz vorhandenen gefährlichen Eigenschaften dazu führen, dass eine Beförderung (zunächst) verboten ist.

Unbedingt ist immer daran zu denken, dass z.B. eine Substanz ihre gefährliche Eigenschaft immer behält, egal ob sie in großen oder kleinen Mengen vorhanden ist. Die konkrete Gefahr ist deshalb sehr differenziert zu sehen. Der Gesetzgeber hat dem auf verschiedenste Weise Rechnung getragen, beispielsweise durch so genannte Freistellungsregelungen von den Gefahrgutvorschriften.

4. Gefahreigenschaften und ihre Auswirkungen

Wohlgemerkt, es handelt sich um Freistellungen von Vorschriften, nicht von den Gefahreigenschaften. Deshalb ist die gängige Formulierung, dass es sich bei freigestellten Transporten nicht um Gefahrguttransporte handelt, irrig. Die Freistellungsregelungen werden ausführlich im Kapitel 6 abgehandelt.

Und noch etwas ist wichtig, nämlich die Möglichkeit, dass die Verkehrsträger selbst darüber befinden, ob die eine oder andere Eigenschaft während der Beförderung mit dem entsprechenden Gefahrenträger eine Gefahr bedeutet. Im Ergebnis heißt das, dass es bestimmte Güter gibt, die nicht durchgängig bei allen Verkehrsträgern als Gefahrgüter eingestuft sind.

Gefährliche Substanzen und Gegenstände vereinen häufig mehrere Gefahren unterschiedlicher Stärken und auch mit unterschiedlichen Auswirkungen auf Mensch und Umwelt in sich. Der Zuordnung zu den Klassen liegt im Grundsatz die Hauptgefahr zugrunde. Daraus folgt, dass es weitere Gefahren geben muss, die im Einzelfall als so relevant angesehen werden, dass sie als Nebengefahren auch benannt werden und entsprechend auszuweisen sind.

Das **Gefahrguttransportrecht** kennt folgende **Gefahrgutklassen**:

Klasse	**Bezeichnung**
1	**Explosive Stoffe und Gegenstände mit Explosivstoff**
2	**Gase**
3	**Entzündbare flüssige Stoffe**
4.1	**Entzündbare feste Stoffe, selbstzersetzliche Stoffe und desensibilisierte explosive feste Stoffe**
4.2	**Selbstentzündliche Stoffe**
4.3	**Stoffe, die in Berührung mit Wasser entzündbare Gase entwickeln**
5.1	**Entzündend (oxidierend) wirkende Stoffe**
5.2	**Organische Peroxide**
6.1	**Giftige Stoffe**
6.2	**Ansteckungsgefährliche Stoffe**
7	**Radioaktive Stoffe**
8	**Ätzende Stoffe**
9	**Verschiedene gefährliche Stoffe und Gegenstände**

Beim Gefahrguttransport spielen allerdings neben diesen Gefahreigenschaften einige physikalische und chemische Verhaltensweisen der Gefahrgüter eine Rolle. Diese sind wichtig für die Auswahl der Verpackungsmethoden bzw. technischen Einrichtungen von Transportfahrzeugen. Bei Be- und Entladetätigkeiten ist die Kenntnis dieser „Charaktereigenschaften" häufig von großer Bedeutung für die Sicherheit und die Vorgehensweise.

Elementare Eigenschaft von Stoffen ist ihre Erscheinungsform, der **Aggregatzustand**. Stoffe kommen entweder

- **fest**
- **flüssig oder**
- **gasförmig**

vor.

Durch äußere Einwirkung kann sich der Aggregatzustand ändern. Diese äußeren Einflüsse sind meistens Temperatur- und/oder Druckunterschiede. Diese können gewollt oder ungewollt auftreten.

In bestimmten Fällen führt man diesen **Aggregatzustandswechsel künstlich** herbei, um überhaupt einen wirtschaftlichen Transport eines Produktes zu ermöglichen. Dies sei an **zwei Beispielen** verdeutlicht:

Schwefel kommt in der Natur als **fester Stoff** vor. Schwefel in fester Form zu transportieren ist nur bei vergleichsweise kleinen Mengen wirtschaftlich. Sollen größere Mengen transportiert werden, muss Schwefel verflüssigt werden, dann kann man ihn im Tankfahrzeug transportieren. Schwefel wird daher über seinen **Schmelzpunkt auf ca. + 156 °C erwärmt**, dann **verflüssigt** er sich. Zum Transport werden dann natürlich speziell isolierte Tankfahrzeuge benötigt, die diese Temperatur halten. Der heiße Schwefel birgt dann aber auch zusätzliche Gefahren bei den Ladetätigkeiten, vor denen geschützt werden muss.

Der natürliche Aggregatzustand von **Gasen** ist **gasförmig**. Auch hier ist häufig der Transport als komprimiertes (verdichtetes) Gas mengenmäßig nicht wirtschaftlich. Der flüssige Zustand eines Gases würde auch hier größere Transportmengen zulassen. Bei vielen Gasen erreicht man die **Verflüssigung** schon durch **verstärkte Kompression (Verdichtung)**, z.B. bei Propan oder Butan, den haushaltsüblichen Koch- und Brenngasen. Bei vielen anderen Gasen erreicht man die **Verflüssigung** aber erst unter **extremer Abkühlung** dieser Gase. Der Siedepunkt von Sauerstoff liegt bei ca. – 183 °C, von Stickstoff bei ca. – 196 °C oder von Wasserstoff bei ca. – 253 °C. Diese tiefkalten Gase stellen dann beim Transport hohe Anforderungen an die Transport- und Sicherheitstechnik.

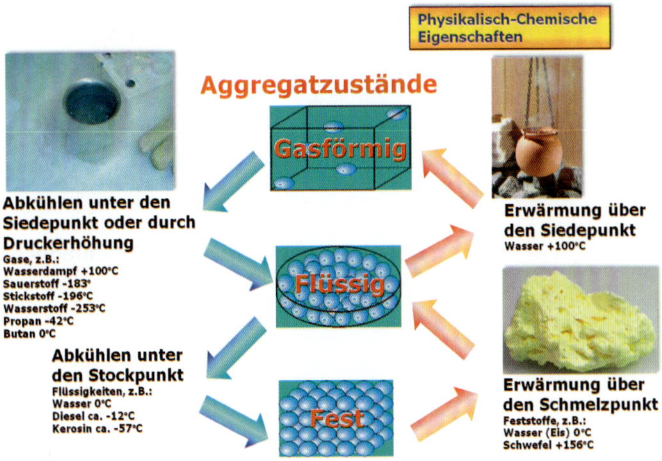

4. Gefahreigenschaften und ihre Auswirkungen

Die Kenntnis über das natürliche **Temperaturverhalten** der Stoffe spielt beim Transport eine große Rolle. Durch witterungs- oder jahreszeitlich bedingte Erwärmung oder Abkühlung dehnen sich die Stoffe unterschiedlich aus bzw. ziehen sich wieder zusammen. Da die Verpackungen, z.B. Tanks, dieses Verhalten nicht durch **Volumenveränderung** kompensieren können, müssen technische Voraussetzungen geschaffen werden, die die Volumenveränderungen ausgleichen.

Temperaturverhalten

Verdunsten

Dampfdruck

Ausdehnen von Gasen bei Erwärmung in einem geschlossenen Gefäß bedeutet Druckerhöhung
Stoffe dehnen sich bei Erwärmung aus

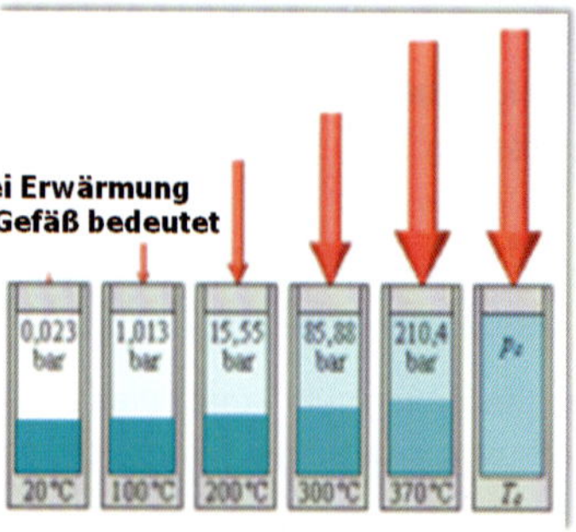

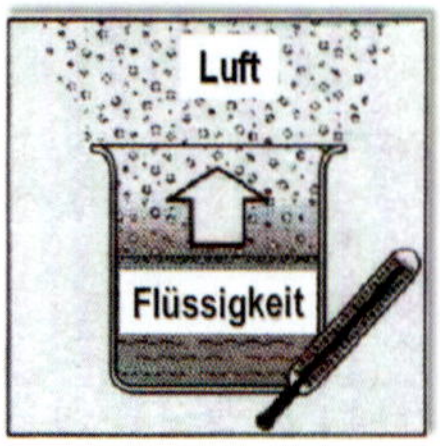

Siedepunkt(Kochen)

Temperatur, bei der ein flüssiger Stoff in den gasförmigen Zustand (Dampf) übergeht (Druckabhängig, gemessen in Meereshöhe 1013 mbar)

- **Wasser 100°C**
- **Methanol 64,7°C**
- **Butan -0,5°C**
- **Sauerstoff -186°C**

Das Volumen eines Stoffes im Verhältnis zu seinem Gewicht ist spezifisch, aber auch temperaturabhängig. Hier an einigen Beispielen verdeutlicht:

Volumen/Dichte

Butan (gasförmig)	Butan (flüssig)	Methanol	Wasser
333,3 l/kg	1,72 l/kg	1,27 l/kg	1,00 l/kg

Bei gleichem Gewicht unterschiedliche Ausdehnung (Volumen)

Auch das Gewicht eines Stoffes kann bei gleichem Volumen variieren. Dies ist beim Transport von großer Bedeutung, da man häufig ausreichend Transportvolumen zur Verfügung hat, aber aufgrund eines hohen stoffspezifischen Gewichtes dieses Volumen nicht ausgenutzt werden kann. Die Nichtbeachtung dieser Zusammenhänge kann sehr schnell zu einer unzulässigen Überladung führen.

Volumen/Dichte

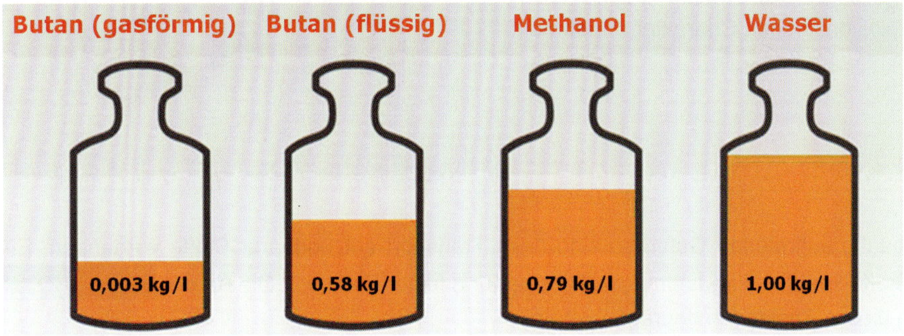

Bei gleicher Ausdehnung (Volumen) unterschiedliches Gewicht

Beim Transport von Säuren und Laugen ist eine gefährliche Eigenschaft dieser Stoffe von Bedeutung. Kommen diese Stoffe in größeren Mengen mit kleineren Mengen Wasser in Kontakt (z.B. bei Löscharbeiten) so entsteht eine hohe Reaktionstemperatur, die geringe Wassermengen schlagartig verdampfen. Die großen Mengen Wasserdampf, die dabei entstehen reißen Säure- oder Laugenspritzer mit sich, die dann schwerwiegende Verätzungen zur Folge haben können.
Die Reaktion von Säuren mit Laugen hat einen ähnlichen Effekt.

Säuren/Laugen

Wasser in Säuren

"Erst Wasser, dann Säure, sonst passiert das Ungeheure!"
Bei Vermischung von Wasser und Säure entsteht sehr viel Wärme.
Kommt eine geringe Menge Wasser in Kontakt mit Säure, verdampft das Wasser schlagartig und mit den Dampfblasen wird auch Säure verspritzt.

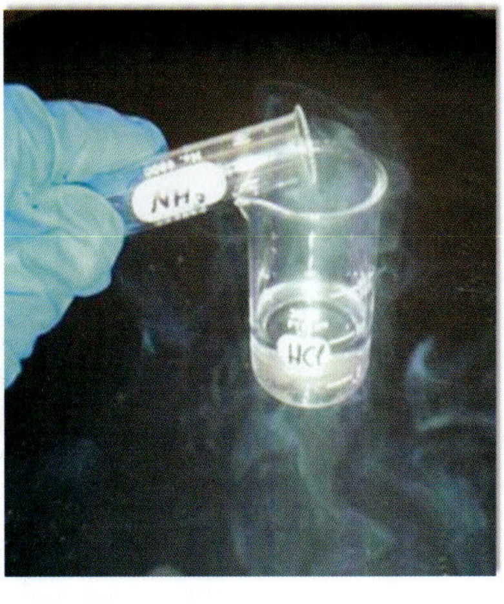

Vermischung von Säuren mit Laugen

Bei Vermischung von Laugen und Säuren entsteht sehr viel Wärme, wodurch Verspritzungsgefahr besteht.

Viele Stoffe sind im Zusammenhang ihrer chemischen Stabilität sehr sensibel. Hier reicht teilweise schon eine

kinetische (Bewegungs-) Energie

aus, um diese Stoffe zerfallen zu lassen. Die Bewegungsenergie kann beispielsweise durch Stöße erzeugt werden. Die resultierende Umsetzungsreaktion kann sehr heftig ausfallen, sogar explosionsartigen Charakter annehmen.

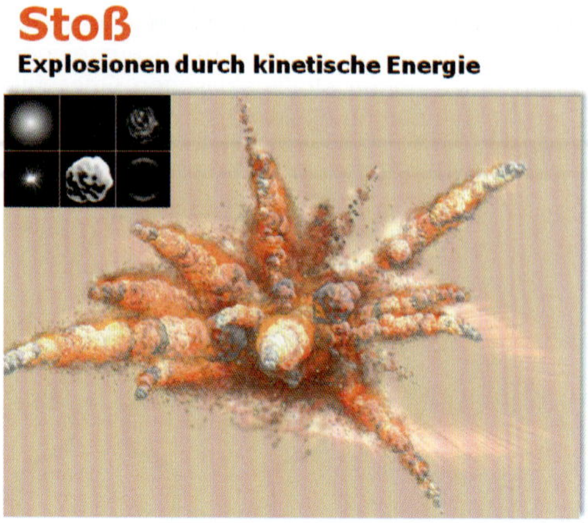

Sehr häufig auftretende Gefahren sind beim Transport entzündbarer Stoffe vorhanden. Entzündbare Stoffe kommen in gasförmiger, flüssiger und fester Form vor. Die Art der **Entzündbarkeit** ist von diesen Zuständen geprägt.

Das grundlegende Verständnis über Entzündungsgefahren liegt in der „Chemie" des Verbrennungsvorganges. Dieses Verständnis ist elementar zur Realisierung von Sicherheitsmaßnahmen.

Der **Entzündung** folgt unmittelbar die **Verbrennung**. Eine Verbrennung findet statt, wenn drei Faktoren zusammenkommen:

- **ein brennbarer Stoff**
- **eine Zündquelle**
- **Sauerstoff**

Die häufig nicht offensichtlich erkennbare Gefahr liegt in den verschiedensten Erscheinungsformen von Zündquellen und Sauerstoffträgern. Es muss nicht immer „Luft"-Sauerstoff vorhanden sein. Oft sind an einer heftigen Verbrennung Stoffe beteiligt, die in ihrem chemischen Aufbau viel Sauerstoff gebunden haben.

Neben der bekanntesten **Zündquelle**, der offenen Flamme, stellen **Funkenbildungen** mit die größte Gefahr dar.

Funken können sich auf verschiedenste Weise bilden. Eine der häufigsten Gefahren stellt die Funkenbildung durch elektrostatische Aufladung dar.

Reibung

Wärmebildung, Funken, elektrostatische Aufladung

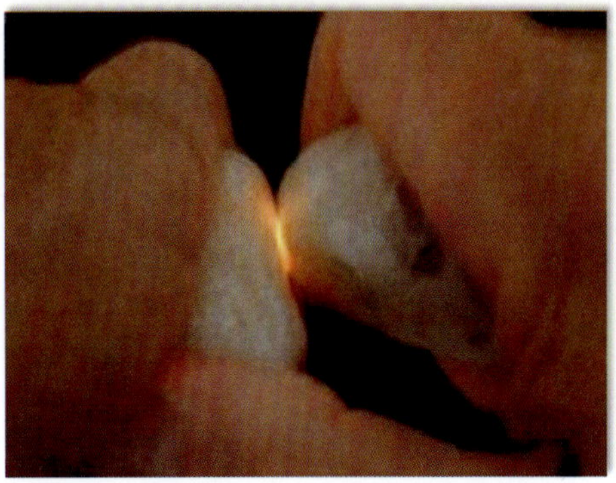

Beurteilungskriterium für die Entzündbarkeit ist der **Flammpunkt**:

Der Flammpunkt ist die Temperatur, bei der eine entzündbare Flüssigkeit soviel Dampf (Gas) entwickelt, dass sie durch eine **offene Flamme** (das erste Mal) entzündbar wird.

Ist ein Stoff entsprechend thermisch aufbereitet (erhitzt), erreicht er seinen **Zündpunkt**:

Der Zündpunkt ist die Temperatur, bei der eine entzündbare Flüssigkeit soviel brennfähiges Dampf-/Luft-Gemisch (Gas) entwickelt hat, dass sie durch eine **beliebige Zündquelle** zur Entzündung gebracht wird.

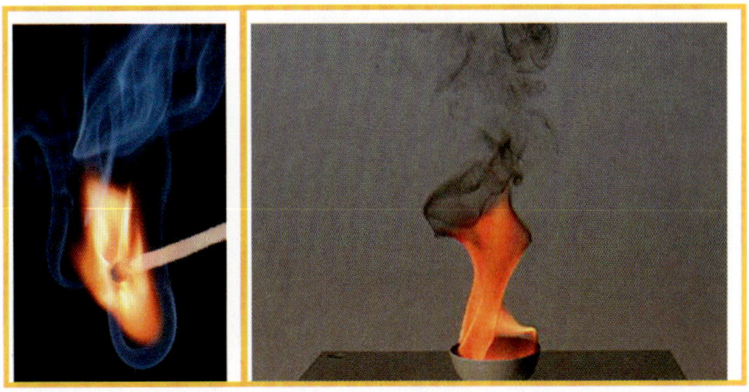

Für die Entzündung ist ein bestimmtes Mischungsverhältnis der entzündbaren Dämpfe und dem Sauerstoff erforderlich. Ist ein zu hoher Anteil der entzündbaren Dämpfe vorhanden, findet keine Entzündung statt, man spricht von einem „zu fettem Gemisch“. Ist dagegen der Sauerstoffanteil wesentlich größer, findet auch keine Entzündung statt, man spricht von einem „zu magerem Gemisch“. In einem ganz bestimmten Mischungsverhältnis findet aber nicht nur eine „normale“

Verbrennung statt, sondern es kommt zu einer Verpuffung, einer explosionsartigen Verbrennung. Um einen Eindruck von den Mengen zu bekommen:

Eine Kaffeetasse Benzin in einem 34.000 l Tankwagen erzeugt dieses explosive Dampf-Luft-Gemisch und würde den Tankwagen bei einer Entzündung völlig zerreißen.

Explosionsfähigkeit

Im Verhältnisbereich sind Luft-Benzin-Dämpfe nicht nur entzündlich sondern hochexplosiv (Verpuffung)

4.2 Auswirkungen auf den Menschen

Der Schutz der Menschen hat oberste Priorität beim Umgang mit gefährlichen Gütern. Viele Auswirkungen sind nicht akut und damit unmittelbar feststellbar, sondern entfalten ihre Gefährlichkeit erst nach längerer Zeit. Krebs, Erbgutveränderungen und Organschädigungen können sich als Langzeitfolgen bemerkbar machen und sind dann häufig nicht in einen unmittelbaren Zusammenhang mit den gefährlichen Gütern zu bringen, was Behandlungen und ggf. Schadenersatz (bei Erwerbsunfähigkeit) erschweren.

Es wird auch hier wieder der Unterschied zwischen dem Gefahrstoffrecht und dem Gefahrgutrecht deutlich. Der regelmäßige, arbeitsplatzbedingte Umgang mit bestimmten Gefahrstoffen stellt größere Schutzanforderungen als die Tätigkeiten, die beim Transport anfallen. Aber auch hier sind viele alltägliche Schutzmaßnahmen erforderlich. Gerade bei der Befüllung oder Entleerung von Gefahrgütern, die in loser Schüttung oder im Tank transportiert werden, kann ein regelmäßiger Kontakt mit gefährlichen Stäuben oder Granulaten, Flüssigkeiten, Gasen usw. stattfinden. Letztendlich existiert ein transportbedingtes Unfallpotential bei Ladearbeiten und bei der Transportdurchführung.

Hier einige Beispiele, die die Auswirkung auf den menschlichen Körper verdeutlichen:

- **Erfrierungen**
  der Haut, z.B. durch tiefkalte Gase

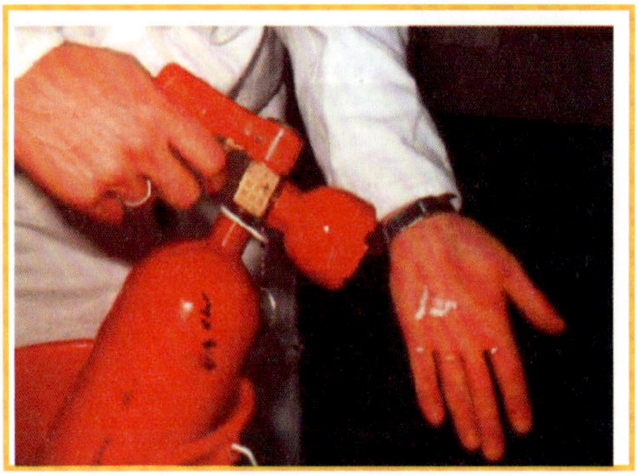

- **Erstickungsgefahr**
  durch einatmen
  nicht atembarer Gase

- **Verbrennungen**
  durch Einatmen oder Einwirkungen entzündbarer Stoffe auf Atmungsorgane und Körperoberfläche bzw. Einwirkung heiß transportierter Stoffe (z.B. flüssige Metalle)

- **Verätzungen**
  durch Einatmen, Verschlucken oder Einwirkungen ätzender Stoffe auf Atmungsorgane, weitere innere Organe und Körperoberfläche

- **Infektionsgefahr**
  durch Kontakt mit ansteckungsgefährlichen Stoffen, wie Viren, Bakterien oder Pilzen

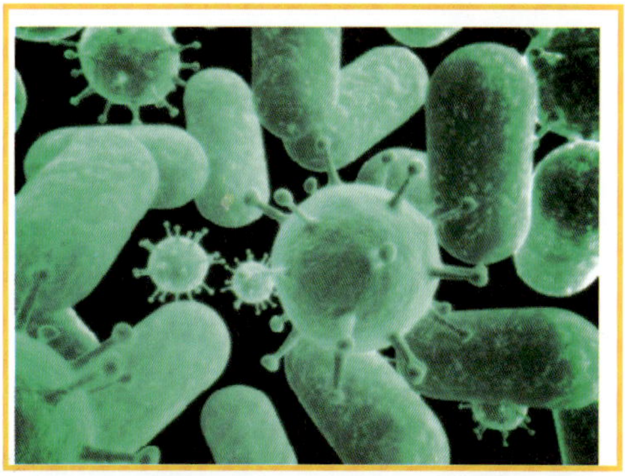

- **Radioaktive Verstrahlungen**
  durch Einatmen, Verschlucken oder Einwirkungen radioaktiver Stoffe auf Atmungsorgane, weitere innere Organe und Körperoberfläche

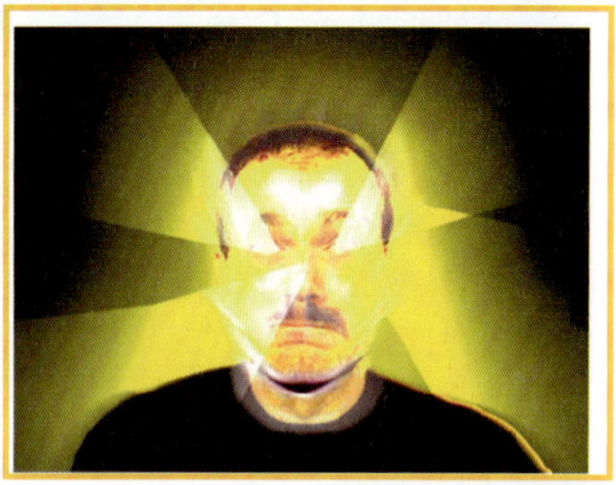

- Gesundheitsgefährdungen (Krebsgefahr) z.B. durch Einatmen **gesundheitsschädlicher Stäube**

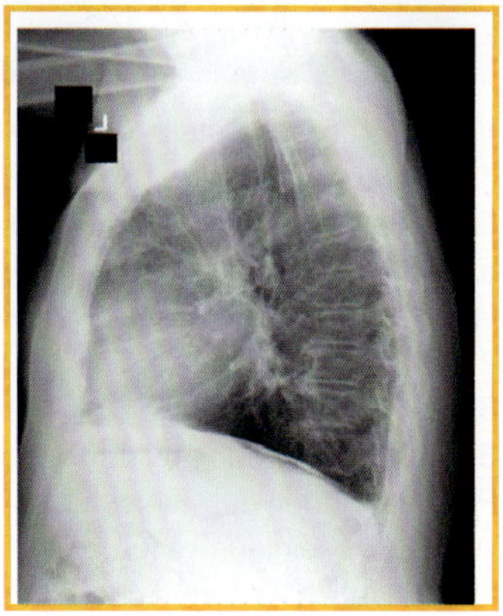

4.3 Auswirkungen auf die Umwelt

Viele Gefahrgüter stellen auch eine erhebliche Gefahr für die Umwelt dar. Es gibt viele Bespiele für eine großräumige und nachhaltige Verseuchung. Erwähnt sei hier der Giftunfall mit dem „Seveso-Gift" Dioxin 1976 im oberitalienischen Seveso, der Reaktorunfall 1986 im russischen Tschernobyl bzw. der Großbrand in der Chemiefabrik der Firma Sandoz in Schweizerhalle bei Basel, dessen verseuchtes Löschwasser das Ökosystem des Rheins auf viele Jahre nachhaltig zerstörte.

Selbst in geringen Konzentrationen können Gefahrgüter große Schäden hervorrufen. Diese Schäden sind häufig nicht mit bloßem Auge erkennbar. Schadstoffe reichern sich beispielsweise in Pilzen an oder das Fleisch und die Organe von Tieren werden mit diesen Stoffen angereichert. Wichtige Kleinlebewesen, die für ein funktionsfähiges Ökosystem elementar notwendig sind, sterben ab. Die natürliche Reinigung und Regeneration von Luft, Boden und Gewässern wird nachhaltig gestört.

Die physikalischen, chemischen und biologischen Eigenschaften der Umwelt werden gestört bzw. zerstört.

Gefahrgüter verändern die
- physikalischen
- chemischen und
- biologischen
Eigenschaften der Umwelt

Auftretende Gefahren

durch akute Einwirkung über Luft, Boden und Gewässer.

Langfristige Einlagerung in Böden, Gewässer und weiterer Natur

Die Auswirkungen auf die Umwelt haben auch indirekt Auswirkungen auf den Menschen. Nicht nur die Lebensqualität sinkt erheblich, Gebiete werden u.U. völlig unbewohnbar, Gewässer sind für den Menschen nicht mehr als Trinkwasserquelle nutzbar. Natürliche Ressourcen für die Nahrungsversorgung fallen völlig aus bzw. reichern sich erheblich mit Schadstoffen an.

Auftretende Gefahren

Wachstumsstörungen

Absterben

Einlagerung in Nahrungsmittel

Weitere Verbreitung über die Nahrungskette

Langfristige genetische Schädigungen

5. Klassifizierung

Klassifizierungen von Gefahrgütern werden auf der Basis der Prüfungen und Kriterien des „Orange Books“ der Vereinten Nationen durchgeführt.

Mit diesem Text wird das UN-Klassifizierungsschema für bestimmte Arten von gefährlichen Gütern und eine Beschreibung der als am geeignetsten angesehenen Prüfverfahren vorgestellt, die der zuständigen Behörde die notwendigen Informationen für eine richtige Beförderungsklassifizierung der Stoffe und Gegenstände liefern.

Wie schon im Kapitel „Rechtliche Grundlagen“ beschrieben, liefert die EU-Chemikalienverordnung REACH standardisierte Vorgehensweisen und Informationen in den Sicherheitsdatenblättern.

Für die Beförderung gefährlicher Güter auf der Straße finden diese Voraussetzungen zur Klassifizierung ihren Niederschlag im Teil 2 „Klassifizierungen“ des ADR.

In Deutschland wird im Rahmen der Zuständigkeiten durch die GGVSEB festgelegt, dass die zuständige Behörde u.a. für Klassifizierungen die Bundesanstalt für Materialforschung (BAM) ist.

Klassifizierung nach Teil 2 des ADR anhand der Gefahreigenschaften = Klasseneinteilung

Was gilt es jetzt zu klassifizieren?

In der wissenschaftlichen Literatur werden ca. 20 Milliarden chemische Stoffe beschrieben. Davon werden immerhin ca. 100.000 wirtschaftlich genutzt. Wiederum davon werden ca. 4.800 in den Mitgliedstaaten der OECD (Organisation for Economic Co-Operation and Development, Organisation für wirtschaftliche Zusammenarbeit und Entwicklung) in Jahresmengen von mehr als ca. 1.000 t hergestellt und umgeschlagen.

Für den Transport sind dabei bestimmte Gefahreigenschaften von Bedeutung. Die Zuordnung der Chemikalien zu diesen Eigenschaften ist Aufgabe der Klassifizierung. Aufgrund dieser Zuordnung ist der „Katalog“ der Gefahrgüter im Orange Book entstanden. Es werden sogenannte „UN-Nummern“ vergeben. Bedingt durch die Vorgehensweise bei der Vergabe von UN-Nummern bzw. bei der Zuordnung von Chemikalien zu vorhandenen UN-Nummern ergibt sich eine relativ konstante Anzahl von UN-Nummern. Zurzeit handelt es sich um ca. 3.500 UN-Nummern, wobei diese Anzahl relativ konstant bleibt. Das **Verzeichnis dieser UN-Nummern findet man für den Straßentransport in der Tabelle 3.2 A des ADR**.

Chemische Stoffe

Ca. 20 Milliarden in der wissenschaftlichen Literatur beschrieben

Ca.100.000 wirtschaftlich genutzt

Ca. 4800 in den Mitgliedsstaaten der OECD in Jahresmengen von mehr als 1000 t hergestellt und umgeschlagen

Gefahrgut

Gefahreigenschaften wichtig für den Transport

Bildung von Einzel- und Sammel-eintragungen aufgrund der Gefahreigenschaften für den Transport

Ca. 3500 UN-Nummern in der Gefahrguttabelle 3.2 A

5.1 Vorgehensweise

Eintragungen

2.1.1.2 ADR

Bei Gefahrgütern ist jeder Eintragung in den verschiedenen Klassen eine UN-Nummer zugeordnet. Es werden folgende Arten von Eintragungen unterschieden:

- **Einzeleintragungen**
  für genau definierte Stoffe oder Gegenstände, einschließlich Eintragungen für Stoffe, die verschiedene Isomere abdecken
  Beispiel: UN 1223 KEROSIN,
- **Gattungseintragungen**
  für genau definierte Gruppen von Stoffen oder Gegenständen, die nicht unter n.a.g.-Eintragungen fallen
  Beispiel: UN 1863 DÜSENKRAFTSTOFF,
- **Spezifische N.A.G.-Eintragungen**
  die Gruppen von nicht anderweitig genannten Stoffen oder Gegenständen einer bestimmten chemischen oder technischen Beschaffenheit umfassen
  Beispiel: UN 3295 KOHLENWASSERSTOFFE FLÜSSIG, N.A.G.,
- **Allgemeine N.A.G.-Eintragungen**
  die Gruppen von nicht anderweitig genannten Stoffen oder Gegenständen mit einer oder mehreren gefährlichen Eigenschaft umfassen
  Beispiel: UN 1993 ENTZÜNDBARER FLÜSSIGER STOFF, N.A.G.

  (n.a.g. = nicht anderweitig genannt; n.o.s. = not other specified)

Gattungseintragungen, spezifische n.a.g.-Eintragungen und allgemeine n.a.g.-Eintragungen werden als Sammeleintragungen bezeichnet.

EINZELEINTRAGUNGEN für genau definierte Stoffe oder Gegenstände	**UN 1223 KEROSIN, 3, III**
GATTUNGSEINTRAGUNGEN für genau definierte Gruppen von Stoffen oder Gegenständen, die nicht unter n.a.g.-Eintragungen fallen	**UN 1863 DÜSENKRAFTSTOFF, 3, I - III**
SPEZIFISCHE N.A.G.-EINTRAGUNGEN, die Gruppen von nicht anderweitig genannten Stoffen oder Gegenständen einer bestimmten chemischen oder technischen Beschaffenheit umfassen	**UN 3295 KOHLENWASSERSTOFFE, FLÜSSIG N.A.G., 3, I-III UN 1268 ERDÖLDESTILLATE N.A.G., 3, I-III ERDÖLPRODUKTE N.A.G., 3, I-III**
ALLGEMEINE N.A.G.-EINTRAGUNGEN, die Gruppen von nicht anderweitig genannten Stoffen oder Gegenständen mit einer oder mehreren gefährlichen Eigenschaften umfassen	**UN 1993 ENTZÜNDBARER FLÜSSIGER STOFF, N.A.G., 3, I - III**
n.a.g. = nicht anderweitig genannt eventuell zusätzlich eine technische Bezeichnung erforderlich	**UN 1993 ENTZÜNDBARER FLÜSSIGER STOFF, N.A.G. (Isopropanol), 3, I - III**

Verpackungsgruppen

2.1.1.3 ADR

Im Rahmen der Klassifizierung werden für die meisten Gefahrgüter, auch für Verpackungszwecke, die **Gefahrengrade (Verpackungsgruppen)** zugeordnet. Diese Verpackungsgruppenbezeichnung wird aber nicht bei der Kennzeichnung der Verpackung verwendet, sondern durch die Buchstaben-Codes X, Y und Z ersetzt. Verpackungen für Gefahrgut müssen bauartgeprüft sein und bekommen nach erfolgreicher Baumusterprüfung eine Zulassung. Bestandteil dieser Zulassung ist die Leistungsfähigkeit der Verpackung, dokumentiert durch die o.a. Buchstaben.

Grad der Gefahr	Verpackungsgruppe	Verpackungscode
➧ Stoffe mit **hoher** Gefahr	Verpackungsgruppe **I**	Code **X**
➧ Stoffe mit **mittlerer** Gefahr	Verpackungsgruppe **II**	Code **Y**
➧ Stoffe mit **geringer** Gefahr	Verpackungsgruppe **III**	Code **Z**

Nicht von dieser Festlegung betroffen sind die Stoffe der Klassen 1, 2, 5.2, 6.2, 7 und die selbstzersetzlichen Stoffe der Klasse 4.1.

Klasse	Gefahr		
	hoch	mittel	gering
	Verpackungsgruppe		
	I	II	III
3	Siedebeginn bei 35°C oder darunter leicht/hoch entzündbar	Siedebeginn >35°C Flammpunkt <23°C entzündbar	Siedebeginn >35°C Flammpunkt von >=23°C - <=60°C gering/schwer entzündbar
4.1 (fest)	---	Unterschiede in der Abbrandzeit und Ausbreitungsgeschwindigkeit	
4.2	Selbstentzündliche Stoffe	Selbsterhitzungsfähige Stoffe und Gegenstände	Weniger selbsterhitzungsfähige Stoffe
4.3	Heftige Reaktion mit Wasser. Entwicklung selbstentzündlichen Gases	Leichte Reaktion mit Wasser. Entwicklung entzündbaren Gases	Langsame Reaktion mit Wasser. Geringe Gasentwicklung
5.1	Unterschiede in der Brenndauer im Vergleich zur Brenndauer eines Prüfgemisches		
6.1	Sehr/hoch giftig	Giftig	Schwach/gering giftig
8	Stark/hoch ätzend	Ätzend	Schwach/gering ätzend
9	---	Keine Angabe von Unterscheidungskriterien	

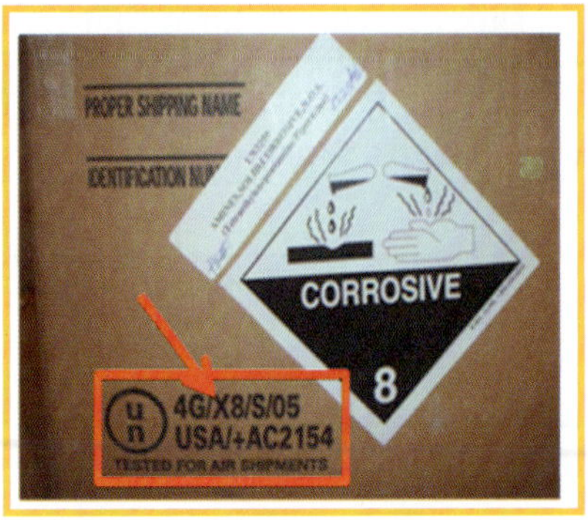

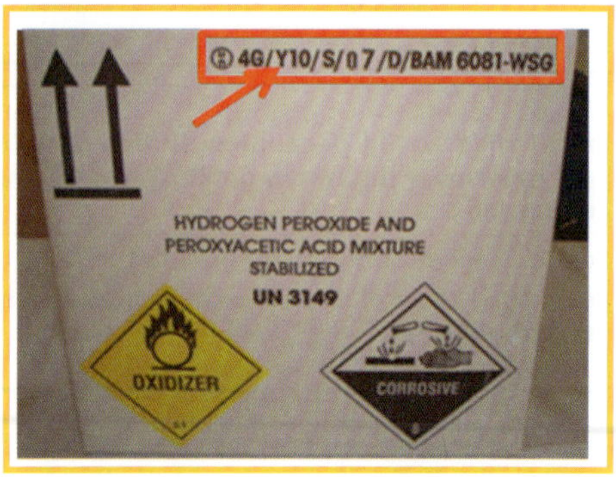

Zuordnung von nicht namentlich genannten Stoffen einschließlich Lösungen und Gemische (wie Präparate, Zubereitungen und Abfälle)

Allgemein (vereinfacht) ist wie folgt vorzugehen:

2.1.3.3 ADR

Besteht eine Lösung/ein Gemisch nur aus einem der Tabelle A Kapitel 3.2 ADR genannten gefährlichen Stoff, so ist sie/es im Grundsatz diesem Stoff zuzuordnen.

2.1.3.5 ADR

Enthält die Lösung/das Gemisch mehrere Stoffe mit verschiedenen gefährlichen Eigenschaften und ist das Gemisch/die Lösung nicht in Tabelle A des Kapitels 3.2 ADR genannt, so muss die Zuordnung zu einer Sammeleintragung erfolgen. Dabei ist wie folgt zu verfahren:

2.1.3.5.1 ADR

Die physikalischen, chemischen und physiologischen Eigenschaften sind durch Messung oder Berechnung zu bestimmen und nach den Kriterien den Klassen zuzuordnen.

2.1.3.5.2 ADR

Ist der Aufwand dafür zu hoch (z.B. für Abfall), dann der Komponente der überwiegenden Gefahr zuordnen.

2.1.3.5.3 ADR

Sind Komponenten nachfolgender Klassen enthalten und überwiegt keine Gefahr, dann ist nach folgender Rangfolge vorzugehen:

a) Stoffe der Klasse 7 (ausgenommen radioaktive Stoffe in freigestellten Versandstücken, für welche die Sondervorschrift 290 des Kapitels 3.3. gilt und bei denen die anderen gefährlichen Eigenschaften überwiegen),

b) Stoffe der Klasse 1,

c) Stoffe der Klasse 2,

d) desensibilisierte explosive flüssige Stoffe der Klasse 3,

e) selbstzersetzliche Stoffe und desensibilisierte explosive feste Stoffe der Klasse 4.1,

f) pyrophore (selbstentzündliche) Stoffe der Klasse 4.2,

g) Stoffe der Klasse 5.2,

h) Stoffe der Klasse 6.1, welche die Kriterien für die Giftigkeit beim Einatmen der Verpackungsgruppe I erfüllen (Stoffe, die die Zuordnungskriterien der Klasse 8 erfüllen und eine Giftigkeit beim Einatmen von Staub und Nebel (LC_{50}) entsprechend Verpackungsgruppe I, aber eine Giftigkeit bei Einnahme oder bei Absorption durch die Haut, die nur Verpackungsgruppe III entspricht, oder eine geringere Giftigkeit aufweisen, sind der Klasse 8 zuzuordnen.);

i) ansteckungsgefährliche Stoffe der Klasse 6.2.

2.1.3.5.4 ADR

Fallen die gefährlichen Eigenschaften der Substanz/des Gutes in mehr als eine Klasse oder Stoffgruppe, die nicht unter 2.1.3.5.3 aufgeführt sind, so ist der Stoff zwar nach demselben Verfahren zu klassifizieren, doch die Klasse ist nach der Tabelle der überwiegenden Gefahr unter 2.1.3.10 ADR auszuwählen.

5. Klassifizierung

Dieser vereinfacht dargestellte Klassifizierungsablauf soll nur dem Verständnis dienen. Erfahrene Klassifizierungsspezialisten wissen, dass die Problematik viel komplizierter und sehr aufwendig sein kann. Hinter den Schritten verstecken sich häufig aufwendige und teure Untersuchungen.

Für den „durchschnittlichen“ Gefahrgutbeteiligten wird es in aller Regel darum gehen, für bereits bekannte bzw. klassifizierte Güter, von denen nicht alle Angaben vorliegen über den Teil 2 des ADR und die Tabellen A und B im Teil 3 des ADR die zu befördernden gefährlichen Güter hinsichtlich der Korrektheit der Angaben zu prüfen und/oder eventuell fehlende Angaben zu beschaffen.

1. Beispiel: Es ist nur die technische Benennung bekannt:
Man sucht im alphabetischen Stoffverzeichnis (Tabelle B im Kapitel 3.2 – eine ergänzende Tabelle zum ADR, Bestandteil der RSEB) und kann dort die UN-Nummer ablesen. Damit findet man im Kapitel 3.2 in der Tabelle A alle erforderlichen Angaben für eine geplante Beförderung.

2. Beispiel: Es ist nur die UN-Nummer bekannt:
Man sucht in Tabelle A des Kapitels 3.2 und findet die erforderlichen Angaben.
(Ein Auszug aus der Tabelle A des Kapitels 3.2 ADR mit Beispielen befindet sich auf der nächsten Seite)

3. Beispiel: Man kennt nur die Stoffeigenschaften:
In diesem Fall muss nach dem Klassifizierungsschema des Kapitels 2.1 vorgegangen werden. Über einen Entscheidungsbaum sollte dann die Zuordnung möglich sein.

Innerhalb der einzelnen Klassen werden den gefährlichen Gütern entsprechend ihren Gefahreigenschaften Großbuchstaben zugeordnet, die den **Klassifizierungscode** bilden:

A – **erstickend wirkende Stoffe (asphyxiating)**
C – **ätzende Stoffe (corrosive)**
D – **desensibilisierter explosiver Stoff (desensitive explosive)**
F – **entzündbarer Stoff, brennbarer Stoff (flammable)**
I – **ansteckungsgefährlicher Stoff (infectious)**
M – **verschiedene gefährliche Stoffe und Gegenstände (merchendizing)**
O – **oxidierend wirkender (brandfördernder) Stoff (oxidizing)**
P – **organisches Peroxid (organic peroxides)**
S/SR – **selbstentzündlicher Stoff / selbstzersetzlicher Stoff (spontaneous combustion / self reactive)**
T – **giftiger Stoff (toxic)**
W – **Stoffe, die in Berührung mit Wasser entzündbare Gase bilden (in contact with water, emit flammable gases)**

UN-Nummer	Benennung und Beschreibung 3.1.2	Klasse 2.2	Klassifizierungscode 2.2	Verpackungsgruppe 2.1.1.3	Gefahrzettel 5.2.2	Sondervorschriften 3.3	Begrenzte und freigestellte Mengen 2009 | 2011 | 3.4.6 / 3.5.1.2			Verpackungsanweisungen 4.1.4	Sondervorschriften für die Verpackung 4.1.4	Sondervorschriften für die Zusammenpackung 4.1.10	Anweisungen für ortsbewegliche Tanks und Schüttgut-Container 4.2.5.2 7.3.2	Sondervorschriften für ortsbewegliche Tanks und Schüttgut-Container 4.2.5.3	Tankcodierungen für ADR-Tanks 4.3	Sondervorschriften für ADR-Tanks 4.3.5 6.8.4	Fahrzeug für die Beförderung in Tanks 9	Beförderungskategorie (Tunnelbeschränkungscode) 1.1.3.6 (8.6)	Sondervorschriften für die Beförderung Versandstücke 7.2.4	lose Schüttung 7.3.3	Be- und Entladung, Handhabung 7.5.11	Betrieb 8.5	Nummer zur Kennzeichnung der Gefahr 5.3.2.3
(1)	(2)	(3a)	(3b)	(4)	(5)	(6)	(7a)	(7a)	(7b)	(8)	(9a)	(9b)	(10)	(11)	(12)	(13)	(14)	(15)	(16)	(17)	(18)	(19)	(20)
1950	DRUCKGASPACKUNGEN, giftig, entzündbar	2	5TF		2.1 + 6.1	190 327 344 625	LQ1	120 ml	E0	P003 LP02	PP17 PP87 RR6 L2	MP9						1 (D)	V14		CV9 CV12 CV28	S2	
1950	DRUCKGASPACKUNGEN, giftig, entzündbar, ätzend	2	5TFC		2.1 + 6.1 + 8	190 327 344 625	LQ1	120 ml	E0	P003 LP02	PP17 PP87 RR6 L2	MP9						1 (D)	V14		CV9 CV12 CV28	S2	
1950	DRUCKGASPACKUNGEN, giftig, oxidierend	2	5TO		2.2 + 5.1 + 6.1	190 327 344 625	LQ1	120 ml	E0	P003 LP02	PP17 PP87 RR6 L2	MP9						1 (D)	V14		CV9 CV12 CV28		
1950	DRUCKGASPACKUNGEN, giftig, oxidierend, ätzend	2	5TOC		2.2 + 5.1 + 6.1 + 8	190 327 344 625	LQ1	120 ml	E0	P003 LP02	PP17 PP87 RR6 L2	MP9						1 (D)	V14		CV9 CV12 CV28		
1951	ARGON, TIEFGEKÜHLT, FLÜSSIG	2	3A		2.2	593	LQ1	120 ml	E1	P203		MP9	T75	TP5	RxBN	TU19 TA4 TT9	AT	3 (C/E)	V5		CV9 CV11 CV36	S20	22
1952	ETHYLENOXID UND KOHLENDIOXID, GEMISCH mit höchstens 9 % Ethylenoxid	2	2A		2.2		LQ1	120 ml	E1	P200		MP9	(M)		PxBN(M)	TA4 TT9	AT	3 (C/E)			CV9 CV10 CV36		20
1953	VERDICHTETES GAS, GIFTIG, ENTZÜNDBAR, N.A.G.	2	1TF		2.3 + 2.1	274		0	E0	P200		MP9	(M)		CxBH(M)	TU6 TA4 TT9	FL	1 (B/D)			CV9 CV10 CV36	S2 S14	263
1954	VERDICHTETES GAS, ENTZÜNDBAR, N.A.G.	2	1F		2.1	274		0	E0	P200		MP9	(M)		CxBN(M)	TA4 TT9	FL	2 (B/D)			CV9 CV10 CV36	S2 S20	23
1955	VERDICHTETES GAS, GIFTIG, N.A.G.	2	1T		2.3	274		0	E0	P200		MP9	(M)		CxBH(M)	TU6 TA4 TT9	AT	1 (C/D)			CV9 CV10 CV36	S14	26
1956	VERDICHTETES GAS, N.A.G.	2	1A		2.2	274 XXX	LQ1	120 ml	E1	P200		MP9	(M)		CxBN(M)	TA4 TT9	AT	3 (E)			CV9 CV10 CV36		20
1957	DEUTERIUM, VERDICHTET	2	1F		2.1			0	E0	P200		MP9	(M)		CxBN(M)	TA4 TT9	FL	2 (B/D)			CV9 CV10 CV36	S2 S20	23
1958	1,2-DICHLOR-1,1,2,2-TETRAFLUORETHAN (GAS ALS KÄLTEMITTEL R 114)	2	2A		2.2		LQ1	120 ml	E1	P200		MP9	T50 (M)		PxBN(M)	TA4 TT9	AT	3 (C/E)			CV9 CV10 CV36		20

Tabelle der überwiegenden Gefahr (nach 2.1.3.10 ADR)

Klasse und Verpackungsgruppe	4.1 II	4.1 III	4.2 II	4.2 III	4.3 I	4.3 II	4.3 III	5.1 I	5.1 II	5.1 III	6.1 I DERMAL	6.1 I ORAL	6.1 II	6.1 III	8 I	8 II	8 III	9
3 I	SOL 4.1 LIQ 3 I	SOL 4.1 LIQ 3 I	SOL 4.2 LIQ 3 I	SOL 4.2 LIQ 3 I	4.3 I	4.3 I	4.3 I	SOL 5.1 I LIQ 3 I	SOL 5.1 I LIQ 3 I	SOL 5.1 I LIQ 3 I	3 I	3 I	3 I	3 I	3 I	3 I	3 I	3 I
3 II	SOL 4.1 LIQ 3 II	SOL 4.1 LIQ 3 II	SOL 4.2 LIQ 3 II	SOL 4.2 LIQ 3 II	4.3 I	4.3 II	4.3 II	SOL 5.1 I LIQ 3 I	SOL 5.1 II LIQ 3 II	SOL 5.1 II LIQ 3 II	3 I	3 I	3 II	3 II	8 I	3 II	3 II	3 II
3 III	SOL 4.1 LIQ 3 II	SOL 4.1 LIQ 3 III	SOL 4.2 LIQ 3 II	SOL 4.2 LIQ 3 III	4.3 I	4.3 II	4.3 III	SOL 5.1 I LIQ 3 I	SOL 5.1 II LIQ 3 II	SOL 5.1 III LIQ 3 III	6.1 I	6.1 I	6.1 II	3 III *)	8 I	8 II	3 III	3 III
4.1 II			4.2 II	4.2 II	4.3 I	4.3 II	4.3 II	5.1 I	4.1 II	4.1 II	6.1 I	6.1 I	SOL 4.1 II LIQ 6.1 II	SOL 4.1 II LIQ 6.1 II	8 I	SOL 4.1 II LIQ 8 II	SOL 4.1 II LIQ 8 II	4.1 II
4.1 III			4.2 II	4.2 III	4.3 I	4.3 II	4.3 III	5.1 I	4.1 II	4.1 III	6.1 I	6.1 I	6.1 II	SOL 4.1 III LIQ 6.1 III	8 I	8 II	SOL 4.1 III LIQ 8 III	4.1 III
4.2 II					4.3 I	4.3 II	4.3 II	5.1 I	4.2 II	4.2 II	6.1 I	6.1 I	4.2 II	4.2 II	8 I	4.2 II	4.2 II	4.2 II
4.2 III					4.3 I	4.3 II	4.3 III	5.1 I	5.1 II	4.2 III	6.1 I	6.1 I	6.1 II	4.2 III	8 I	8 II	4.2 III	4.2 III
4.3 I								5.1 I	4.3 I	4.3 I	6.1 I	4.3 I	4.3 I	4.3 I	4.3 I	4.3 I	4.3 I	4.3 I
4.3 II								5.1 I	4.3 II	4.3 II	6.1 I	4.3 I	4.3 II	4.3 II	8 I	4.3 II	4.3 II	4.3 II
4.3 III								5.1 I	5.1 II	4.3 III	6.1 I	6.1 I	6.1 II	4.3 III	8 I	8 II	4.3 III	4.3 III
5.1 I											5.1 I	5.1 I	5.1 I	5.1 I	5.1 I	5.1 I	5.1 I	5.1 I
5.1 II											6.1 I	5.1 I	5.1 II	5.1 II	8 I	5.1 II	5.1 II	5.1 II
5.1 III											6.1 I	6.1 I	6.1 II	5.1 III	8 I	8 II	5.1 III	5.1 III
6.1 I DERMAL															SOL 6.1 I LIQ 8 I	6.1 I	6.1 I	6.1 I
6.1 I ORAL															SOL 6.1 I LIQ 8 I	6.1 I	6.1 I	6.1 I
6.1 II INHAL															SOL 6.1 I LIQ 8 I	6.1 II	6.1 II	6.1 II
6.1 II DERMAL															SOL 6.1 I LIQ 8 I	SOL 6.1 II LIQ 8 II	6.1 II	6.1 II
6.1 II ORAL															8 I	SOL 6.1 II LIQ 8 II	6.1 II	6.1 II
6.1 III															8 I	8 II	8 III	6.1 III
8 I																		8 I
8 II																		8 II
8 III																		8 III

SOL = feste Stoffe und Gemische
LIQ = flüssige Stoffe, Gemische und Lösungen
DERMAL = Giftigkeit bei Absorption durch die Haut
ORAL = Giftigkeit bei Einnahme
INHAL = Giftigkeit beim Einatmen
*) Bei Mitteln zur Schädlingsbekämpfung (Pestizide) Klasse 6.1.

5.2 Kurzbeschreibung der Klassen 1 - 9

Die Ausführungen zu den einzelnen Fundstellen sind vom Autor dem Sinn entsprechend gekürzt bzw. sprachlich vereinfacht worden. Für die exakten und vollständigen Inhalte sind immer die Regelwerke zu Rate zu ziehen.

Klasse 1 Explosive Stoffe und Gegenstände mit Explosivstoff

Kriterien
2.2.1.1 ADR

Explosive Stoffe:
Feste oder flüssige Stoffe (oder Stoffgemische), die durch chemische Reaktion Gase solcher Temperatur, solchen Drucks und solcher Geschwindigkeit entwickeln können, dass hierdurch in der Umgebung Zerstörungen eintreten können.

Pyrotechnische Sätze:
Stoffe oder Stoffgemische, mit denen eine Wirkung in Form von Wärme, Licht, Schall, Gas, Nebel oder Rauch oder einer Kombination dieser Wirkungen als Folge nicht detonativer, selbstunterhaltender, exothermer chemischer Reaktionen erzielt werden soll.

Gegenstände mit Explosivstoff:
Gegenstände, die einen oder mehrere explosive Stoffe oder pyrotechnische Sätze enthalten.

Stoffe und Gegenstände,
die oben nicht genannt sind und die hergestellt worden sind, um eine praktische Wirkung durch Explosion oder eine pyrotechnische Wirkung hervorzurufen.

Beschreibung der Unterklassen
2.2.1.1.5 ADR

Unterklasse 1.1

Stoffe und Gegenstände, die **massenexplosionsfähig** sind. (Eine Massenexplosion ist eine Explosion, die nahezu die gesamte Ladung praktisch gleichzeitig erfasst.)

Unterklasse 1.2

Stoffe und Gegenstände, die die Gefahr **der Bildung von Splittern, Spreng- und Wurfstücken** aufweisen, aber **nicht massenexplosionsfähig** sind.

Unterklasse 1.3

Stoffe und Gegenstände, die eine **Feuergefahr** besitzen und die entweder eine **geringe Gefahr** durch **Luftdruck** oder eine geringe Gefahr durch **Splitter, Spreng- und Wurfstücke** oder durch beides aufweisen, aber **nicht massenexplosionsfähig** sind,

a) bei deren **Verbrennung beträchtliche Strahlungswärme** entsteht oder
b) die **nacheinander** so **abbrennen**, dass eine geringe Luftdruckwirkung oder Splitter-, Sprengstück-, Wurfstückwirkung oder beide Wirkungen entstehen.

Unterklasse 1.4

Stoffe und Gegenstände, die **im Falle der Entzündung oder Zündung während der Beförderung nur eine geringe Explosionsgefahr** darstellen. Die **Auswirkungen** bleiben im wesentlichen **auf das Versandstück beschränkt**, und es ist nicht zu erwarten, dass Sprengstücke mit größeren Abmessungen oder größerer Reichweite entstehen. Ein von außen einwirkendes Feuer darf keine praktisch gleichzeitige Explosion des nahezu gesamten Inhalts des Versandstückes nach sich ziehen.

Unterklasse 1.5

Sehr unempfindliche massenexplosionsfähige Stoffe, die so unempfindlich sind, dass die **Wahrscheinlichkeit einer Zündung** oder des Überganges eines Brandes in eine Detonation **unter normalen Beförderungsbedingungen sehr gering** ist. Als Minimalanforderung für diese Stoffe gilt, dass sie beim Außenbrandversuch nicht explodieren dürfen.

Unterklasse 1.6

Extrem unempfindliche Gegenstände, die **nicht massenexplosionsfähig** sind. Diese Gegenstände enthalten nur extrem unempfindliche detonierende Stoffe und weisen eine zu vernachlässigende Wahrscheinlichkeit einer unbeabsichtigten Zündung oder Fortpflanzung auf.

Die von Gegenständen der Unterklasse 1.6 ausgehende Gefahr ist auf die Explosion eines einzigen Gegenstandes beschränkt.

Verträglichkeitsgruppen der Stoffe und Gegenstände
2.2.1.1.6 ADR

A Zündstoff

B Gegenstand mit Zündstoff und weniger als zwei wirksamen Sicherungsvorrichtungen. Eingeschlossen sind einige Gegenstände, wie Sprengkapseln, Zündeinrichtungen für Sprengungen und Anzündhütchen, selbst wenn diese keinen Zündstoff enthalten.

C Treibstoff oder anderer deflagrierender explosiver Stoff oder Gegenstand mit solchem explosiven Stoff.

D Detonierender explosiver Stoff oder Schwarzpulver oder Gegenstand mit explosivem detonierendem Stoff, jeweils ohne Zündmittel und ohne treibende Ladung, oder Gegenstand mit Zündstoff mit mindestens zwei wirksamen Sicherungsvorrichtungen.

E Gegenstand mit detonierendem explosivem Stoff ohne Zündmittel mit treibender Ladung (andere als solche, die aus entzündbarer Flüssigkeit oder entzündbarem Gel oder Hypergolen bestehen).

F Gegenstand mit detonierendem explosivem Stoff mit seinem eigenen Zündmittel, mit treibender Ladung (andere als solche, die aus entzündbarer Flüssigkeit oder entzündbarem Gel oder Hypergolen bestehen) oder ohne treibende Ladung.

G Pyrotechnischer Stoff oder Gegenstand mit pyrotechnischem Stoff oder Gegenstand mit sowohl explosivem Stoff als auch Leucht-, Brand-, Augenreiz- oder Nebelstoff (außer Gegenständen, die durch Wasser aktiviert werden oder die weißen Phosphor, Phosphide, einen pyrophoren Stoff, eine entzündbare Flüssigkeit oder ein entzündbares Gel oder Hypergole enthalten).

H Gegenstand, der sowohl explosiven Stoff als auch weißen Phosphor enthält.

J Gegenstand, der sowohl explosiven Stoff als auch entzündbare Flüssigkeit oder entzündbares Gel enthält.

K Gegenstand, der sowohl explosiven Stoff als auch giftigen chemischen Wirkstoff enthält.

L Explosiver Stoff oder Gegenstand mit explosivem Stoff, der ein besonderes Risiko darstellt (z.B. wegen seiner Aktivierung bei Zutritt von Wasser oder wegen der Anwesenheit von Hypergolen, Phosphiden oder eines pyrophoren Stoffes) und eine Trennung jeder einzelnen Art erfordert.

N Gegenstand, der nur extrem unempfindliche Stoffe enthält.

S Stoff oder Gegenstand, der so verpackt oder gestaltet ist, dass jede durch nicht beabsichtigte Reaktion auftretende gefährliche Wirkung auf das Versandstück beschränkt bleibt, außer das Versandstück wurde durch Brand beschädigt; in diesem Falle müssen die Luftdruck- und Splitterwirkung auf ein Maß beschränkt bleiben, dass Feuerbekämpfungs- oder andere Notmaßnahmen in der unmittelbaren Nähe des Versandstückes weder wesentlich eingeschränkt noch verhindert werden.

„Klassifizierungscode“ 2.2.1.1.4 ADR
Die Nummern der Unterklasse zusammen mit dem Buchstaben der Verträglichkeitsgruppe bilden den **Klassifizierungscode**.

Beispiel: **1.4 S für „Silvesterfeuerwerk“**

Nebengefahren

Giftig

ätzend

Zuordnung von Feuerwerkskörpern

2.2.1.1.7 ADR

Der Absatz beinhaltet ein Kurzverfahren für die Zuordnung von Feuerwerkskörpern der Klasse 1 zu Unterklassen ohne vorherige Prüfung. Verantwortlich für die Zuordnung bleibt aber die zuständige Behörde (in Deutschland die BAM).

Ausschluss aus der Klasse 1

2.2.1.1.8 ADR

Ein Stoff oder Gegenstand darf auf der Grundlage von Prüfergebnissen und der Begriffsbestimmungen der Klasse 1 mit Zustimmung der jeweiligen zuständigen nationalen Behörde aus der Klasse 1 ausgeschlossen werden.

Nicht zur Beförderung zugelassene Stoffe und Gegenstände

2.2.1.2 ADR

In diesem Absatz werden alle Kriterien und Stoffe und Gegenstände aufgeführt, die ein Beförderungsverbot zur Folge haben.

Verzeichnis der Sammeleintragungen

2.2.1.3 ADR

Nur zu diesen UN-Nummern und Benennungen dürfen explosive Stoffe und Gegenstände zu Sammeleintragungen zugeordnet werden.

Glossar der Benennungen

2.2.1.4 ADR

In diesem Glossar werden Begriffsbestimmungen der explosiven Stoffe und Gegenstände festgelegt und den UN-Nummern zugeordnet.

Beispiele:

Bomben, mit Sprengladung: UN 0034, UN 0035
Feuerwerkskörper: UN 0333, UN 0334, UN 0335, UN 0336, UN 0337
Patronen für Waffen, mit Sprengladung: UN 0005, UN 0007, UN 0348

Beispiele für explosive Stoffe und Gegenstände

UN 0027 SCHWARZPULVER, 1, 1.1D
UN 0336 FEUERWERKSKÖRPER, 1, 1.4G
UN 0503 AIRBAG-GASGENERATOREN oder AIRBAG-MODULE oder GURTSTRAFFER, 1, 1.4G

Klasse 2 Gase

Kriterien

2.2.2.1 ADR

Der Begriff der Klasse 2 umfasst reine Gase, Gasgemische, Gemische eines oder mehrerer Gase mit einem oder mehreren anderen Stoffen sowie Gegenstände, die solche Stoffe enthalten.

Gase sind Stoffe, die

a) bei 50 °C einen Dampfdruck von mehr als 300 kPa (3 bar) haben oder

b) bei 20 °C und dem Standarddruck von 101,3 kPa vollständig gasförmig sind.

Unterteilung

2.2.2.1.2 ADR

1 **Verdichtetes Gas:**
Ein Gas, das im für die Beförderung **unter Druck** verpackten Zustand bei - 50 °C vollständig gasförmig ist; diese Kategorie schließt alle Gase ein, die eine kritische Temperatur von höchstens - 50 °C haben.

2 **Verflüssigtes Gas:**
Ein Gas, das im für die Beförderung unter Druck verpackten Zustand bei Temperaturen über - 50 °C teilweise flüssig ist.
Es wird unterschieden zwischen:
unter hohem Druck verflüssigtes Gas:
ein Gas, das eine kritische Temperatur über - 50 °C bis höchstens + 65 °C hat; und
unter geringem Druck verflüssigtes Gas:
ein Gas, das eine kritische Temperatur über +65 °C hat

3 **Tiefgekühlt verflüssigtes Gas:**
Ein Gas, das im für die Beförderung verpackten Zustand wegen seiner **niedrigen Temperatur** teilweise **flüssig** ist.

4 **Gelöstes Gas:**
Ein Gas, das im für die Beförderung unter Druck verpackten Zustand **in einem Lösungsmittel in flüssiger Phase gelöst** ist.

5 **Druckgaspackungen** und Gefäße, klein, mit Gas (**Gaspatronen**).

6 **Andere Gegenstände**, die Gas unter Druck enthalten.

7 Nicht unter Druck stehende Gase, die besonderen Vorschriften unterliegen (**Gasproben**).

8 **Chemikalien unter Druck**, flüssige, pastöse oder pulverförmige Stoffe, die **mit einem Treibmittel unter Druck gesetzt** werden, das der Begriffsbestimmung für verdichtetes oder verflüssigtes Gas entspricht, und Gemische dieser Stoffe.

5. Klassifizierung

Klassifizierungscode
(außer Druckgaspackungen und Chemikalien unter Druck)
2.2.2.1.3 ADR

A erstickend
O oxidierend
F entzündbar
T giftig
TF giftig, entzündbar
TC giftig, ätzend
TO giftig, oxidierend
TFC giftig, entzündbar, ätzend
TOC giftig, oxidierend, ätzend

Bei der Zuordnung ist folgende Rangfolge zu beachten:

„T“ vor allen Gruppen

„F“ vor den Gruppen „A“ oder „O“

Gemäß den UN-Modellvorschriften, dem IMDG-Code und der ICAO-TI werden Gase aufgrund ihrer Hauptgefahr einer der folgenden drei Unterklassen zugeordnet:

Unterklasse 2.1:

entzündbare Gase (entspricht den Gruppen, die durch den Großbuchstaben F bezeichnet sind)

Unterklasse 2.2:

nicht entzündbare, nicht giftige Gase (entspricht den Gruppen, die durch den Großbuchstaben A oder O bezeichnet sind)

Unterklasse 2.3:

giftige Gase (entspricht den Gruppen, die durch den Großbuchstaben T bezeichnet sind, d.h. T, TF, TC, TO, TFC und TOC).

Gefäße, klein, mit Gas (UN-Nummer 2037), sind entsprechend der vom Inhalt ausgehenden Gefahren den Gruppen A bis TOC zuzuordnen. Für Druckgaspackungen (UN-Nummer 1950) siehe Absatz 2.2.2.1.6. Für Chemikalien unter Druck (UN-Nummern 3500 – 3505) siehe Absatz 2.2.2.1.7.

Ätzende Gase

gelten als giftig und werden daher der Gruppe TC, TFC oder TOC zugeordnet.

Klassifizierungscode Druckgaspackungen
2.2.2.1.6 ADR

A erstickend
O oxidierend
F entzündbar
T giftig
C ätzend
CO ätzend, oxidierend
FC entzündbar, oxidierend
TF giftig, entzündbar
TC giftig, ätzend
TO giftig, oxidierend
TFC giftig, entzündbar, ätzend
TOC giftig, oxidierend, ätzend

Die Klassifizierung richtet sich nach dem Inhalt der Druckgaspackung.

Für Druckgaspackungen gilt weiter:

a) Die Zuordnung zur Gruppe „A“ erfolgt, wenn der Inhalt nicht den Kriterien einer anderen Gruppe gemäß den Absätzen b) bis f) entspricht.

b) Die Zuordnung zur Gruppe „O“ erfolgt, wenn die Druckgaspackung ein oxidierendes Gas gemäß Absatz 2.2.2.1.5 enthält.

c) Eine Zuordnung zur Gruppe „F“ erfolgt, wenn
   - der Inhalt mindestens 85 Masse-% entzündbare Bestandteile enthält und
   - die chemische Verbrennungswärme mindestens 30 kJ/g beträgt.

d) Eine Zuordnung zur Gruppe „T“ erfolgt, wenn der Inhalt zur Klasse 6.1, Verpackungsgruppe II oder III gehört (ausgenommen ist das Treibmittel der Druckgaspackungen).

e) Eine Zuordnung zur Gruppe“ erfolgt, wenn der Inhalt zur Klasse 8, Verpackungsgruppe II oder III gehört, ausgenommen das Treibmittel.

f) Wenn die Kriterien für mehr als eine der Gruppen O, F, T und C erfüllt sind, ist den Gruppen CO, FC, TF, TC, TO, TFC bzw. TOC zuzuordnen.

Klassifizierungscode Chemikalien unter Druck
2.2.2.1.7 ADR

A erstickend
F entzündbar
T giftig
C ätzend
FC entzündbar, ätzend
TF giftig, entzündbar.

Die Klassifizierung ist abhängig von den Gefahreneigenschaften der Bestandteile in den verschiedenen Aggregatzuständen: *das Treibmittel, der flüssige Stoffe oder der feste Stoff.*

Es gelten diese Kriterien:

a) Eine Zuordnung zur Gruppe A erfolgt, wenn der Inhalt nicht den Kriterien einer anderen Gruppe gemäß den Absätzen b) bis e) entspricht.

b) Eine Zuordnung zur Gruppe F erfolgt, wenn einer der Bestandteile, bei dem es sich um einen reinen Stoff oder ein Gemisch handeln kann, als entzündbar klassifiziert werden muss. Entzündbare Bestandteile sind entzündbare flüssige Stoffe und Gemische entzündbarer flüssiger Stoffe, entzündbare feste Stoffe und Gemische entzündbarer fester Stoffe oder entzündbare Gase und Gasgemische, die den folgenden Kriterien entsprechen:
   (i) ein entzündbarer flüssiger Stoff ist ein flüssiger Stoff mit einem Flammpunkt von höchstens 93 °C;
   (ii) ein entzündbarer fester Stoff ist ein fester Stoff, der den Kriterien des Unterabschnitts 2.2.41.1 entspricht;
   (iii) ein entzündbares Gas ist ein Gas, das den Kriterien des Absatzes 2.2.2.1.5 entspricht.
c) Eine Zuordnung zur Gruppe T erfolgt, wenn der Inhalt mit Ausnahme des Treibmittels der Klasse 6.1 Verpackungsgruppe II oder III zugeordnet ist.
d) Eine Zuordnung zur Gruppe C erfolgt, wenn der Inhalt mit Ausnahme des Treibmittels den Kriterien der Klasse 8 Verpackungsgruppe II oder III entspricht.
e) Wenn die Kriterien zweier Gruppen der Gruppen F, T und C erfüllt werden, erfolgt eine Zuordnung zur Gruppe FC bzw. TF.

Zuordnung zu den Sammeleintragungen

2.2.2.1.5 ADR

Erstickende Gase

Nicht oxidierende, nicht entzündbare und nicht giftige Gase, die in der Atmosphäre normalerweise vorhandenen Sauerstoff verdünnen oder verdrängen.

Entzündbare Gase

Gase, die bei 20 °C und dem Standarddruck von 101,3 kPa

a) in einer Mischung von höchstens 13 Vol.-% mit Luft entzündbar sind oder
b) unabhängig von der unteren Explosionsgrenze einen Explosionsbereich mit Luft von mindestens 12 Prozentpunkten besitzen.

Oxidierende Gase

Gase, die im Allgemeinen durch Lieferung von Sauerstoff die Verbrennung anderer Stoffe stärker als Luft verursachen oder begünstigen können.

Giftige Gase

Gase

a) die bekanntermaßen so giftig oder ätzend auf den Menschen wirken, dass sie eine Gefahr für die Gesundheit darstellen; oder
b) von denen man annimmt, dass sie giftig oder ätzend auf den Menschen wirken, weil sie bei den Prüfungen gemäß Unterabschnitt 2.2.6.1.1 einen LC_{50}-Wert für die akute Giftigkeit von höchstens 5000 ml/m³ (ppm) aufweisen.

Nicht zur Beförderung zugelassene Gase

2.2.2.2 ADR

In diesem Absatz werden alle Kriterien und Stoffe aufgeführt, die ein Beförderungsverbot zur Folge haben.

Verzeichnis der Sammeleintragungen

2.2.2.3 ADR

Nur zu diesen UN-Nummern und Benennungen dürfen Gase zu Sammeleintragungen zugeordnet werden.

Beispiele für Gase

UN 1950 DRUCKGASPACKUNGEN, giftig 2.2 (6.1)
UN 1977 STICKSTOFF, TIEFGEKÜHLT, VERFLÜSSIGT 2.2
UN 1978 PROPAN 2.1

Klasse 3 Entzündbare Flüssigkeiten

Kriterien

2.2.3.1 ADR

Der Begriff der Klasse 3 umfasst Stoffe sowie Gegenstände, die Stoffe dieser Klasse enthalten, die

- gemäß Absatz a) der Begriffsbestimmung für «flüssig» in Abschnitt 1.2.1 **flüssige Stoffe** sind;

  (**Flüssiger Stoff:** Ein Stoff, der bei 50 °C einen Dampfdruck von höchstens 300 kPa (3 bar) hat und bei 20 °C und einem Druck von 101,3 kPa nicht vollständig *gas*förmig ist und der
  a) bei einem Druck von 101,3 kPa einen Schmelzpunkt oder Schmelzbeginn von 20 °C oder darunter hat oder
  b) nach dem Prüfverfahren ASTM D 4359-90 flüssig ist oder
  c) nach den Kriterien des in Abschnitt 2.3.4 beschriebenen Prüfverfahrens für die Bestimmung des Fließverhaltens (Penetrometerverfahren) nicht dickflüssig ist.)

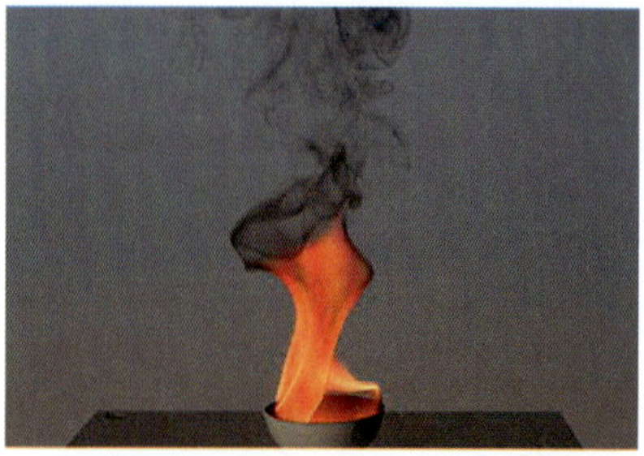

- einen **Dampfdruck** bei 50 °C von höchstens 300 kPa (3 bar) haben und bei 20 °C und dem Standarddruck von 101,3 kPa nicht vollständig gasförmig sind und
- einen **Flammpunkt** von höchstens 60 °C haben
- Der Begriff der Klasse 3 umfasst auch **flüssige Stoffe und feste Stoffe in geschmolzenem Zustand** mit einem Flammpunkt über 60 °C, die auf oder über ihren Flammpunkt erwärmt zur Beförderung aufgegeben oder befördert werden. Diese Stoffe sind der UN-Nummer 3256 zugeordnet.
- Der Begriff der Klasse 3 umfasst auch **desensibilisierte explosive flüssige Stoffe**. Desensibilisierte explosive flüssige Stoffe sind explosive Stoffe, die in Wasser oder anderen Flüssigkeiten gelöst oder suspendiert sind, um zur Unterdrückung ihrer explosiven Eigen-schaften ein homogenes flüssiges Gemisch zu bilden. In Kapitel 3.2 Tabelle A sind dies die Eintragungen der UN-Nummern 1204, 2059, 3064, 3343, 3357 und 3379.

Klassifizierungscode

2.2.3.1.2 ADR

F Entzündbare flüssige Stoffe ohne Nebengefahr und Gegenstände, die solche Stoffe enthalten
- F1 Entzündbare flüssige Stoffe, Flammpunkt von höchstens 60°C
- F2 Entzündbare flüssige Stoffe, Flammpunkt über 60°C, die auf oder über ihren Flammpunkt erwärmt zur Beförderung aufgegeben oder befördert (erwärmte Stoffe) werden.
- F3 Gegenstände, die entzündbare Stoffe enthalten.

FT Entzündbare flüssige Stoffe, giftig
- FT1 Entzündbare flüssige Stoffe, giftig
- FT2 Mittel zur Schädlingsbekämpfung (Pestizide)

FC Entzündbare flüssige Stoffe, ätzend

FTC Entzündbare flüssige Stoffe, giftig, ätzend

D Desensibilisierte explosive flüssige Stoffe

Nebengefahren

giftig

ätzend

Verpackungsgruppen
2.2.3.1.3 ADR

Verpackungsgruppe	Flammpunkt	Siedepunkt
I	-	≤ 35°C
II[a)]	< 23°C	> 35°C
III[a)]	≥ 23°C und ≤ 60°C	> 35°C

a) abweichende Festlegungen können für bestimmte Gemische und Zubereitungen gelten. Siehe dazu 2.2.3.1.4 ADR.

Nicht zur Beförderung zugelassene Stoffe
2.2.3.2 ADR

In diesem Absatz werden alle Kriterien und Stoffe aufgeführt, die ein Beförderungsverbot zur Folge haben.

Verzeichnis der Sammeleintragungen
2.2.3.3 ADR

Nur zu diesen UN-Nummern und Benennungen dürfen entzündbare flüssige Stoffe zu Sammeleintragungen zugeordnet werden.

Beispiele für entzündbare flüssige Stoffe

UN 1230 METHANOL 3, (6.1), I

UN 1263 FARBE (einschl. Farbe, Lack, Emaille, Beize, Schellack, Firnis, Politur, flüssiger Füllstoff, und flüssige Lackgrundlage) oder FARBZUBEHÖRSTOFFE (einschl. Farbverdünnung und -lösemittel, mit einem Flammpunkt unter 23°C, viskos, Dampfdruck bei 50°C höchstens 110 kPa) 3, III

UN 1266 PARFÜMERIEERZEUGNISSE, mit entzündbaren Lösungsmitteln 3, I

Klasse 4.1 Entzündbar feste Stoffe, selbstzersetzliche Stoffe und desensibilisierte explosive feste Stoffe

Kriterien
2.2.41.1 ADR

- Der Begriff der Klasse 4.1 umfasst entzündbare Stoffe und Gegenstände, desensibilisierte explosive Stoffe, die gemäß Absatz a) der Begriffsbestimmung für «fest» in Abschnitt 1.2.1 feste Stoffe sind, sowie selbstzersetzliche feste oder flüssige Stoffe.
  - (**Fester Stoff:**
  - ein Stoff mit einem Schmelzpunkt oder Schmelzbeginn über 20 °C bei einem Druck von 101,3 kPa oder
  - ein Stoff, der nach dem Prüfverfahren ASTM D 4359-90 nicht flüssig ist oder der nach den Kriterien des in Abschnitt 2.3.4 beschriebenen Prüfverfahrens für die Bestimmung des Fließverhaltens (Penetrometerverfahren) dickflüssig ist.)
- leicht brennbare feste Stoffe und Gegenstände
- selbstzersetzliche feste oder flüssige Stoffe
- desensibilisierte explosive feste Stoffe
- mit selbstzersetzlichen Stoffen verwandte Stoffe

Klassifizierungscode
2.2.41.1.2 ADR

F Entzündbare feste Stoffe ohne Nebengefahr
- F1 Organische Stoffe
- F2 Organische Stoffe, geschmolzen
- F3 Anorganische Stoffe

FO Entzündbare feste Stoffe, oxidierend wirkend

FT Entzündbare feste Stoffe, giftig
- FT1 Organische Stoffe, giftig
- FT2 Anorganische Stoffe, giftig

FC Entzündbare feste Stoffe, ätzend
- FC1 Organische Stoffe, ätzend
- FC2 Anorganische Stoffe, ätzend

D Desensibilisierte explosive feste Stoffe ohne Nebengefahr

DT Desensibilisierte explosive feste Stoffe, giftig

SR Selbstzersetzliche Stoffe
- SR1 Stoffe, für die keine Temperaturkontrolle erforderlich ist.
- SR2 Stoffe, für die eine Temperaturkontrolle erforderlich ist.

Nebengefahren

explosiv

oxidierend wirkend

giftig

ätzend

Entzündbar feste Stoffe
2.2.41.1.3 ADR

Entzündbare feste Stoffe
sind leicht brennbare feste Stoffe und feste Stoffe, die durch Reibung in Brand geraten können.

Leicht brennbare feste Stoffe
sind pulverförmige, körnige oder pastöse Stoffe, die gefährlich sind, wenn sie durch einen kurzen Kontakt mit einer Zündquelle wie einem brennenden Zündholz leicht entzündet werden können und sich die Flammen schnell ausbreiten. Die Gefahr kann dabei nicht nur vom Feuer, sondern auch von giftigen Verbrennungsprodukten ausgehen. Metallpulver sind wegen der Schwierigkeit beim Löschen eines Feuers besonders gefährlich, da normale Löschmittel wie Kohlendioxid oder Wasser die Gefahr vergrößern können.

Verpackungsgruppen
2.2.41.1.8 ADR

Verpackungsgruppe I
entfällt

Verpackungsgruppe II
1. Leicht brennbare feste Stoffe, die bei der Prüfung eine Abbrandzeit < 45 s für eine Messstrecke von 100 mm haben, wenn die Flamme die befeuchtete Zone durchläuft.
2. Metallpulver oder Pulver von Metalllegierungen, wenn sich bei der Prüfung die Reaktion in fünf Minuten oder weniger über die gesamte Länge der Probe ausbreitet.

Verpackungsgruppe III
1. Leicht brennbare feste Stoffe, die bei der Prüfung eine Abbrandzeit < 45 s für eine Messstrecke von 100 mm haben, wenn die befeuchtete Zone die Ausbreitung der Flamme mindestens 4 Minuten aufhält.
2. Metallpulver oder Pulver von Metalllegierungen, wenn sich bei der Prüfung die Reaktion in mehr als 5 Minuten über die gesamte Länge der Probe ausbreitet.

Selbstzersetzliche Stoffe sind i.d.R. keiner Verpackungsgruppe zugeordnet.

Hinweis aus der RSEB, Ziffer 2-3
Die Stoffe UN 1325 VG III wie Holzmehl, Sägemehl, Holzspäne, Holzwolle, Holzschliff, Holzzellstoff, Altpapier, Papierabfälle, Papierwolle, Rohr, Schilf, Schilfrohr, Spinnstoffe pflanzlichen Ursprungs und Kork unterliegen nicht dem ADR/RID/ADN.

Selbstzersetzliche Stoffe
2.2.41.1.9 ADR
Für Zwecke des ADR/RID sind selbstzersetzliche Stoffe thermisch instabile Stoffe, die sich auch ohne Beteiligung von Sauerstoff (Luft) stark exotherm zersetzen können.

Eigenschaften
2.2.41.1.10 ADR
Die Zersetzung von selbstzersetzlichen Stoffen kann durch Wärme, Kontakt mit katalytischen Verunreinigungen (z.B. Säuren, Schwermetallverbindungen, Basen), Reibung oder Stoß ausgelöst werden. Die Zersetzungsgeschwindigkeit nimmt mit der Temperatur zu und ist je nach Stoff unterschiedlich. Die Zersetzung kann, besonders wenn keine Entzündung eintritt, die Entwicklung giftiger Gase oder Dämpfe zur Folge haben. Bei bestimmten selbstzersetzlichen Stoffen muss die

Temperatur kontrolliert werden. Bestimmte selbstzersetzliche Stoffe können sich vor allem unter Einschluss explosionsartig zersetzen. Diese Eigenschaft kann durch Hinzufügen von Verdünnungsmitteln oder die Verwendung geeigneter Verpackungen verändert werden. Bestimmte selbstzersetzliche Stoffe brennen heftig.

„Verpackungsgruppen"
2.2.41.1.11 ADR

Selbstzersetzliche Stoffe werden auf Grund ihres Gefahrengrades in sieben Typen eingeteilt. Die Typen reichen von Typ A, der nicht zur Beförderung in der Verpackung, in der er geprüft worden ist, zugelassen ist, bis zu Typ G, der nicht den Vorschriften für selbstzersetzliche Stoffe der Klasse 4.1 unterliegt. Die Zuordnung der selbstzersetzlichen Stoffe der Typen B bis F steht in unmittelbarer Beziehung zu der zulässigen Höchstmenge in einer Verpackung.

Desensibilisierung 2.2.41.1.16 ADR

Um eine sichere Beförderung selbstzersetzlicher Stoffe zu gewährleisten, werden sie in vielen Fällen durch ein Verdünnungsmittel desensibilisiert. Wird ein Verdünnungsmittel verwendet, muss der selbstzersetzliche Stoff zusammen mit dem Verdünnungsmittel in der bei der Beförderung verwendeten Konzentration und Form geprüft werden. Verdünnungsmittel, durch die sich ein selbstzersetzlicher Stoff beim Freiwerden aus einer Verpackung auf einen gefährlichen Grad anreichern kann, dürfen nicht verwendet werden. Jedes Verdünnungsmittel muss mit dem selbstzersetzlichen Stoff verträglich sein. In dieser Hinsicht sind die festen oder flüssigen Verdünnungsmittel verträglich, die keine nachteiligen Auswirkungen auf die thermische Stabilität und den Gefahrentyp des selbstzersetzlichen Stoffes haben.

Temperaturkontrolle 2.2.41.1.17

Bestimmte selbstzersetzliche Stoffe dürfen nur unter Temperaturkontrolle befördert werden. Die Kontrolltemperatur ist die höchste Temperatur, bei der ein selbstzersetzlicher Stoff sicher befördert werden kann. Es wird davon ausgegangen, dass die Temperatur in der unmittelbaren Umgebung des Versandstücks während der Beförderung 55 °C nur während eines relativ kurzen Zeitraums innerhalb von jeweils 24 Stunden überschreitet. Bei Ausfall der Temperaturkontrolle kann es erforderlich werden, Notfallmaßnahmen zu ergreifen. Die Notfalltemperatur ist die Temperatur, bei der diese Maßnahmen einzuleiten sind.

Die Kontrolltemperatur und die Notfalltemperatur werden aus der SADT errechnet.

(SADT: **S**elf **A**ccelerating **D**ecomposition **T**emperature; Die niedrigste Temperatur, bei der sich ein Stoff in versandmäßiger *Verpackung* unter Selbstbeschleunigung zersetzen kann)

Art der Umschließung	SADT des für die Beförderung verpackten Stoffes	Kontrolltemperatur	Notfalltemperatur
Einzelverpackungen und Großpackmittel (IBC)	≤ 20°C >20°C ≤ 35°C > 35°C	20°C unter SADT 15°C unter SADT 10°C unter SADT	10°C unter SADT 10°C unter SADT 5°C unter SADT
Tanks	≤ 50°C	10°C unter SADT	5°C unter SADT

Selbstzersetzliche Stoffe mit einer SADT von höchstens 55 °C müssen unter Temperaturkontrolle befördert werden. Die tatsächliche Temperatur während der Beförderung darf niedriger sein als die Kontrolltemperatur, ist aber so zu wählen, dass eine gefährliche Phasentrennung vermieden wird.

Desensibilisierte explosive feste Stoffe

2.2.41.1.18

Desensibilisierte explosive feste Stoffe sind Stoffe, die mit Wasser oder mit Alkoholen angefeuchtet oder mit anderen Stoffen verdünnt sind, um ihre explosiven Eigenschaften zu unterdrücken.

Nicht zur Beförderung zugelassene Stoffe

2.2.41.2 ADR

In diesem Absatz werden alle Kriterien und Stoffe aufgeführt, die ein Beförderungsverbot zur Folge haben.

Verzeichnis der Sammeleintragungen

2.2.41.3 ADR

Nur zu diesen UN-Nummern und Benennungen dürfen Stoffe zu Sammeleintragungen zugeordnet werden.

Beispiele für entzündbare flüssige Stoffe

UN 1944	SICHERHEITSZÜNDHÖLZER 4.1, III
UN 1345	KAUTSCHUK - (Gummi-) ABFÄLLE, gemahlen oder KAUTSCHUK - (Gummi-) RESTE, pulverförmig oder granuliert 4.1, II
UN 1346	SILICIUM-PULVER, AMORPH 4.1, III

Klasse 4.2 Selbstentzündliche Stoffe

Kriterien
2.2.42.1 ADR

Pyrophore Stoffe:
dies sind Stoffe einschließlich Gemische und Lösungen (flüssig oder fest), die sich in Berührung mit Luft schon in kleinen Mengen innerhalb von fünf Minuten entzünden. Diese Stoffe sind die am leichtesten selbstentzündlichen Stoffe der Klasse 4.2; und

selbsterhitzungsfähige Stoffe und Gegenstände:
dies sind Stoffe und Gegenstände einschließlich Gemische und Lösungen, die in Berührung mit Luft ohne Energiezufuhr selbsterhitzungsfähig sind. Diese Stoffe können sich nur in großen Mengen (mehrere Kilogramm) und nach einem längeren Zeitraum (Stunden oder Tagen) entzünden.

Klassifizierungscode
2.2.42.1.2 ADR

S Selbstentzündliche Stoffe ohne Nebengefahr
- S1 Organische flüssige Stoffe
- S2 Organische feste Stoffe
- S3 Anorganische flüssige Stoffe
- S4 Anorganische feste Stoffe
- S5 Metallorganische Stoffe

SW Selbstentzündliche Stoffe, die in Berührung mit Wasser entzündbare Gase entwickeln

SO Selbstentzündliche oxidierende Stoffe

ST Selbstentzündliche giftige Stoffe
- ST1 Organische giftige flüssige Stoffe
- ST2 Organische giftige feste Stoffe
- ST3 Anorganische giftige flüssige Stoffe
- ST4 Anorganische giftige feste Stoffe

SC Selbstentzündliche ätzende Stoffe
- SC1 Organische ätzende flüssige Stoffe
- SC2 Organische ätzende feste Stoffe
- SC3 Anorganische ätzende flüssige Stoffe
- SC4 Anorganische ätzende feste Stoffe

Nebengefahren

mit Wasser reagierend

oxidierend wirkend

giftig

ätzend

Eigenschaften

2.2.42.1.3 ADR

Die Selbsterhitzung eines Stoffes ist ein Prozess, bei dem die fortschreitende Reaktion dieses Stoffes mit Sauerstoff (der Luft) Wärme erzeugt. Wenn die Menge der entstandenen Wärme größer ist als die Menge der abgeführten Wärme, führt dies zu einem Anstieg der Temperatur des Stoffes, was nach einer Induktionszeit zur Selbstentzündung und Verbrennung führen kann.

Verpackungsgruppen

2.2.42.1.8 ADR

Verpackungsgruppe I

Selbstentzündliche (pyrophore) Stoffe

Verpackungsgruppe II

Selbsterhitzungsfähige Stoffe und Gegenstände in Abhängigkeit von der Geschwindigkeit der Selbstentzündung

Verpackungsgruppe III

Weniger selbsterhitzungsfähige Stoffe und Gegenstände in Abhängigkeit von der Geschwindigkeit der Selbstentzündung

Nicht zur Beförderung zugelassene Stoffe

2.2.42.2 ADR

In diesem Absatz werden alle Kriterien und Stoffe aufgeführt, die ein Beförderungsverbot zur Folge haben.

Verzeichnis der Sammeleintragungen

2.2.42.3 ADR

Nur zu diesen UN-Nummern und Benennungen dürfen Stoffe zu Sammeleintragungen zugeordnet werden.

Beispiele für selbstentzündliche Stoffe

UN 1361 KOHLE oder RUSS, tierischen oder pflanzlichen Ursprungs 4.2, III

UN 1374 FISCHMEHL (FISCHABFALL), NICHT STABILISIERT 4.2 II

UN 1379 PAPIER, MIT UNGESÄTTIGTEN ÖLEN BEHANDELT; unvollständig getrocknet 4.2, III

Klasse 4.3 Stoffe, die in Berührung mit Wasser entzündbare Gase entwickeln

Kriterien

2.2.43.1 ADR

Der Begriff der Klasse 4.3 umfasst Stoffe, die bei Reaktion mit Wasser entzündbare Gase entwickeln, welche mit Luft explosionsfähige Gemische bilden können, sowie Gegenstände, die solche Stoffe enthalten.

Klassifizierungscode

2.2.43.1.2 ADR

W Stoffe, die in Berührung mit Wasser entzündbare Gase entwickeln, ohne Nebengefahr sowie Gegenstände, die solche Stoffe enthalten
- W1 Flüssige Stoffe
- W2 Feste Stoffe
- W3 Gegenstände

WF1 Stoffe, die in Berührung mit Wasser entzündbare Gase entwickeln, entzündbar, flüssig

WF2 Stoffe, die in Berührung mit Wasser entzündbare Gase entwickeln, entzündbar, fest

WS Stoffe, die in Berührung mit Wasser entzündbare Gase entwickeln, selbsterhitzungsfähig, fest

WO Stoffe, die in Berührung mit Wasser entzündbare Gase entwickeln, oxidierend, fest

WT Stoffe, die in Berührung mit Wasser entzündbare Gase entwickeln, giftig
- WT1 Flüssige Stoffe
- WT2 Feste Stoffe

WC Stoffe, die in Berührung mit Wasser entzündbare Gase entwickeln, ätzend
- WC1 Flüssige Stoffe
- WC2 Feste Stoffe

WFC Stoffe, die in Berührung mit Wasser entzündbare Gase entwickeln, entzündbar, ätzend

Nebengefahren

entzündbar

selbsterhitzungsfähig

giftig

ätzend

Eigenschaften

2.2.43.1.3 ADR

Bestimmte Stoffe können in Berührung mit Wasser entzündbare Gase entwickeln, welche mit Luft explosionsfähige Gemische bilden können. Solche Gemische werden durch alle gewöhnlichen Zündquellen, z.B. offenes Feuer, von einem Werkzeug ausgehende Funken oder ungeschützte Glühbirnen, leicht entzündet. Die dabei entstehenden Druckwellen und Flammen können Menschen und die Umwelt gefährden.

Verpackungsgruppen
2.2.43.1.8

Verpackungsgruppe I
Jeder Stoff,
- der bei Raumtemperatur heftig mit Wasser reagiert, wobei das sich entwickelnde Gas im Allgemeinen selbst entzünden kann
- der bei Raumtemperatur leicht mit Wasser reagiert (entwickelte Gasmenge / Kilogramm des Stoffes und Minute mindestens 10 Liter).

Verpackungsgruppe II
Jeder Stoff,
- der bei Raumtemperatur leicht mit Wasser reagiert (entwickelte Gasmenge / Kilogramm des Stoffes und Stunde mindestens 20 Liter).

Verpackungsgruppe III
Jeder Stoff,
- der bei Raumtemperatur langsam mit Wasser reagiert (entwickelte Gasmenge / Kilogramm des Stoffes und Stunde mindestens 1 Liter).

Nicht zur Beförderung zugelassene Stoffe
2.2.43.2 ADR
In diesem Absatz werden alle Kriterien und Stoffe aufgeführt, die ein Beförderungsverbot zur Folge haben.

Verzeichnis der Sammeleintragungen
2.2.43.3 ADR
Nur zu diesen UN-Nummern und Benennungen dürfen Stoffe zu Sammeleintragungen zugeordnet werden.

Beispiele für Stoffe, die in Verbindung mit Wasser entzündbare Gase entwickeln

UN 1402 CALCIUMCARBIT 4.3, II
UN 1428 NATRIUM 4.3, I
UN 1418 MAGNESIUMPULVER oder MAGNESIUMLEGIERUNGSPULVER 4.3 (4.2) II

Klasse 5.1 Entzündend (oxidierend) wirkende Stoffe

Kriterien

2.2.51.1 ADR

Der Begriff der Klasse 5.1 umfasst Stoffe, die obwohl selbst nicht notwendigerweise brennbar, im Allgemeinen durch Abgabe von Sauerstoff einen Brand verursachen oder einen Brand anderer Stoffe unterstützen können, sowie Gegenstände, die solche Stoffe enthalten.

Klassifizierungscode

2.2.51.1.2 ADR

O Entzündend (oxidierend) wirkende Stoffe ohne Nebengefahr oder Gegenstände, die solche Stoffe enthalten
- O1 Flüssige Stoffe
- O2 Feste Stoffe
- O3 Gegenstände

OF Entzündend (oxidierend) wirkende feste Stoffe, entzündbar

OS Entzündend (oxidierend) wirkende feste Stoffe, selbsterhitzungsfähig

OW Entzündend (oxidierend) wirkende feste Stoffe, die in Berührung mit Wasser entzündbare Gase entwickeln

OT Entzündend (oxidierend) wirkende Stoffe, giftig
- OT1 Flüssige Stoffe
- OT2 Feste Stoffe

OC Entzündend (oxidierend) wirkende Stoffe, ätzend
- OC1 Flüssige Stoffe
- OC2 Feste Stoffe

OTC Entzündend (oxidierend) wirkende Stoffe, giftig, ätzend

Nebengefahren

entzündbar

selbsterhitzungsfähig

mit Wasser reagierend

giftig

ätzend

Verpackungsgruppen (feste Stoffe)

2.2.51.1.7 ADR

Verpackungsgruppe I

Brenndauer eines Gemisches mit Cellulose (Masseverhältnis 4:1 oder 1:1) ist geringer als die eines Gemisches Kaliumbromat/Cellulose (Masseverhältnis 3:2).

Verpackungsgruppe II

Brenndauer eines Gemisches mit Cellulose (Masseverhältnis 4:1 oder 1:1) ist gleich oder geringer als die eines Gemisches Kaliumbromat/Cellulose (Masseverhältnis 2:3).

Verpackungsgruppe III

Brenndauer eines Gemisches mit Cellulose (Masseverhältnis 4:1 oder 1:1) ist gleich oder geringer als die eines Gemisches Kaliumbromat/Cellulose (Masseverhältnis 3:7)

Verpackungsgruppen (flüssige Stoffe)

2.2.51.1.9 ADR

Verpackungsgruppe I

Bei Selbstentzündung eines Gemisches mit Cellulose (Masseverhältnis 1:1) oder geringerer durchschnittlicher Druckanstiegszeit als ein Gemisch 50 %iger Perchlorsäure/Cellulose (Masseverhältnis 1:1).

Verpackungsgruppe II

Stoffe in einem Gemisch mit Cellulose (Masseverhältnis 1:1) mit einer geringeren oder gleichen Druckanstiegszeit als eines von 40 %igem Natriumchlorat in wässriger Lösung/Cellulose (Masseverhältnis 1:1).

Verpackungsgruppe III

Stoffe in einem Gemisch mit Cellulose (Masseverhältnis 1:1) mit einer geringeren oder gleichen Druckanstiegszeit als eines von 65 %iger Salpetersäure in wässriger Lösung/Cellulose (Masseverhältnis 1:1).

Nicht zur Beförderung zugelassene Stoffe

2.2.51.2 ADR

In diesem Absatz werden alle Kriterien und Stoffe aufgeführt, die ein Beförderungsverbot zur Folge haben.

Verzeichnis der Sammeleintragungen

2.2.51.3 ADR

Nur zu diesen UN-Nummern und Benennungen dürfen Stoffe zu Sammeleintragungen zugeordnet werden.

Beispiele für entzündend (oxidierend) wirkende Stoffe

UN 1490 KALIUMPERMANGANAT 5.1 II

UN 1493 SILBERNITRAT 5.1 II

UN 2015 WASSERSTOFFPEROXID, WÄSSRIGE LÖSUNG, STABILISIERT mit mehr als 70% Wasserstoffperoxid 5.1 I

Klasse 5.2 Organische Peroxide

Kriterien

2.2.52.1 ADR

Der Begriff der Klasse 5.2 umfasst organische Peroxide und Zubereitungen organischer Peroxide.

Begriffsbestimmung

2.2.5.1.3 ADR

Organische Peroxide

sind organische Stoffe, die das bivalente -O-O-Strukturelement enthalten und die als Derivate des Wasserstoffperoxids, in welchem ein Wasserstoffatom oder beide Wasserstoffatome durch organische Radikale ersetzt sind, angesehen werden können.

Klassifizierungscode

2.2.52.1.2 ADR

P1 Organische Peroxide, für die keine Temperaturkontrolle erforderlich ist.

P2 Organische Peroxide, für die eine Temperaturkontrolle erforderlich ist.

Nebengefahren

explosionsgefährlich

ätzend

Eigenschaften

2.2.52.1.4 ADR

Organische Peroxide können sich bei normalen oder erhöhten Temperaturen exotherm zersetzen. Die Zersetzung kann durch Wärme, Kontakt mit Verunreinigungen (z.B. Säuren, Schwermetallverbindungen, Amine), Reibung oder Stoß ausgelöst werden. Die Zersetzungsgeschwindigkeit nimmt mit der Temperatur zu und ist abhängig von der Zusammensetzung des organischen Peroxids. Bei der Zersetzung können sich schädliche oder entzündliche Gase oder Dämpfe entwickeln.

Für bestimmte organische Peroxide ist eine Temperaturkontrolle während der Beförderung erforderlich.

Bestimmte organische Peroxide können sich vor allem unter Einschluss explosionsartig zersetzen. Diese Eigenschaft kann durch Hinzufügen von Verdünnungsmitteln oder die Verwendung geeigneter Verpackungen verändert werden. Viele organische Peroxide brennen heftig. Es ist zu vermeiden, dass organische Peroxide mit den Augen in Berührung kommen. Schon nach sehr kurzer Berührung verursachen bestimmte organische Peroxide ernste Hornhautschäden oder Hautverätzungen.

„Verpackungsgruppen"

2.2.52.1.6 ADR

Organische Peroxide werden auf Grund ihres Gefahrengrades in sieben Typen eingeteilt. Die Typen reichen von Typ A, der nicht zur Beförderung in der Verpackung, in der er geprüft worden ist, zugelassen ist, bis zu Typ G, der nicht den Vorschriften der Klasse 5.2 unterliegt. Die Zuordnung zu den Typen B bis F steht in unmittelbarer Beziehung zu der zulässigen Höchstmenge in einer Verpackung.

Desensibilisierung
2.2.52.1.10 ADR
Um eine sichere Beförderung organischer Peroxide zu gewährleisten, werden sie in vielen Fällen durch organische flüssige oder feste Stoffe, anorganische feste Stoffe oder Wasser desensibilisiert. Wenn ein Prozentgehalt eines Stoffes festgesetzt ist, bezieht sich dieser auf den Massengehalt, gerundet auf die nächste ganze Zahl. Grundsätzlich ist die Desensibilisierung so vorzunehmen, dass beim Freiwerden keine gefährliche Aufkonzentrierung des organischen Peroxids eintreten kann.

Temperaturkontrolle
2.2.52.1.15
Bestimmte organische Peroxide dürfen nur unter Temperaturkontrolle befördert werden. Die Kontrolltemperatur ist die höchste Temperatur, bei der das organische Peroxid sicher befördert werden kann. Es wird davon ausgegangen, dass die Temperatur in der unmittelbaren Umgebung des Versandstücks während der Beförderung 55 °C nur während eines relativ kurzen Zeitraums innerhalb von jeweils 24 Stunden überschreitet. Bei Ausfall der Temperaturkontrolle kann es erforderlich werden, Notfallmaßnahmen zu ergreifen. Die Notfalltemperatur ist die Temperatur, bei der diese Maßnahmen einzuleiten sind.

Kontroll- und Notfalltemperatur
2.2.52.1.16
Die Kontrolltemperatur und die Notfalltemperatur werden aus der SADT errechnet.
(SADT: **S**elf **A**ccelerating **D**ecomposition **T**emperature; Die niedrigste Temperatur, bei der sich ein Stoff in versandmäßiger *Verpackung* unter Selbstbeschleunigung zersetzen kann)

Art der Umschließung	SADT des für die Beförderung verpackten Stoffes	Kontrolltemperatur	Notfalltemperatur
Einzelverpackungen und Großpackmittel (IBC)	≤ 20°C >20°C ≤ 35°C > 35°C	20°C unter SADT 15°C unter SADT 10°C unter SADT	10°C unter SADT 10°C unter SADT 5°C unter SADT
Tanks	≤ 50°C	10°C unter SADT	5°C unter SADT

Tatsächliche Temperatur 2.2.52.1.18 ADR
Die tatsächliche Temperatur während der Beförderung darf niedriger sein als die Kontrolltemperatur, ist aber so zu wählen, dass eine gefährliche Phasentrennung vermieden wird.

Nicht zur Beförderung zugelassene Stoffe 2.2.52.2 ADR
In diesem Absatz werden alle Kriterien und Stoffe aufgeführt, die ein Beförderungsverbot zur Folge haben.

Verzeichnis der Sammeleintragungen 2.2.52.3 ADR
Nur zu diesen UN-Nummern und Benennungen dürfen Stoffe zu Sammeleintragungen zugeordnet werden.

Beispiele für organische Peroxide

UN 3103 ORGANISCHES PEROXID TYP C, FLÜSSIG, 5.2
UN 3105 ORGANISCHES PEROXID TYP D, FLÜSSIG, 5.2
UN 3120 ORGANISCHES PEROXID TYP F, FEST, TEMPERATURKONTROLLIERT, 5.2

Klasse 6.1 Giftige Stoffe

Kriterien

2.2.61.1 ADR

Der Begriff der Klasse 6.1 umfasst Stoffe, von denen aus der Erfahrung bekannt oder nach tierexperimentellen Untersuchungen anzunehmen ist, dass sie bei einmaliger oder kurzdauernder Einwirkung in relativ kleiner Menge beim Einatmen, bei Aufnahme durch die Haut oder Einnahme zu Gesundheitsschäden oder zum Tode eines Menschen führen können.

Genetisch veränderte Mikroorganismen und Organismen sind dieser Klasse zuzuordnen, wenn sie deren Bedingungen erfüllen.

Klassifizierungscode

2.2.61.1.2 ADR

T Giftige Stoffe ohne Nebengefahr
- T1 Organische flüssige Stoffe
- T2 Organische feste Stoffe
- T3 Metallorganische Stoffe
- T4 Anorganische flüssige Stoffe
- T5 Anorganische feste Stoffe
- T6 Mittel zur Schädlingsbekämpfung (Pestizide), flüssig
- T7 Mittel zur Schädlingsbekämpfung (Pestizide), fest
- T8 Proben
- T9 Sonstige giftige Stoffe

TF Giftige entzündbare Stoffe
- TF1 Flüssige Stoffe
- TF2 Flüssige Stoffe, die als Mittel zur Schädlingsbekämpfung (Pestizide) verwendet werden
- TF3 Feste Stoffe

TS Giftige selbsterhitzungsfähige feste Stoffe

TW Giftige Stoffe, die in Berührung mit Wasser entzündbare Gase bilden
- TW1 Flüssige Stoffe
- TW2 Feste Stoffe

TO Giftige entzündend (oxidierend) wirkende Stoffe
- TO1 Flüssige Stoffe
- TO2 Feste Stoffe

TC Giftige ätzende Stoffe
- TC1 Organische flüssige Stoffe
- TC2 Organische feste Stoffe
- TC3 Anorganische flüssige Stoffe
- TC4 Anorganische feste Stoffe

TFC Giftige entzündbare ätzende Stoffe

TFW Giftige entzündbare Stoffe, die in Berührung mit Wasser entzündbare Gase bilden

Nebengefahren

entzündbar

selbsterhitzungsfähig

mit Wasser reagierend

oxidierend wirkend

ätzend

Begriffsbestimmungen

2.2.61.1.3 ADR

LD_{50} (mittlere tödliche Dosis) für die akute Giftigkeit bei Einnahme
ist die statistisch abgeleitete Einzeldosis eines Stoffes, bei der erwartet werden kann, dass innerhalb von 14 Tagen bei oraler Einnahme der Tod von 50 Prozent junger ausgewachsener Albino-Ratten herbeigeführt wird.

LD_{50}-Wert für die akute Giftigkeit bei Absorption durch die Haut
ist diejenige Menge, die bei kontinuierlichem Kontakt während 24 Stunden mit der nackten Haut von Albino-Kaninchen mit der größten Wahrscheinlichkeit den Tod der Hälfte der Tiergruppe innerhalb von 14 Tagen herbeiführt.

LC_{50}-Wert für die akute Giftigkeit beim Einatmen
ist diejenige Konzentration von Dampf, Nebel oder Staub, die bei kontinuierlichem Einatmen während einer Stunde durch junge, erwachsene männliche und weibliche Albino-Ratten mit der größten Wahrscheinlichkeit den Tod der Hälfte der Tiergruppe innerhalb von 14 Tagen herbeiführt.

Verpackungsgruppen

2.2.61.1.4 ADR

Verpackungsgruppe I
sehr giftige Stoffe

Verpackungsgruppe II
giftige Stoffe

Verpackungsgruppe III
schwach giftige Stoffe

Beurteilung

2.2.61.1.6 ADR

Der Beurteilung des Giftigkeitsgrades sind Erfahrungen aus Vergiftungsfällen bei Menschen zugrunde zu legen. Ferner sollten besondere Eigenschaften des zu beurteilenden Stoffes, wie flüssiger Zustand, hohe Flüchtigkeit, besondere Wahrscheinlichkeit der Aufnahme durch die Haut und besondere biologische Wirkungen, berücksichtigt werden.

Zuordnung

2.2.61.1.7 ADR

Sofern keine Erfahrungswerte in Bezug auf den Menschen vorliegen, wird der Giftigkeitsgrad durch Auswertung von tierexperimentellen Untersuchungen nach nachstehender Tabelle beurteilt:

5. Klassifizierung

	Verpackungs-gruppe	Giftigkeit bei Einnahme LD_{50} (mg/kg)	Giftigkeit bei Absorption durch die Haut LD_{50} (mg/kg)	Inhalationstoxizität durch Staub und Nebel LC_{50} (mg/l)
sehr giftig	I	≤ 5	≤ 50	≤ 0,2
giftig	II	> 5 und ≤ 50	> 50 und ≤ 200	> 0,2 und ≤ 2
schwach giftig	III a)	> 50 und ≤ 300	> 200 und ≤ 1000	> 2 und ≤ 4

a) Handelt es sich um Stoffe zur Herstellung von Tränengasen, so trotzdem zur Verpackungsgruppe II zuordnen.

Giftigkeit beim Einatmen von Dämpfen

2.2.61.1.8 ADR

Flüssige Stoffe, die giftige Dämpfe abgeben, sind den nachstehenden Gruppen zuzuordnen; der Buchstabe «V» stellt die gesättigte Dampfkonzentration (Flüchtigkeit) (in ml/m³ Luft) bei 20 °C und Standardatmosphärendruck dar:

	Verpackungs gruppe	
sehr giftig	I	wenn V ≥ 10 LC_{50} und LC_{50} ≤ 1000 ml/m³
giftig	II	wenn V ≥ LC_{50} und LC_{50} ≤ 3000 ml/m³ und die Kriterien für Verpackungsgruppe I nicht erfüllt sind
schwach giftig	III a)	wenn V ≥ 1/5 LC_{50} und LC_{50} ≤ 5000 ml/m³ und die Kriterien für Verpackungsgruppen I und II nicht erfüllt sind

a) Stoffe zur Herstellung von Tränengasen sind der Verpackungsgruppe II zuzuordnen, selbst wenn die Daten über ihre Giftigkeit den Kriterien der Verpackungsgruppe III entsprechen.

Nicht zur Beförderung zugelassene Stoffe

2.2.61.2 ADR

In diesem Absatz werden alle Kriterien und Stoffe aufgeführt, die ein Beförderungsverbot zur Folge haben.

Verzeichnis der Sammeleintragungen

2.2.61.3 ADR

Nur zu diesen UN-Nummern und Benennungen dürfen Stoffe zu Sammeleintragungen zugeordnet werden.

Beispiele für giftige Stoffe

UN 1562 ARSEN-STAUB, 6.1, II
UN 1616 BLEIACETAT, 6.1, III
UN 2588 PESTIZID, FEST, GIFTIG, N.A.G., 6.1 II

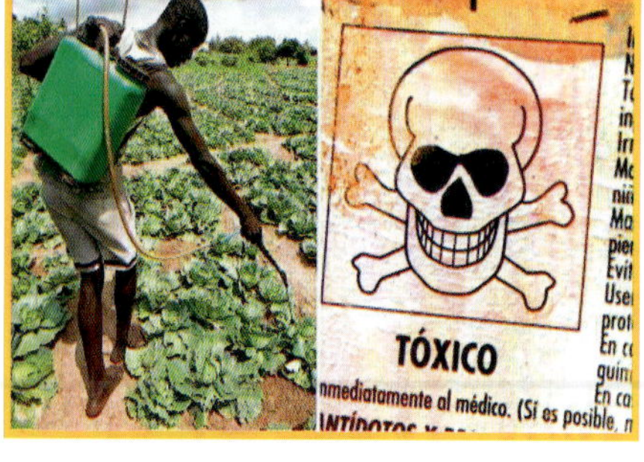

Klasse 6.2 Ansteckungsgefährliche Stoffe

Kriterien

2.2.62.1 ADR

Der Begriff der Klasse 6.2 umfasst ansteckungsgefährliche Stoffe. Ansteckungsgefährliche Stoffe im Sinne des ADR/RID sind Stoffe, von denen bekannt oder anzunehmen ist, dass sie Krankheitserreger enthalten. Krankheitserreger sind Mikroorganismen (einschließlich Bakterien, Viren, Rickettsien, Parasiten und Pilze) und andere Erreger wie Prionen, die bei Menschen oder Tieren Krankheiten hervorrufen können.
Genetisch veränderte Mikroorganismen und Organismen, biologische Produkte, diagnostische Proben und infizierte lebende Tiere sind dieser Klasse zuzuordnen, wenn sie deren Bedingungen erfüllen.

Toxine aus Pflanzen, Tieren oder Bakterien, die keine ansteckungsgefährlichen Stoffe oder Organismen enthalten oder die nicht in ansteckungsgefährlichen Stoffen oder Organismen enthalten sind, sind Stoffe der Klasse 6.1 UN-Nummer 3172 oder 3462.

Klassifizierungscode

2.2.62.1.2 ADR

I1 Ansteckungsgefährliche Stoffe, gefährlich für Menschen

I2 Ansteckungsgefährliche Stoffe, gefährlich nur für Tiere

I3 Klinische Abfälle

I4 Biologische Stoffe

Nebengefahren

unter Druck stehend

Begriffsbestimmungen

2.2.62.1.3 ADR

Biologische Produkte
sind Produkte von lebenden Organismen, die in Übereinstimmung mit den Vorschriften der entsprechenden nationalen Behörden, die besondere Zulassungsvorschriften erlassen können, hergestellt und verteilt werden und die entweder für die Vorbeugung, Behandlung oder Diagnose von Krankheiten an Menschen oder Tieren oder für diesbezügliche Entwicklungs-, Versuchs- oder Forschungszwecke verwendet werden. Sie schließen Fertigprodukte, wie Impfstoffe, oder Zwischenprodukte ein, sind aber nicht auf diese begrenzt.

Kulturen
sind das Ergebnis eines Prozesses, bei dem Krankheitserreger absichtlich vermehrt werden. Diese Begriffsbestimmung schließt von menschlichen oder tierischen Patienten entnommene Proben gemäß der in diesem Absatz aufgeführten Begriffsbestimmung nicht ein.

Medizinische oder klinische Abfälle
sind Abfälle, die aus der medizinischen Behandlung von Tieren oder Menschen oder aus der biologischen Forschung stammen.

5. Klassifizierung

Von Patienten entnommene Proben (Patientenproben)
sind menschliches oder tierisches Material, das direkt von Menschen oder Tieren entnommen wird, einschließlich, jedoch nicht begrenzt auf Ausscheidungsstoffe, Sekrete, Blut und Blutbestandteile, Gewebe und Abstriche von Gewebsflüssigkeit sowie Körperteile, die insbesondere zu Forschungs-, Diagnose-, Untersuchungs-, Behandlungs- oder Vorsorgezwecken befördert werden.

Zuordnung

2.2.62.1.4.1 ADR

Kategorie A: Ein ansteckungsgefährlicher Stoff, der in einer solchen Form befördert wird, dass er bei einer Exposition bei sonst gesunden Menschen oder Tieren eine dauerhafte Behinderung oder eine lebensbedrohende oder tödliche Krankheit hervorrufen kann. Beispiele für Stoffe, die diese Kriterien erfüllen, sind in der Tabelle dieses Absatzes aufgeführt.

Eine Exposition erfolgt, wenn ein ansteckungsgefährlicher Stoff aus der Schutzverpackung austritt und zu einem physischen Kontakt mit Menschen oder Tieren führt.

Zuordnung

2.2.62.1.4.2 ADR

Kategorie B: Ein ansteckungsgefährlicher Stoff, der den Kriterien für eine Aufnahme in Kategorie A nicht entspricht. Ansteckungsgefährliche Stoffe der Kategorie B sind der UN-Nummer 3373 zuzuordnen.

Freistellungen

2.2.62.1.5 ADR

Hier werden umfangreiche Aussagen gemacht, welche Stoffe unter welchen Voraussetzungen von den Klassifizierungsmerkmalen der Klasse 6.2 freigestellt sind

Verpackungsgruppen

2.2.62.1.11.4 ADR

Es erfolgt nur eine Zuordnung zu einer Verpackungsgruppe

Verpackungsgruppe II

Medizinische oder klinische Abfälle der UN-Nummer 3291

Nicht zur Beförderung zugelassene Stoffe

2.2.62.2 ADR

In diesem Absatz werden alle Kriterien und Stoffe aufgeführt, die ein Beförderungsverbot zur Folge haben.

Verzeichnis der Sammeleintragungen

2.2.62.3 ADR

Nur zu diesen UN-Nummern und Benennungen dürfen Stoffe zu Sammeleintragungen zugeordnet werden.

Beispiele für ansteckungsgefährliche Stoffe

UN 2814	ANSTECKUNGSGEFÄHRLICHER STOFF, GEFÄHRLICH FÜR MENSCHEN, 6.2
UN 3291	KLINISCHER ABFALL, UNSPEZIFIZIERT 6.2, II
UN 3373	BIOLOGISCHER STOFF, KATEGORIE B 6.2

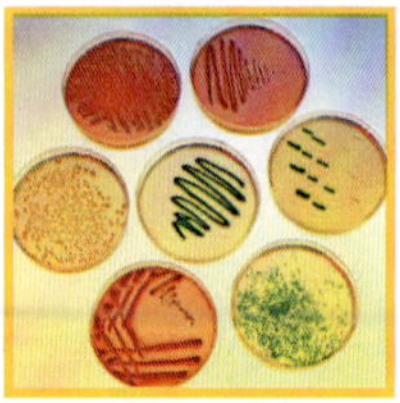

Klasse 7 Radioaktive Stoffe

Radioaktive Stoffe unterliegen aufgrund ihres besonderen Gefahrencharakters einer völlig anderen Philosophie in der Gefahrenbeschreibung. Aus diesem Grunde werden die radioaktiven Stoffe in einer anderen Verfahrensweise aufgegliedert.

Die Klasse der radioaktiven Stoffe wird nicht über Klassifizierungscodes unterteilt, sondern wie unten ausgeführt. Es gibt keine Zuordnung zu Verpackungsgruppen, sondern zu Verpackungstypen.

Begriffsbestimmungen

2.2.7.1 ADR

Radioaktive Stoffe
sind Stoffe, die Radionuklide enthalten, bei denen sowohl die Aktivitätskonzentration als auch die Gesamtaktivität je Sendung die in den Absätzen 2.2.7.7.2.1 bis 2.2.7.7.2.6 aufgeführten Werte übersteigt.

Kontamination

2.2.7.1.2 ADR

Kontamination
ist das Vorhandensein eines radioaktiven Stoffes auf einer Oberfläche in Mengen von mehr als 0,4 Bq/cm^2 für Beta- und Gammastrahler und Alphastrahler geringer Toxizität oder 0,04 Bq/cm^2 für alle anderen Alphastrahler.

Nicht festhaftende Kontamination
ist eine Kontamination, die unter Routine-Beförderungsbedingungen von der Oberfläche ablösbar ist.

Festhaftende Kontamination
ist jede Kontamination mit Ausnahme der nicht festhaftenden Kontamination.

Besondere Begriffsbestimmungen

2.2.7.1.3 ADR

Alphastrahler geringer Toxizität sind:
natürliches Uran, abgereichertes Uran, natürliches Thorium, Uran-235 oder Uran-238, Thorium-232 sowie Thorium-228 und Thorium-230, wenn sie in Erzen oder in physikalischen oder chemischen Konzentraten enthalten sind, oder Alphastrahler mit einer Halbwertszeit von weniger als 10 Tagen.

Gering dispergierbarer radioaktiver Stoff
ist entweder ein fester radioaktiver Stoff oder ein fester radioaktiver Stoff in einer dichten Kapsel, der eine begrenzte Dispersibilität hat und nicht pulverförmig ist.

Oberflächenkontaminierter Gegenstand (SCO, Surface Contaminated Object)
ist ein fester Gegenstand, der selbst nicht radioaktiv ist, auf dessen Oberflächen jedoch radioaktive Stoffe verteilt sind.

Radioaktiver Stoff in besonderer Form
ist entweder ein nicht dispergierbarer fester radioaktiver Stoff oder eine dichte Kapsel, die radioaktive Stoffe enthält.

Spaltbare Nuklide sind
Uran-233, Plutonium-239 und Plutonium-241.

Spaltbare Stoffe sind
Stoffe, die irgendein spaltbares Nuklid enthalten.

Spezifische Aktivität eines Radionuklids
ist die Aktivität des Radionuklids je Masseeinheit dieses Nuklids. Die spezifische Aktivität eines Stoffes ist die Aktivität je Masseeinheit dieses Stoffes, in dem die Radionuklide im Wesentlichen gleichmäßig verteilt sind.

Stoffe mit geringer spezifischer Aktivität (LSA, Low Surface Activity)
ist ein radioaktiver Stoff mit begrenzter spezifischer Eigenaktivität oder ein radioaktiver Stoff, für den die Grenzwerte der geschätzten mittleren spezifischen Aktivität gelten. Äußere, den LSA-Stoff umgebende Abschirmungsmaterialien sind bei der Bestimmung der geschätzten mittleren spezifischen Aktivität nicht zu berücksichtigen.

Stoffe mit geringer spezifischer Aktivität (LSA)
2.2.7.2.3.1 ADR

LSA-I

Uran- oder Thoriumerze und deren Konzentrate sowie andere Erze, die in der Natur vorkommende Radionuklide enthalten und deren Verarbeitung für die Nutzung dieser Radionuklide vorgesehen ist;

natürliches Uran, abgereichertes Uran, natürliches Thorium oder deren Verbindungen oder Gemische, die unbestrahlt und in festem oder flüssigem Zustand sind;

radioaktive Stoffe, für die der A_2-Wert unbegrenzt ist, außer spaltbare Stoffe, die nicht freigestellt sind.

andere radioaktive Stoffe, in denen die Aktivität gleichmäßig verteilt ist und die geschätzte mittlere spezifische Aktivität das Dreißigfache der Werte der in den Absätzen 2.2.7.2.2.1 bis 2.2.7.2.2.6 festgelegten Aktivitätskonzentration nicht überschreitet, außer spaltbare Stoffe, die nicht freigestellt sind.

LSA –II

Wasser mit einer Tritium-Konzentration bis zu 0,8 TBq/l oder andere Stoffe, in denen die Aktivität gleichmäßig verteilt ist und die geschätzte mittlere spezifische Aktivität 10^{-4} A_2/g bei festen Stoffen und Gasen und 10^{-5} A_2/g bei flüssigen Stoffen nicht überschreitet.

LSA-III

Feste Stoffe (z.B. verfestigte Abfälle, aktivierte Stoffe), ausgenommen pulverförmige Stoffe, bei denen die radioaktiven Stoffe in einem festen Stoff oder einer Ansammlung fester Gegenstände gleichmäßig oder in einem festen kompakten Bindemittel (wie Beton, Bitumen, Keramik usw.) im Wesentlichen gleichmäßig verteilt sind;

die radioaktiven Stoffe relativ unlöslich oder innerhalb einer relativ unlöslichen Grundmasse enthalten sind, so dass selbst bei Verlust der Verpackung der sich durch vollständiges Eintauchen in Wasser für sieben Tage ergebende Verlust an radioaktiven Stoffen je Versandstück durch Auslaugung 0,1 A_2 nicht übersteigt, und

die geschätzte mittlere spezifische Aktivität des festen Stoffes mit Ausnahme des Abschirmmaterials 2 x 10^{-3} A_2/g nicht übersteigt.

Oberflächenkontaminierter Gegenstand (SCO)

2.2.7.2.3.2 ADR

SCO-I

Ein fester Gegenstand, auf dem

die nicht festhaftende Kontamination auf der zugänglichen Oberfläche, gemittelt über 300 cm^2 (oder über die Gesamtoberfläche bei weniger als 300 cm^2), 4 Bq/cm^2 für Beta- und Gammastrahler sowie Alphastrahler geringer Toxizität oder 0,4 Bq/cm^2 für alle anderen Alphastrahler nicht überschreitet und

die festhaftende Kontamination auf der zugänglichen Oberfläche, gemittelt über 300 cm^2 (oder über die Gesamtoberfläche bei weniger als 300 cm^2), 4 x 10^4 Bq/cm^2 für Beta- und Gammastrahler sowie Alphastrahler geringer Toxizität oder 4 x 10^3 Bq/cm^2 für alle anderen Alphastrahler nicht überschreitet und

die Summe aus nicht festhaftender Kontamination und festhaftender Kontamination auf der unzugänglichen Oberfläche, gemittelt über 300 cm^2 (oder über die Gesamtoberfläche bei weniger als 300 cm^2), 4 x 10^4 Bq/cm^2 für Beta- und Gammastrahler sowie Alphastrahler geringer Toxizität oder 4 x 10^3 Bq/cm^2 für alle anderen Alphastrahler nicht überschreitet.

SCO-II

Ein fester Gegenstand, auf dessen Oberfläche entweder die festhaftende oder die nicht festhaftende Kontamination die unter a) für SCO-I festgelegten, jeweils zutreffenden Grenzwerte überschreitet und auf dem

die nicht festhaftende Kontamination auf der zugänglichen Oberfläche, gemittelt über 300 cm^2 (oder über die Gesamtoberfläche bei weniger als 300 cm^2), 400 Bq/cm^2 für Beta- und Gammastrahler sowie Alphastrahler geringer Toxizität oder 40 Bq/cm^2 für alle anderen Alphastrahler nicht überschreitet, und

die festhaftende Kontamination auf der zugänglichen Oberfläche, gemittelt über 300 cm^2 (oder über die Gesamtoberfläche bei weniger als 300 cm^2), 8 x 10^5 Bq/cm^2 für Beta- und Gammastrahler sowie Alphastrahler geringer Toxizität oder 8 x 10^4 Bq/cm^2 für alle anderen Alphastrahler nicht überschreitet, und

die Summe aus nicht festhaftender Kontamination und festhaftender Kontamination auf der unzugänglichen Oberfläche, gemittelt über 300 cm^2 (oder über die Gesamtoberfläche bei weniger als 300 cm^2), 8 x 10^5 Bq/cm^2 für Beta- und Gammastrahler sowie Alphastrahler geringer Toxizität oder 8 x 10^4 Bq/cm^2 für alle anderen Alphastrahler nicht überschreitet.

Radioaktive Stoffe in besonderer Form

2.2.7.2.3.3 ADR

Radioaktive Stoffe in besonderer Form müssen mindestens eine Abmessung von wenigstens 5 mm aufweisen. Wenn eine dichte Kapsel Bestandteil des radioaktiven Stoffs in besonderer Form ist, ist die Kapsel so zu fertigen, dass sie nur durch Zerstörung geöffnet werden kann. Für die Bauart eines radioaktiven Stoffes in besonderer Form ist eine unilaterale Zulassung erforderlich.

Gering dispergierbare radioaktive Stoffe

2.2.7.2.3.4 ADR

Für die Bauart gering dispergierbarer radioaktiver Stoffe ist eine multilaterale Zulassung erforderlich. Gering dispergierbare radioaktive Stoffe müssen so beschaffen sein, dass die Gesamtmenge dieser radioaktiven Stoffe in einem Versandstück die folgenden Vorschriften erfüllt:

Die Dosisleistung darf in einem Abstand von 3 m vom unabgeschirmten radioaktiven Stoff 10 mSv/h nicht übersteigen.

5. Klassifizierung

Bei den in den Unterabschnitten 6.4.20.3 und 6.4.20.4 festgelegten Prüfungen darf die Freisetzung in Luft von Gas und Partikeln bis zu einem aerodynamischen äquivalenten Durchmesser von 100 µm den Wert von 100 A_2 nicht überschreiten.

Bei der in Absatz 2.2.7.2.3.1.4 festgelegten Prüfung darf die Aktivität im Wasser 100 A_2 nicht übersteigen. Bei der Anwendung dieser Prüfung sind die in Absatz b) festgelegten Beschädigungen durch die Prüfungen zu berücksichtigen.

Spaltbare Stoffe

2.2.7.2.3.5 ADR

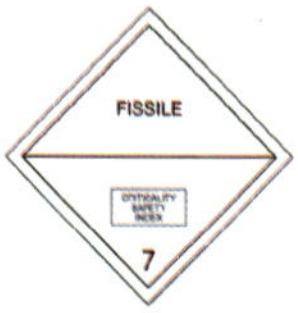

Versandstücke, die spaltbare Stoffe enthalten, müssen der jeweiligen Eintragungen zugeordnet werden, deren Beschreibung den Ausdruck „SPALTBAR“ oder „spaltbar, freigestellt“ enthält.
Die Zuordnung als „spaltbar, freigestellt“ ist nur unter definierten Bedingungen zugelassen.

Freigestelltes Versandstück

2.2.7.2.4.1 ADR

Versandstücke dürfen als freigestellte Versandstücke klassifiziert werden, wenn

- es sich um leere Verpackungen handelt, die radioaktive Stoffe enthalten haben;
- sie Instrumente oder Fabrikate in begrenzten Mengen enthalten;
- sie Fabrikate enthalten, die aus natürlichem Uran, abgereichertem Uran oder natürlichem Thorium hergestellt sind, oder
- sie radioaktive Stoffe in begrenzten Mengen enthalten.

Neben der Klassifizierung als freigestelltes Versandstück werden folgende Klassifizierungen für Versandstücke festgelegt. Die Zuordnung erfolgt über bestimmte Aktivitätsgrenzen und Materialvorgaben:

- Industrie-Packstück Typ 1 (Typ IP-1)
- Industrie-Packstück Typ 2 (Typ IP-2)
- Industrie-Packstück Typ 3 (Typ IP-3)
- Typ-A Verpackung
- Typ-B(U) und B(M) Verpackung
- Typ-C Verpackung

Nebengefahren

ätzend 

für weitere Nebengefahren siehe Sondervorschrift 172

Beispiele für radioaktive Stoffe

UN 2908	RADIOAKTIVE STOFFE, FREIGESTELLTES VERSANDSTÜCK - LEERE VERPACKUNG, 7
UN 2911	RADIOAKTIVE STOFFE, FREIGESTELLTES VERSANDSTÜCK, INSTRUMENTE oder FABRIKATE, 7
UN 2915	RADIOAKTIVE STOFFE, TYP A-VERSANDSTÜCK, nicht in besonderer Form, nicht spaltbar oder spaltbar, freigestellt, 7

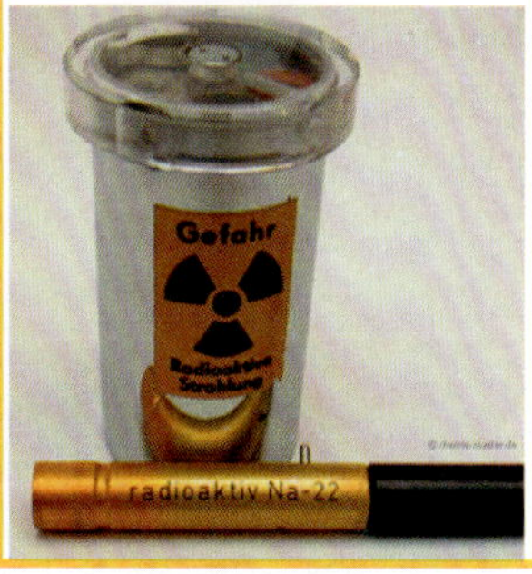

Klasse 8 Ätzende Stoffe

Kriterien

2.2.8.1 ADR

Der Begriff der Klasse 8 umfasst Stoffe sowie Gegenstände mit Stoffen dieser Klasse, die durch chemische Einwirkung die Epithelgewebe der Haut oder der Schleimhäute, mit denen sie in Berührung kommen, angreifen oder die beim Freiwerden Schäden an anderen Gütern oder Transportmitteln verursachen oder sie zerstören können. Unter den Begriff dieser Klasse fallen auch Stoffe, die erst mit Wasser ätzende flüssige Stoffe oder mit natürlicher Luftfeuchtigkeit ätzende Dämpfe oder Nebel bilden.

Klassifizierungen

2.2.8.1.2 ADR

C1 – C11 Ätzende Stoffe ohne Nebengefahr und Gegenstände, die solche Stoffe enthalten

- C1 – C4 Stoffe sauren Charakters
  - C1 Anorganische flüssige Stoffe
  - C2 Anorganische feste Stoffe
  - C3 Organische flüssige Stoffe
  - C4 Organische feste Stoffe
- C5 – C8 Stoffe basischen Charakters
  - C5 Anorganische flüssige Stoffe
  - C6 Anorganische feste Stoffe
  - C7 Organische flüssige Stoffe
  - C8 Organische feste Stoffe
- C9 – C10 Sonstige ätzende Stoffe
  - C9 Flüssige Stoffe
  - C10 Feste Stoffe
- C11 Gegenstände

CF Ätzende entzündbare Stoffe

- CF1 Flüssige Stoffe
- CF2 Feste Stoffe

CS Ätzende selbsterhitzungsfähige Stoffe

- CS1 Flüssige Stoffe
- CS2 Feste Stoffe

CW Ätzende Stoffe, die in Berührung mit Wasser entzündbare Gase entwickeln

- CW1 Flüssige Stoffe
- CW2 Feste Stoffe

CO Ätzende entzündend (oxidierend) wirkende Stoffe

- CO1 Flüssige Stoffe
- CO2 Feste Stoffe

CT Ätzende giftige Stoffe und Gegenstände, die solche Stoffe enthalten

- CT1 Flüssige Stoffe
- CT2 Feste Stoffe
- CT3 Gegenstände

CFT Ätzende entzündbare giftige flüssige Stoffe

COT Ätzende entzündend (oxidierend) wirkende giftige Stoffe

Nebengefahren

entzündbar

selbsterhitzungsfähig

mit Wasser reagierend

oxidierend wirkend

giftig

Verpackungsgruppen
2.2.8.1.3 ADR

Verpackungsgruppe I
stark ätzende Stoffe

Verpackungsgruppe II
ätzende Stoffe

Verpackungsgruppe III
schwach ätzende Stoffe

Zuordnungen
2.2.8.1.6 ADR

der Verpackungsgruppe I
sind Stoffe zugeordnet, die während eines Beobachtungszeitraums von kleiner gleich 60 Minuten nach einer Einwirkungszeit von kleiner gleich 3 Minuten eine Zerstörung des unverletzten Hautgewebes in seiner gesamten Dicke verursachen.

der Verpackungsgruppe II
sind Stoffe zugeordnet, die während eines Beobachtungszeitraums von kleiner gleich 14 Tagen nach einer Einwirkungszeit von mehr als 3 Minuten aber höchstens 60 Minuten eine Zerstörung des unverletzten Hautgewebes in seiner gesamten Dicke verursachen.

der Verpackungsgruppe III
sind Stoffe zugeordnet:

die während eines Beobachtungszeitraums von kleiner gleich 14 Tagen nach einer Einwirkungszeit von mehr als 60 Minuten aber höchstens 4 Stunden eine Zerstörung des unverletzten Hautgewebes in seiner gesamten Dicke verursachen oder

von denen man annimmt, dass sie keine Zerstörung des unverletzten Hautgewebes in seiner gesamten Dicke verursachen, oder

bei denen aber die Korrosionsrate entweder auf Stahl- oder Aluminiumoberflächen bei einer Prüftemperatur von 55 °C den Wert von 6,25 mm pro Jahr überschreitet, wenn sie an beiden Werkstoffen geprüft wurden.

Nicht zur Beförderung zugelassene Stoffe
2.2.8.2 ADR

In diesem Absatz werden alle Kriterien und Stoffe aufgeführt, die ein Beförderungsverbot zur Folge haben.

Verzeichnis der Sammeleintragungen

2.2.8.3 ADR

Nur zu diesen UN-Nummern und Benennungen dürfen Stoffe zu Sammeleintragungen zugeordnet werden.

Beispiele für ätzende Stoffe

UN 1824 NATRIUMHYDROXIDLÖSUNG, 8, II

UN 1826 ABFALLNITRIESÄUREMISCHUNG mit mehr als 50% Salpetersäure, 8 (5.1), I

UN 1906 ABFALLSCHWEFELSÄURE, 8, II

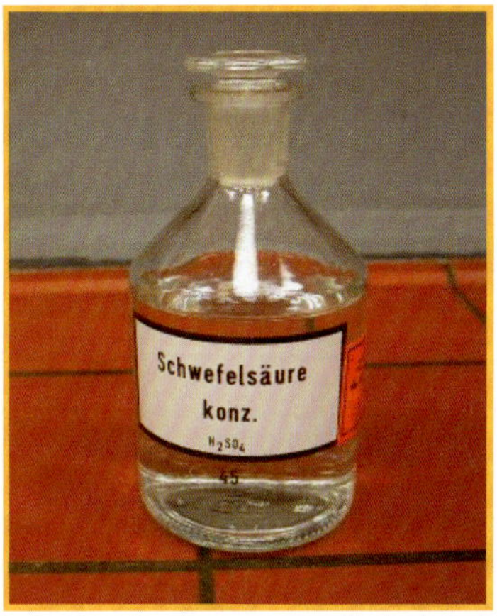

Klasse 9 Verschiedene gefährliche Stoffe und Gegenstände

Kriterien

2.2.9.1 ADR

Unter den Begriff der Klasse 9 fallen Stoffe und Gegenstände, die während der Beförderung eine Gefahr darstellen, die nicht unter die Begriffe anderer Klassen fällt.

Klassifizierung

2.2.9.1.2 ADR

M1 Stoffe, die beim Einatmen als Feinstaub die Gesundheit gefährden können

M2 Stoffe und Geräte, die im Brandfall Dioxine bilden können

M3 Stoffe, die entzündbare Dämpfe erzeugen

M4 Lithiumbatterien

M5 Rettungsmittel

M6 – M8 Umweltgefährdende Stoffe
- M6 Wasserverunreinigende flüssige Stoffe
- M7 Wasserverunreinigende feste Stoffe
- M8 Genetisch veränderte Mikroorganismen und Organismen

M9 – M10 Erwärmte Stoffe
- M9 Flüssige Stoffe
- M10 Feste Stoffe

M11 Andere Stoffe, die während der Beförderung eine Gefahr darstellen und nicht unter die Definition einer anderen Klasse fallen.

Nebengefahren

unter Druck stehend 

entzündbar 

Begriffsbestimmungen

2.2.9.1.4 ADR

Stoffe, die beim Einatmen als Feinstaub die Gesundheit gefährden können

Stoffe, die beim Einatmen als Feinstaub die Gesundheit gefährden können, umfassen Asbest und asbesthaltige Gemische.

Begriffsbestimmungen

2.2.9.1.5 ADR

Stoffe und Geräte, die im Brandfall Dioxine bilden können

Stoffe und Geräte, die im Brandfall Dioxine bilden können, umfassen polychlorierte Biphenyle (PCB) und Terphenyle (PCT) und polyhalogenierte Biphenyle und Terphenyle sowie Gemische, die diese Stoffe enthalten, sowie Geräte wie Transformatoren, Kondensatoren und andere Geräte, die solche Stoffe oder Gemische enthalten.

Begriffsbestimmungen

2.2.9.1.6 ADR

Stoffe, die entzündbare Dämpfe abgeben

Stoffe, die entzündbare Dämpfe abgeben, umfassen Polymere, die entzündbare flüssige Stoffe mit einem Flammpunkt bis 55 °C enthalten.

Begriffsbestimmungen

2.2.9.1.7 ADR

Lithiumbatterien

Zellen und Batterien, Zellen und Batterien in Ausrüstungen oder Zellen und Batterien mit Ausrüstungen verpackt, die Lithium in irgendeiner Form enthalten, müssen der UN-Nummer 3090, 3091, 3480 bzw. 3481 zugeordnet werden. Sie dürfen unter diesen Eintragungen befördert werden, wenn sie den unter diesem Absatz aufgeführten Vorschriften entsprechen.

Begriffsbestimmungen

2.2.9.1.8 ADR

Rettungsmittel

Rettungsmittel umfassen Rettungsmittel und Automobilteile, die den Definitionen des Kapitels 3.3 Sondervorschrift 235 oder 296 entsprechen.

Begriffsbestimmungen

2.2.9.1.10 ADR

Umweltgefährdende Stoffe (aquatische Umwelt)

Umweltgefährdende Stoffe umfassen unter anderem flüssige oder feste wasserverunreinigende Stoffe sowie Lösungen und Gemische mit solchen Stoffen (wie Präparate, Zubereitungen und Abfälle).

Im Sinne des Absatzes 2.2.9.1.10 sind «Stoffe» chemische Elemente und deren Verbindungen, wie sie in der Natur vorkommen oder durch ein Herstellungsverfahren gewonnen werden, einschließlich notwendiger Zusatzstoffe für die Aufrechterhaltung der Stabilität des Produkts und durch das verwendete Verfahren entstandene Verunreinigungen, ausgenommen jedoch Lösungsmittel, die ohne Beeinträchtigung der Stabilität des Stoffes oder ohne Änderung seiner Zusammensetzung extrahiert werden können.

Begriffsbestimmungen

2.2.9.1.13 ADR

Erwärmte Stoffe

Erwärmte Stoffe umfassen Stoffe, die in flüssigem Zustand bei oder über 100 °C und, sofern diese einen Flammpunkt haben, bei einer Temperatur unter ihrem Flammpunkt befördert oder zur Beförderung aufgegeben werden. Sie umfassen auch feste Stoffe, die bei oder über 240 °C befördert oder zur Beförderung aufgegeben werden.

Begriffsbestimmungen

2.2.9.1.1.14 ADR

Andere Stoffe, die während der Beförderung eine Gefahr darstellen und nicht unter die Definition einer anderen Klasse fallen

– feste Ammoniakverbindung mit einem Flammpunkt unter 60 °C

– weniger gefährliches Dithionit

– sehr leicht flüchtiger flüssiger Stoff

- Stoff, der schädliche Dämpfe abgibt
- Stoffe, die Allergene enthalten
- Chemie-Testsätze und Erste-Hilfe-Ausrüstungen
- Elektrische Doppelschicht-Kondensatoren (mit einer Energiespeicherkapazität von mehr als 0,3 W/h).

Verpackungsgruppen

2.2.9.1.15 ADR

Verpackungsgruppe I
entfällt

Verpackungsgruppe II
Stoffe mit mittlerer Gefahr

Verpackungsgruppe III
Stoffe mit geringer Gefahr

Nicht zur Beförderung zugelassene Stoffe und Gegenstände

2.2.9.2 ADR

In diesem Absatz werden alle Kriterien und Stoffe aufgeführt, die ein Beförderungsverbot zur Folge haben.

Verzeichnis der Eintragungen

2.2.9.3 ADR

Nur zu diesen UN-Nummern und Benennungen dürfen Stoffe und Gegenstände zu Eintragungen zugeordnet werden.

Beispiele für sonstige Stoffe und Gegenstände

UN 2212	ASBEST, BLAU (Krokydolith) oder ASBEST, BRAUN (Amosit, Mysorith) 9, II
UN 3257	ERWÄRMTER FLÜSSIGER STOFF, N.A.G., bei oder über 100°C und, bei Stoffen mit einem Flammpunkt, unter seinem Flammpunkt (einschl. geschmolzenes Metall, geschmolzenes Salz usw.) eingefüllt bei einer Temperatur über 190°C, 9, III
UN 3268	AIRBAG-GASGENERATOREN oder AIRBAG-MODULE oder GURTSTRAFFER, 9, III

5.3 Weitere Klassifizierungsmerkmale

Proben

2.1.4 ADR

Bei der Zuordnung von Proben ist u.a. Folgendes zu beachten:

Wenn die Klasse eines Stoffes unsicher ist und der Stoff zur weiteren Prüfung befördert wird, ist auf der Grundlage der Kenntnis des Absenders über den Stoff

- eine vorläufige Klasse,
- offizielle Benennung für die Beförderung und
- UN-Nummer zuzuordnen,

und zwar unter Anwendung:

a) der Klassifizierungskriterien des Kapitels 2.2 und

b) der Vorschriften dieses Kapitels.

Die strengste, für die gewählte offizielle Benennung für die Beförderung mögliche Verpackungsgruppe ist anzuwenden.

Bei Anwendung dieser Vorschrift ist die offizielle Benennung für die Beförderung durch den Ausdruck «**PROBE**» zu ergänzen (z.B. «ENTZÜNDBARER FLÜSSIGER STOFF, N.A.G., PROBE»).

In den Fällen, in denen für eine Probe eines Stoffes, von dem man annimmt, dass er bestimmten Klassifizierungskriterien entspricht, eine bestimmte Benennung für die Beförderung vorgesehen ist (z.B. «UN 3167 GASPROBE, NICHT UNTER DRUCK STEHEND, ENTZÜNDBAR, N.A.G.»), ist diese offizielle Benennung für die Beförderung zu verwenden.

Wenn für die Beförderung einer Probe eine n.a.g.-Eintragung verwendet wird, muss die offizielle Benennung für die Beförderung nicht durch die technische Benennung ergänzt werden, wie dies in Kapitel 3.3 Sondervorschrift 274 vorgeschrieben ist.

Proben des Stoffes sind in Übereinstimmung mit den für die vorläufig zugeordnete offizielle Benennung für die Beförderung anwendbaren Vorschriften zu befördern, vorausgesetzt:

a) der Stoff gilt nicht als Stoff, der nach den Unterabschnitten 2.2.x.2 des Kapitels 2.2 oder nach Kapitel 3.2 nicht zur Beförderung zugelassen ist;

b) der Stoff gilt nicht als Stoff, der die Kriterien der Klasse 1 erfüllt, und nicht als ansteckungsgefährlicher oder radioaktiver Stoff;

c) der Stoff entspricht den Vorschriften des Absatzes 2.2.41.1.15 bzw. 2.2.52.1.9, wenn es sich um einen selbstzersetzlichen Stoff bzw. um ein organisches Peroxid handelt;

d) die Probe wird in einer zusammengesetzten Verpackung mit einer Nettomasse von höchstens 2,5 kg je Versandstück befördert und

e) die Probe wird nicht mit anderen Gütern zu einem Versandstück vereinigt.

Muster Klasse 1

2.2.1.1.3 ADR

Muster von neuen oder bereits bestehenden explosiven Stoffen oder Gegenständen mit Explosivstoff (ausgenommen Initialsprengstoffe), die unter anderem zu Versuchs-, Zuordnungs-, Forschungs- und Entwicklungszwecken, zu Qualitätskontrollzwecken oder als Handelsmuster befördert werden, dürfen der UN-Nummer 0190 EXPLOSIVSTOFF, MUSTER zugeordnet werden.

Muster Klasse 4.1

2.2.41.1.15 ADR

Muster von **selbstzersetzlichen Stoffen** oder Zubereitungen, die in Unterabschnitt 2.2.41.4 ADR (Verzeichnis der bereits zugeordneten selbstzersetzlichen Stoffe in Verpackungen) nicht genannt sind, für die ein vollständiger Prüfdatensatz nicht vorliegt und die für die Durchführung weiterer Prüfungen und Bewertungen zu befördern sind, sind einer der für selbstzersetzliche Stoffe Typ C zutreffenden Eintragung zuzuordnen. Es sind aber weitere Einschränkungen zu beachten.

Muster Organische Peroxide

2.2.52.1.9 ADR

Muster von **organischen Peroxiden**, die in Unterabschnitt 2.2.52.4 ADR (Verzeichnis der bereits zugeordneten organischen Peroxide in Verpackungen) nicht genannt sind, für die ein vollständiger Prüfdatensatz nicht vorliegt und die für die Durchführung weiterer Prüfungen und Bewertungen zu befördern sind, sind einer der für organische Peroxide Typ C zutreffenden Eintragung zuzuordnen. Es sind aber weitere Einschränkungen zu beachten.

Klassifizierung und Zuordnung von Mitteln zur Schädlingsbekämpfung (Pestiziden)

2.2.61.1.11 ADR

Für die Klassifizierung und Zuordnung der Mittel zur Schädlingsbekämpfung (Pestizide) gelten spezielle Gesichtspunkte in Abgrenzung zu den sonstigen giftigen Stoffen der Klasse 6.1.

Umweltgefährdende Stoffe

2.1.3.8 ADR

Stoffe der Klassen 1 bis 6.2, 8 und 9 mit Ausnahme von Stoffen der UN-Nummern

UN 3077 UMWELTGEFÄHRDENDER STOFF, FEST, N.A.G. und

UN 3082 UMWELTGEFÄHRDENDER STOFF, FLÜSSIG,N.A.G,

die den Kriterien des Absatzes 2.2.9.1.10 ("Umweltgefährdende Stoffe") entsprechen, gelten zusätzlich zu ihren Gefahren der Klassen 1 bis 6.2, 8 und 9 als umweltgefährdende Stoffe.
Andere Stoffe, die den Kriterien keiner anderen Klasse, aber den Kriterien des Absatzes 2.2.9.1.10 entsprechen, sind der UN-Nummer 3077 bzw. 3082 zuzuordnen.

Abfälle

2.1.3.9 ADR

Abfälle, die

- nicht unter die Klassen 1 bis 9, aber
- unter das Baseler Übereinkommen über die Kontrolle der grenzüberschreitenden Verbringung von gefährlichen Abfällen und ihrer Entsorgung fallen

dürfen unter den UN-Nummern

UN 3077 UMWELTGEFÄHRDENDER STOFF, FEST, N.A.G. und
UN 3082 UMWELTGEFÄHRDENDER STOFF, FLÜSSIG,N.A.G

befördert werden.

Abfälle, die in der Tabelle 3.2 A den Klassen 1 bis 9 zugeordnet sind, haben häufig den Begriff „Abfall" in der Benennung:

UN 1906 ABFALLSCHWEFELSÄURE
UN 1932 ZIRKONIUM-ABFALL
UN 2002 ZELLULOID, ABFALL
UN 1345 KAUTSCHUK- (Gummi-) ABFÄLLE, gemahlen

6. Freistellungen

Freistellungen beinhalten Regelungen, die Stoffe oder Gegenstände von den Vorschriften des ADR völlig oder teilweise, d.h. unter festgelegten Bedingungen, freistellen.

Diese Freistellungen (man kann sie auch als Erleichterungen bezeichnen) zielen in ihrer Anwendung letztlich auf eine erleichterte Beförderungsdurchführung. Es soll nicht der Eindruck entstehen, dass aus wirtschaftlichen Gründen Sicherheitsaspekte außer Acht gelassen werden bzw. in ihrer Bedeutung geschmälert werden. Die Gefahreigenschaften bleiben immer die gleichen. Für bestimmte Gefahrgüter gibt es gar keine Freistellungsregelungen aufgrund der Gefahr, die von ihnen ausgeht. Bei vielen „normalen“ Gefahrgütern lässt sich aber über die Berücksichtigung von bestimmten Verpackungsmethoden, Mengenbegrenzungen und Gefahrenhinweisen bei gleichbleibender Sicherheit eine Erleichterung realisieren. Diese Prüfungen sind sinnvoll, da auch ein berechtigter Anspruch auf eine wirtschaftliche Betrachtungsweise besteht.

Aus den angeführten Gründen werden die Gefahreigenschaften auch verkehrsträgerbezogen betrachtet. Diverse Güter haben Eigenschaften, die nur bei einer bestimmten Beförderungsweise eine Gefahr darstellen.

Die UN-Nummer 3166 VERBRENNUNGSMOTOR oder FAHRZEUG MIT ANTRIEB DURCH ENTZÜNDBARES GAS/ENTZÜNDBARE FLÜSSIGKEIT unterliegt nicht den Vorschriften des ADR/RID, aber den Vorschriften des IMDG-Code und der ICAO-TI/IATA-DGR. Dies ist recht schnell nachvollziehbar, da die in einem Fahrzeug befindlichen Gefahrgüter (z.B. der Kraftstoff im Tank, Bremsflüssigkeit, Hydraulikflüssigkeiten) beim Seetransport Gefahren für die aquatische Umwelt und für das Seeschiff mit Besatzung bzw. beim Lufttransport für das Flugzeug und die Besatzung (und im Falle einer Luftnotlage auch für die weitere Umwelt) darstellen. Im Falle eines Straßen- oder Eisenbahntransportes sind diese Gefahren „vernachlässigbar“.

Ein weiteres Beispiel stellt die UN-Nummer 2807 MAGNETISIERTE STOFFE dar. Im Lufttransport ist diese UN-Nummer Gefahrgut mit speziellen Regelungen und Kennzeichnungen. Im ADR/RID und IMDG-Code existieren keine besonderen Regelungen.

Die Freistellungsregelungen lassen sich in ihren Abstufungen einteilen in Beförderungen, die den vollständigen Gefahrgutvorschriften unterliegen (die kennzeichnungspflichtige Beförderung) bis zu Beförderungen, die unter eventuellen Ausnahmeregelungen durchführbar sind.

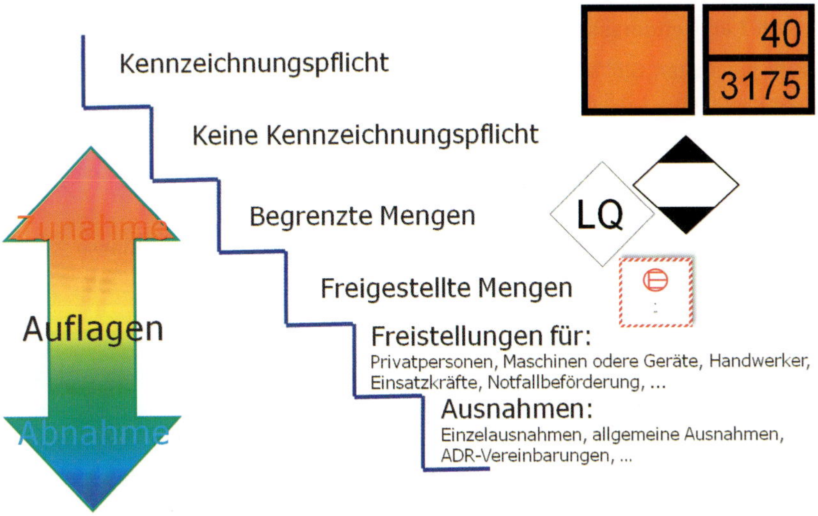

6. Freistellungen

Der Schwerpunkt der Freistellungsregelungen findet sich im ADR im Abschnitt 1.1.3.

Freistellungen im Zusammenhang mit der Art der Beförderungsdurchführung

1.1.3.1 ADR

a) Beförderungen gefährlicher Güter durch Privatpersonen

- die Güter müssen einzelhandelsgerecht abgepackt sein,
- für den persönlichen oder häuslichen Gebrauch
- für Freizeit oder Sport bestimmt sein,
- es müssen Maßnahmen getroffen werden, die unter normalen Beförderungsbedingungen ein Freiwerden des Inhalts verhindern
- bei entzündbaren flüssigen Stoffen in wiederbefüllbaren Behältern: 240 Liter maximal, Behältergröße 60 Liter maximal

Die **GGVSEB** legt hier in der **Anlage 2** allerdings für bestimmte Gefahrklassen **Mengenbegrenzungen** fest:

- Bei explosiven Stoffen der **Klasse 1 Unterklasse 1.1 bis 1.4** darf die Gesamtnettoexplosivstoffmasse je Beförderungseinheit/Wagen **3 kg** nicht überschreiten.
- Bei Gegenständen mit Explosivstoff der **Klasse 1 Unterklasse 1.1 bis 1.3** darf die Bruttomasse je Beförderungseinheit/Wagen **5 kg** und
- bei **Unterklasse 1.4 50 kg** nicht überschreiten.
- Selbstzersetzliche feste und flüssige Stoffe, desensibilisierte explosive feste Stoffe und mit selbstzersetzlichen Stoffen verwandte Stoffe der **Klasse 4.1**;
- Stoffe der **Klasse 4.2** und
- Stoffe der **Klasse 4.3**,
- jeweils **Verpackungsgruppe I und II**,
- Stoffe der **Klasse 5.1 Verpackungsgruppe I** und
- Stoffe der **Klasse 5.2**

dürfen je Stoff **1 kg Nettomasse** nicht überschreiten.

Für die nicht genannten Stoffe und Gegenstände der Klassen 1 bis 9 dürfen die Höchstmengen gemäß Unterabschnitt 1.1.3.6 ADR/RID nicht überschritten werden.

Die **RSEB** führt hierzu aus:
Normale Beförderungsbedingungen sind:

- ausreichende Ladungssicherung,
- wirksamer Schutz von Verschlussventilen bei verpackten Gütern der Klasse 2 (z.B. Schutzkappen),
- Verwendung sicherer Verschlüsse für flüssige und feste Stoffe.

Es gelten Stoffe der Klasse 1 Unterklassen 1.1 und 1.3 (z.B. UN 0027 Schwarzpulver oder UN 0161 Treibladungspulver) auch dann als einzelhandelsgerecht abgepackt, wenn die zur Beförderung zulässigen Mengen von Privatpersonen zum Vorderlader- oder Böllerschießen in Einzelladungen, unter Beachtung zutreffender sicherheitlicher Empfehlungen behördlicher Stellen oder von Verbänden, verpackt und befördert werden. Hierbei sind die spezialgesetzlichen Regelungen (z.B. WaffenG, SprengG) zu beachten.

Sicherheitliche Empfehlungen im genannten Sinne sind zurzeit die

„**Sicherheitsregeln für Böllerschützen**“ (Stand Januar 2011) des Bayerischen Staatsministeriums für Arbeit und Sozialordnung, Familie und Frauen
http://www.verwaltung.bayern.de/egov-portlets/xview/Anlage/3977076/SicherheitsregelnfuerBoellerschuetzen.pdf
oder die

„**Ausführungsregel Nr. 1 zum Vorderlader- und/oder Böllerschießen**“ (Stand: Januar 2007) des Deutschen Schützenbundes e.V.,
http://www.dsb.de/media/PDF/Recht/Waffenrecht/Neues%20Waffenrecht/Ausfuehrungsregel_Nr.1-2007-1.pdf.

b) Beförderung von Maschinen oder Geräten, die in ihrem inneren Aufbau oder ihren Funktionselementen gefährliche Güter enthalten

- es müssen Maßnahmen getroffen werden, die unter normalen Beförderungsbedingungen ein Freiwerden des Inhalts verhindern

Die **GGVSEB** präzisiert diese Freistellungsregelung in der **Anlage 2**:
Buchstabe b findet nur Anwendung auf Maschinen oder Geräte soweit sie als technische Arbeitsmittel oder überwachungsbedürftige Anlage dem Geräte- und Produktsicherheitsgesetz oder § 33 der Eisenbahn-Bau- und Betriebsordnung oder als Apparate dem Medizinproduktegesetz unterliegen.

Die **RSEB** führt hierzu aus:
Zu den „normalen Beförderungsbedingungen“ siehe oben.

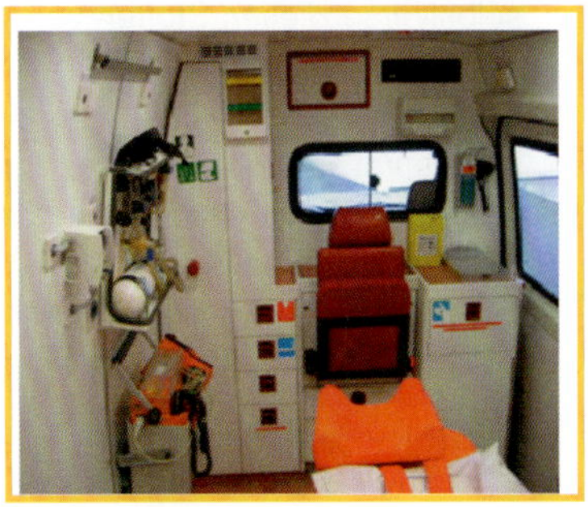

Für den Straßenverkehr wird in der RSEB eine beispielhafte Aufzählung gegeben, die deutlich machen soll, um welche Maschinen und Geräte es sich hier handeln kann:

- Einsatzfahrzeuge, Notarztfahrzeuge, sofern sie nicht im Einsatz sind,
- Baustellencontainer für Wohn- und Aufenthaltszwecke,
- Pumpaggregate für Bewässerungsanlagen,
- Notstromaggregate,
- Kompressoren,
- Straßenmarkierungsgeräte,
- pyrotechnische Aerosol-Feuerlöschgeneratoren,
- Gaszähler, die zu Wartungszwecken ausgebaut wurden.

c) Beförderungen von Unternehmen in Verbindung mit ihrer Haupttätigkeit

- Lieferungen für oder Rücklieferungen von Baustellen im Hoch- und Tiefbau,
- im Zusammenhang mit Messungen, Reparatur- und Wartungsarbeiten, ohne Überschreitung von maximal 450 Liter je Verpackung und den Höchstmengen nach der Tabelle im Unterabschnitt 1.1.3.6 ADR/RID (siehe weiter unten),
- diese Freistellung ist nicht anwendbar bei Gütern der Klasse 7,
- diese Freistellung ist nicht anwendbar für diese Unternehmen im Rahmen der internen oder externen Versorgung,
- es müssen Maßnahmen getroffen werden, die unter normalen Beförderungsbedingungen ein Freiwerden des Inhalts verhindern.

Die **GGVSEB** legt hier in der **Anlage 2** allerdings für bestimmte Gefahrklassen **Mengenbegrenzungen** fest:

- Bei explosiven Stoffen der **Klasse 1 Unterklasse 1.1 bis 1.4** darf die Gesamtnettoexplosivstoffmasse je Beförderungseinheit/Wagen **3 kg** nicht überschreiten.
- Bei Gegenständen mit Explosivstoff der **Klasse 1 Unterklasse 1.1 bis 1.3** darf die Bruttomasse je Beförderungseinheit/Wagen **5 kg** und
- bei **Unterklasse 1.4 20 kg** nicht überschreiten.
- Selbstzersetzliche feste und flüssige Stoffe, desensibilisierte explosive feste Stoffe und mit selbstzersetzlichen Stoffen verwandte Stoffe der **Klasse 4.1**;
- Stoffe der **Klasse 4.2** und
- Stoffe der **Klasse 4.3**,
- jeweils **Verpackungsgruppe I und II**,
- Stoffe **der Klasse 5.1 Verpackungsgruppe I** und
- Stoffe der **Klasse 5.2**

  dürfen je Stoff **1 kg Nettomasse** nicht überschreiten.

Für die Beförderungen müssen zusätzlich die „Allgemeinen Verpackungsvorschriften" eingehalten werden.

Die **RSEB** führt hierzu aus:

Zu den „normalen Beförderungsbedingungen" siehe oben.

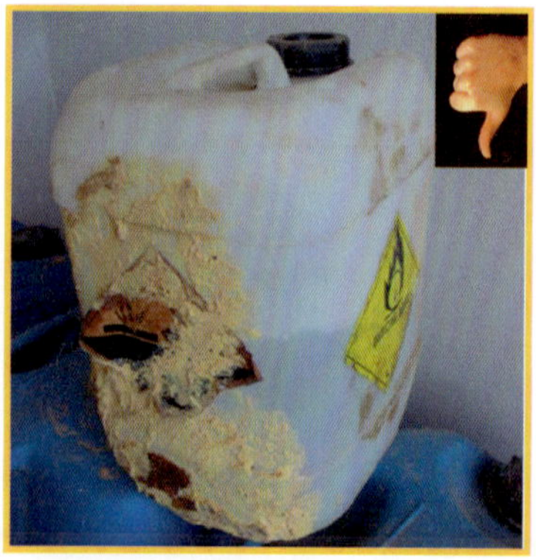

Für den Straßenverkehr wird in der RSEB eine beispielhafte Aufzählung gegeben, die deutlich machen soll, um welche Beförderungen es sich hier handeln kann:

- In Werkstattfahrzeugen,
- in Fahrzeugen mit Reservemengen von Stoffen für Straßenmarkierungsgeräte.
- Beförderungen zum Zwecke der internen oder externen Verteilung/Versorgung eines Unternehmens fallen nicht unter diese Freistellungsregelung. Dies betrifft u.a. Beförderungen von einer Produktionsanlage zu einer anderen innerhalb eines Unternehmens, jedoch außerhalb des Betriebsgeländes.

- Freigestellt sind jedoch Beförderungen zum direkten Verbrauch wie z.B.
  - Farbe im Fahrzeug eines Malers,
  - Sauerstoff- oder Acetylenflaschen im Fahrzeug eines Schweißers,
  - Kraftstoff für die Befüllung von Rasenmähern im Fahrzeug eines städtischen Arbeiters oder in einem Schienenkraftwagen,
  - Kraftstoff für die Befüllung von Arbeitsgeräten oder
  - Mittel zur Schädlingsbekämpfung durch Landwirte für die eigene Verwendung,

  sofern die jeweilige Beförderung z.B. zu oder von einem Kunden bzw. Einsatzort erfolgt.
- Zwischenversorgungen zu Tankanlagen fallen nicht unter diese Freistellungsregelung.
- Die Angabe „450 l je Verpackung" ist eine Volumenangabe unabhängig vom Fassungsraum der Verpackung. Allerdings dürfen die in 1.1.3.6 festgelegten höchstzulässigen Gesamtmengen je Beförderungseinheit nicht überschritten werden.
- Ungereinigte leere Eichnormale bis 450 Liter Einzelfassungsraum der Gefäße sind als Verpackungen anzusehen und fallen demgemäß unter die Befreiungsregelung dieses Unterabschnitts. Ebenso sind Maßnahmen zu treffen, die unter normalen Beförderungsbedingungen ein Freiwerden des Inhalts verhindern. Eichnormale sind dicht verschlossen oder in dicht verschlossenen Umverpackungen und ohne äußere Anhaftungen zu befördern.

d) Beförderungen, die von den für Notfallmaßnahmen zuständigen Behörden oder unter deren Überwachung durchgeführt werden

- soweit sie im Zusammenhang mit Notfallmaßnahmen erforderlich sind,
- Beförderungen mit Abschleppfahrzeugen, die Unfall- oder Pannenfahrzeuge mit gefährlichen Gütern befördern,
- Beförderungen, um betroffene gefährliche Güter einzudämmen, aufzunehmen und zu einem nahen geeigneten sicheren Ort zu verbringen.

Die **RSEB** führt hierzu aus:
Einsatzkräfte sind nur die für Notfallmaßnahmen nach dem deutschen Recht zuständigen Stellen. Buchstabe d kommt zur Anwendung, wenn Maßnahmen bei einem Notfall (Gefahr im Verzug) Beförderungen außerhalb des Regelwerks durch staatliche Einsatzkräfte oder die von ihnen überwachten beauftragten Unternehmen erfordern. Hierunter fallen auch die Beförderungen von Sprengstoffen, Munition und Bombenfunden sowie andere Gefahrgüter (insbesondere ABC-Stoffe), die im Rahmen einer Notfallmaßnahme an einen sicheren Ort verbracht werden müssen. Die Festlegung der Art und Weise der Überwachung der Notfallbeförderung liegt in der Verantwortung der zuständigen Einsatzleitung. Die Einsatzleitung legt unter Berücksichtigung der tatsächlichen Gegebenheiten auch den sicheren Ort und damit das Ende der Notfallbeförderung fest. Wegen der zwingend erforderlichen Mitwirkung der zuständigen Stellen, wird im Gegensatz zu Unterabschnitt 1.1.3.1 Buchstabe e, nicht ausdrücklich die völlig sichere Beförderung verlangt. D.h. die zuständige Stelle kann ein Restrisiko ggf. durch zusätzliche Maßnahmen kompensieren, z.B.: Evakuieren, Sperrung von Verkehrswegen.

e) Notfallbeförderungen zur Rettung menschlichen Lebens oder zum Schutz der Umwelt

- es müssen alle Maßnahmen zur völlig sicheren Durchführung dieser Beförderungen getroffen werden

Die **RSEB** führt hierzu aus:
Notfallbeförderungen, die unmittelbar zur Rettung menschlichen Lebens oder zum Schutz der Umwelt erforderlich sind, dürfen ohne Anwendung des Regelwerks auch von Dritten durchgeführt werden. Bei den erforderlichen Maßnahmen zur völlig sicheren Durchführung der Beförderung ist die Verhältnismäßigkeit zu berücksichtigen.

f) Beförderung ungereinigter leerer ortsfester Lagerbehälter

- die Gase der Klasse 2, Gruppe A, O oder F;
- Stoffe der Klasse 3 und
- Stoffe der Klasse 9,
- jeweils Verpackungsgruppe II oder III,
- Pestizide der Klasse 6.1,
  Verpackungsgruppe II oder III

enthalten haben.

- Alle Öffnungen mit Ausnahme der Druckentlastungseinrichtungen (sofern angebracht) sind luftdicht verschlossen;
- es wurden Maßnahmen getroffen, um unter normalen Beförderungsbedingungen ein Austreten des Inhalts zu verhindern, und
- die Ladung ist so auf Schlitten, in Verschlägen, in anderen Handhabungsvorrichtungen oder auf dem Wagen oder im Container befestigt, dass sie sich unter normalen Beförderungsbedingungen nicht lösen oder bewegen kann.
- Diese Freistellung gilt nicht für ortsfeste Lagerbehälter, die desensibilisierte explosive Stoffe oder Stoffe, deren Beförderung nach dem ADR/RID verboten ist, enthalten haben.

Die **RSEB** führt hierzu aus:
Als übliche Restmengen in einem ungereinigten leeren Tank sind Mengen zu akzeptieren, die nach der vollständigen Entleerung mit der technisch vorhandenen Entnahmeeinrichtung im Tank verbleiben und die sich aus Anhaftungen nach der Entleerung ergeben.

Freistellungen im Zusammenhang mit der Beförderung von Gasen

1.1.3.2 ADR

a) Gase, die in Behältern von Fahrzeugen enthalten sind

- mit denen eine Beförderung durchgeführt wird,
- die für deren Antrieb oder
- für den Betrieb einer ihrer Einrichtungen (z.B. Kühlanlage)

dienen.

Die **RSEB** führt hierzu aus:

- Fahrzeuge für Wohn- und Aufenthaltszwecke wie Campinganhänger bzw. Campingfahrzeuge mit Ausrüstung gemäß DVGW Arbeitsblatt G 607,
- Lastkraftwagen mit Ausrüstung gemäß DVGW Arbeitsblatt G 607,
- Baustellencontainer,
- Titan 355 ABG Bohlenheizung für Straßenfertigungsmaschine, BW 20 R Bomag Reifenheizung für Gummiradwalze,
- Getränkeschankanlagen in Fahrzeugen.

b) Gase in Kraftstoffbehältern von beförderten Fahrzeugen

- der Betriebshahn zwischen dem Kraftstoffbehälter und dem Motor muss geschlossen sein,
- der elektrische Kontakt muss unterbrochen sein

c) Gase der Gruppen A und O

- wenn der Druck im Gefäß oder Tank bei einer Temperatur von 20 °C höchstens 200 kPa (2 bar) beträgt,
- das Gas nicht verflüssigt oder
- nicht tiefgekühlt verflüssigt ist.

Das gilt für alle Gefäße und Tanks, auch in Maschinen- und Apparateteilen.

d) Gase in Ausrüstungsteilen zum Betrieb des Fahrzeugs

- Ausrüstungsteile wie z.B. Feuerlöscher,
- Ersatzteile wie z.B. gasgefüllte Fahrzeugreifen.

Diese Freistellung gilt auch für gasgefüllte Fahrzeugreifen als Ladung.

e) Gase in besonderen Einrichtungen von Fahrzeugen

- für den Betrieb während der Beförderung erforderlich (Kühlapparate, Fischbehälter, Heizapparate, usw.),
- Ersatzgefäße,
- ungereinigte leere Tauschgefäße

in derselben Beförderungseinheit.

Die **RSEB** führt hierzu aus:

- Getränkeschankanlagen in Fahrzeugen,
- Arbeitsmaschinen für Erdarbeiten und Straßenbau mit Gussasphalt, wie Asphalt-Kocher mit oder ohne Spritzeinrichtung.
- Für die Verwendung während der Beförderung müssen die Anlagen geeignet und bestimmt sein.

f) Gase in Nahrungsmitteln

- ausgenommen UN-Nummer UN 1950 DRUCKGASPACKUNGEN
- einschließlich mit Kohlensäure versetzte Getränke

g) Gase in Bällen zur Sportausübung

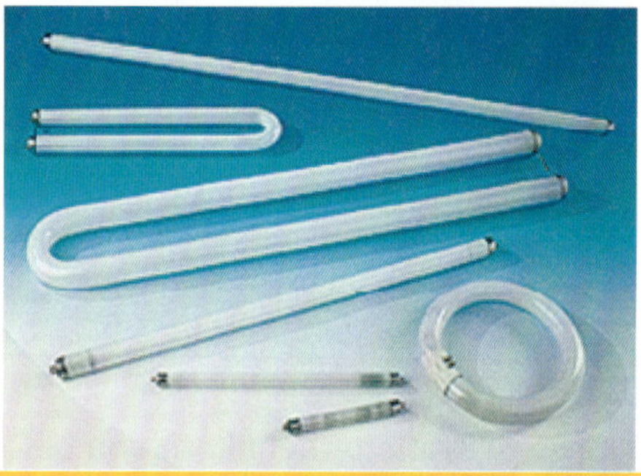

h) Gase in elektrischen Lampen

- die Verpackung muss sicherstellen, dass eine Splitterwirkung durch Zerstörung auf das Innere des Versandstücks begrenzt bleibt

Freistellungen im Zusammenhang mit der Beförderung von flüssigen Kraftstoffen

1.1.3.3 ADR

a) In Behältern von Fahrzeugen zur Beförderung

- zum Antrieb oder Betrieb des Fahrzeugs oder einer Einrichtung des Fahrzeugs,
- befestigte Kraftstoffbehälter direkt mit dem Fahrzeugmotor/Einrichtung verbunden,
- Behälter müssen den gesetzlichen Vorschriften (z.B. StVZO) entsprechen,
- alternativ tragbare Kraftstoffbehälter (z.B. Kanister),
- maximaler Fassungsraum der Behälter je Beförderungseinheit 1 500 Liter,
- maximaler Fassungsraum eines Behälters mit einem Anhänger verbunden 500 Liter,
- maximale Beförderungsmenge in tragbaren Kraftstoffbehältern 60 Liter,

Die Einschränkungen gelten nicht für Fahrzeuge von Einsatzkräften.

b) In Behältern von als Ladung beförderten Fahrzeugen oder anderen Beförderungsmitteln

- muss zum Antrieb oder Betrieb einer ihrer Einrichtungen dienen,
- Absperrhähne müssen während der Beförderung geschlossen sein, außer die Einrichtung muss in Betrieb bleiben,
- Verladung muss aufrecht erfolgen,
- die Ladung muss gegen Umfallen gesichert werden.

Freistellungen im Zusammenhang mit Sondervorschriften

1.1.3.4.1 ADR

Die Beförderung bestimmter gefährlicher Güter wird durch gewisse Sondervorschriften des Kapitels 3.3 teilweise oder vollständig von den Vorschriften des ADR/RID freigestellt. Dabei sind bestimmte Voraussetzungen zu erfüllen. Eine vollständige Darstellung dieser Sondervorschriften würde den Rahmen dieses Buches sprengen.

Diese Freistellungen sind nur zutreffend, wenn unter der Eintragung der entsprechenden gefährlichen Güter in Kapitel 3.2 Tabelle A Spalte 6 die Sondervorschrift aufgeführt ist.
Zum grundsätzlichen Verständnis dieser Sondervorschriften dienen einige Beispiele:

Sondervorschrift 39:
Dieser Stoff unterliegt nicht den Vorschriften des ADR/RID, wenn weniger als 30 Masse-% oder mindestens 90 Masse-% Silicium enthält.

Sondervorschrift 59:
Diese Stoffe unterliegen nicht den Vorschriften des ADR/RID, wenn sie höchstens 50 % Magnesium enthalten.

Sondervorschrift 191:
Gefäße, klein, mit Gas (Gaspatronen) mit einem Fassungsraum von höchstens 50 ml, die nur nicht giftige Stoffe enthalten, unterliegen nicht den Vorschriften des ADR/RID.

Freistellungen als Beförderung in „begrenzten Mengen (Limited Quantities)“

1.1.3.4.2 ADR

Das Kapitel 3.4 ADR beschreibt eine sehr wichtige Freistellungsregelung für die Beförderung, die „Limited Quantities“. Auf diese Regelungen wird weiter unten ausführlich eingegangen.

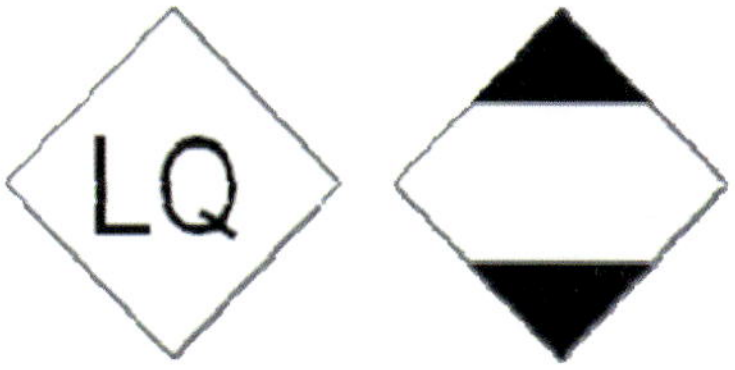

Freistellungen als Beförderung in „freigestellten Mengen (Excepted Quantities)“

1.1.3.4.3 ADR

Das Kapitel 3.5 ADR beschreibt eine sehr wichtige Freistellungsregelung für die Beförderung, die „Excepted Quantities“. Auf diese Regelungen wird weiter unten ausführlich eingegangen.

Freistellungen im Zusammenhang mit ungereinigten leeren Verpackungen

1.1.3.5 ADR

Ungereinigte leere Verpackungen, einschließlich Großpackmittel (IBC) und Großverpackungen, die Stoffe der Klassen 2, 3, 4.1, 5.1, 6.1, 8 und 9 enthalten haben, unterliegen nicht den Vorschriften des ADR/RID, wenn geeignete Maßnahmen ergriffen wurden, um mögliche Gefährdungen auszuschließen. Gefährdungen sind ausgeschlossen, wenn Maßnahmen zur Beseitigung der Gefahren der Klassen 1 bis 9 ergriffen wurden.

Die **RSEB** führt hierzu aus:
Geeignete Maßnahmen zur Beseitigung der Gefahren der Klassen 1 bis 9 sind ergriffen, wenn die Verpackungen z.B.

- keine gefährlichen Dämpfe oder Reste enthalten, die freigesetzt werden können,
- die Verpackungen vollständig entleert sind oder die Restinhalte neutralisiert, gebunden, ausgehärtet, polymerisiert oder chemisch umgesetzt sind und,
- wenn an der Außenseite der Verpackung keine gefährlichen Füllgutreste anhaften.

Freistellungen im Zusammenhang mit Mengen, die je Beförderungseinheit befördert werden

1.1.3.6 ADR

Diese Freistellung stellt eine der wichtigsten und häufig falsch verstandenen Regelungen dar. Sie beschreibt die Feststellung, ob eine **Gefahrgutbeförderung kennzeichnungspflichtig ist oder nicht**.

Es geht immer nur um **gefährliche Güter**, die **in Versandstücken** verpackt sind.
Diese auch als „Kleinmengenregelung" oder „1000-Punkte-Regel" bekannte Vorschrift stellt nicht von allen Vorschriften des ADR frei. Auch bei einer Beförderung unterhalb der Freimengen bzw. unterhalb von „1000 Punkten" sind viele Vorschriften des ADR einzuhalten. Es ist sinnvoller davon zu sprechen, dass die **nicht kennzeichnungspflichtige Gefahrgutbeförderung nur von einigen wenigen Auflagen einer kennzeichnungspflichtigen Beförderung befreit ist**.

Es wird befreit von folgenden Regelungen:

- **Kapitel 1.10** ADR: Vorschriften für die Sicherung
(**keine Befreiung bei** explosiven Stoffen und Gegenständen der UN-Nummern 0029, 0030, 0059, 0065, 0073, 0104, 0237, 0255, 0267, 0288, 0289, 0290, 0360, 0361, 0364, 0365, 0366, 0439, 0440, 0441, 0455, 0456 und 0500 der Klasse 1 und ausgenommen freigestellte Versandstücke der UN-Nummern 2910 und 2911 der Klasse 7, sofern der Aktivitätswert den A_2-Wert überschreitet)
- **Kapitel 5.3** ADR: Vorschriften für die Kennzeichnung und Bezettelung der Fahrzeuge
- **Abschnitt 5.4.3** ADR: Vorschriften für die Schriftlichen Weisungen
- **Kapitel 7.2** ADR: Vorschriften für die Beförderung in Versandstücken
(**keine Befreiung bei** Abschnitt 7.2.4, Sondervorschrift V5 Beförderung in Kleincontainern und V8 Beförderung von temperaturkontrollierten Produkten)
- **Abschnitt 7.5.11** ADR - Sondervorschrift **CV1:** Vorschriften für die Verladung an öffentlich zugänglichen Stellen
- **Teil 8** ADR: Vorschriften für die Fahrzeugbesatzungen, die Ausrüstung, den Betrieb der Fahrzeuge und die Dokumentation (**keine Befreiung bei** siehe weiter unten)
- **Teil 9** ADR: Vorschriften für den Bau und Zulassung der Fahrzeuge

WICHTIG!!!!

Alle weiteren Vorschriften des ADR, von deren Anwendung hier nicht ausdrücklich befreit wird, sind **immer anzuwenden**. An dieser Stelle kann nur eine beispielhafte Aufzählung erfolgen:

- Teil 4 Vorschriften für die Verwendung von Verpackungen
- Kapitel 5.1: Allgemeine Vorschriften für den Versand
- Kapitel 5.2: Vorschriften für die Kennzeichnung und Bezettelung von Versandstücken
- Kapitel 5.4: Vorschriften für die Dokumente (Schriftliche Weisung nicht erforderlich)
- Kapitel 5.5: Sondervorschriften für begaste Güterbeförderungseinheiten
- Kapitel 7.1: Allgemeine Vorschriften für die Beförderung in Versandstücken
- Abschnitte 7.2.1 bis 7.2.3 ADR: Vorschriften für die Beförderung in Versandstücken
- Kapitel 7.5: Vorschriften für die Be- und Entladung und Handhabung (außer Abschnitt 7.5.11 CV 1)

Ausgenommen von den Freistellungen für den Teil 8 sind folgende wichtige Regelungen, die auch bei nicht kennzeichnungspflichtigen Beförderungen einzuhalten sind:

- **Unterabschnitt 8.1.2.1 a)** ADR: Vorschriften für das mitzuführende Beförderungspapier und ggf. das Container- oder Fahrzeugpackzertifikat
- **Unterabschnitt 8.1.4.2 ADR bis 8.1.4.5** ADR: Vorschriften für Feuerlöscher
  Beförderungseinheiten, die gefährliche Güter gemäß Unterabschnitt 1.1.3.6 (also nicht kennzeichnungspflichtige Mengen) befördern, müssen mit mindestens einem **tragbaren Feuerlöschgerät** für die **Brandklassen A** (entzündbar feste Stoffe), **B** (entzündbar flüssige Stoffe) und **C** (entzündbar gasförmige Stoffe) mit einem Mindestfassungsvermögen **von 2 kg Pulver** (oder einem entsprechenden Fassungsvermögen für ein anderes geeignetes Löschmittel) ausgerüstet sein. Diese Feuerlöscher müssen der vorgeschriebenen EN-Norm entsprechen, verplombt und regelmäßig geprüft (in Deutschland alle 2 Jahre) sein, ein Konformitätszeichen aufweisen (CE-Zeichen) und leicht erreichbar und witterungsgeschützt angebracht sein.
- **Abschnitt 8.2.3** ADR: Vorschriften für die Unterweisung
  Alle Personen, die an der Beförderung gefährlicher Güter auf der Straße beteiligt sind (mit Ausnahme der Fahrzeugführer für kennzeichnungspflichtige Beförderungen für die die ADR-Bescheinigung erforderlich ist) müssen entsprechend ihren Verantwortlichkeiten und Funktionen eine **Unterweisung nach Kapitel 1.3** über die Bestimmungen erhalten haben, die für die Beförderung dieser Güter gelten. Diese Vorschrift gilt z.B. für das vom Beförderer oder Absender beschäftigte Personal, das die gefährlichen Güter beladende und entladende Personal, das Personal der Spediteure und Verlader sowie **die an der Beförderung gefährlicher Güter auf der Straße beteiligten Fahrzeugführer, die nicht im Besitz einer Bescheinigung gemäß Abschnitt 8.2.1 (ADR-Bescheinigung) sind**.
- **Abschnitt 8.3.3** ADR: Verbot der Öffnung von Versandstücken
  Die Fahrzeugbesatzung darf keine Versandstücke öffnen.
- **Abschnitt 8.3.4** ADR: Vorschriften für tragbare Beleuchtungsgeräte
  Tragbare Beleuchtungsgeräte dürfen **keine Oberfläche aus Metall** haben, die Funken erzeugen könnten.
- **Abschnitt 8.3.5** ADR: Rauchverbot
  Während der **Ladearbeiten** ist das **Rauchen** in der Nähe der Fahrzeuge und in den Fahrzeugen **verboten**.
- **Kapitel 8.4** ADR: Vorschriften über das Überwachen der Fahrzeuge (i.V.m. Anlage 2, Ziffer 3.3 GGVSEB)

- **Kapitel 8.5** ADR - Sondervorschrift **S1 (3):** Vorschriften über das Rauchverbot und das Verbot von Feuer und offenem Licht bei der Beförderung von explosiven Stoffen und Gegenständen
- **Kapitel 8.5** ADR - Sondervorschrift **S1 (6):** Vorschriften über die Überwachung der Fahrzeuge bei der Beförderung von explosiven Stoffen und Gegenständen
- **Kapitel 8.5** ADR - Sondervorschrift **S2 (1):** Vorschriften über tragbare Beleuchtungsgeräte bei der Beförderung entzündbarer flüssiger oder gasförmiger Stoffe
- **Kapitel 8.5** ADR - Sondervorschrift **S4** Zusätzliche Vorschriften für die Beförderung unter Temperaturkontrolle
- **Kapitel 8.5** ADR - Sondervorschriften **S14 bis S21** und **S24:** Vorschriften für die Überwachung der Fahrzeuge

Alle gefährlichen Güter werden gemäß Unterabschnitt 1.1.3.6.3 ADR in einer Tabelle unterschiedlichen **Beförderungskategorien** zugeordnet. Diese Zuordnung erfolgt nach dem **Gefährlichkeitsgrad** der Gefahrgüter. Demnach werden die **besonders gefährlichen** Gefahrgüter der Beförderungskategorie „**0**" und die **weniger gefährlichen** der Beförderungskategorie „**4**" zugeordnet. Entsprechend dieser Zuordnung erfolgt die Festlegung einer höchstzulässigen Gesamtmenge je Beförderungseinheit.

Für die **Beförderungskategorien** gelten folgende **höchstzulässigen Gesamtmengen**:

- Beförderungskategorie 0: 0 kg/Liter
- Beförderungskategorie 1: 20 kg/Liter (Für die UN-Nummern 0081, 0082, 0084, 0241, 0331, 0332, 0482, 1005, 1017 ist die höchstzulässige Gesamt menge 50 kg/Liter)
- Beförderungskategorie 2: 333 kg/Liter
- Beförderungskategorie 3: 1 000 kg/Liter
- Beförderungskategorie 4: unbegrenzt (maximal bis zur höchstzulässigen Gesamtmasse der Beförderungseinheit)

Die **höchstzulässige Gesamtmenge** je Beförderungseinheit wird auf bestimmte Art und Weise ermittelt:

- Für Gegenstände die Bruttomasse in kg
- (für Gegenstände der Klasse 1 die Nettomasse des explosiven Stoffes in kg; für gefährliche Güter in Geräten und Ausrüstungen, die in dieser Anlage näher bezeichnet sind, die Gesamtmenge der darin enthaltenen gefährlichen Güter in kg/Liter)
- Für feste Stoffe, verflüssigte Gase, tiefgekühlt verflüssigte Gase und gelöste Gase die Nettomasse in kg
- Für flüssige Stoffe und verdichtete Gase der nominale Fassungsraum (Nenninhalt) des Gefäßes

Solange man nun **Gefahrgüter** nur aus **einer Beförderungskategorie** transportiert, **addiert** man die **Mengen**, die im Beförderungspapier angegeben sind zusammen und kontrolliert, ob die **höchstzulässige Gesamtmenge überschritten** wird **oder nicht**.

Sobald man **Gefahrgüter** aus **unterschiedlichen Beförderungskategorien** gemeinsam zu transportieren hat, ist diese Vorgehensweise der Feststellung nicht mehr möglich.

Hierzu wurde im ADR für jede Beförderungskategorie ein **Multiplikationsfaktor** eingeführt, der wieder eine **einheitliche Feststellungsgrenze** erzeugt, die „**berühmten 1000 Punkte**".

Die **Multiplikationsfaktoren** sind:

- Beförderungskategorie 0: 0
- Beförderungskategorie 1: 50 (bei den o.a. UN-Nummern ist der Faktor 20)
- Beförderungskategorie 2: 3
- Beförderungskategorie 3: 1
- Beförderungskategorie 4: kein Faktor

Beispiel 1:

Ein Fass UN 1202 DIESELKRAFTSTOFF		200 Liter:
Beförderungskategorie 3	*Faktor 1*	*200 Punkte*
Ein Fass UN 1202 HEIZÖL, LEICHT		190 Liter:
Beförderungskategorie 3	*Faktor 1*	*190 Punkte*
Ein Fass UN 1203 BENZIN		200 Liter:
Beförderungskategorie 2	*Faktor 3*	*600 Punkte*
Summe		***990 Punkte***
		Beförderung nicht kennzeichnungspflichtig

Beispiel 2:

Ein Fass UN 1202 DIESELKRAFTSTOFF		200 Liter:
Beförderungskategorie 3	*Faktor 1*	*200 Punkte*
Ein Fass UN 1202 HEIZÖL, LEICHT		190 Liter:
Beförderungskategorie 3	*Faktor 1*	*190 Punkte*
Ein Fass UN 1203 BENZIN		200 Liter:
Beförderungskategorie 2	*Faktor 3*	*600 Punkte*
Eine Flasche UN 1965 KOHLENWASSERSTOFFGAS,GEMISCH, VERFLÜSSIGT, N.A.G. (Propan/Butan)		20 kg
Beförderungskategorie 2	*Faktor 3*	*60 Punkte*
Summe		***1050 Punkte***
		Beförderung kennzeichnungspflichtig

6. Freistellungen

Tabelle 1.1.3.6.3 ADR

Beförderungskategorie	Stoffe oder Gegenstände Verpackungsgruppe oder Klassifizierungscode / -gruppe oder UN-Nummer		Höchstzulässige Gesamtmenge je Beförderungseinheit (Faktor gem. 1.1.3.6.4 ADR)
0	Klasse 1:	1.1 A, 1.1 L, 1.2 L, 1.3 L, 1.4 L, UN-Nummer 0190	0
	Klasse 3:	UN-Nummer 3343	
	Klasse 4.2:	Stoffe, die der Verpackungsgruppe I zugeordnet sind	
	Klasse 4.3:	UN-Nummern 1183, 1242, 1295, 1340, 1390, 1403, 1928, 2813, 2965, 2968, 2988, 3129, 3130, 3131, 3134, 3148, 3396, 3398 und 3399	
	Klasse 5.1:	UN-Nummer 2426	
	Klasse 6.1:	UN-Nummern 1051, 1600, 1613, 1614, 2312, 3250 und 3294	
	Klasse 6.2:	UN-Nummern 2814 und 2900	
	Klasse 7:	UN-Nummern 2912 bis 2919, 2977, 2978, 3321 bis 3333	
	Klasse 8:	UN-Nummer 2215 (MALEINSÄUREANHYDRID, GESCHMOLZEN)	
	Klasse 9:	UN-Nummern 2315, 3151, 3152 und 3432 sowie Geräte, die solche Stoffe oder Gemische enthalten	
	sowie ungereinigte leere Verpackungen, die Stoffe dieser Beförderungskategorie enthalten haben, ausgenommen Verpackungen, die der UN-Nummer 2908 zugeordnet sind.		
1	Stoffe und Gegenstände, die der Verpackungsgruppe I zugeordnet sind und nicht unter die Beförderungskategorie 0 fallen, sowie Stoffe und Gegenstände der folgenden Klassen:		20 *(Faktor 50)*
	Klasse 1:	1.1 B bis 1.1 J [a]), 1.2 B bis 1.2 J, 1.3 C, 1.3 G, 1.3 H, 1.3 J und 1.5 D [a])	
	Klasse 2:	Gruppen T, TC [a]), TO, TF, TOC [a]) und TFC Druckgaspackungen: Gruppen C, CO, FC, T, TF, TC, TO, TFC und TOC Chemikalien unter Druck: UN-Nummern 3502, 3503, 3504 und 3505	
	Klasse 4.1:	UN-Nummern 3221 bis 3224 und 3231 bis 3240	
	Klasse 5.2:	UN-Nummern 3101 bis 3104 und 3111 bis 3120	
2	Stoffe und Gegenstände, die der Verpackungsgruppe II zugeordnet sind und nicht unter die Beförderungskategorie 0, 1 oder 4 fallen, sowie Stoffe und Gegenstände der folgenden Klassen:		333 *(Faktor 3)*
	Klasse 1:	1.4 B bis 1.4 G und 1.6 N	
	Klasse 2:	Gruppe F Druckgaspackungen: Gruppe F Chemikalien unter Druck: UN-Nummer 3501	
	Klasse 4.1:	UN-Nummern 3225 bis 3230	
	Klasse 5.2:	UN-Nummern 3105 bis 3110	
	Klasse 6.1:	Stoffe und Gegenstände, die der Verpackungsgruppe III zugeordnet sind	
	Klasse 9:	UN-Nummer 3245	
3	Stoffe und Gegenstände, die der Verpackungsgruppe III zugeordnet sind und nicht unter die Beförderungskategorie 0, 2 oder 4 fallen, sowie Stoffe und Gegenstände der folgenden Klassen:		1000 *(Faktor 1)*
	Klasse 2:	Gruppen A und O Druckgaspackungen: Gruppen A und O Chemikalien unter Druck: UN-Nummer 3500	
	Klasse 3:	UN-Nummer 3473	
	Klasse 4.3:	UN-Nummer 3476	
	Klasse 8:	UN-Nummern 2794, 2795, 2800, 3028 und 3477	
	Klasse 9:	UN-Nummern 2990 und 3072	
4	Klasse 1:	1.4 S	unbegrenzt
	Klasse 4.1:	UN-Nummern 1331, 1345, 1944, 1945, 2254 und 2623	
	Klasse 4.2:	UN-Nummern 1361 und 1362 der Verpackungsgruppe III	
	Klasse 7:	UN-Nummern 2908 bis 2911	
	Klasse 9:	UN-Nummer 3268 und 3499	
	sowie ungereinigte leere Verpackungen, die gefährliche Stoffe mit Ausnahme solcher enthalten haben, die unter die Beförderungskategorie 0 fallen.		

[a]) Für die UN-Nummern 0081, 0082, 0084, 0241, 0331, 0332, 0482, 1005 und 1017 beträgt die höchstzulässige Gesamtmenge je Beförderungseinheit 50 kg *(Faktor 20)*.

1.1.3.6.5 ADR Gefährliche Güter, die gemäß

- 1.1.3.2 ADR Beförderung von Gasen
- 1.1.3.3 ADR Beförderung von flüssigen Kraftstoffen
- 1.1.3.4 ADR Freistellungen im Zusammenhang mit Sondervorschriften, begrenzten oder freigestellten Mengen
- 1.1.3.5 ADR Freistellungen im Zusammenhang mit ungereinigten leeren Verpackungen

freigestellt sind, **bleiben** bei der Mengenberechnung **unberücksichtigt**.

Die **RSEB** führt hierzu aus:

Die Befreiungsregelung des Unterabschnitts 1.1.3.6 darf auch für Beförderungen von Versandstücken in Containern, die auf einer Beförderungseinheit/einem Wagen befördert werden, in Anspruch genommen werden, sofern die entsprechenden Mengengrenzen nicht überschritten sind.

Da die Stoffe und Gegenstände der Beförderungskategorie 4 in unbegrenzter Menge je Beförderungseinheit befördert werden dürfen, bleiben diese Stoffe und Gegenstände bei der Berechnung nach Absatz 1.1.3.6.4 ADR unberücksichtigt.

Auch für die in der Beförderungskategorie 4 enthaltenen Stoffe und Gegenstände (Höchstmenge je Beförderungseinheit unbegrenzt) sind die Vorschriften des ADR anzuwenden, sofern Stoffe und Gegenstände der Beförderungskategorie 0 oder Stoffe und Gegenstände der Beförderungskategorie 1 bis 3 zugeladen werden und der für diese Güter nach Absatz 1.1.3.6.4 ADR berechnete Wert 1 000 überschritten wird.

Bei der Berechnung der Mengen nach Unterabschnitt 1.1.3.6 sind aufgrund der Festlegungen in Absatz 1.1.3.6.5 die Mengen nach Unterabschnitt 1.1.3.1 (Freistellungen im Zusammenhang mit der Art der Beförderungsdurchführung) zu berücksichtigen. Gleiches gilt auch bei Beförderungen oberhalb der Mengengrenzen nach Unterabschnitt 1.1.3.6. Unabhängig davon sind kleine Mengen gefährlicher Güter, die zum persönlichen Verbrauch des Fahrzeugführers bestimmt sind, nicht zu berücksichtigen.

Freistellungen im Zusammenhang mit der Beförderung von Lithiumbatterien

1.1.3.7 ADR

Die Vorschriften sind nicht anzuwenden bei

- Lithiumbatterien, die in Fahrzeugen eingebaut sind, mit denen eine Beförderung durchgeführt wird, und für deren Antrieb oder den Betrieb einer ihrer Einrichtungen dienen.
- Lithiumbatterien, die in einem Gerät für dessen Betrieb enthalten sind, das während der Beförderung verwendet wird oder für den Gebrauch während der Beförderung bestimmt ist (z.B. tragbarer Rechner).

Freistellungen im Zusammenhang mit gefährlichen Gütern, die während der Beförderung als Kühl- oder Konditionierungsmittel verwendet werden

1.1.3.9 ADR

- Gefährliche Güter, die nur erstickend sind (die den in der Atmosphäre normalerweise vorhandenen Sauerstoff verdünnen oder verdrängen), unterliegen bei Verwendung zu Kühl- oder Konditionierungszwecken in Fahrzeugen oder Containern nur den Vorschriften des Abschnitts 5.5.3 ("Kennzeichnung von Versandstücken, die ein Kühl- oder Konditionierungsmittel enthalten bzw. Kennzeichnung von Fahrzeugen und Containern").

6. Freistellungen

Begrenzte Mengen (Limited Quantities)

3.4 ADR

WICHTIG!!!

Mit Einführung des ADR 2011 haben sich die Regelungen für Limited Quantities grundlegend verändert. Die bisher geltenden Regelungen des ADR 2009 dürfen aber noch bis zum 30.06.2015 weiter angewendet werden. Diese Festlegung ist in den Übergangsvorschriften des Kapitels 1.6 ADR zu finden (1.6.1.20 ADR)

Es werden daher hier beide Regelungen dargestellt.

Die Beförderung in begrenzten Mengen stellt eine wichtige Freistellungsregelung in der Versorgung der verschiedensten Geschäftsbereiche mit „Consumer"-Artikeln dar.

Als **Beispiele** seinen hier erwähnt:

- Farben, Lacke
- Lösungsmittel (Terpentinersatz, Pinselreiniger)
- Brennspiritus
- Spraydosen aller Art (Sprühsahne, Deospray, Haarspray, Farbspray, Insektenspray, usw.)
- Kalkentferner

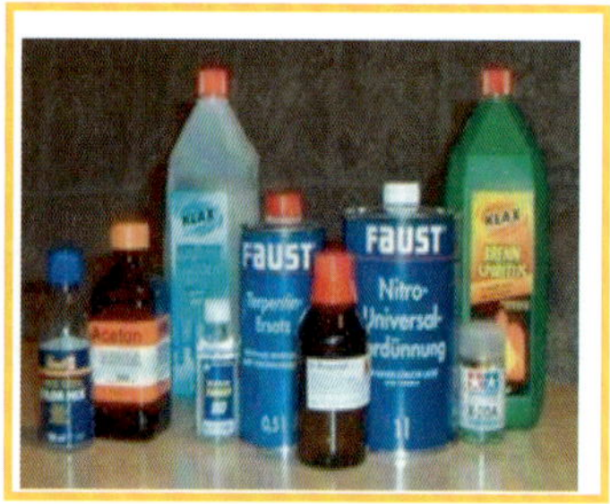

ADR 2011

Nicht alle Gefahrgüter dürfen als „Limited Quantity" transportiert werden. Diese Erleichterung ist wie bei allen anderen Freistellungen vom Gefährdungsgrad der Gefahrgüter abhängig.

Es müssen die zutreffenden Regelungen aus diesen Regelungsbereichen berücksichtigt werden:

Kapitel 1.1 ADR	Geltungsbereich und Anwendbarkeit
Kapitel 1.2 ADR	Begriffsbestimmungen und Maßeinheiten
Kapitel 1.3 ADR	Unterweisung von Personen, die an der Beförderung beteiligt sind
Kapitel 1.4 ADR	Sicherheitspflichten der Beteiligten
Kapitel 1.5 ADR	Abweichungen
Kapitel 1.6 ADR	Übergangsvorschriften
Kapitel 1.8 ADR	Maßnahmen zur Kontrolle und zur sonstigen Unterstützung der Einhaltung der Sicherheitsvorschriften
Kapitel 1.9 ADR	Beförderungseinschränkungen durch die zuständigen Behörden
Teil 2 ADR	Klassifizierung (Einteilung der Gefahrgüter in Klassen)
Kapitel 3.1 ADR	Allgemeine Bestimmungen für die Benennung der Gefahrgüter
Kapitel 3.2 ADR	Erläuterungen zum Verzeichnis der gefährlichen Güter und **Tabelle 3.2 A, hier werden in der Spalte 7a die maximalen Mengen je Innenverpackung festgelegt**

Kapitel 3.3 ADR	Sondervorschriften, wenn zutreffend (außer den Sondervorschriften 61, 178, 181, 220, 274, 625, 633, 650e)
Unterabschnitt 4.1.1.1 ADR	Allgemeine Anforderungen an die Verpackungsqualität
Unterabschnitt 4.1.1.2 ADR	Allgemeine Anforderung an die Verpackungen hinsichtlich der Beständigkeit gegen die Gefahrgüter
Unterabschnitt 4.1.1.4 ADR	Allgemeine Anforderung an die Verpackungen hinsichtlich der Besonderheiten bei flüssigen Gefahrgütern
Unterabschnitt 4.1.1.5 ADR	Allgemeine Anforderungen an die Verpackungen hinsichtlich der Zusammensetzung von Verpackungen aus Innen- und Außenverpackungen
Unterabschnitt 4.1.1.6 ADR	Allgemeine Anforderungen an das Zusammenverpacken von Innenverpackungen mit verschiedenen Gefahrgütern in eine Außenverpackung
Unterabschnitt 4.1.1.7 ADR	Allgemeine Anforderungen an Verschlüsse bei bestimmten Gefahrgütern
Unterabschnitt 4.1.1.8 ADR	Allgemeine Anforderung an die Verpackungen hinsichtlich der Lüftungseinrichtungen bei gasenden Gefahrgütern
Unterabschnitt 5.1.2.1 a) (i)	Eine Umverpackung muss mit dem Ausdruck „UMVERPACKUNG“ gekennzeichnet sein
Unterabschnitt 5.1.2.1 b)	Beim Zutreffen der grundsätzlichen Voraussetzungen sind die Verpackungen an zwei gegenüberliegenden Seiten mit den Ausrichtungspfeilen zu versehen
Unterabschnitt 5.1.2.2 ADR	Allgemeine Anforderungen an Verpackungen in Umverpackungen
Unterabschnitt 5.1.2.3 ADR	Beachtung der Ausrichtungspfeile bei Nutzung von Umverpackungen
Unterabschnitt 5.2.1.9 ADR	Allgemeine Vorschriften für die Gestaltung der Ausrichtungspfeile
Abschnitt 5.4.2	ADR Regelungen für das Container-/ Fahrzeugpackzertifikat auch für Limited Quantities
Abschnitt 6.1.4 ADR	Allgemeine Bauvorschriften für Gefahrgutverpackungen
Unterabschnitt 6.2.5.1 ADR	Allgemeine Vorschriften für die Verwendung bestimmter Werkstoffe bei Verpackungen für Gase
Unterabschnitt 6.2.6.1 ADR	Allgemeine Vorschriften für die Auslegung und den Bau von Verpackungen für Gase
Unterabschnitt 6.2.6.2 ADR	Allgemeine Vorschriften für die Flüssigkeitsdruckprüfung von Verpackungen für Gase
Unterabschnitt 6.2.6.3 ADR	Allgemeine Vorschriften für die Dichtheitsprüfung von Verpackungen für Gase
Kapitel 7.1 ADR	Allgemeine Vorschriften für die Beförderung, die Be- und Entladung und die Handhabung
Abschnitt 7.2.1 ADR	Verladung von Limited Quantities in offenen, bedeckten und gedeckten Fahrzeugen
Abschnitt 7.2.2 ADR	Verladung von nässeempfindlichen Limited Quantities in bedeckten und gedeckten Fahrzeugen
Abschnitt 7.5.1 ADR	Allgemeine Vorschriften für die Be- und Entladung und die Handhabung außer Unterabschnitt 7.5.1.4 ADR Beförderung als geschlossene Ladung
Unterabschnitt 7.5.2.4 ADR	Verbot der Zusammenladung mit allen Arten von explosiven Stoffen und von Gegenständen mit Explosivstoff

Abschnitt 7.5.7 ADR	Vorschriften für die Handhabung und Verstauung (Ladungssicherung)
Abschnitt 7.5.8 ADR	Vorschriften für die Reinigung der Ladefläche nach der Entladung
Abschnitt 7.5.9 ADR	Rauchverbot bei Ladearbeiten
Unterabschnitt 8.6.3.3 ADR	Tunnelbeschränkungen für Limited Quantities
Abschnitt 8.6.4 ADR	Tunnelbeschränkungen für Limited Quantities

3.4.2 ADR

Limited Quantities müssen immer in einer Kombination aus **Innen- und Außenverpackungen** mit ggf. notwendigen Zwischenverpackungen verpackt werden.

Für Gegenstände mit der Klassifizierung 1.4 S gelten die Regelungen des Abschnitts 4.1.5 ADR ("Besondere Vorschriften für das Verpacken von Gütern der Klasse 1").

Für die Beförderung von Gegenständen ist die Verwendung von Innenverpackungen nicht erforderlich.

In diesem Fall darf die gesamte **Bruttomasse des Versandstücks 30 kg** nicht überschreiten.

3.4.3 ADR

Trays in Dehn- oder Schrumpffolie sind als Außenverpackung für Gegenstände und Innenverpackungen zulässig (nicht für Güter mit der Klassifizierung 1.4S).

Bruchanfällige Innenverpackungen (Glas, Porzellan, Steinzeug, bestimmte Kunststoffe) müssen noch in geeignete Zwischenverpackungen eingesetzt sein, generell sind die allgemeinen Verpackungsanforderungen des Abschnitts 4.1.4 ADR einzuhalten.

In diesem Fall darf die gesamte
Bruttomasse des Versandstücks 20 kg
nicht überschreiten.

3.4.7 und 3.4.8 ADR

Die Kennzeichnung von Limited Quantities erfolgt mit u.a. Kennzeichen. Diese müssen auf Versandstücken die Mindestgröße von 100 mm x 100 mm haben.

Kennzeichnung ADR/RID

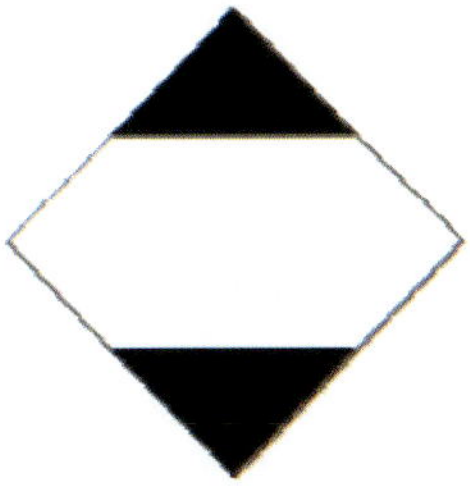

Kennzeichnung ICAO-TI (Lufttransport)

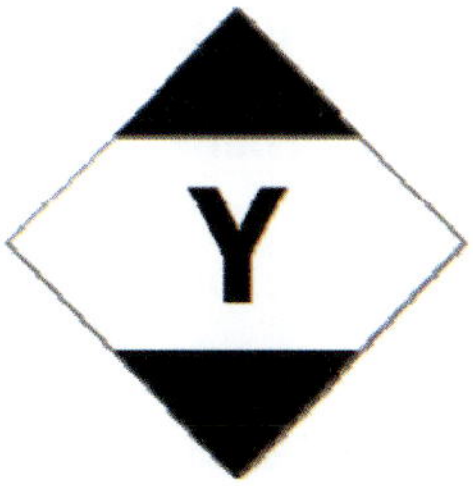

3.4.13, 3.4.14 und 3.4.15 ADR

Beförderungseinheiten mit einer **höchstzulässigen Gesamtmasse über 12 Tonnen**, die Limited Quantities befördern, müssen **vorne und hinten** mit o.a. **Kennzeichen** in einer Mindestgröße von 250 mm x 250 mm gekennzeichnet werden (müssen diese Beförderungseinheiten aufgrund anderer gefährlicher Güter mit der orangefarbenen Warntafel gekennzeichnet werden, entfällt die Limited Quantity-Kennzeichnung oder es dürfen beide Kennzeichnungen angebracht sein).

Container mit Limited Quantities auf solchen Beförderungseinheiten müssen **an allen vier Seiten** mit o.a. **Kennzeichen** versehen sein (dies ist nicht notwendig, wenn die Container aufgrund anderer gefährlicher Güter mit Großzetteln gekennzeichnet werden müssen, es dürfen aber auch beide Kennzeichnungen angebracht sein).

Auf die **Kennzeichnung** der Beförderungseinheiten kann **verzichtet** werden, wenn die **Bruttogesamtmasse** der Limited Quantities **8 Tonnen** je Beförderungseinheit **nicht überschreitet**.

ADR 2009

Die Regelungen des ADR 2009 für Limited Quantities beinhalten wesentlich weniger Vorschriftenanteile, die bei der Beförderung dennoch zu berücksichtigen sind.

Der wesentliche Unterschied besteht in der Festlegung der Maximalmengen je Innenverpackung und die Kennzeichnung der Versandstücke und Beförderungseinheiten/Container.

Für die Festlegung der Maximalmengen je Innenverpackung existiert eine eigene Tabelle (3.4.6), in der sogenannte LQ-Codes die Mengen beschreiben. Diese Codes findet man in der „alten“ Spalte 7a der Tabelle 3.2 A wieder.

3.4.1 ADR 2009

Es sind für die **Verpackungen** grundsätzlich nur die **allgemeinen Verpackungsanforderungen** zu erfüllen gemäß

Unterabschnitt 4.1.1.1 ADR	Allgemeine Anforderungen an die Verpackungsqualität
Unterabschnitt 4.1.1.2 ADR	Allgemeine Anforderung an die Verpackungen hinsichtlich der Beständigkeit gegen die Gefahrgüter
Unterabschnitt 4.1.1.4 ADR	Allgemeine Anforderung an die Verpackungen hinsichtlich der Besonderheiten bei flüssigen Gefahrgütern
Unterabschnitt 4.1.1.5 ADR	Allgemeine Anforderungen an die Verpackungen hinsichtlich der Zusammensetzung von Verpackungen aus Innen- und Außenverpackungen
Unterabschnitt 4.1.1.6 ADR	Allgemeine Anforderungen an das Zusammenverpacken von Innenverpackungen mit verschiedenen Gefahrgütern in eine Außenverpackung
Unterabschnitt 4.1.1.7 ADR	Allgemeine Anforderungen an Verschlüsse bei bestimmten Gefahrgütern
Unterabschnitt 4.1.1.8 ADR	Allgemeine Anforderung an die Verpackungen hinsichtlich der Lüftungseinrichtungen bei gasenden Gefahrgütern

Die **höchstzulässige Bruttomasse** darf

- 30 kg für zusammengesetzte Verpackungen und
- 20 kg für Trays in Dehn- oder Schrumpffolie

nicht überschreiten.

Das Zusammenpacken ist unter Beachtung dieser Mengengrenzen und der Mengengrenzen gemäß Tabelle 3.4.6 (siehe unten) erlaubt, vorausgesetzt, beim Freiwerden entstehen keine gefährlichen Reaktionen.

3.4.2 ADR 2009

Bei Code „LQ 0“ ist das Gefahrgut von keinen Vorschriften des ADR freigestellt.

3.4.3 – 3.4.5 ADR 2009

Für bestimmte LQ-Codes sind noch weitere spezielle Verpackungsanforderungen zu erfüllen.

Bis auf LQ 20 und 21 sind alle Versandstücke mit folgenden Kennzeichen zu versehen:

bei einem Gefahrgut mit der zutreffenden UN-Nummer

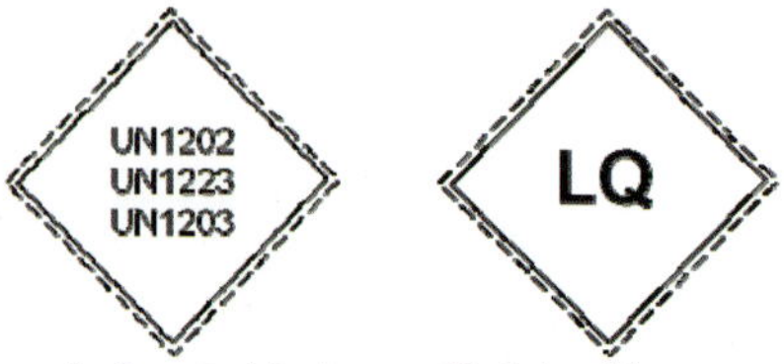

bei verschiedenen Gefahrgütern in einem Versandstück

3.4.7 ADR 2009
Die Kennzeichnung muss auch auf Umverpackungen erfolgen.

3.4.8 ADR 2009
Die Vorschriften über die Anbringung von Ausrichtungspfeilen und die Ausrichtung von Versandstücken sind ebenfalls anzuwenden.

3.4.10, 3.4.11 und 3.4.12 ADR 2009
Beförderungseinheiten mit einer **höchstzulässigen Gesamtmasse über 12 Tonnen**, die Limited Quantities befördern, müssen **vorne und hinten** mit einem **Kennzeichen „LTD QTY"** in schwarzen Buchstaben in einer Mindesthöhe von 65 mm auf weißem Grund gekennzeichnet werden (müssen diese Beförderungseinheiten aufgrund anderer gefährlicher Güter mit der orangefarbenen Warntafel gekennzeichnet werden, entfällt die Limited Quantity-Kennzeichnung).

Container mit Limited Quantities auf solchen Beförderungseinheiten müssen **an allen vier Seiten** mit o.a. **Kennzeichen** versehen sein (dies ist nicht notwendig, wenn die Container aufgrund anderer gefährlicher Güter mit Großzetteln gekennzeichnet werden müssen).

Auf die **Kennzeichnung** der Beförderungseinheiten kann **verzichtet** werden, wenn die **Bruttogesamtmasse** der Limited Quantities **8 Tonnen** je Beförderungseinheit **nicht überschreitet**.

Tabelle 3.4.6 ADR 2009

Code	Zusammengesetzte Verpackungen a) (höchstzulässige Nettomenge)		Innenverpackungen, die in Trays mit Dehn- oder Schrumpffolie enthalten sind a) (höchstzulässige Nettomenge)	
	Je Innenverpackung	Je Versandstück b)	Je Innenverpackung	Je Versandstück b)
(1)	(2)	(3)	(4)	(5)
LQ 0	Keine Freistellungen nach den Vorschriften des Abschnittes 3.4.2			
LQ 1	120 ml		120 ml	
LQ 2	1 l		1 l	
LQ 3 c)	500 ml	1 l	nicht zugelassen	nicht zugelassen
LQ 4 c)	3 l		1 l	
LQ 5 c)	5 l	unbegrenzt	1 l	
LQ 6 c)	5 l		1 l	
LQ 7 c)	5 l		5 l	
LQ 8	3 kg		500 g	
LQ 9	6 kg		3 kg	
LQ 10	500 ml		500 ml	
LQ 11	500 g		500 g	
LQ 12	1 kg		1 kg	
LQ 13	1 l		1 l	
LQ 14	25 ml		25 ml	
LQ 15	100 g		100 g	
LQ 16	125 ml		125 ml	
LQ 17	500 ml	2 l	100 ml	2 l
LQ 18	1 kg	4 kg	500 g	4 kg
LQ 19	5 kg		5 kg	
LQ 20	(bleibt offen)	(bleibt offen)	(bleibt offen)	(bleibt offen)
LQ 21	(bleibt offen)	(bleibt offen)	(bleibt offen)	(bleibt offen)
LQ 22	1 l		500 ml	
LQ 23	3 kg		1 kg	
LQ 24	6 kg		2 kg	
LQ 25 d)	1 kg		1 kg	
LQ 26 d)	500 ml	2 l	500 ml	2 l
LQ 27	6 kg		6 kg	
LQ 28	3 l		3 l	

a) Siehe Unterabschnitt 3.4.1.2
b) Siehe Unterabschnitt 3.4.1.3
c) Bei wasserhaltigen homogenen Gemischen der Klasse 3 beziehen sich die genannten Mengen nur auf die in ihnen enthaltenen Stoffe der Klasse 3
d) Bei der Beförderung der UN-Nummern 2315, 3151, 3152 und 3432 in Geräten dürfen in jedem einzelnen Gerät die Mengen je Innenverpackung nicht überschritten werden. Das Gerät muss in einer flüssigkeitsdichten Verpackung befördert werden, und das vollständige Versandstück muss dem Abschnitt 3.4.4 c) entsprechen. Für die Geräte dürfen keine Trays mit Dehn- oder Schrumpffolie verwendet werden.

Freigestellte Mengen (Excepted Quantities)

3.5 ADR
Ursprünglich fand diese Regelung Anwendung im Luftverkehr. Im Zuge der Harmonisierung der verkehrsträgerspezifischen Vorschriften wurden auch diese Regelungen in das ADR/RID übernommen.

3.5.1.1 ADR
Freigestellte Mengen gefährlicher Güter bestimmter Klassen – ausgenommen Gegenstände – unterliegen keinen Vorschriften des ADR/RID mit Ausnahme von:

Kapitel 1.3 ADR	Unterweisung von Personen, die an der Beförderung beteiligt sind
Teil 2 ADR	Die Klassifizierungsverfahren für die Gefahrgüter und die Kriterien für die Verpackungsgruppen
Unterabschnitte	
4.1.1.1 ADR	Allgemeine Anforderungen an die Verpackungsqualität
4.1.1.2 ADR	Allgemeine Anforderung an die Verpackungen hinsichtlich der Beständigkeit gegen die Gefahrgüter
4.1.1.4 ADR	Allgemeine Anforderung an die Verpackungen hinsichtlich der Besonderheiten bei flüssigen Gefahrgütern
4.1.1.6 ADR	Allgemeine Anforderungen an das Zusammenverpacken von Innenverpackungen mit verschiedenen Gefahrgütern in eine Außenverpackung
1.7.1.5 ADR	Besondere Vorschriften für die Beförderung freigestellter Versandstücke von radioaktiven Stoffen der Klasse 7

3.5.1.2 ADR
Die Festlegung der Maximalmengen je Innenverpackung findet man in der Spalte 7b der Tabelle 3.2 A wieder. Dies erfolgt über einen sogenannten „E-Code".

Code	**höchste Nettomenge je Innenverpackung** (für feste Stoffe in Gramm und für flüssige Stoffe und Gase in ml)	**höchste Nettomenge je Außenverpackung** (für feste Stoffe in Gramm und für flüssige Stoffe und Gase in ml oder bei Zusammenpackung die Summe aus Gramm und ml)
E 0	In freigestellten Mengen nicht zugelassen	
E 1	30	1000
E 2	30	500
E 3	30	300
E 4	1	500
E 5	1	300

3.5.1.3 ADR
Wenn gefährliche Güter in freigestellten Mengen unterschiedlicher Codes zusammengepackt werden, muss die Gesamtmenge je Außenverpackung auf den Wert begrenzt werden, der dem restriktivsten Code entspricht.

3.5.1.4 ADR

Freigestellten Mengen gefährlicher Güter,

- die den Codes E 1, E 2, E 4 und E 5 zugeordnet sind,
- mit einer höchsten Nettomenge gefährlicher Güter für flüssige Stoffe und Gase von 1 ml und
- für feste Stoffe von 1 g je Innenverpackung und
- einer höchsten Nettomenge gefährlicher Güter je Außenverpackung, die bei festen Stoffen 100 g und bei flüssigen Stoffen und Gasen 100 ml nicht überschreitet,

unterliegen nur:

a) den Vorschriften des Abschnitts 3.5.2 ("Verpackungsvorschriften für freigestellte Mengen"), mit der Ausnahme, dass eine Zwischenverpackung nicht erforderlich ist, wenn die Innenverpackungen mit Polstermaterial sicher in einer Außenverpackung verpackt sind, so dass sie unter normalen Beförderungsbedingungen nicht zu Bruch gehen oder durchstoßen werden können oder ihr Inhalt austreten kann, und wenn bei flüssigen Stoffen die Außenverpackung genügend saugfähiges Material enthält, um den gesamten Inhalt der Innenverpackungen aufzunehmen, und

b) den Vorschriften des Abschnitts 3.5.3 ("Prüfungen für Versandstücke mit freigestellten Mengen").

3.5.2 ADR

Für die Verpackungen gelten diese Voraussetzungen:

- Innenverpackung aus Kunststoff (Dicke von 0,2 mm für flüssige Stoffe), Glas, Porzellan, Steinzeug, Ton oder Metall.
- Verschluss mit Draht, Klebeband oder einem anderen sicheren Mittel fixiert.
- Gefäße mit gegossenem Schraubgewinde müssen eine flüssigkeitsdichte Schraubkappe haben und der Verschluss muss gegenüber dem Inhalt beständig sein.
- Jede Innenverpackung muss unter Verwendung von Polstermaterial sicher in eine Zwischenverpackung verpackt sein.
- Die Zwischenverpackung muss beständig sein gegen Zubruchgehen, Durchstoßen oder Freiwerden des Inhalts und im Falle eines Bruches oder Undichtigkeit den Inhalt vollständig zurückhalten.
- Bei flüssigen Stoffen muss entsprechend saugfähiges Material verwendet werden.
- Die Zwischenverpackung muss sicher in eine starke, starre Außenverpackung verpackt sein.
- Jedes Versandstück-Muster muss den Versandstückprüfungen des Abschnitt 3.5.3 ADR entsprechen.
- Die Versandstückgröße muss Platz für alle erforderlichen Kennzeichnungen ermöglichen.
- Umverpackungen dürfen verwendet werden.

3.5.3 ADR

Hier werden die Prüfungen für die Versandstückmuster beschrieben.

3.5.4 ADR

Versandstücke mit freigestellten Mengen sind mit einem gesonderten Kennzeichen kenntlich zu machen.

Das Kennzeichen muss mindestens 100 mm x 100 mm groß sein.

*An dieser Stelle ist die Nummer des ersten oder einzigen Gefahrzettels anzugeben

**An dieser Stelle ist der Name von Absender und Empfänger anzugeben, falls noch nicht an anderer Stelle des Versandstücks schon vermerkt

3.5.5 ADR

Die Anzahl der Versandstücke in einem Fahrzeug oder Container darf 1000 nicht überschreiten.

3.5.6 ADR

In mindestens einem begleitenden Versanddokument muss der Vermerk

„GEFÄHRLICHE GÜTER IN FREIGESTELLTEN MENGEN“

und die **Anzahl der Versandstücke** angegeben sein.

6. Freistellungen

7. Gefahrgutumschließungen

Unter **Gefahrgutumschließungen** werden Behältnisse zusammengefasst, mit denen gefährliche Güter sachgerecht befördert werden können. Sie müssen exakt definierte Kriterien erfüllen. Ganz allgemein kann man formulieren, die Umschließungen müssen **zugelassen** und **zulässig** sein, wobei zugelassen auch, aber nicht immer zulässig heißt.

Das Zulassungsverfahren von Umschließungen (**Bauartzulassung**, **Baumusterzulassung**) läuft immer in Zuständigkeit von Behörden, in Deutschland z.B. der **Bundesanstalt für Materialforschung (BAM)**, während über die **Zulässigkeit** der Umschließung z.B. in Bezug auf Materialverträglichkeit oder Stapelbarkeit in vielen Fällen der **Verwender** zumindest mit entscheidet. Manches kann aus dem Verpackungscode entnommen werden, aber nicht alles.

Umschließungen können unterteilt werden nach

- **Verpackungen**,
- **Containern**,
- **Tanks** und
- **Schüttgutbehälter**,

wobei Tanks und Schüttgutbehälter nicht nur fest verbunden mit einem Fahrzeug, sondern auch absetzbar als Tankcontainer und Schüttgut-Container Verwendung finden.

7. Gefahrgutumschließungen

Generell gilt, dass gefährliche Güter nur in den Umschließungen befördert werden dürfen, deren Verwendung bei Beachtung eventueller zusätzlicher Vorschriften nach der Tabelle 3.2 A gestattet ist. Die **Verwendung** der Umschließungen ist in speziellen Anweisungen für

- **Verpackungen**, einschließlich **IBC** (Großpackmittel) und **Großverpackungen** (Spalten 8 und 9a der Tabelle A),
- für **ortsbewegliche Tanks**, für UN-Gascontainer mit mehreren Elementen **(MEGC)** sowie für **Schüttgut-Container** (Spalten 10 und 11 der Tabelle A) und für
- **ADR/RID-Tanks** (Spalten 12 und 13 der Tabelle A) festgelegt.

Die Festlegungen für Beförderungen in Tanks sind jedoch in unmittelbarem Zusammenhang mit den Vorschriften zu sehen, die für die Fahrzeuge gelten, mit denen befördert werden soll (Spalte 14 der Tabelle A im ADR).

Im Wesentlichen wird im ADR in die

- **Verwendung** von bauartgeprüften Umschließungen im **Teil 4** des ADR und in deren
- **Bau- und Prüfvorschriften** im **Teil 6** des ADR

unterschieden.

Es kann im Rahmen dieses Schulungsbuches nicht auf alle Einzelheiten eingegangen werden, das würde den Rahmen sprengen. Es wird daher versucht, auf die wichtigen „Knackpunkte“ einzugehen, die im Rahmen der Verantwortlichkeiten eines Verpackers bzw. Versenders von Bedeutung sein können.

7.1 Verpackungen

Verpackungen werden zuerst grob in ihre **Größe** und **Gewicht** eingestuft.

Die **Unterteilung** erfolgt in diesen Stufen:

- **Verpackungen bis 400 kg Nettomasse bzw. 450 Liter Fassungsraum**
- **Großverpackungen größer als 400 kg Nettomasse bzw. 450 Liter Fassungsraum, aber kleiner als 3 m^3 Rauminhalt**
- **Container ab 3 m^3 Rauminhalt oder 5 t Fassungsvermögen**

Danach erfolgen im Teil 4 und Teil 6 ADR **allgemeine Anforderungen** an die Verpackungen.

Größe und Gewicht

6.1.1.1 ADR

Die Verpackungen, für die diese allgemeinen Anforderungen Gültigkeit haben, dürfen eine Nettomasse von 400 kg bzw. einen Fassungsraum von 450 Litern nicht überschreiten.

Besondere Verpackungsvorschriften gelten für Verpackungen für radioaktive Stoffe der Klasse 7, ansteckungsgefährliche Stoffe der Klasse 6.2 und Druckgefäße mit Gasen der Klasse 2.

Allgemeine Qualitätsanforderungen an Verpackungen

4.1.1.1 ADR

Gefährliche Güter müssen in Verpackungen, einschließlich Großpackmittel (IBC) und Großverpackungen, **guter Qualität** verpackt sein.
Diese müssen **ausreichend stark** sein, dass sie den Stößen und Belastungen, die unter normalen Beförderungsbedingungen auftreten können, standhalten, einschließlich des Umschlags zwischen Beförderungsmitteln und zwischen Beförderungsmitteln und Lagerhäusern sowie jeder Entnahme von einer Palette oder aus einer Umverpackung zur nachfolgenden manuellen oder mechanischen Handhabung.

Die Verpackungen, einschließlich Großpackmittel (IBC) und Großverpackungen, müssen so hergestellt und so verschlossen sein, dass unter normalen Beförderungsbedingungen das **Austreten des Inhalts** aus der versandfertigen Verpackung, insbesondere infolge von Vibration, Temperaturwechsel, Feuchtigkeits- oder Druckänderung (z.B. hervorgerufen durch Höhenunterschiede) **vermieden** wird.

Verpackungen, einschließlich Großpackmittel (IBC) und Großverpackungen müssen gemäß den vom Hersteller gelieferten Informationen **verschlossen** sein.

Während der Beförderung dürfen an der Außenseite von Verpackungen, Großpackmitteln (IBC) und Großverpackungen **keine gefährlichen Rückstände anhaften**.

Diese Vorschriften gelten, wenn zutreffend, für neue, wiederverwendete, rekonditionierte und wiederaufgearbeitete Verpackungen und für neue, wiederverwendete, reparierte oder wiederaufgearbeitete Großpackmittel (IBC) sowie für neue wiederverwendete oder wiederaufgearbeitete Großverpackungen.

7. Gefahrgutumschließungen

Beständigkeit von Verpackungen

4.1.1.2 ADR

Die Teile der Verpackungen, einschließlich Großpackmittel (IBC) und Großverpackungen, die **unmittelbar mit gefährlichen Gütern in Berührung** kommen:

a) dürfen durch diese gefährlichen Güter **nicht angegriffen** oder **erheblich geschwächt** werden und

b) dürfen **keinen gefährlichen Effekt auslösen**, z.B. eine katalytische Reaktion oder eine Reaktion mit den gefährlichen Gütern, und

c) dürfen **keine Permeation (Durchdringung von Festkörpern)** der gefährlichen Güter ermöglichen, die unter normalen Beförderungsbedingungen eine Gefahr darstellen könnte.

Sofern erforderlich müssen sie mit einer geeigneten Innenauskleidung oder -behandlung versehen sein.

Bauartprüfung von Verpackungen

4.1.1.3 ADR

Alle Verpackungen für gefährliche Güter (außer Innenverpackungen) müssen im Grundsatz erfolgreich geprüft sein und einer Bauart entsprechen.

Anforderungen für die Verpackung von flüssigen Stoffen

4.1.1.4 ADR

Werden Verpackungen, einschließlich Großpackmittel (IBC) und Großverpackungen, mit flüssigen Stoffen befüllt, so muss ein **füllungsfreier Raum** bleiben, um sicherzustellen, dass die Ausdehnung des flüssigen Stoffes infolge der Temperaturen, die bei der Beförderung auftreten können, weder das Austreten des flüssigen Stoffes noch eine dauerhafte Verformung der Verpackung bewirkt.

Sofern nicht besondere Vorschriften bestehen, dürfen Verpackungen bei einer Temperatur von 55 °C nicht vollständig mit flüssigen Stoffen ausgefüllt sein. In einem Großpackmittel (IBC) muss jedoch ausreichend füllungsfreier Raum vorhanden sein, um sicherzustellen, dass es bei einer mittleren Temperatur des Inhalts von 50 °C nicht mehr als 98 % seines Fassungsraums für Wasser gefüllt ist.

Vorschriften für Innenverpackungen

4.1.1.5 ADR

Innenverpackungen müssen in einer Außenverpackung so verpackt sein, dass sie unter normalen Beförderungsbedingungen **nicht zerbrechen** oder **durchlöchert** werden können oder deren **Inhalt nicht** in die Außenverpackung **austreten** kann.

Innenverpackungen, die flüssige Stoffe enthalten, müssen so verpackt werden, dass ihre **Verschlüsse nach oben** gerichtet sind, und mit **Ausrichtungszeichen** in Außenverpackungen eingesetzt werden.

Zerbrechliche Innenverpackungen oder solche, die leicht durchlöchert werden können, wie Gefäße aus Glas, Porzellan oder Steinzeug, gewissen Kunststoffen usw. müssen mit **geeigneten Polsterstoffen** in die Außenverpackung eingebettet werden.
Beim Austreten des Inhalts dürfen die schützenden Eigenschaften der Polsterstoffe und der Außenverpackung nicht wesentlich beeinträchtigt werden.

Verpackungen
- Gefäße
- andere Bestandteile
- Werkstoffe
zur Erfüllung der Behältnis- und Sicherheitsfunktion

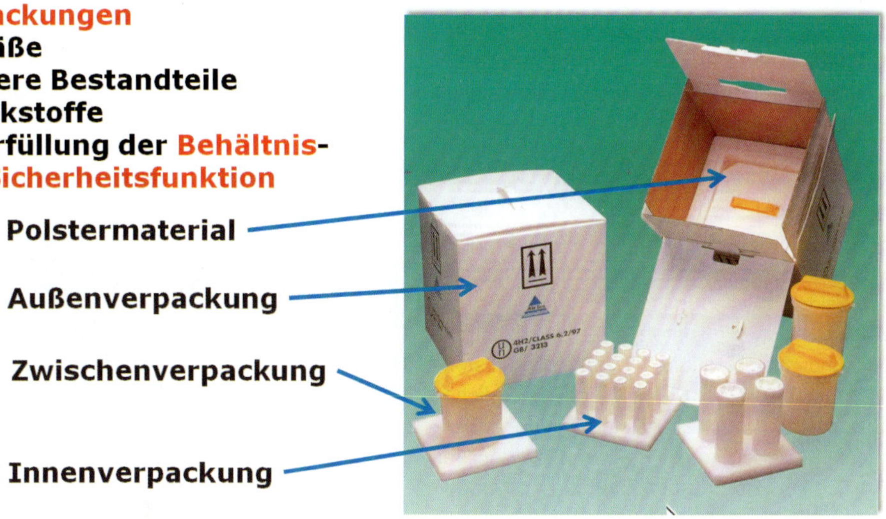

Zusammenpackung

4.1.1.6 ADR

Gefährliche Güter dürfen **nicht** mit gefährlichen oder anderen Gütern **zusammen** in dieselbe Außenverpackung oder in Großverpackungen **verpackt** werden, wenn sie **miteinander gefährlich reagieren** und dabei Folgendes verursachen:

a) eine Verbrennung oder Entwicklung beträchtlicher Wärme,

b) eine Entwicklung entzündbarer, erstickend wirkender, oxidierender oder giftiger Gase,

c) die Bildung ätzender Stoffe oder

d) die Bildung instabiler Stoffe.

Für diese Fälle existieren Sondervorschriften für die Zusammenpackung. Diese werden in Form von sogenannten MP-Codes in der Spalte 9b der Tabelle 3.2A hinterlegt. Die Bedeutung dieser MP-Codes sind in Abschnitt 4.1.10 ADR erläutert.

Verpackungen für flüssige Stoffe

4.1.1.8.1 ADR

Flüssige Stoffe dürfen nur in Innenverpackungen gefüllt werden, die eine ausreichende Widerstandsfähigkeit gegenüber dem Innendruck haben, der unter normalen Beförderungsbedingungen entstehen kann.

Leere Verpackungen

4.1.1.11 ADR

Leere Verpackungen, einschließlich leere Großpackmittel (IBC) und leere Großverpackungen, die ein gefährliches Gut enthalten haben, unterliegen denselben Vorschriften wie gefüllte Verpackungen, es sei denn, es wurden entsprechende Maßnahmen getroffen, um jede Gefahr auszuschließen.

Verpackungen für feste Stoffe, die sich verflüssigen können

4.1.1.13 ADR

Verpackungen, einschließlich Großpackmittel (IBC), für feste Stoffe, die sich bei den während der Beförderung auftretenden Temperaturen verflüssigen können, müssen diesen Stoff auch im flüssigen Zustand zurückhalten.

Verpackungen für pulverförmige oder körnige Stoffe

4.1.1.14 ADR

Verpackungen, einschließlich Großpackmittel (IBC), für pulverförmige oder körnige Stoffe müssen staubdicht oder mit einem Innensack versehen sein.

Verwendungsdauer von Kunststoffverpackungen

4.1.1.15 ADR

Sofern von der zuständigen Behörde nicht etwas anderes festgelegt wurde, beträgt die zulässige Verwendungsdauer für Fässer und Kanister aus Kunststoff, starre Kunststoff-IBC und Kombinations-IBC mit Kunststoff-Innenbehältern zur Beförderung gefährlicher Güter, vom Datum ihrer Herstellung an gerechnet, fünf Jahre, es sei denn, wegen der Art des zu befördernden Stoffes ist eine kürzere Verwendungsdauer vorgeschrieben.

Eis als Kühlmittel

4.1.1.16 ADR

Wenn Eis als Kühlmittel verwendet wird, darf dieses nicht die Funktionsfähigkeit der Verpackung beeinträchtigen.

Verwendung von Bergungsverpackungen

4.1.1.19 ADR

Beschädigte, defekte, undichte oder nicht den Vorschriften entsprechende Versandstücke oder gefährliche Güter, die verschüttet wurden oder ausgetreten sind, dürfen in Bergungsverpackungen befördert werden. Die Verwendung einer Verpackung mit größeren Abmessungen eines geeigneten Typs und geeigneter Prüfanforderungen wird dadurch nicht ausgeschlossen.

Geeignete Maßnahmen müssen ergriffen werden, um übermäßige Bewegungen der beschädigten oder undichten Versandstücke innerhalb der Bergungsverpackung zu verhindern. Sofern die Bergungsverpackung flüssige Stoffe enthält, muss eine ausreichende Menge inerten saugfähigen Materials beigefügt werden, um das Auftreten freier Flüssigkeit auszuschließen.

Es sind geeignete Maßnahmen zu ergreifen, um einen gefährlichen Druckaufbau zu verhindern.

Verwendung von Bergungsdruckgefäßen

4.1.1.20 ADR

Für beschädigte, defekte, undichte oder nicht den Vorschriften entsprechende Druckgefäße dürfen nur zugelassene Bergungsdruckgefäße gemäß verwendet werden.

Druckgefäße müssen in Bergungsdruckgefäße geeigneter Größe eingesetzt werden. Mehrere Druckgefäße dürfen nur dann in ein und dasselbe Bergungsdruckgefäß eingesetzt werden, wenn deren Füllgüter bekannt sind und diese nicht gefährlich miteinander reagieren.

Es müssen geeignete Maßnahmen ergriffen werden, um Bewegungen der Druckgefäße im Bergungsdruckgefäß zu verhindern, z.B. durch Unterteilen, Sichern oder Polstern.

Ein Druckgefäß darf nur dann in ein Bergungsdruckgefäß eingesetzt werden, wenn:

- das Bergungsdruckgefäß den Vorschriften entspricht und eine Kopie der Zulassungsbescheinigung vorliegt;
- der Druck und das Volumen des Füllguts des (der) enthaltenen Druckgefäßes (Druckgefäße) so begrenzt ist, dass bei einer vollständigen Entleerung in das Bergungsdruckgefäß der Druck im Bergungsdruckgefäß bei 65 °C nicht höher ist als der Prüfdruck des Bergungsdruckgefäßes.

Bergungsdruckgefäße müssen nach jeder Verwendung gereinigt, entgast und innen und außen einer Sichtprüfung unterzogen werden. Sie müssen spätestens alle fünf Jahre einer wiederkehrenden Prüfung unterzogen werden.

Prüfungen

6.1.1.2 ADR

Verpackungen müssen neben allgemeinen Verpackungsanforderungen spezifische Prüfverfahren durchlaufen, um eine Baumusterzulassung zu bekommen.

Prüfverfahren

6.1.5 ADR:

Die zentralen Prüfungen sind:

- Fallprüfung
- Dichtheitsprüfung
- Innendruckprüfung
- Stapeldruckprüfung

Fallprüfungen

Stapeldruckprüfungen

Innendruckprüfungen

Prüfungsfreistellungen

6.1.1.3 ADR

Neben den grundsätzlichen Prüfungsverpflichtungen sind u.a. Verpackungen ausgenommen von bestimmten Prüfungen (neben bestimmten Freistellungen):

- Innenverpackungen von zusammengesetzten Verpackungen,
- Innengefäße von Kombinationsverpackungen (Glas, Porzellan, Steinzeug), die mit ADR/RID gekennzeichnet sind,
- Feinstblechverpackungen, gekennzeichnet mit „ADR/RID“.

Codierung für die Bezeichnung des Verpackungstyps

6.1.2 ADR

Die verschiedenen Verpackungsarten werden genau kategorisiert und mit einer Codierung versehen. Hinter dieser Codierung verbergen sich die genauen Anforderungen an die jeweilige Verpackungsart.

Alle Verpackungen werden aufgeschlüsselt nach

- Art,
- Werkstoff und
- Kategorie.

Für jede dieser Verpackungen werden dann in einem eigenen Unterabschnitt die Anforderungen formuliert.

Die Übersicht der Codierungen finden sich in der Tabelle 6.1.2.7 ADR (siehe unten).

Für **Kombinationsverpackungen** sind an der zweiten Stelle des Codes zwei lateinische Großbuchstaben hintereinander zu verwenden. Der erste bezeichnet den Werkstoff des Innengefäßes, der zweite den der Außenverpackung.

Für **zusammengesetzte Verpackungen** ist lediglich die Codenummer für die Außenverpackung zu verwenden.

Auf den Verpackungscode können weitere Buchstaben folgen:

T Der Buchstabe **„T"** bezeichnet eine **Bergungsverpackung** nach Absatz 6.1.5.1.11

V Der Buchstabe **„V"** bezeichnet eine **Sonderverpackung** nach Absatz 6.1.5.1.7

W Der Buchstabe **„W"** bedeutet, dass die Verpackung zwar dem durch den Code bezeichneten **Verpackungstyp** angehört, jedoch nach einer von Abschnitt 6.1.4 **abweichenden Spezifikation** hergestellt wurde und nach den Vorschriften des Unterabschnitts 6.1.1.2 als **gleichwertig** gilt.

Übersicht der Verpackungscodierungen 6.1.2.7 ADR

Art	Werkstoff	Kategorie	Code	Unterabschnitt
1. Fässer	A. Stahl	nicht abnehmbarer Deckel	1A1	6.1.4.1
		abnehmbarer Deckel	1A2	
	B. Aluminium	nicht abnehmbarer Deckel	1B1	6.1.4.2
		abnehmbarer Deckel	1B2	
	D. Sperrholz		1D	6.1.4.5
	G. Pappe		1G	6.1.4.7
	H. Kunststoff	nicht abnehmbarer Deckel	1H1	6.1.4.8
		abnehmbarer Deckel	1H2	
	N. Metall, außer Stahl oder Aluminium	nicht abnehmbarer Deckel	1N1	6.1.4.3
		abnehmbarer Deckel	1N2	
2. (bleibt offen)				
3. Kanister	A. Stahl	nicht abnehmbarer Deckel	3A1	6.1.4.4
		abnehmbarer Deckel	3A2	
	B. Aluminium	nicht abnehmbarer Deckel	3B1	6.1.4.4
		abnehmbarer Deckel	3B2	
	H. Kunststoff	nicht abnehmbarer Deckel	3H1	6.1.4.8
		abnehmbarer Deckel	3H2	

7. Gefahrgutumschließungen

Art	Werkstoff	Kategorie	Code	Unterabschnitt
4. Kisten	A. Stahl		4A	6.1.4.14
	B. Aluminium		4B	6.1.4.14
	C. Naturholz	einfach	4C1	6.1.4.9
		mit staubdichten Wänden	4C2	
	D. Sperrholz		4D	6.1.4.10
	F. Holzfaserwerkstoff		4F	6.1.4.11
	G. Pappe		4G	6.1.4.12
	H. Kunststoff	Schaumstoffe	4H1	6.1.4.13
		starre Kunststoffe	4H2	
	N. Metall, außer Stahl oder Aluminium		4N	6.1.4.14
5. Säcke	H. Kunststoffgewebe	ohne Innenauskleidung oder Beschichtung	5H1	6.1.4.16
		staubdicht	5H2	
		wasserbeständig	5H3	
	H. Kunststofffolie		5H4	6.1.4.17
	L. Textilgewebe	ohne Innenauskleidung oder Beschichtung	5L1	6.1.4.15
		staubdicht	5L2	
		wasserbeständig	5L3	
	M. Papier	mehrlagig	5M1	6.1.4.18
		mehrlagig, wasserbeständig	5M2	
6. Kombinationsverpackungen	H. Kunststoffgefäß	in einem Fass aus Stahl	6HA1	6.1.4.19
		in einem Verschlag oder einer Kiste aus Stahl	6HA2	6.1.4.19
		in einem Fass aus Aluminium	6HB1	6.1.4.19
		in einem Verschlag oder einer Kiste aus Aluminium	6HB2	6.1.4.19
		in einer Kiste aus Naturholz	6HC	6.1.4.19
		in einem Fass aus Sperrholz	6HD1	6.1.4.19
		in einer Kiste aus Sperrholz	6HD2	6.1.4.19
		in einem Fass aus Pappe	6HG1	6.1.4.19
		in einer Kiste aus Pappe	6HG2	6.1.4.19
		in einem Fass aus Kunststoff	6HH1	6.1.4.19
		in einer Kiste aus starrem Kunststoff	6HH2	6.1.4.19
	P. Gefäß aus Porzellan, Glas, oder Steinzeug	in einem Fass aus Stahl	6PA1	6.1.4.20
		in einem Verschlag oder einer Kiste aus Stahl	6PA2	6.1.4.20
		in einem Fass aus Aluminium	6PB1	6.1.4.20
		in einem Verschlag oder einer Kiste aus Aluminium	6PB2	6.1.4.20
		in einer Kiste aus Naturholz	6PC	6.1.4.20
		in einem Fass aus Sperrholz	6PD1	6.1.4.20
		in einem Weidenkorb	6PD2	6.1.4.20

Art	Werkstoff	Kategorie	Code	Unterabschnitt
Fortsetzung 6. Kombinationsverpackungen	*P. Gefäß aus Porzellan, Glas, oder Steinzeug*	in einem Fass aus Pappe	6PG1	6.1.4.20
		in einer Kiste aus Pappe	6PG2	6.1.4.20
		in einer Außenverpackung aus starrem Kunststoff	6PH1	6.1.4.20
7. (bleibt offen)				
0. Feinstblechverpackungen	A. Stahl	nicht abnehmbarer Deckel	0A1	6.1.4.22
		abnehmbarer Deckel	0A2	

Kennzeichnung der Verpackungen

6.1.3 ADR

Die Kennzeichnung auf der Verpackung gibt an, dass diese einer erfolgreich geprüften Bauart entspricht und die Vorschriften dieses Kapitels erfüllt, soweit diese sich auf die Herstellung und nicht auf die Verwendung der Verpackung beziehen. Folglich sagt die Kennzeichnung nicht unbedingt aus, dass die Verpackung für irgendeinen Stoff verwendet werden darf.

Die Kennzeichnung ist dazu bestimmt, die Aufgaben der Verpackungshersteller, der Rekonditionierer, der Verpackungsverwender, der Beförderer und der Regelungsbehörden zu erleichtern. Bei der Verwendung einer neuen Verpackung ist die Originalkennzeichnung ein Hilfsmittel für den oder die Hersteller, um den Typ festzustellen und um anzugeben, welche Prüfvorschriften diese erfüllt.

Die Kennzeichnung liefert nicht immer vollständige Einzelheiten beispielsweise über das Prüfniveau; es kann daher notwendig sein, diesem Gesichtspunkt auch unter Bezugnahme auf ein Prüfzertifikat, Prüfberichte oder ein Verzeichnis erfolgreich geprüfter Verpackungen Rechnung zu tragen. Zum Beispiel kann eine Verpackung, die mit einem X oder einem Y gekennzeichnet ist, für Stoffe verwendet werden, denen eine Verpackungsgruppe mit einem geringeren Gefahrengrad zugeordnet ist.

Jede Verpackung, die für eine Verwendung gemäß ADR/RID vorgesehen ist, muss mit Kennzeichnungen versehen sein, die dauerhaft und lesbar und an einer Stelle in einem zur Verpackung verhältnismäßigen Format so angebracht sind, dass sie gut sichtbar sind. Bei Versandstücken mit einer Bruttomasse von mehr als 30 kg müssen die Kennzeichnungen oder ein Doppel davon auf der Oberseite oder auf einer Seite der Verpackung erscheinen. Die Buchstaben, Ziffern und Zeichen müssen eine Zeichenhöhe von mindestens 12 mm haben, ausgenommen an Verpackungen mit einem Fassungsraum von höchstens 30 Litern oder 30 kg, bei denen die Zeichenhöhe mindestens 6 mm betragen muss, und ausgenommen Verpackungen mit einem Fassungsraum von höchstens 5 Litern oder 5 kg, bei denen sie eine angemessene Größe aufweisen müssen.

Mit dem Anbringen der Kennzeichnung wird bestätigt, dass die serienmäßig gefertigten Verpackungen der zugelassenen Bauart entsprechen und die in der Zulassung genannten Bedingungen erfüllt sind.

Aufbau der Kennzeichnung

6.1.3.1 ADR

Der Aufbau der Kennzeichnung hat eine gegliederte Struktur:

ⓤⓝ	das Symbol der Vereinten Nationen (UN) für Verpackungen oder
RID/ADR	für Kombinationsverpackungen (Porzellan, Glas oder Steinzeug) und Feinstblechverpackungen
4G	der Code für den Verpackungstyp
X	Buchstabe für die geprüfte Verpackungsgruppe (I, II, III)
Y	Buchstabe für die geprüfte Verpackungsgruppe (II, III)
Z	Buchstabe für die geprüfte Verpackungsgruppe (III)
1,4	bei Verpackungen ohne Innenverpackungen, die für flüssige Stoffe Verwendung finden, aus der Angabe der auf die erste Dezimalstelle gerundeten relativen Dichte, für die das Baumuster geprüft worden ist; diese Angabe kann entfallen, wenn die relative Dichte 1,2 nicht überschreitet.
145	bei Verpackungen, die für feste Stoffe oder Innenverpackungen Verwendung finden, aus der Angabe der Bruttohöchstmasse in kg.
S	entweder aus dem Buchstaben „S“, wenn die Verpackung für feste Stoffe oder für Innenverpackungen Verwendung findet, oder,
150	wenn die Verpackung (ausgenommen zusammengesetzte Verpackungen) für flüssige Stoffe Verwendung findet und mit Erfolg einer Flüssigkeitsdruckprüfung unter zogen worden ist, aus der Angabe des Prüfdrucks in kPa, abgerundet auf die nächs ten 10 kPa.
02	aus den letzten beiden Ziffern des Jahres der Herstellung. Bei Verpackungen der Verpackungsarten 1H (Kunststofffässer) und 3H (Kunststoff kanister) zusätzlich aus dem Monat der Herstellung der Verpackung; dieser Teil der Kennzeichnung darf auch an anderer Stelle als die übrigen Angaben angebracht sein. Eine geeignete Weise ist:

D	aus dem Zeichen des Staates, in dem die Erteilung der Kennzeichnung zugelassen wurde, angegeben durch das Unterscheidungszeichen für Kraftfahrzeuge im inter nationalen Verkehr.
VL823 BAM 8632-M	aus dem Namen des Herstellers oder einer sonstigen von der zuständigen Behörde festgelegten Identifizierung der Verpackung.

Die Darstellung der Kennzeichnung erfolgt in dieser Form:

ⓤⓝ1A1/Y1.4/150/98/NL/VL824

für ein Stahlfass mit nicht abnehmbaren Deckel , für flüssige Gefahrgüter der Verpackungsgruppe II und III, mit einem höchsten Prüfdruck von 150 kPa, hergestellt 1998 in den Niederlanden, vom codierten Hersteller.

Beispiele

1A1 X500 97 CH3085

D/BAM 7556 KHV

Vatrol perfekt
CORROSIVE
8
UN 3253
VP 20 Inhalt: 20kg
EAN 40 15000 900218
5H4/Y31/S/97/NL/RKW 1542

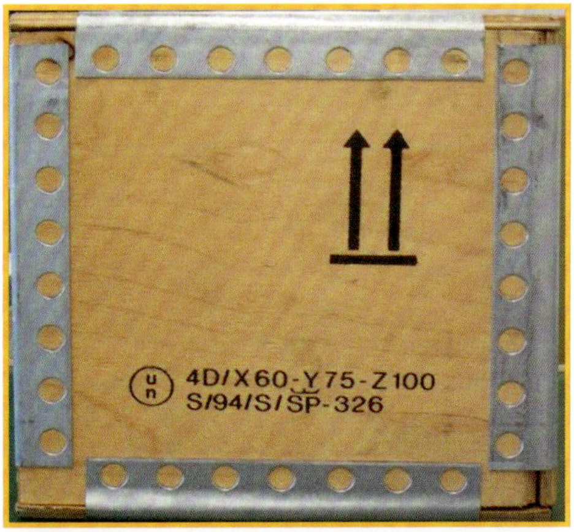
4D/X60-Y75-Z100
S/94/S/SP-326

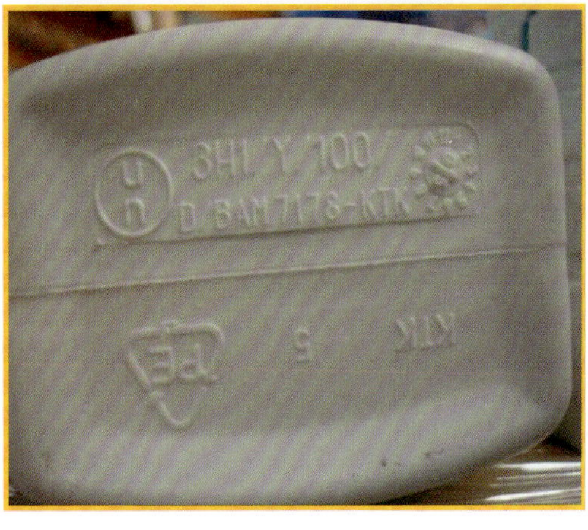
3H1 Y 100/
D/BAM 7178-KTK
PE
5
KTK

Anweisungen für die Verwendung von Verpackungen

4.1.4.1 ADR

Nachdem alle Verpackungen für ihre Bauart geprüft und zugelassen worden sind, müssen sie noch für die Verwendung für die verschiedenen gefährlichen Güter festgelegt werden.
Dies geschieht durch Zuordnung einer Verpackungsanweisung in der Tabelle 3.2 A.
In diesen Verpackungsanweisungen werden unterschiedlichste Festlegungen getroffen hinsichtlich der Benutzung für die ausgewiesenen gefährlichen Güter.
Als Beispiel für diese Verpackungsanweisungen sind hier zwei Beispiele auszugsweise dargestellt:

P 001 Verpackungsanweisung (flüssige Stoffe) – Auszug				
Folgende Verpackungen sind zugelassen, wenn die allgemeinen Vorschriften der Abschnitte 4.1.1 und 4.1.3 erfüllt sind:				
Zusammengesetzte Verpackungen		**Höchste(r) Fassungsraum / Nettomasse (siehe Unterabschnitt 4.1.3.3)**		
Innenverpackungen	**Außenverpackungen**	**VG I**	**VG II**	**VG III**
aus Glas 10 Liter aus Kunststoff 30 Liter aus Metall 40 Liter	**Fässer**			
	aus Stahl (1A1, 1A2)	250 kg	400 kg	400 kg
	aus Aluminium (11B1, 1B2)	250 kg	400 kg	400 kg
	aus einem anderen Metall (1N1, 1N2)	250 kg	400 kg	400 kg
	aus Pappe (1G)	75 kg	400 kg	400 kg
	Kisten			
	aus Stahl (4A)	250 kg	400 kg	400 kg
	aus Pappe (4G)	75 kg	400 kg	400 kg
	aus starrem Kunststoff (4H2)	150 kg	400kg	400 kg
	Kanister			
	aus Stahl (3A1, 3A2)	120 kg	120 kg	120 kg
	aus Aluminium (3B1, 3B2)	120 kg	120 kg	120 kg
	aus Kunststoff (3H1, 3H2)	120 kg	120 kg	120 kg
Einzelverpackungen				
Fässer				
aus Stahl, mit nicht abnehmbarem Deckel (1A1)		250 l	450 l	450 l
aus Kunststoff, mit abnehmbarem Deckel (1H2)		250 l[a)]	450 l	450 l
Kanister				
aus Stahl, mit nicht abnehmbarem Deckel (3A1)		60 l	60 l	60 l
aus Kunststoff, mit nicht abnehmbarem Deckel (3H1)		60 l	60 l	60 l
aus Kunststoff, mit abnehmbarem Deckel (3H2)		60 l[a)]	60 l	60 l
[a)] Es sind nur Stoffe mit einer Viskosität von mehr als 2680 mm^2/s zugelassen.				
Kombinationsverpackungen				
Kunststoffgefäß in einem Fass aus Stahl oder Aluminium (6HA1, 6HB1)		250 l	250 l	250 l
Kunststoffgefäß in einem Verschlag oder einer Kiste aus Stahl oder Aluminium oder Kunststoffgefäß in einer Kiste aus Naturholz, Sperrholz, Pappe oder starrem Kunststoff (6HA2, 6HB2, 6HC, 6HD2, 6HG2 oder 6HH2)		60 l	60 l	60 l
Druckgefäße, vorausgesetzt die allgemeinen Vorschriften des Unterabschnitts 4.1.3.6 werden erfüllt.		.	.	.
Zusätzliche Vorschrift Für Stoffe der Klasse 3 Verpackungsgruppe III, die geringe Mengen an Kohlendioxid und Stickstoff freisetzen, müssen die Verpackungen mit einer Lüftungseinrichtung versehen sein.				
Sondervorschriften für die Verpackung				
PP 1	Die UN-Nummern 1133, 1210, 1263 und 1866 sowie Klebstoffe, Druckfarben, Druckfarbzubehörstoffe, Farben, Farbzubehörstoffe und Harzlösungen, die der UN-Nummer 3082 zugeordnet sind, dürfen als Stoffe der Verpackungsgruppen II und III in Mengen von höchstens 5 Litern in Verpackungen aus Metall oder Kunststoff, die nicht die Prüfungen nach Kapitel 6.1 bestehen müssen, verpackt werden, wenn sie wie folgt befördert werden: a) als Palettenladung, in Gitterboxpaletten oder Ladungseinheiten, z.B. einzelne Verpackungen, die auf eine Palette gestellt oder gestapelt sind und die mit Gurten, Dehn- oder Schrumpffolie oder einer anderen geeigneten Methode auf der Palette befestigt sind, oder b) als Innenverpackungen von zusammengesetzten Verpackungen mit einer höchsten Nettomasse von 40 kg.			
PP 2	Für die UN-Nummer 3065 dürfen Holzfässer mit einem höchsten Fassungsraum von 250 l, die nicht den Vorschriften des Kapitels 6.1 entsprechen, verwendet werden.			
PP 4	Für die UN-Nummer 1774 müssen die Verpackungen den Prüfanforderungen der Verpackungsgruppe II entsprechen.			
...	...			
PP 81	Für die UN-Nummer 1790 mit mehr als 60 %, aber zu höchstens 85 % Fluorwasserstoff und die UN-Nummer 2031 mit mehr als 55 % Salpetersäure beträgt die zulässige Verwendungsdauer der als Einzelverpackungen verwendeten Fässer und Kanister aus Kunststoff zwei Jahre ab dem Datum der Herstellung.			
RID- und ADR-spezifische Sondervorschriften für die Verpackung				
RR 2	Für die UN-Nummer 1261 sind Verpackungen mit abnehmbarem Deckel nicht zugelassen.			

P 002 Verpackungsanweisung (feste Stoffe) – Auszug

Folgende Verpackungen sind zugelassen, wenn die allgemeinen Vorschriften der Abschnitte 4.1.1 und 4.1.3 erfüllt sind:

Zusammengesetzte Verpackungen		**Höchste Nettomasse siehe Unterabschnitt 4.1.3.3)**		
Innenverpackungen	**Außenverpackungen**	**VG I**	**VG II**	**VG III**
aus Glas 10 kg	**Fässer**			
aus Kunststoff[a)] 50 kg	aus Stahl (1A1, 1A2)	400 kg	400 kg	400 kg
aus Metall 50 kg	aus Aluminium (1B1, 1B2)	400 kg	400 kg	400 kg
aus Papier[a)b)c)] 50 kg	aus einem anderen Metall (1N1, 1N2)			
aus Pappe[a)b)c)] 50 kg	.	400 kg	400 kg	400 kg
a) Diese Innenverpackungen müssen staubdicht sein.	.	.	.	.
	aus Pappe (1G)	400 kg	400 kg	400 kg
b) Diese Innenverpackungen dürfen nicht verwendet werden, wenn sich die zu befördernden Stoffe während der Beförderung verflüssigen können (siehe UA 4.1.3.4).	**Kisten**			
	aus Stahl (4A)	400 kg	400 kg	400 kg
	aus Aluminium (4B)	400 kg	400 kg	400 kg
	.	.	.	.
	aus Pappe (4G)	125 kg	400 kg	400 kg
	aus Schaumstoff (4H1)	60 kg	60 kg	60 kg
	aus starrem Kunststoff (4H2)	250 kg	400 kg	400 kg
c) Diese Innenverpackungen dürfen für Stoffe der Verpackungsgruppe I nicht verwendet werden.	**Kanister**			
	aus Stahl 3A1, (3A2)	120 kg	120 kg	120 kg
	aus Aluminium (3B1, 3B2)	120 kg	120 kg	120 kg
	aus Kunststoff (3H1, 3H2)	120 kg	120 kg	120 kg
Einzelverpackungen				
Fässer				
aus Stahl (1A1 oder 1A2[d)])		400 kg	400 kg	400 kg
.		.	.	.
aus Kunststoff (1H1 oder1H2[d)])		400 kg	400 kg	400 kg
Kanister				
aus Stahl (3A1 oder 3A2[d)])		120 kg	120 kg	120 kg
aus Aluminium (3B1 oder3B2[d)])		120 kg	120 kg	120 kg
aus Kunststoff (3H1 oder 3H2[d)])		120 kg	120 kg	120 kg
Kisten				
aus Stahl (4A)[e)]		nicht zulässig	400 kg	400 kg
.				
aus Naturholz, mit staubdichten Wänden (4C2)[e)]		nicht zulässig	400 kg	400 kg
.		.	.	.
aus starrem Kunststoff (4H2) [e)]		nicht zulässig	400 kg	400 kg
..				
aus Pappe (4G)		nicht zulässig	400 kg	400 kg
Säcke				
Säcke (5H3, 5H4, 5L3, 5M2)		nicht zulässig	50 kg	50 kg
Kombinationsverpackungen				
Kunststoffgefäß in einem Fass aus Stahl, Aluminium, Sperrholz, Pappe oder Kunststoff (6HA1, 6HB1, 6HG1[e)], 6HD1[e)] oder 6HH1)		400 kg	400 kg	400 kg
.		.	.	.
Glasgefäß in einem Fass aus Stahl, Aluminium, Sperrholz oder Pappe (6PA1, 6PB1, 6PD1[e)] oder 6PG1[e)]) oder in einem Verschlag oder einer Kiste aus Stahl oder Aluminium, in einer Kiste aus Naturholz oder Pappe oder in einem Weidenkorb (6PA2, 6PB2, 6PC, 6PG2[e)] oder 6PD2[e)]) oder in einer Verpackung aus starrem Kunststoff oder aus Schaumstoff (6PH2 oder 6PH1[e)])		75 kg	75 kg	75 kg
Druckgefäße vorausgesetzt, die allgemeinen Vorschriften nach 4.1.3.6 ADR werden erfüllt.				

d) Diese Verpackungen dürfen nicht für Stoffe der Verpackungsgruppe I verwendet werden, die sich während der Beförderung verflüssigen können (siehe Unterabschnitt 4.1.3.4).

e) Diese Verpackungen dürfen nicht für Stoffe verwendet werden, wenn sich die zu befördernden Stoffe während der Beförderung verflüssigen können (siehe Unterabschnitt 4.1.3.4).

Sondervorschriften für die Verpackung	
PP 6	gestrichen
PP84	Für die UN-Nummer 1057 sind starre Außenverpackungen zu verwenden, die den Prüfanforderungen für die Verpackungsgruppe II entsprechen. Die Verpackungen sind so auszulegen, herzustellen und einzurichten, dass eine Bewegung, eine unbeabsichtigte Zündung der Einrichtungen oder ein unbeabsichtigtes Freiwerden entzündbarer Gase oder entzündbarer flüssiger Stoffe verhindert wird.
	Bem. Für Abfall-Feuerzeuge, die getrennt gesammelt werden, siehe Kapitel 3.3 Sondervorschrift 654.

7.2 Verpackungen, speziell Großpackmittel (IBC)

Viele grundsätzliche Bedingungen, die für Verpackungen Gültigkeit haben, sind analog auf die Großpackmittel (IBC) übertragbar. Es werden daher an dieser Stelle nicht alle Einzelheiten erneut aufgeführt. Es wird im Schwerpunkt auf die Besonderheiten für Großpackmittel (IBC) eingegangen.

Das ADR definiert Großpackmittel als eine transportable Verpackung, starr oder flexibel. Es unterscheidet sich im Aussehen kaum z.B. vom Tankcontainer. Die Codierung beginnt aber im Gegensatz zum Tankcontainer immer mit den Buchstaben „UN“. Danach folgen die speziellen Merkmale. Großpackmittel sind ausgelegt mit einem Fassungsraum von max. 3 m^3

- für feste und flüssige Stoffe der Verpackungsgruppen II und III,
- für feste Stoffe der Verpackungsgruppe I, soweit sie in metallenen Großpackmitteln verpackt sind,
- für radioaktive Stoffe der Klasse 7,
- mit einem Fassungsraum von max. 1,5 m^3
- für feste Stoffe der Verpackungsgruppe I, soweit sie in flexiblen Kunststoff- oder Kombinations-IBC, oder in IBC aus Pappe oder Holz verpackt sind,
- für mechanische Handhabung,
- das den Beanspruchungen bei der Handhabung und Beförderung standhält.

IBC kommt aus dem Englischen und bedeutet **I**ntermediate **B**ulk **C**ontainer. In der Praxis wird der IBC aber nicht als Container, sondern wie eine große Verpackung behandelt. Es ist deshalb von großer Wichtigkeit, beides sicher zu unterscheiden. Die Verwendung von Großpackmitteln zur Beförderung bestimmter gefährlicher Güter muss nach Tabelle 3.2 A ausdrücklich zugelassen sein und darf nur entsprechend der in Spalte 8 benannten Verpackungsanweisung(en) erfolgen.

Folgende Großpackmittel (IBC) werden vom ADR unterschieden:

Flexibler IBC besteht aus einem Packmittelkörper mit Bedienungsausrüstungen und Handhabungsvorrichtungen, gebildet aus einer Folie, einem Gewebe oder anderen flexiblen Werkstoffen, ggf. mit einer inneren Beschichtung oder Auskleidung.

IBC aus Holz besteht aus einem starren oder zerlegbaren Packmittelkörper aus Holz mit Bedienungs- und baulichen Ausrüstungen mit einer Innenauskleidung.

IBC aus Pappe besteht aus einem Packmittelkörper aus Pappe sowie der Bedienungsausrüstung und baulichen Ausrüstung. Der Packmittelkörper kann mit oder ohne getrennten oberen oder unteren Deckeln und mit einer Innenauskleidung (aber keinen Innenverpackungen) versehen sein.

Kombinations-IBC mit Kunststoff-Innenbehälter besteht aus einem Packmittelkörper sowie der Bedienungsausrüstung und baulichen Ausrüstung. Der Packmittelkörper wird gebildet aus einem Rahmen als starre äußere Umhüllung um einen KunststoffInnenbehälter. Innenbehälter und äußere Umhüllung bilden nach der Zusammensetzung eine untrennbare Einheit, die als solche gefüllt, gelagert, befördert oder entleert wird.

Metallener IBC besteht aus einem Packmittelkörper aus Metall sowie der Bedienungsausrüstung und baulichen Ausrüstung.

Reparierter IBC besteht aus einem IBC (metallen, starrer Kunststoff, Kombination) der wegen eines Stoßes oder aus einem anderen Grund so wiederhergestellt wurde, dass er wieder der geprüften Bauart entspricht und den Bauartprüfungen wieder standhält.

Starrer Kunststoff-IBC besteht aus einem Packmittelkörper aus starrem Kunststoff und kann mit einem Rahmen und einer geeigneten Bedienungsausrüstung versehen sein.

Wiederaufgearbeiteter IBC besteht aus einem IBC (metallen, starrer Kunststoff, Kombination), der sich mit unterschiedlichen Methoden bearbeitet, wie ein neuer IBC desselben Typs verhält.

Zusätzliche allgemeine Vorschriften für die Verwendung

4.1.2 ADR

Wenn Großpackmittel (IBC) für die Beförderung flüssiger Stoffe mit einem Flammpunkt von höchstens 60 °C oder von zu Staubexplosion neigenden Pulvern verwendet werden, sind Maßnahmen zu treffen, um eine gefährliche elektrostatische Entladung zu verhindern.

Alle metallenen IBC, alle starren Kunststoff-IBC und alle Kombinations-IBC müssen einer entsprechenden Inspektion und Prüfung unterzogen werden:

- vor Inbetriebnahme;
- anschließend, je nach Fall, in Abständen von höchstens zweieinhalb oder fünf Jahren;
- nach Reparatur oder Wiederaufarbeitung vor Wiederverwendung zur Beförderung.

Codierungssystem für die Kennzeichnung von IBC

6.5.1.4 ADR

Ähnlich wie die Verpackungen werden auch die IBC nach verschiedenen Arten unterteilt. Neben den technologischen Gesichtspunkten geht es auch hier um die Form, in der der Stoff vorliegt (fest oder flüssig). Darüber gibt nachstehende Tabelle Auskunft:

Art	Für feste Stoffe bei Füllung oder Entleerung		Für flüssige Stoffe
	durch Schwerkraft	unter Druck > 10 kPa	
starr	11	21	31
flexibel	13	–	–

Aus der Zusammenstellung wird ersichtlich, dass flexible IBC nur für feste Stoffe verwendet werden dürfen und nur mittels Schwerkraft befüllt oder entleert werden dürfen.
Diese Codierung steht am Anfang des Codes.

Für Kombinations-IBC sind an der zweiten Stelle des Codes zwei Großbuchstaben zu verwenden, wobei der erste Buchstabe den Werkstoff des Innenbehälters des IBC und der zweite den der Außenverpackung des IBC bezeichnet.

Der IBC-Code kann durch den Buchstaben „W“ ergänzt werden. Der Buchstabe „W“ bedeutet, dass der IBC zwar dem durch den Code bezeichneten IBC-Typ angehört, jedoch nach einer abweichenden Spezifikation hergestellt wurde und als gleichwertig gilt.

In der Tabelle 6.5.1.4.3 ADR sind genau wie für die Verpackungen, die Codierungen für Großpackmittel (IBC) zusammengefasst:

Übersicht der Codierungen für Großpackmittel (IBC)

6.5.1.4.3

Werkstoff	Variante	Code	Unterabschnitt
metallen			
A. Stahl	für feste Stoffe bei Befüllung oder Entleerung durch Schwerkraft für feste Stoffe bei Befüllung oder Entleerung unter Druck für flüssige Stoffe	11A 21A 31A	6.5.5.1
B. Aluminium	für feste Stoffe bei Befüllung oder Entleerung durch Schwerkraft für feste Stoffe bei Befüllung oder Entleerung unter Druck für flüssige Stoffe	11B 21B 31B	
N. anderes Metall	für feste Stoffe bei Befüllung oder Entleerung durch Schwerkraft für feste Stoffe bei Befüllung oder Entleerung unter Druck für flüssige Stoffe	11N 21N 31N	6.5.5.1
flexibel			
H. Kunststoff	Kunststoffgewebe ohne Beschichtung oder Innenauskleidung Kunststoffgewebe, beschichtet Kunststoffgewebe mit Innenauskleidung Kunststoffgewebe, beschichtet und mit Innenauskleidung Kunststofffolie	13H1 13H2 13H3 13H4 13H5	6.5.5.2
L. Textilgewebe	ohne Beschichtung oder Innenauskleidung beschichtet mit Innenauskleidung beschichtet und mit Innenauskleidung	13L1 13L2 13L3 13L4	
M. Papier	mehrlagig mehrlagig, wasserbeständig	13M1 13M2	
H. **starrer Kunststoff**	für feste Stoffe bei Befüllung oder Entleerung durch Schwerkraft, mit baulicher Ausrüstung für feste Stoffe bei Befüllung oder Entleerung durch Schwerkraft, freitragend für feste Stoffe bei Befüllung oder Entleerung unter Druck, mit baulicher Ausrüstung für feste Stoffe bei Befüllung oder Entleerung unter Druck, freitragend für flüssige Stoffe, mit baulicher Ausrüstung für flüssige Stoffe, freitragend	11H1 11H2 21H1 21H2 31H1 31H2	6.5.5.3
HZ. **Kombination mit einem Kunststoff-Innenbehälter** [a]	für feste Stoffe bei Befüllung oder Entleerung durch Schwerkraft, mit starrem Kunststoff-Innenbehälter für feste Stoffe bei Befüllung oder Entleerung durch Schwerkraft, mit flexiblem Kunststoff-Innenbehälter für feste Stoffe bei Befüllung oder Entleerung unter Druck, mit starrem Kunststoff-Innenbehälter für feste Stoffe bei Befüllung oder Entleerung unter Druck, mit flexiblen Kunststoff-Innenbehälter für flüssige Stoffe, mit starrem Kunststoff-Innenbehälter für flüssige Stoffe, mit flexiblem Kunststoff-Innenbehälter	11HZ1 11HZ 2 21HZ1 21HZ2 31HZ1 31HZ2	6.5.5.4
G. **Pappe**	für feste Stoffe bei Befüllung oder Entleerung durch Schwerkraft	11G	6.5.5.5
Holz			
C. Naturholz	für feste Stoffe bei Befüllung oder Entleerung durch Schwerkraft, mit Innenauskleidung	11C	6.5.5.6
D. Sperrholz	für feste Stoffe bei Befüllung oder Entleerung durch Schwerkraft, mit Innenauskleidung	11D	
F. Holzfaserwerkstoff	für feste Stoffe bei Befüllung oder Entleerung durch Schwerkraft, mit Innenauskleidung	11F	

[a] Dieser Code muss durch Ersetzten des Buchstabens Z durch einen Großbuchstaben gemäß Absatz 6.5.1.4.1 b) ergänzt werden, der den für die äußere Umhüllung verwendeten Werkstoff angibt.

Aufbau der Kennzeichnung

6.5.2 ADR

Auch Großpackmittel (IBC) müssen mit einer Kennzeichnung versehen sein, aus der die Bauartzulassung hervorgeht.

(UN)	Symbol der Vereinten Nationen (UN) für Verpackungen oder
11A	Code für den Verpackungstyp
X	Buchstabe für die geprüfte Verpackungsgruppe (I, II, III), nur IBC für feste Stoffe
Y	Buchstabe für die geprüfte Verpackungsgruppe (II, III)
Z	Buchstabe für die geprüfte Verpackungsgruppe (III)
0299	Monat und Jahr der Herstellung.
D	Zeichen des Staates, in dem die Erteilung der Kennzeichnung zugelassen wurde, angegeben durch das Unterscheidungszeichen für Kraftfahrzeuge im internationalen Verkehr.
VL823 BAM 8632-M	Name oder Zeichen des Herstellers oder einer sonstigen von der zuständigen Behörde festgelegte Identifizierung des IBC.
5500	Prüflast der Stapeldruckprüfung in kg. Bei IBC, die nicht für die Stapelung ausgelegt sind, ist „0“ anzugeben.
1500	Höchstzulässige Bruttomasse in kg.

Die Darstellung der Kennzeichnung erfolgt in dieser Form:

(UN) 11A/Y/0299/NL/Mulder 007/5500/1500

für einen IBC aus Stahl für die Beförderung von festen Stoffen, die durch Schwerkraft entleert werden, für Gefahrgüter der Verpackungsgruppen II und III, hergestellt im Februar 1999 in den Niederlanden, vom codierten Hersteller mit der behördlichen Seriennummer 007, die verwendete Stapeldrucklast bei der Prüfung betrug 5500 kg, die höchstzulässige Bruttomasse beträgt 1500 kg.

Zusätzliche Kennzeichnung

6.5.2.2 ADR

Neben der grundsätzlichen Kennzeichnung der Bauartzulassung sind weitergehende Angaben auf den IBC dauerhaft und gut lesbar anzubringen. Dies geschieht i.d.R. durch ein entsprechend korrosionsbeständiges Schild.

zusätzliche Kennzeichnung	IBC-Typ				
	Metall	starrer Kunststoff	Kombi-nation	Pappe	Holz
Fassungsraum in Liter bei 20°C [a]	X	X	X		
Eigenmasse in kg [a]	X	X	X	X	X
Prüfdruck (Überdruck) in kPa oder in bar [a], falls zutreffend		X	X		
höchstzulässiger Füllungs-/Entleerungsdruck in kPa oder in bar [a], falls zutreffend	X	X	X		
verwendeter Werkstoff für den Packmittelkörper und Mindestdicke in mm	X				
Datum der letzten Dichtheitsprüfung (Monat und Jahr), falls zutreffend	X	X	X		
Datum der letzten Inspektion (Monat und Jahr)	X	X	X		
Seriennummer des Herstellers	X				
höchstzulässige Stapellast [b]	X	X	X	X	X

[a] die verwendeten Maßeinheiten sind anzugeben.

[b] siehe Absatz 6.5.2.2.2. Diese zusätzliche Kennzeichnung gilt für alle ab dem 1. Januar 2011 hergestellten, reparierten oder wiederaufgearbeiteten IBC (siehe Unterabschnitt 1.6.1.15)

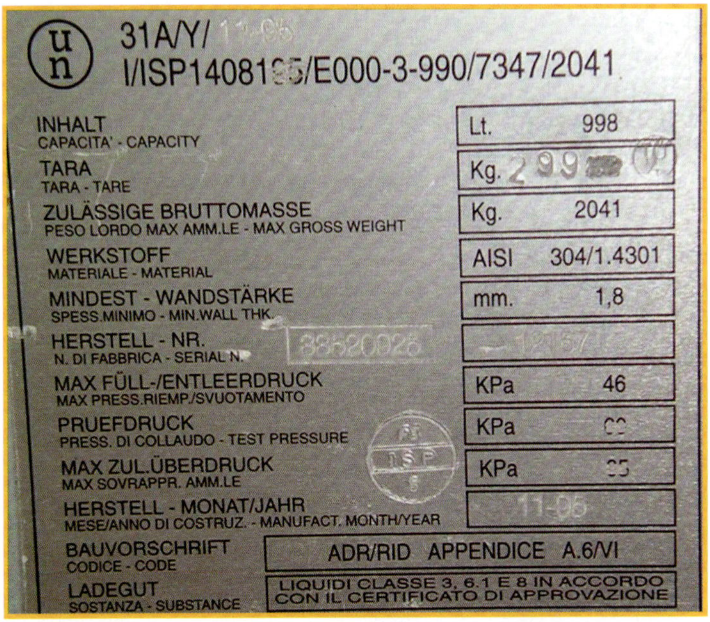

Die **höchstzulässige anwendbare Stapellast** bei der Verwendung des IBC muss auf einem **Piktogramm** angegeben werden.

Die über dem Piktogramm angegebene Masse darf nicht größer sein, als die bei der Bauartprüfung aufgebrachte Last (siehe Absatz 6.5.6.6.4), dividiert durch 1,8.

Bem. Die Vorschriften des Absatzes 6.5.2.2.2 gelten für alle IBC, die ab dem 1. Januar 2011 hergestellt, repariert oder wiederaufgearbeitet werden (siehe auch Übergangsvorschriften in Unterabschnitt 1.6.1.15).

Die Mindestabmessung des Piktogramms muss 100 mm x 100 mm betragen.

Neben den vorgeschriebenen Kennzeichnungen dürfen flexible IBC mit einem **Piktogramm** versehen sein, auf dem die **empfohlenen Hebemethoden** angegeben sind.

Der Innenbehälter von nach dem 01. Januar 2011 hergestellten Kombinations-IBC muss auch mit einer Kennzeichnung der Bauartzulassung versehen sein. Das Verpackungskennzeichen (UN) darf hierbei aber nicht angebracht sein. Auch nach dem Einsetzen in die Außenverpackung muss diese Kennzeichnung gut sichtbar sein. Das anzugebende Datum der Herstellung muss das Datum der Herstellung des Kunststoff-Innenbehälters sein. Alternativ darf das Datum mit einer anderen geeigneten Methode dargestellt werden:

Innenbehälter von Kombinations-IBC, die vor dem 1. Juli 2011 hergestellt wurden und in Übereinstimmung mit den bis zum 31.12.2010 geltenden Vorschriften gekennzeichnet sind, dürfen weiterverwendet werden (Übergangsvorschrift 1.6.1.22 ADR).

Prüfvorschriften für IBC

6.5.6 ADR

Um die oben beschriebenen Bauartzulassungen zu erwerben unterliegen gerade IBC aufgrund der hohen Belastungen umfangreicheren Prüfungen, wie:

- Hebeprüfungen von unten
- Hebeprüfungen von oben
- Stapeldruckprüfungen
- Dichtheitsprüfungen
- Hydraulische Innendruckprüfungen
- Fallprüfung
- Weiterreißprüfung
- Kippfallprüfung
- Aufrichtprüfung
- Vibrationsprüfung

Anweisungen für die Verwendung von Großpackmitteln (IBC)

4.1.4.2 ADR

Ebenso wie für Verpackungen werden für Großpackmittel (IBC) für die Verwendung Verpackungsanweisungen in der Tabelle 3.2A festgelegt.

IBC 08 Verpackungsanweisung	
Folgende Großpackmittel (IBC) sind zugelassen, wenn die allgemeinen Vorschriften der Abschnitte 4.1.1, 4.1.2 und 4.1.3 erfüllt sind: (1) metallene IBC (11A, 11B, 11N, 21A, 21B und 21N); (2) starre Kunststoff-IBC (11H1, 11H2, 21H1 und 21H2); (3) Kombinations-IBC (11HZ1, 11HZ2, 21HZ1 und 21HZ2). (4) IBC aus Pappe (11G); (5) IBC aus Holz (11C, 11D, 11F); (6) Flexible IBC (13H1, 13H2, 13H3, 13H4, 13H5, 13L1, 13L2, 13L3, 13L4, 13M1 und 13M2).	
Sondervorschriften für die Verpackung	
B 3	Flexible IBC müssen staubdicht und wasserbeständig oder mit einer staubdichten und wasserbeständigen Auskleidung versehen sein.
B 4	Flexible IBC, IBC aus Pappe und IBC aus Holz müssen staubdicht und wasserbeständig oder mit einer staubdichten und wasserbeständigen Auskleidung versehen sein.
B 6	Für die UN-Nummern 1363, 1364, 1365, 1386, 1408, 1841, 2211, 2217, 2793 und 3314 ist es nicht erforderlich, dass die IBC die Prüfanforderungen nach Kapitel 6.5 erfüllen.
B 13	**Bem.** Für die UN-Nummern 1748, 2208, 2880, 3485, 3486 und 3487 ist gemäß IMDG-Code eine Seebeförderung in Großpackmitteln (IBC) nicht zugelassen
Zusätzliche Vorschrift Wenn sich der feste Stoff während der Beförderung verflüssigen kann, siehe Unterabschnitt 4.1.3.4	

7.3 Verpackungen, speziell Großverpackungen

Viele grundsätzliche Bedingungen, die für Verpackungen Gültigkeit haben, sind analog auf die Großverpackungen übertragbar. Es werden daher an dieser Stelle nicht alle Einzelheiten erneut aufgeführt. Es wird im Schwerpunkt auf die Besonderheiten für Großverpackungen eingegangen.

Unter Großverpackungen werden Außenverpackungen verstanden, die Gegenstände oder Innenverpackungen enthalten können. Ihre Nettomasse ist größer als 400 kg, der Fassungsraum größer als 450 Liter, aber max. 3 m^3.

Sie müssen für eine mechanische Handhabung ausgelegt sein.

6.6.6.1 ADR

Die Vorschriften für Großverpackungen gelten nicht für

- Verpackungen für Klasse 2, ausgenommen Großverpackungen für Gegenstände der Klasse 2, einschließlich Druckgaspackungen
- Verpackungen für Klasse 6.2, ausgenommen Großverpackungen für UN 3291 KLINISCHE ABFÄLLE
- Versandstücke der Klasse 7, die radioaktive Stoffe enthalten

Codierung für die Bezeichnung des Typs der Großverpackung

6.6.2 ADR

Die Typcodierung ist in diesem Absatz nicht tabellarisch erfasst.
Der Code setzt sich zusammen aus den Zahlen

- 50 für starre Großverpackungen
- 51 für flexible Großverpackungen
- und dem Großbuchstaben für die Art des Werkstoffes

Der Code für die Großverpackung kann durch den Buchstaben „W“ ergänzt werden. Der Buchstabe „W“ bedeutet, dass die Großverpackung zwar dem durch den Code bezeichneten Typ angehört, jedoch nach einer abweichenden Spezifikation hergestellt wurde und als gleichwertig gilt.

Im Wesentlichen kommen folgende Kombinationen zum Einsatz:

50A	aus Stahl
50B	aus Aluminium
50N	aus Metall (nicht Stahl oder Aluminium
51H	aus flexiblem Kunststoff
51M	aus Papier
50H	aus starrem Kunststoff
50G	aus Pappe
50C	aus Naturholz
50D	aus Sperrholz
50F	aus Holzfaserwerkstoff

Kennzeichnung

6.6.3 ADR

Der Aufbau der Kennzeichnung hat auch hier die bekannte gegliederte Struktur und muss dauerhaft, gut lesbar und an einer gut sichtbaren Stelle angebracht sein:

un	Symbol der Vereinten Nationen (UN) für Verpackungen oder
50	für eine starre Großverpackung
51	für eine flexible Großverpackung
G	Buchstabe für den Werkstoff
X	Buchstabe für die geprüfte Verpackungsgruppe (I, II, III)
Y	Buchstabe für die geprüfte Verpackungsgruppe (II, III)
Z	Buchstabe für die geprüfte Verpackungsgruppe (III)
0501	Monat und Jahr der Herstellung
D	Zeichen des Staates, in dem die Erteilung der Kennzeichnung zugelassen wurde, angegeben durch das Unterscheidungszeichen für Kraftfahrzeuge im internationalen Verkehr
VL823 BAM 8632-M	Name des Herstellers oder einer sonstigen von der zuständigen Behörde festgelegte Identifizierung der Verpackung.
2500	Prüflast der Stapeldruckprüfung in kg. Bei Großverpackungen, die nicht für die Stapelung ausgelegt sind, ist „0" anzugeben
1000	Höchstzulässige Bruttomasse in kg

Die Darstellung der Kennzeichnung erfolgt in dieser Form:

un 50A/X/0501/N/PQRS/2500/1000

für eine starre Großverpackung aus Stahl für Gefahrgüter der Verpackungsgruppe I, II und III, hergestellt im Mai 2001 in Norwegen, vom codierten Hersteller, stapelbar, Prüflast der Stapeldruckprüfung 2500 kg, zulässige Bruttomasse 1000 kg.

Prüfungen für Großverpackungen

6.6.5.3 ADR

- Hebeprüfung von unten
- Hebeprüfung von oben
- Stapeldruckprüfung
- Fallprüfung

Anweisungen für die Verwendung von Großverpackungen

4.1.4.3 ADR

Wie für Verpackungen und Großpackmittel (IBC) wird die Verwendung von Großverpackungen über Verpackungsanweisungen geregelt.

LP 02

Verpackungsanweisung (Feste Stoffe)

Folgende Großverpackungen sind zugelassen, wenn die allgemeinen Vorschriften der Abschnitte 4.1.1 und 4.1.3 erfüllt sind:

Innenverpackungen		Großverpackungen als Außenverpackungen	Verpackungsgruppe I	Verpackungsgruppe II	Verpackungsgruppe III
aus Glas	10 kg	aus Stahl (50A)	nicht zugelassen	nicht zugelassen	Höchstvolumen 3 m^3
aus Kunststoff [b)]	50 kg	aus Aluminium (50B)			
aus Metall	50 kg	aus einem anderen Metall als Stahl oder Aluminium (50N)			
aus Papier [a), b)]	50 kg				
aus Pappe [a), b)]	50 kg	aus starrem Kunststoff (50H) aus Naturholz (50C) aus Sperrholz (50D) aus Holzfaserwerkstoff (50F) aus starrer Pappe (50G) aus flexiblem Kunststoff (51H) [c)]			

a) Diese Innenverpackungen dürfen nicht verwendet werden, wenn sich die zu befördernden Stoffe während der Beförderung verflüssigen können.

b) Diese Innenverpackungen müssen staubdicht sein.

c) Nur mit flexiblen Innenverpackungen zu verwenden.

Sondervorschrift für die Verpackung

L2	Für UN 1950 Druckgaspackungen muss die Großverpackung den Prüfanforderungen für die Verpackungsgruppe III entsprechen. Großverpackungen für Abfall-Druckgaspackungen, die gemäß Sondervorschrift 327 befördert werden, müssen außerdem mit einem Mittel versehen sein, das jegliche freie Flüssigkeit, die während der Beförderung freiwerden kann, zurückhält, z.B. absorbierendes Material.
L3	**Bem.** Für die UN-Nummern 2208 und 3486 ist eine Seebeförderung in Großverpackungen nicht zugelassen.

7.4 Großcontainer

Container stellen eine besondere Form der „Verpackung“ dar. Eigentlich sind sie im strengen Sinne keine Verpackung, sondern ein Beförderungsgerät. Dies spiegelt auch die Definition im Kapitel 1.2 ADR wieder. Container sind im internationalen Warenverkehr nicht wegzudenken und damit auch nicht bei der Beförderung gefährlicher Güter.

Begriffsbestimmung

1.2 ADR

Ein **Beförderungsgerät** (Rahmenkonstruktion oder ähnliches Gerät),

- das von dauerhafter Beschaffenheit und deshalb genügend widerstandsfähig ist, um wiederholt verwendet werden zu können,
- das besonders dafür gebaut ist, um die Beförderung von Gütern durch einen oder mehrere Verkehrsträger ohne Veränderung der Ladung zu erleichtern,
- das mit Vorrichtungen versehen ist, welche die Befestigung und die Handhabung insbesondere beim Übergang von einem Beförderungsmittel auf ein anderes erleichtern,
- das so gebaut ist, dass die Befüllung und Entleerung erleichtert wird,
- das mit der Ausnahme von Containern zur Beförderung radioaktiver Stoffe ein Innenvolumen von mindestens 1 m^3 hat.

Ein **Wechselaufbau (Wechselbehälter)** ist ein Container, der laut der europäischen Norm EN 283:1991 folgende Besonderheiten aufweist:

- er ist hinsichtlich der mechanischen Festigkeit ausschließlich für die Beförderung mit Wagen oder Fahrzeugen im Land- und Fährverkehr ausgelegt,
- er ist nicht stapelbar,
- er kann von Fahrzeugen mit bordeigenen Mitteln auf Stützbeinen abgesetzt und wieder aufgenommen werden.

Bem.
Der Begriff Container schließt weder die üblichen Verpackungen, noch die Großpackmittel (IBC), die Tankcontainer oder die Fahrzeuge ein.

7. Gefahrgutumschließungen

Offener Container:
ein Container mit offenem Dach oder ein Flachcontainer.

Bedeckter Container:
Ein offener Container, der zum Schutz der Ladung mit einer Plane versehen ist.

Geschlossener Container:
Ein vollständig geschlossener Container mit einem starren Dach, starren Seitenwänden, starren Stirnseiten und einem Boden. Der Begriff umfasst Container mit öffnungsfähigem Dach, sofern das Dach während der Beförderung geschlossen ist.

Großcontainer:
ein Container, der nicht der Begriffsbestimmung für Kleincontainer entspricht.

Im Sinne des **CSC** (Internationales Übereinkommen über sichere Container (Genf, 1972) in der jeweils geänderten Fassung, herausgegeben von der Internationalen Seeschifffahrtsorganisation (IMO) in London) ist ein Container

- mit einer durch die vier unteren äußeren Ecken begrenzte Grundfläche
- von mindestens 14 m^2 (150 sq ft) oder
- von mindestens 7 m^2 (75 sq ft), wenn er mit oberen Eckbeschlägen ausgerüstet ist.

Kleincontainer:

Ein Container, der entweder Außenabmessungen (Länge Breite oder Höhe) von weniger als 1,5 m oder ein Innenvolumen von höchstens 3 m^3 hat.

Verwendung von Großcontainern

7.1.3 ADR

Großcontainer, ortsbewegliche Tanks und Tankcontainer, die unter die Definition „Container" des CSC in der jeweils geänderten Fassung oder der UIC-Merkblätter 591 (Stand 01.10.2007, 3. Ausgabe), 592-2 (Stand 01.10.2004, 6. Ausgabe), 592-3 (Stand 01.01.1998, 2. Ausgabe) und 592-4 (Stand 01.05.2007, 3. Ausgabe) fallen, dürfen für die Beförderung gefährlicher Güter nur verwendet werden, wenn der Großcontainer oder der Rahmen des ortsbeweglichen Tanks oder des Tankcontainers den Bestimmungen des CSC oder den Bestimmungen der UIC-Merkblätter 591, 592-2 bis 592-4 entspricht.

Bautechnische Voraussetzungen

7.1.4 ADR

Großcontainer dürfen für die Beförderung nur verwendet werden, wenn diese in bautechnischer Hinsicht geeignet sind.

„**In bautechnischer Hinsicht geeignet**" bedeutet, dass die **Bauelemente** des Containers, wie

- obere und untere seitliche Längsträger,
- obere und untere Querträger,
- Türschwelle und Türträger,
- Bodenquerträger,
- Eckpfosten und Eckbeschläge,

keine größeren Beschädigungen aufweisen.

„**Größere Beschädigungen**" sind:

- Beulen oder Ausbuchtungen in Bauteilen, die tiefer als 19 mm sind, ungeachtet ihrer Länge; Risse oder Bruchstellen in Bauteilen;
- mehr als eine Verbindungsstelle oder eine untaugliche Verbindungsstelle (z.B. überlappende Verbindungsstelle) in oberen oder unteren Querträgern oder Türträgern oder mehr

als zwei Verbindungsstellen in einem der oberen oder unteren seitlichen Längsträger oder eine Verbindungsstelle in einer Türschwelle oder in einem Eckpfosten;

- Türscharniere und Beschläge, die verklemmt, verdreht, zerbrochen, nicht vorhanden oder in anderer Art und Weise nicht funktionsfähig sind;
- undichte Dichtungen oder Verschlüsse;
- jede Verwindung der Konstruktion, die so stark ist, dass eine ordnungsgemäße Positionierung des Umschlaggeräts, ein Aufsetzen und ein Sichern auf Fahrgestellen oder Fahrzeugen nicht möglich ist.

Darüber hinaus ist, ungeachtet des verwendeten Werkstoffs, jeglicher **Verschleiß** bei einem Bauelement des Containers, wie

- durchrostete Stellen in Metallseitenwänden oder
- zerfaserte Stellen in Bauteilen aus Glasfaser,

unzulässig.

Normale Abnützung, einschließlich Oxidation (Rost), kleine Beulen und Schrammen und sonstige Beschädigungen, die die Brauchbarkeit oder die Wetterfestigkeit nicht beeinträchtigen, sind jedoch zulässig.

Die Container sind vor der Beladung zu untersuchen, um sicherzustellen, dass sie frei von Rückständen früherer Ladungen sind und dass Boden und Wände innen frei von vorstehenden Teilen sind.

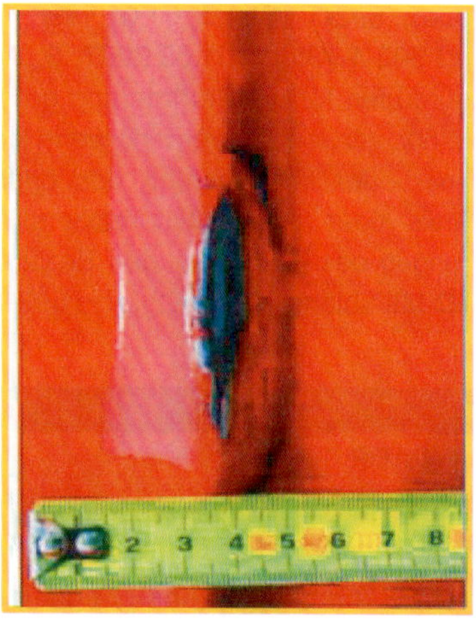

Vorschriftenkonformität

7.1.5 ADR

Die Großcontainer müssen den Vorschriften über den Fahrzeugaufbau genügen, die durch diesen Teil und gegebenenfalls den Teil 9 für die betreffende Ladung vorgesehen sind; der Fahrzeugaufbau muss dann diesen Vorschriften nicht entsprechen.
Großcontainer, die mit Fahrzeugen befördert werden, deren Boden Isoliereigenschaften und eine Hitzebeständigkeit aufweist, die diesen Vorschriften genügen, müssen diesen Vorschriften jedoch nicht entsprechen.

7.5 Schüttgut-Container

Schüttgut-Container werden im ADR definiert als:
Ein **Behältnissystem** (einschließlich eventueller Auskleidungen oder Beschichtungen), das für die *Beförderung fester Stoffe* in direktem Kontakt mit dem Behältnissystem vorgesehen ist. *Verpackungen*, *Großpackmittel (IBC)*, *Großverpackungen* und *Tanks* sind nicht eingeschlossen.

Ein Schüttgut-Container:

- ist von dauerhafter Beschaffenheit und genügend widerstandsfähig, um wiederholt verwendet werden zu können,
- ist besonders dafür gebaut, um die *Beförderung* von Gütern durch ein oder mehrere Beförderungsmittel ohne Veränderung der Ladung zu erleichtern,
- ist mit Vorrichtungen versehen, welche die Handhabung erleichtern,
- hat einen Fassungsraum vom mindestens 1,0 m^3.

Geschlossene Schüttgut-Container:

Ein vollständig geschlossener Schüttgut-Container mit einem starren Dach, starren Seitenwänden, starren Stirnseiten und einem starren Boden (einschließlich trichterförmiger Böden). Der Begriff umfasst Schüttgut-Container mit einem öffnungsfähigen Dach, öffnungsfähigen Seitenwänden oder öffnungsfähigen Stirnseiten, das/die während der Beförderung geschlossen werden kann/können. Geschlossene Schüttgut-Container dürfen mit Öffnungen ausgerüstet sein, die einen Austausch von Dämpfen und Gasen mit Luft ermöglichen und die unter normalen Beförderungsbedingungen ein Freiwerden fester Stoffe sowie ein Eindringen von Regen- oder Spritzwasser verhindern.

Bedeckte Schüttgut-Container:

Ein oben offener Schüttgut-Container mit starrem Boden (einschließlich trichterförmiger Böden), starren Seitenwänden und starren Stirnseiten und einer nicht starren Abdeckung.

Auslegung und Bau

6.11.2 ADR

Schüttgut-Container und ihre Bedienungsausrüstung und bauliche Ausrüstung müssen so ausgelegt und gebaut sein, dass sie dem Innendruck des Füllgutes und den Beanspruchungen durch normale Handhabung und Beförderung ohne Verlust von Füllgut standhalten.

Sofern ein Entleerungsventil angebracht ist, muss dieses in geschlossener Stellung gesichert werden können, und das gesamte Entleerungssystem muss in geeigneter Weise vor Beschädigung geschützt werden. Ventile mit Hebelverschlüssen müssen gegen unbeabsichtigtes Öffnen gesichert werden können, und die offene und geschlossene Stellung müssen leicht erkennbar sein.

Codierung für Schüttgut-Container

6.11.2.3 ADR

BK 1 bedeckter Schüttgut-Container
BK 2 geschlossener Schüttgut-Container

Vorschriften für die Auslegung und den Bau

6.11.3.1 ADR

Schüttgut-Container müssen staubdicht sein. Sofern für die Herstellung der Staubdichtheit eine Auskleidung verwendet wird, muss diese aus einem geeigneten Werkstoff sein. Die Festigkeit des verwendeten Werkstoffes und die Bauart der Auskleidung müssen für den Fassungsraum des Containers und für die beabsichtigte Verwendung geeignet sein. Verbindungen und Verschlüsse der Auskleidung müssen den Drücken und Stößen standhalten, die unter normalen Handhabungs- und Beförderungsbedingungen auftreten können. Für belüftete Schüttgut-Container darf die Auskleidung die Funktion der Lüftungseinrichtungen nicht behindern.

Die betriebliche Ausrüstung von Schüttgut-Containern, die für eine Kippentleerung ausgelegt sind, muss in der Lage sein, der Gesamtfüllmasse in Kipprichtung standzuhalten.

Bewegliche Dächer oder bewegliche Abschnitte von Seiten- oder Stirnwänden oder Dächern müssen mit Verschlusseinrichtungen, die eine Sicherungseinrichtung umfassen, ausgerüstet sein, die so ausgelegt sind, dass der geschlossene Zustand für einen am Boden stehenden Beobachter sichtbar ist.

Bedienungsausrüstung

6.11.3.2 ADR

Füll- und Entleerungseinrichtungen sind so zu bauen und anzuordnen, dass sie während der Beförderung und Handhabung gegen Abreißen oder Beschädigung geschützt sind. Die Füll- und Entleerungseinrichtungen müssen gegen unbeabsichtigtes Öffnen gesichert werden können. Die geöffnete und geschlossene Stellung sowie die Schließrichtung müssen klar angegeben sein.

Dichtungen von Öffnungen müssen so angeordnet sein, dass Beschädigungen durch den Betrieb sowie das Befüllen und Entleeren des Schüttgut-Containers vermieden werden.

Wenn eine Belüftung vorgeschrieben ist, müssen Schüttgut-Container mit Mitteln für den Luftaustausch entweder durch natürliche Konvektion (z.B. durch Öffnungen) oder durch aktive Bauteile (z.B. Ventilatoren) ausgerüstet sein. Die Belüftung muss so ausgelegt sein, dass im Container zu keinem Zeitpunkt ein Unterdruck entsteht. Belüftungsbauteile von Schüttgut-Containern für die Beförderung von entzündbaren Stoffen oder von Stoffen, die entzündbare Gase oder Dämpfe abgeben, müssen so ausgelegt sein, dass sie keine Zündquelle bilden.

Prüfung

6.11.3.3 ADR

Container, die nach den Vorschriften dieses Abschnitts als Schüttgut-Container verwendet, unterhalten und qualifiziert werden, müssen in Übereinstimmung mit dem CSC geprüft und zugelassen und wiederkehrend geprüft werden.

Kennzeichnung

6.11.3.4 ADR

Container, die als Schüttgut-Container verwendet werden, müssen in Übereinstimmung mit dem CSC mit einem Sicherheitszulassungsschild (Safety Approval Plate) gekennzeichnet sein.

Vorschriften für Schüttgut-Container BK1 und BK2, die keine Container gemäß CSC sind

6.11.4 ADR

Als solche Container gelten

- Mulden,
- Offshore-Schüttgut-Container,
- Silos,
- Wechselaufbauten,
- Trichterförmige Container,
- Rollcontainer und
- Ladeabteile von Fahrzeugen.

Auch diese Schüttgutcontainer sind so auszulegen und zu bauen, dass sie genügend widerstandsfähig sind, um den Stößen und Beanspruchungen standzuhalten, die normalerweise während der Beförderung, gegebenenfalls einschließlich des Umschlags zwischen verschiedenen Beförderungsmitteln, auftreten.

Diese Container müssen genauso behördlich zugelassen sein.

7.6 Tanks (ohne ortsbewegliche Tanks, UN-MEGC, Tanks aus faserverstärkten Kunststoffen und Saug-Druck-Tanks)

Die Thematik „Tanks“ im ADR ist sehr vielschichtig und umfangreich. Alle Aspekte zu beleuchten, wäre im Rahmen einer Mitarbeiterschulung zu umfangreich. Es sollen an dieser Stelle nur die grundsätzlichen Besonderheiten von Tanks herausgearbeitet werden.

Die erste wichtige Bedeutung hat das zu transportierende Gefahrgut. Im Tankbau sind elementare Unterschiede zu beachten bei Tanks für Gase, flüssige oder feste Stoffe.

Tanks sind auch immer im Zusammenhang mit dem transportierenden Fahrzeug zu sehen. Hier sind aus verschiedenen Gründen Abhängigkeiten vorhanden. Diese werden im Kapitel „Fahrzeuge“ besprochen.

Tankcodierung

4.3.2.1.2 ADR

Bei Tanks wiederholt sich die schon bekannte Vorgehensweise. Zentraler Einstieg für die Information, ob ein Gefahrgut in Tanks befördert werden darf oder nicht, ist die Tabelle 3.2A. Ist ein Tanktransport zulässig, befindet sich in der Spalte 12 der Tabelle eine **Codierung**. Diese Codierung wird unterschieden in Codes für Gefahrgüter der Klasse 2 (Gase) und den anderen Gefahrgütern der Klasse 1 und 3 – 9 (siehe weitere Erläuterungen zur Tankcodierung).

Tankhierarchie

4.3.2.1.3 ADR

Der erforderliche Typ entspricht den am wenigsten strengen Bauvorschriften, die für den betreffenden Stoff zulässig sind. Sofern die Vorschriften nichts anderes vorschreiben, dürfen auch Tanks mit Codierungen verwendet werden, die einen höheren Mindestberechnungsdruck oder strengere Anforderungen für die Öffnungen für das Befüllen oder Entleeren oder die Sicherheitsventile/-einrichtungen vorschreiben.

Werkstoffverträglichkeit

4.3.2.1.5 ADR

Tanks und MEGC dürfen nur mit denjenigen Stoffen gefüllt werden, für deren Beförderung sie zugelassen sind und die mit den Werkstoffen der Tankkörper, Dichtungen, Ausrüstungsteile und Schutzauskleidungen, mit denen sie in Berührung kommen, nicht gefährlich reagieren, gefährliche Stoffe erzeugen oder diese Werkstoffe merklich schwächen.

Nahrungsmittel

4.3.2.1.6 ADR

Nahrungsmittel dürfen in Tanks, die für gefährliche Güter verwendet werden, nur befördert werden, wenn die erforderlichen Maßnahmen zur Verhütung von Gesundheitsschäden getroffen wurden.

Tankakte

4.3.2.1.7 ADR

Die Tankakte muss vom Eigentümer oder Betreiber aufbewahrt werden, der in der Lage sein muss, diese Dokumente auf Anforderung der zuständigen Behörde vorzulegen. Die Tankakte muss während der gesamten Lebensdauer des Tanks geführt und bis 15 Monate nach der Außerbetriebnahme des Tanks aufbewahrt werden.

Bei einem Wechsel des Eigentümers oder Betreibers während der Lebensdauer des Tanks, ist die Tankakte an den neuen Eigentümer oder Betreiber zu übergeben. Kopien der Tankakte oder aller notwendigen Dokumente, sind dem Sachverständigen für Tankprüfungen zu den wiederkehrenden oder außerordentlichen Prüfungen zur Verfügung zu stellen.

Füllungsgrad

4.3.2.2.1, 4.3.2.2.2 und 4.3.2.2.3 ADR

Der Füllungsgrad wird nach bestimmten Berechnungsformeln für

- entzündbare Stoffe ohne Zusatzgefahren in Tanks mit Lüftungseinrichtungen oder Sicherheitsventilen,
- giftige oder ätzende Stoffe (entzündbar, nicht entzündbar) in Tanks mit Lüftungseinrichtungen oder Sicherheitsventilen,
- entzündbare Stoffe, schwach giftige oder schwach ätzende Stoffe (entzündbar, nicht entzündbar) in luftdicht verschlossenen Tanks ohne Sicherheitseinrichtung,
- sehr giftige oder giftige, stark ätzende oder ätzende Stoffe (entzündbar, nicht entzündbar) in luftdicht verschlossenen Tanks ohne Sicherheitseinrichtung vorgenommen.

Basis dieser Berechnungsformeln sind die produktspezifischen Ausdehnungsfaktoren der einzelnen Gefahrgüter.

Diese Bestimmungen gelten nicht für Tanks, deren Inhalt während der Beförderung durch eine Heizeinrichtung auf einer Temperatur von über 50 °C gehalten wird. In diesem Fall muss der Füllungsgrad bei Beförderungsbeginn so bemessen sein und die Temperatur so geregelt werden, dass der Tank während der Beförderung zu höchstens 95 % gefüllt ist und die Fülltemperatur nicht überschritten wird.

Füllungsgrad bei Tanks ohne Schwallwände

4.3.2.2.4 ADR

Tankkörper zur Beförderung von Stoffen in flüssigem Zustand oder von verflüssigten oder tiefgekühlt verflüssigten Gasen, die nicht durch Trenn- oder Schwallwände in Abschnitte von höchstens 7500 l Fassungsraum unterteilt sind, müssen entweder zu mindestens 80 % oder höchstens 20 % ihres Fassungsraums gefüllt sein.

Alle Füllzustände zwischen 20 % und 80 % würden bei dieser Bauweise zu instabilen und damit zu gefährlichen Fahrzuständen aufgrund der übermäßigen Schwallwirkung führen.

Diese Regelung wird aber in der Praxis häufig genutzt, um Gewicht zu sparen und die Transportkapazität zu erhöhen. Im Bereich der Tankstellenversorgung mit Benzin und Diesel kommen häufig in dieser Art gebaute Tankfahrzeuge zum Einsatz, da diese i.d.R. bis zum zulässigen Füllungsgrad befüllt (und damit über 80 %) werden und dann an der Lieferstelle völlig entleert werden (und damit unter 20 % sind). Es kommen bei dieser Lieferweise in der Regel keine Füllzustände zwischen 20 % und 80 % zu Stande.

Betrieb

4.3.2.3 ADR

In diesem Abschnitt werden grundsätzliche Bedingungen für die Benutzung von Tanks aufgeführt. Die Wanddicke des Tankkörpers muss während der ganzen Benutzungsdauer des Tanks größer bzw. gleich der geforderten Mindestwanddicke sein. Das bedeutet, es muss durch regelmäßige Prüfungen sichergestellt werden, dass die Auswaschungen, die durch die transportierten Stoffe entstehen können, den Tankkörper nicht in seiner statischen Stabilität gefährlich schwächt.

Während des Befüllens und Entleerens der Tanks sind geeignete Maßnahmen zu treffen, um die Freisetzung gefährlicher Mengen von Gasen und Dämpfen zu verhindern.

Die Tanks müssen so verschlossen sein, dass vom Inhalt nichts unkontrolliert nach außen gelangen kann. Die Öffnungen der Tanks mit Untenentleerung müssen mit Schraubkappen, Blindflanschen oder gleich wirksamen Einrichtungen verschlossen sein.

Die Tanks müssen nach dem Befüllen auf Dichtheit der Verschlusseinrichtungen vom Befüller geprüft werden. Dies gilt insbesondere für die Abschlusseinrichtungen oben am Steigrohr von Tanks.

Falls mehrere Absperreinrichtungen hintereinander liegen, ist zuerst die dem Füllgut zunächst liegende Einrichtung zu schließen.

Während der Beförderung dürfen den Tanks außen keine gefährlichen Reste des Füllgutes anhaften.

Stoffe, die gefährlich miteinander reagieren können, dürfen nicht in unmittelbar nebeneinander liegenden Tankabteilen befördert werden.

Stoffe, die gefährlich miteinander reagieren können, dürfen in unmittelbar nebeneinander liegenden Tankabteilen befördert werden, wenn diese Abteile durch eine Trennwand getrennt sind, die eine gleiche oder größere Wanddicke als der Tankkörper selbst hat. Sie dürfen auch befördert werden, wenn die befüllten Abteile durch einen leeren Zwischenraum oder ein leeres Abteil getrennt sind.

Nach dem Befüllen muss der Befüller sicherstellen, dass alle Verschlüsse der Tanks, und MEGC in geschlossener Stellung sind und keine Undichtheit auftritt. Dies gilt auch für die Abschlusseinrichtungen oben am Steigrohr des Tanks.

Tankcodierung und Tankhierarchie für Gase der Klasse 2

4.3.3 ADR

Die Tankcodierung erfolgt durch einen vierstelligen Code. Die Bedeutung der einzelnen Stellen ergibt sich aus dieser Tabelle:

Code-teil	Beschreibung	Tankcodierung
1	**Tanktyp**/Typ des Batterie-Fahrzeugs/ Batteriewagens oder des MEGC	**C** = Tank, Batterie-Fahrzeug oder MEGC für verdichtete Gase **P** = Tank, Batterie-Fahrzeug oder MEGC für verflüssigte oder gelöste Gase **R** = Tank für tiefgekühlt verflüssigte Gase
2	**Berechnungsdruck**	**x** = Zahlenwert des zutreffenden Mindestprüfdrucks in bar gemäß Tabelle in Absatz 4.3.3.2.5 ADR oder **22** = Mindestberechnungsdruck in bar
3	**Öffnungen** (siehe dazu auch Unterabschnitte 6.8.2.2 und 6.8.3.2)	**B** = Tank mit Bodenöffnungen mit 3 Verschlüssen für das Befüllen oder Entleeren oder Batterie-Fahrzeug oder MEGC mit Öffnungen unterhalb des Flüssigkeitsspiegels oder für verdichtete Gase **C** = Tank mit obenliegenden Öffnungen mit 3 Verschlüssen für das Befüllen oder Entleeren, der unterhalb des Flüssigkeitsspiegels nur mit Reinigungsöffnungen versehen ist **D** = Tank mit obenliegenden Öffnungen mit 3 Verschlüssen für das Befüllen oder Entleeren oder Batterie-Fahrzeug oder MEGC ohne Öffnungen unterhalb des Flüssigkeitsspiegels
4	**Sicherheitsventil/ -einrichtung**	**N** = Tank, Batterie-Fahrzeug oder MEGC mit Sicherheitsventil gemäß der Absätze 6.8.3.2.9 ADR oder 6.8.3.2.10 ADR, der nicht luftdicht verschlossen ist **H** = luftdicht verschlossener Tank, Batterie-Fahrzeug oder MEGC

Die in Kapitel 3.2 Tabelle A Spalte 13 bei einigen Gasen angegebene Sondervorschrift TU 17 bedeutet, dass das Gas nur in Batterie-Fahrzeugen oder in MEGC befördert werden darf, deren Elemente aus Gefäßen bestehen.

Die in Kapitel 3.2 Tabelle A Spalte 13 bei einigen Gasen angegebene Sondervorschrift TU 40 bedeutet, dass das Gas nur in Batterie-Fahrzeugen oder in MEGC befördert werden darf, deren Elemente aus nahtlosen Gefäßen bestehen.

Der auf dem Tank selbst oder auf einer Tafel angegebene Druck muss mindestens so hoch sein wie der Wert für «x» oder des angegebenen Mindestberechnungsdrucks.

7. Gefahrgutumschließungen

Unter **Tankhierarchie** wird eine Auflistung weiterer Tankcodierungen verstanden, die für Stoffe unter dieser Tankcodierung zugelassen sind.

Tankcodierung	Weitere Tankcodierung(en), die für die Stoffe unter dieser Tankcodierung zugelassen ist (sind)
C*BN	C#BN, C#CN, C#DN, C#BH, C#CH, C#DH
C*BH	C#BH, C#CH, C#DH
C*CN	C#CN, C#DN, C#CH, C#DH
C*CH	C#CH, C#DH
C*DN	C#DN, C#DH
C*DH	C#DH
P*BN	P#BN, P#CN, P#DN, P#BH, P#CH, P#DH
P*BH	P#BH, P#CH, P#DH
P*CN	P#CN, P#DN, P#CH, P#DH
P*CH	P#CH, P#DH
P*DN	P#DN, P#DH
P*DH	P#DH
R*BN	R#BN, R#CN, R#DN
R*CN	R#CN, R#DN
R*DN	R#DN
Die Ziffer „#“ muss größer oder gleich der Ziffer „*“ sein	

Tankcodierung und Tankhierarchie für die Klassen 1 und 3 – 9

4.3.4 ADR

Die Tankcodierung erfolgt auch hier durch einen vierstelligen Code. Die Bedeutung der einzelnen Stellen ergibt sich aus dieser Tabelle:

Code-teil	Beschreibung	Tankcodierung
1	**Tanktyp**	**L** = Tank für Stoffe in flüssigem Zustand (flüssige Stoffe oder feste Stoffe, die in geschmolzenem Zustand zur Beförderung aufgegeben werden) **S** = Tank für Stoffe in festem (pulverförmigem oder körnigem) Zustand
2	**Berechnungsdruck**	**G** = Mindestberechnungsdruck gemäß der allgemeinen Vorschriften des Absatzes 6.8.2.1.14 ADR 1,5; 2,65; 4; 10; 15 oder 21 = Mindestberechnungsdruck in bar
3	**Öffnungen** (siehe dazu auch Absatz 6.8.2.2.2 ADR)	**A** = Tank mit Bodenöffnungen mit 2 Verschlüssen für das Befüllen oder Entleeren **B** = Tank mit Bodenöffnungen mit 3 Verschlüssen für das Befüllen oder Entleeren **C** = Tank mit obenliegenden Öffnungen, der unterhalb des Flüssigkeitsspiegels nur mit Reinigungsöffnungen versehen ist **D** = Tank mit obenliegenden Öffnungen ohne Öffnungen unterhalb des Flüssigkeitsspiegels
4	**Sicherheitsventil/ -einrichtung**	**V** = Tank mit Über- oder Unterdruckbelüftungseinrichtung gemäß Absatz 6.8.2.2.6 ADR ohne Einrichtung zur Verhinderung einer Flammenausbreitung oder nicht explosionsdruckstoßfester Tank **F** = Tank mit Über- oder Unterdruckbelüftungseinrichtung gemäß Absatz 6.8.2.2.6 ADR mit Einrichtung zur Verhinderung einer Flammenausbreitung oder explosionsdruckstoßfester Tank **N** = Tank ohne Über- oder Unterdruckbelüftungseinrichtung gemäß Absatz 6.8.2.2.6 ADR, der nicht luftdicht verschlossen ist **H** = luftdicht verschlossener Tank

Auch hier wird unter **Tankhierarchie** eine Auflistung weiterer Tankcodierungen verstanden, die für Stoffe unter dieser Tankcodierung zugelassen sind.

Einige Stoffe und Stoffgruppen sind im unter 4.3.4.1.2 ADR aufgeführten rationalisierten Ansatz aber nicht enthalten. Andererseits kann es die Möglichkeit geben, weitere, nicht in der Hierarchie benannte Tanks zu nutzen. Die für die Nutzung der jeweiligen Tanks festgelegten Bedingungen sind zu beachten.

Stoffe und Stoffgruppen, bei denen in Kapitel 3.2 Tabelle A Spalte 12 hinter der Tankcodierung ein «(+)» angegeben ist, unterliegen besonderen Vorschriften. In diesem Fall ist die wechselweise Verwendung der Tanks für andere Stoffe und Stoffgruppen nur dann zugelassen, wenn dies in der Bescheinigung über die Baumusterzulassung spezifiziert ist. Unter Beachtung der in Kapitel 3.2 Tabelle A Spalte 13 angegebenen Sondervorschriften dürfen gemäß den Vorschriften am Ende des Absatzes 4.3.4.1.2 höherwertige Tanks verwendet werden.

Unter Beachtung der folgenden Festlegungen können Tanks mit weiteren Codierungen, als in Tabelle A des Kapitels 3.2 ADR aufgeführt, zum Einsatz kommen:

Jedes Element (Zahlenwert oder Buchstabe) der Teile 1 bis 4 dieser anderen Tankcodierungen entspricht einem höheren, mindestens jedoch dem gleichen Sicherheitsniveau des entsprechenden Elementes des Tankcodes, der in der Tabelle A des Kapitels 3.2 ADR angegeben ist. Die Reihenfolge der Elemente muss aufsteigend wie folgt sein:

Teil 1 Tanktyp
S → L

Teil 2 Berechnungsdruck
G → 1,5 → 2,65 → 4 → 10 → 15 → 21 bar

Teil 3 Öffnungen
A → B → C → D

Teil 4 Sicherheitsventil/-einrichtung
V → F → N → H

Beispiele:

Ein Tank mit der Tankcodierung L10CH ist für die Beförderung eines Stoffes zugelassen, dem die Tankcodierung L4BN zugeordnet ist.

Ein Tank mit der Tankcodierung L4BN ist für die Beförderung eines Stoffes zugelassen, dem die Tankcodierung SGAN zugeordnet ist.

Es können damit auch Tanks für flüssige Stoffe zur Beförderung von festen Stoffen verwendet werden. Zahlenwert oder Buchstabe der Teile 2 bis 4 der Tankcodierung müssen jedoch die Hierarchievorschriften erfüllen.

Sondervorschriften sind gesondert zu prüfen, da nicht berücksichtigt.

Zusammenfassende Übersichten über die Möglichkeiten zum Austausch der Tanks beim Transport flüssiger gefährlicher Güter bietet die nachfolgende Übersicht.

WICHTIG: Die Materialverträglichkeitsprüfung ist bei Einsatz eines Tanks mit anderer Codierung erneut erforderlich.

Für **flüssige Stoffe der Klassen 3 – 9** ergibt sich diese Tankhierarchie in der Übersicht:

	LGAV	LGBV	LGBF	L1,5BN	L4BN	L4BH	L4DH	L10BH	L10CH	L10DH	L15CH	L21DH
LGAV	x											
LGBV	x	x										
LGBF	x	x	x									
L1,5BN	x	x	x	x								
L4BN	x	x	x	x	x							
L4BH	x	x	x	x	x	x						
L4DH	x	x	x	x	x	x	x					
L10BH	x	x	x	x	x	x		x				
L10CH	x	x	x	x	x	x		x	x			
L10DH	x	x	x	x	x	x	x	x	x	x		
L15CH	x	x	x	x	x	x		x	x		x	
L21DH	x	x	x	x	x	x	x	x	x	x	x	x

Die den einzelnen Tankcodierungen zugeordneten Stoffgruppen ergeben sich aus diesen Tabellen:

rationalisierter Ansatz			
Tank-codierung	zugelassene Stoffgruppen		
	Klasse	Klassifizierungscode	Verpackungsgruppe
LGAV	3	F2	III
	9	M9	III

rationalisierter Ansatz			
Tank-codierung	zugelassene Stoffgruppen		
	Klasse	Klassifizierungscode	Verpackungsgruppe
LGBV	4.1	F2	II, III
	5.1	O1	III
	9	M6	III
	9	M11	III
	sowie die für die Tankcodierung LGAV zugelassenen Stoffgruppen		

rationalisierter Ansatz			
Tank-codierung	zugelassene Stoffgruppen		
	Klasse	Klassifizierungscode	Verpackungsgruppe
LGBF	3	F1	II Dampfdruck bei 50 °C ≤ 1,1 bar
	3	F1	III
	3	D	II Dampfdruck bei 50 °C ≤ 1,1 bar
	3	D	III
	sowie die für die Tankcodierungen LGAV und LGBV zugelassenen Stoffgruppen		

rationalisierter Ansatz			
Tank-codierung	zugelassene Stoffgruppen		
	Klasse	Klassifizierungscode	Verpackungsgruppe
L1,5BN	3	F1	II Dampfdruck bei 50 °C > 1,1 bar
	3	F1	III Flammpunkt < 23 °C, viskos, Dampfdruck bei 50 °C > 1,1 bar, Siedepunkt > 35 °C
	3	D	II Dampfdruck bei 50 °C > 1,1 bar
	sowie die für die Tankcodierungen LGAV, LGBV und LGBF zugelassenen Stoffgruppen		

rationalisierter Ansatz			
Tank-codierung	zugelassene Stoffgruppen		
	Klasse	Klassifizierungscode	Verpackungsgruppe
L4BN	3	F1	I, III Siedepunkt ≤ 35 °C
	3	FC	III
	3	D	I
	5.1	O1	I, II
	5.1	OT1	I
	8	C1	II, III
	8	C3	II, III
	8	C4	II, III
	8	C5	II, III
	8	C7	II, III
	8	C8	II, III
	8	C9	II, III
	8	C10	II, III
	8	CF1	II
	8	CF2	II
	8	CS1	II
	8	CW1	II
	8	CW2	II
	8	CO1	II
	8	CO2	II
	8	CT1	II, III
	8	CT2	II, III
	8	CFT	II
	9	M11	III
	sowie die für die Tankcodierungen LGAV, LGBV, LGBF und L1,5BN zugelassenen Stoffgruppen		

rationalisierter Ansatz			
Tank-codierung	zugelassene Stoffgruppen		
	Klasse	Klassifizierungscode	Verpackungsgruppe
L4BH	3	FT1	II, III
	3	FT2	II
	3	FC	II
	3	FTC	II
	6.1	T1	II, III
	6.1	T2	II, III
	6.1	T3	II, III
	6.1	T4	II, III
	6.1	T5	II, III
	6.1	T6	II, III
	6.1	T7	II, III
	6.1	TF1	II
	6.1	TF2	II, III
	6.1	TF3	II
	6.1	TS	II
	6.1	TW1	II
	6.1	TW2	II
	6.1	TO1	II
	6.1	TO2	II
	6.1	TC1	II
	6.1	TC2	II
	6.1	TC3	II
	6.1	TC4	II
	6.1	TFC	II
	6.2	I3	II
	6.2	I4	
	9	M2	II
	sowie die für die Tankcodierungen LGAV, LGBV, LGBF, L1,5BN und L4BN zugelassenen Stoffgruppen		

rationalisierter Ansatz			
Tank-codierung	zugelassene Stoffgruppen		
	Klasse	Klassifizierungscode	Verpackungsgruppe
L4DH	4.2	S1	II, III
	4.2	S3	II, III
	4.2	ST1	II, III
	4.2	ST3	II, III
	4.2	SC1	II, III
	4.2	SC3	II, III
	4.3	W1	II, III
	4.3	WF1	II, III
	4.3	WT1	II, III
	4.3	WC1	II, III
	8	CT1	II, III
	sowie die für die Tankcodierungen LGAV, LGBV, LGBF, L1,5BN, L4BN und L4BH zugelassenen Stoffgruppen		

rationalisierter Ansatz			
Tank-codierung	zugelassene Stoffgruppen		
	Klasse	Klassifizierungscode	Verpackungsgruppe
L10BH	8	C1	I
	8	C3	I
	8	C4	I
	8	C5	I
	8	C7	I
	8	C8	I
	8	C9	I
	8	C10	I
	8	CF1	I
	8	CF2	I
	8	CS1	I
	8	CW1	I
	8	CW2	I
	8	CO1	I
	8	CO2	I
	8	CT1	I
	8	CT2	I
	8	COT	I
	sowie die für die Tankcodierungen LGAV, LGBV, LGBF, L1,5BN, L4BN und L4BH zugelassenen Stoffgruppen		

rationalisierter Ansatz			
Tank-codierung	zugelassene Stoffgruppen		
	Klasse	Klassifizierungscode	Verpackungsgruppe
L10CH	3	FT1	I
	3	FT2	I
	3	FC	I
	3	FTC	I
	6.1 [a)]	T1	I
	6.1 [a)]	T2	I
	6.1 [a)]	T3	I
	6.1 [a)]	T4	I
	6.1 [a)]	T5	I
	6.1 [a)]	T6	I
	6.1 [a)]	T7	I
	6.1 [a)]	TF1	I
	6.1 [a)]	TF2	I
	6.1 [a)]	TF3	I
	6.1 [a)]	TS	I
	6.1 [a)]	TW1	I
	6.1 [a)]	TO1	I
	6.1 [a)]	TC1	I
	6.1 [a)]	TC2	I
	6.1 [a)]	TC3	I
	6.1 [a)]	TC4	I
	6.1 [a)]	TFC	I
	6.1 [a)]	TFC	I
	sowie die für die Tankcodierungen LGAV, LGBV, LGBF, L1,5BN, L4BN, L4BH und L10BH zugelassenen Stoffgruppen		
	[a)] Stoffe mit einem LC_{50}-Wert von höchstens 200 ml/m³ und einer gesättigten Dampfkonzentration von mindestens 500 LC_{50} müssen der Tankcodierung L15CH zugeordnet werden.		

rationalisierter Ansatz			
Tank-codierung	zugelassene Stoffgruppen		
	Klasse	Klassifizierungscode	Verpackungsgruppe
L10DH	4.3	W1	I
	4.3	WF1	I
	4.3	WT1	I
	4.3	WC1	I
	4.3	WFC	I
	5.1	OTC	I
	8	CT1	I
	sowie die für die Tankcodierungen LGAV, LGBV, LGBF, L1,5BN, L4BN, L4BH, L4DH, L10BH und L10CH zugelassenen Stoffgruppen		

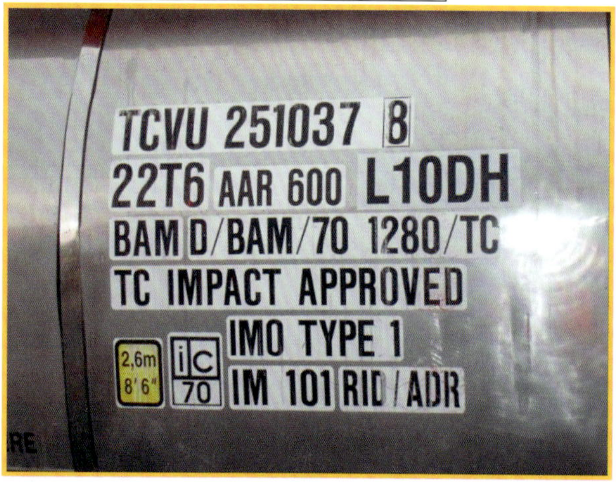

rationalisierter Ansatz			
Tank-codierung	zugelassene Stoffgruppen		
	Klasse	Klassifizierungscode	Verpackungsgruppe
L15CH	3	FT1	I
	6.1 [b)]	TF1	I
	6.1 [b)]	T4	I
	6.1 [b)]	TF1	I
	6.1 [b)]	TW1	I
	6.1 [b)]	TO1	I
	6.1 [b)]	TC1	I
	6.1 [b)]	TC3	I
	6.1 [b)]	TFC	I
	6.1 [b)]	TFC	I
	6.1 [b)]	TFW	I
	sowie die für die Tankcodierungen LGAV, LGBV, LGBF, L1,5BN, L4BN, L4BH, L10BH und L10CH zugelassenen Stoffgruppen		
	b) Stoffe mit einem LC_{50}-Wert von höchstens 200 ml/m^3 und einer gesättigten Dampfkonzentration von mindestens 500 LC_{50} müssen dieser Tankcodierung zugeordnet werden.		

rationalisierter Ansatz			
Tank-codierung	zugelassene Stoffgruppen		
	Klasse	Klassifizierungscode	Verpackungsgruppe
L21DH	4.2	S1	I
	4.2	S3	I
	4.2	SW	I
	4.2	ST3	I
	sowie die für die Tankcodierungen LGAV, LGBV, LGBF, L1,5BN, L4BN, L4BH, L4DH, L10BH, L10CH, L10DH und L15CH zugelassenen Stoffgruppen		

Für **feste Stoffe der Klassen 3 – 9** ergibt sich diese Tankhierarchie in der Übersicht:

	SGAV	SGAN	SGAH	S4AH	S10AN	S10AH
SGAV	x					
SGAN	x	x				
SGAH	x	x	x			
S4AH	x	x	x	x		
S10AN	x	x			x	
S10AH	x	x	x		x	x

Die den einzelnen Tankcodierungen zugeordneten Stoffgruppen ergeben sich aus diesen Tabellen:

rationalisierter Ansatz			
Tank-codierung	zugelassene Stoffgruppen		
	Klasse	Klassifizierungscode	Verpackungsgruppe
SGAV	4.1	F1	III
	4.1	F3	III
	4.2	S2	II, III
	4.2	S4	III
	5.1	O2	II, III
	8	C2	II, III
	8	C4	III
	8	C6	III
	8	C8	III
	8	C10	II, III
	8	CT2	III
	9	M7	III
	9	M11	II, III

rationalisierter Ansatz			
Tank-codierung	zugelassene Stoffgruppen		
	Klasse	Klassifizierungscode	Verpackungsgruppe
SGAN	4.1	F1	II
	4.1	F3	II
	4.1	FT1	II, III
	4.1	FT2	II, III
	4.1	FC1	II, III
	4.1	FC2	II, III
	4.2	S2	II
	4.2	S4	II, III
	4.2	ST2	II, III
	4.2	ST4	II, III
	4.2	SC2	II, III
	4.2	SC4	II, III
	4.3	W2	II, III
	4.3	WF2	II
	4.3	WS	II, III
	4.3	WT2	II, III
	4.3	WC2	II, III
	5.1	O2	II, III
	5.1	OT2	II, III
	5.1	OC2	II, III
	8	C2	II
	8	C4	II
	8	C6	II
	8	C8	II
	8	C10	II
	8	CF2	II
	8	CS2	II
	8	CW2	II
	8	CO2	II
	8	CT2	II
	9	M3	III
	sowie die für die Tankcodierung SGAV zugelassenen Stoffgruppen		

rationalisierter Ansatz			
Tank-codierung	zugelassene Stoffgruppen		
	Klasse	Klassifizierungscode	Verpackungsgruppe
SGAH	6.1	T2	II, III
	6.1	T3	II, III
	6.1	T5	II, III
	6.1	T7	II, III
	6.1	T9	II
	6.1	TF3	II
	6.1	TS	II
	6.1	TW2	II
	6.1	TO2	II
	6.1	TC2	II
	6.1	TC4	II
	9	M1	II, III
	sowie die für die Tankcodierungen SGAV und SGAN zugelassenen Stoffgruppen		

Tankcodierung	rationalisierter Ansatz		
	zugelassene Stoffgruppen		
	Klasse	Klassifizierungscode	Verpackungsgruppe
S4AH	6.2	I3	II
	9	M2	II
	sowie die für die Tankcodierungen SGAV, SGAN und SGAH zugelassenen Stoffgruppen		

Tankcodierung	rationalisierter Ansatz		
	zugelassene Stoffgruppen		
	Klasse	Klassifizierungscode	Verpackungsgruppe
S10AN	8	C2	I
	8	C4	I
	8	C6	I
	8	C8	I
	8	C10	I
	8	CF2	I
	8	CS2	I
	8	CW2	I
	8	CO2	I
	8	CT2	I
	sowie die für die Tankcodierungen SGAV und SGAN zugelassenen Stoffgruppen		

Tankcodierung	rationalisierter Ansatz		
	zugelassene Stoffgruppen		
	Klasse	Klassifizierungscode	Verpackungsgruppe
S10AH	6.1	T2	I
	6.1	T3	I
	6.1	T5	I
	6.1	T7	I
	6.1	TS	I
	6.1	TW2	I
	6.1	TO2	I
	6.1	TC2	I
	6.1	TC4	I
	sowie die für die Tankcodierungen SGAV, SGAN, SGAH und S10AN zugelassenen Stoffgruppen		

Prüfungen

6.8.2.4 ADR

Innerhalb einer **Frist von 6 Jahren** sind die Tankkörper und ihre Ausrüstungsteile hinsichtlich des

- inneren und äußeren Zustandes,
- einer Dichtheitsprüfung des Tankkörpers mit der Ausrüstung gemäß Absatz 6.8.2.4.3
- sowie einer Funktionsprüfung sämtlicher Ausrüstungsteile,
- sowie im Allgemeinen einer Wasserdruckprüfung zu unterziehen.

Letztere kann bei Tanks zur Beförderung pulveriger oder körniger Stoffe mit Zustimmung des behördlich anerkannten Sachverständigen entfallen und durch Dichtheitsprüfungen ersetzt werden.

Spätestens **alle 3 Jahre** ist zusätzlich bei einer **Zwischenprüfung**

- eine Dichtheitsprüfung des Tankkörpers mit der Ausrüstung
- sowie eine Funktionsprüfung sämtlicher Ausrüstungsteile vorzunehmen.

Eine **außerordentliche Prüfung** ist durchzuführen, wenn die Sicherheit des Tanks oder seiner Ausrüstungen durch Ausbesserung, Umbau oder Unfall beeinträchtigt sein könnte. Diese Prüfungen gelten auch für Saug-Drucktanks.

Prüfungen

6.8.3.4.6 ADR

Für Tanks für **tiefgekühlt verflüssigte Gase** gilt eine Frist von **sechs Jahren nach Inbetriebnahme** und danach **mindestens alle 12 Jahre**. Die **Zwischenprüfungen** sind spätestens **sechs Jahre** nach jeder wiederkehrenden Prüfung durchzuführen.

Kennzeichnungen an Tanks

6.8.2.5 ADR

An Tanks müssen verschiedene Kennzeichnungen fest und dauerhaft lesbar angebracht werden:

Tanktypenschild:

Dieses Schild muss folgende Angaben enthalten:

- Zulassungsnummer
- Name oder Zeichen des Herstellers
- Seriennummer des Herstellers
- Baujahr
- Prüfdruck (Überdruck)
- Äußerer Auslegungsdruck
- Fassungsraum
- (bei unterteilten Tankkörpern Fassungsraum jedes Abteils, gefolgt durch das Symbol „S", wenn die Tankkörper oder die Abteile mit einem Fassungsraum von mehr als 7500 Litern durch Schwallwände in Abschnitte von höchstens 7500 Liter Fassungsraum unterteilt ist)
- Berechnungstemperatur
- Datum und Art der zuletzt durchgeführten Prüfung:
- Monat, Jahr und Buchstabe „P" für eine erstmalige oder wiederkehrende Prüfung
- Monat, Jahr und Buchstabe „L" für eine zwischendurch stattfindende Dichtheitsprüfung
- Stempel des prüfenden Sachverständigen
- Werkstoff(e) des Tankkörpers/der Schutzauskleidung
- Prüfdruck des gesamten Tankkörpers, ggf. je Abteil falls geringer
- Höchstzulässiger Betriebsdruck bei Tanks, die mit Druck gefüllt oder entleert werden

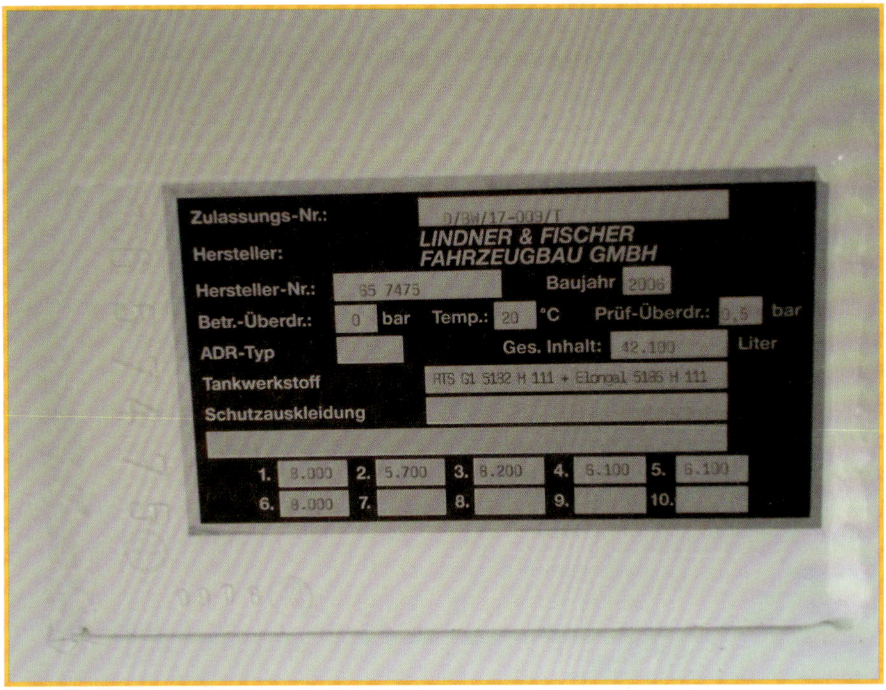
Zulassungs-Nr.:
Hersteller:
LINDNER & FISCHER
FAHRZEUGBAU GMBH
Hersteller-Nr.: 65 7475
Baujahr 2006
Betr.-Überdr.: 0 bar
Temp.: 20 °C
Prüf-Überdr.: bar
ADR-Typ
Ges. Inhalt: 42.100 Liter
Tankwerkstoff
Schutzauskleidung
1. 8.000 2. 5.700 3. 8.200 4. 6.100 5. 6.100
6. 8.000 7. 8. 9. 10.

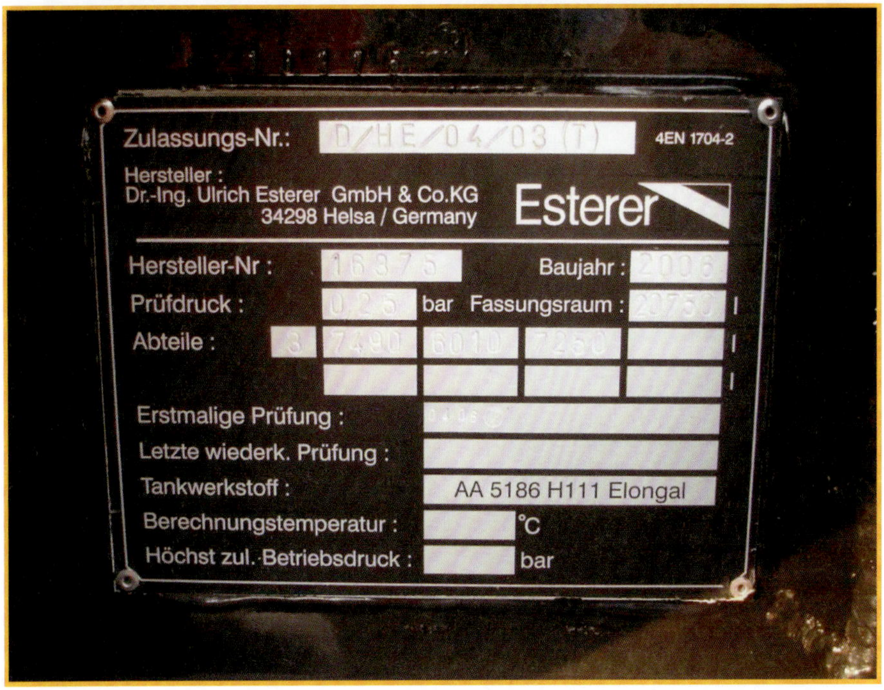
Zulassungs-Nr.: D/HE/04/03 (T)
4EN 1704-2
Hersteller :
Dr.-Ing. Ulrich Esterer GmbH & Co.KG
34298 Helsa / Germany
Esterer
Hersteller-Nr : 16875
Baujahr : 2006
Prüfdruck : 0,25 bar
Fassungsraum : 20750 l
Abteile : 3 7490 6010 7250 l
Erstmalige Prüfung :
Letzte wiederk. Prüfung :
Tankwerkstoff : AA 5186 H111 Elongal
Berechnungstemperatur : °C
Höchst zul. Betriebsdruck : bar

7. Gefahrgutumschließungen

Betreiberschild:

Bei Tankfahrzeugen muss das Schild folgende Angaben enthalten:

- Name des Eigentümers oder Betreibers
- Leermasse des Tankfahrzeugs
- Höchstzulässige Gesamtmasse des Tankfahrzeugs

Bei **Aufsetztanks** muss das Schild diese Angaben aufweisen:

- Name des Eigentümers oder Betreibers
- Angabe "AUFSETZTANK"
- Eigenmasse des Tanks
- Höchstzulässige Bruttomasse des Tanks
- für Stoffe gemäß Absatz 4.3.4.1.3 die offizielle Benennung für die Beförderung des (der) zur Beförderung zugelassenen Stoffes (Stoffe)
- Tankcodierung
- für andere als die in Absatz 4.3.4.1.3 genannten Stoffe die alphanumerischen Codes aller Sondervorschriften TC und TE, die in Kapitel 3.2 Tabelle A Spalte 13 für die im Tank zu befördernden Stoffe aufgeführt sind

7.7 Saug-Druck-Tanks

Begriffsbestimmungen

1.2 und 6.10.1.1 ADR

Saug-Druck-Tanks für Abfälle sind hauptsächlich für die Beförderung gefährlicher Abfälle verwendete festverbundene Tanks, Aufsetztanks, Tankcontainer oder Tankwechselaufbauten (Tankwechselbehälter), die in besonderer Weise gebaut oder ausgerüstet sind, um die Be- und Entladung von Abfällen zu erleichtern.

Ein Tank, der vollständig den Vorschriften des Kapitels 6.8 entspricht, gilt nicht als „Saug-Druck-Tank für Abfälle".

Anwendungsbereich

6.10.1.2 ADR

Sie müssen im Allgemeinen den Vorschriften des Kapitels 6.8 ADR entsprechen, sofern in Kapitel 6.10 ADR nichts anderes festgelegt ist.

Wenn die zu befördernden Stoffe eine Untenentleerung zulassen, dürfen Saug-Druck-Tanks mit öffnungsfähigen Böden ausgerüstet sein (gekennzeichnet durch die Buchstaben „A" oder „B" in der Tankcodierung).

Ausrüstung

6.10.3 ADR

Die Ausrüstungsteile sind so anzubringen, dass sie während der Beförderung geschützt sind. Das kann durch Anordnen im geschützten Bereich sein.

Als **geschützte Bereiche** gelten

- Tankunterteil in einem Winkel von 60° beiderseits der unteren Mantellinie,
- Tankoberteil in einem Winkel von 30° beiderseits der oberen Mantellinie,
- im Falle von Trägerfahrzeugen der Bereich am vorderen Tankboden,
- die am hinteren Tankboden durch den hinteren Auffahrschutz gebildeten Bereiche.

Die Stellung und Schließrichtung von Absperreinrichtungen am Tank muss klar ersichtlich und vom Boden aus kontrollierbar sein.

Befindet sich ein Schubkolben im Tank, ist eine Anschlagvorrichtung erforderlich, die ein Herausdrücken des Schubkolbens aus dem Tank verhindert.

Die Tanks dürfen unter Auflagen mit einem Saugausleger und zusätzlichen Bedienungsausrüstungen versehen sein, wie

- die Öffnung der Druck-Vakuumpumpe ist so anzuordnen, dass giftige oder entzündbare Dämpfe ohne eine Gefahr zu bilden abgeleitet werden können,
- an der Ansaug- und Ausstoßöffnung der Druck-Vakuumpumpe ist eine Sicherung gegen Flammendurchschlag erforderlich,
- Druckpumpen erfordern ein Sicherheitsventil,
- am Tank sind erforderlich:
  Manometer/Vakuummeter, Schauglas, Flüssigkeitsstandanzeiger u.a.

Saug-Druck-Tanks für Abfälle müssen mit einem Sicherheitsventil mit vorgeschalteter Berstscheibe ausgerüstet sein. Gewichtsbelastete Ventile sind nicht gestattet.

Um Undichtigkeiten im Sicherheitssystem feststellen zu können, ist zwischen dem Sicherheitsventil und der Berstscheibe eine Druckanzeigevorrichtung vorzusehen.

Prüfungen

6.10.4 ADR

Saug-Druck-Tanks für Abfälle sind zusätzlich zu den Prüfungen nach Absatz 6.8.2.4.3 ADR (Dichtheitsprüfung des Tankkörpers und der Ausrüstungsteile sowie eine Funktionsprüfung sämtlicher Ausrüstungsteile) alle

- drei Jahre bei festverbundenen Tanks und Aufsetztanks,
- zweieinhalb Jahre bei Tankcontainer und Tankwechselaufbauten

einer zusätzlichen Prüfung des inneren Zustandes zu unterziehen.

Gefahrgut-Ausnahme-Verordnung Nr. 22 (E, S)

In Deutschland existiert eine Dauerausnahme für den Betrieb von Saug-Druck-Tanks:

Abweichend von § 1 Abs. 3 Nr. 1 und 3 GGVSE in Verbindung mit Kapitel 6.10 ADR und RID dürfen gefährliche Güter der Klassen 3, 4.1, 5.1, 6.1, 8 und 9

- in festverbundenen Tanks (Tankfahrzeugen),
- in Aufsetztanks,
- in Tankcontainern,

die als Saug-Druck-Tanks nach Anhang B.1a oder B.1b der Anlage B zur GGVS und ADR in der Fassung der 13. ADR-Änderungsverordnung vom 17. Juli 1996 (BGBl. 1996 II S. 1178) in Verbindung mit der Ausnahme Nummer 63 der Gefahrgut-Ausnahmeverordnung vom 23. Juni 1993 (BGBl. I S. 994), zuletzt geändert durch Artikel 1 der Verordnung vom 23. Juni 1999 (BGBl. I S. 1435) zugelassen worden sind, weiterhin befördert werden.

Die Beförderung ist auf die Stoffe begrenzt, denen in Kapitel 3.2 Tabelle A Spalte 12 ADR und RID die Tankcodierung L4BH oder S4AH oder eine andere gemäß der Hierarchie in Absatz 4.3.4.1.2 ADR und RID zugelassene Tankcodierung zugeordnet ist. Die für bestimmte Stoffe in Kapitel 3.2 Tabelle A Spalte 13 ADR und RID aufgeführten Sondervorschriften sind, soweit zutreffend, einzuhalten.

Bei Beförderung von Stoffen mit Flammpunkt bis zu 61 Grad Celsius und solchen, die über ihren Flammpunkt erhitzt verladen oder befördert werden, darf eine Vermischung mit entzündend (oxidierend) wirkenden Stoffen nicht erfolgen.
Die Tanks sind nach jeder Benutzung zu reinigen und vor der erneuten Befüllung auf Schäden zu untersuchen. Dies gilt auch für die Armaturen und Dichtungen. Werden in festverbundenen Tanks und Aufsetztanks bei aufeinanderfolgenden Beförderungen die gleichen Stoffe befördert, sind die Tanks nach der ersten Beförderung und danach in Abständen von längstens sieben Tagen zu reinigen und zu untersuchen.

Angaben in der ADR-Zulassungsbescheinigung/im Prüfbericht oder Frachtbrief / Beförderungspapier

In der ADR-Zulassungsbescheinigung für Tankfahrzeuge nach Unterabschnitt 9.1.3.1 ADR ist unter Nummer 11 Bemerkungen anzugeben „Ausnahme 22 GGAV".

In den Prüfbescheinigungen für festverbundene Tanks und Aufsetztanks nach Absatz 6.8.2.4.5 ADR ist zusätzlich zu vermerken „Ausnahme 22 GGAV".

Bei Beförderungen in Tankcontainern ist im Frachtbrief oder Beförderungspapier nach Abschnitt 5.4.1 ADR/RID zusätzlich zu vermerken „Ausnahme 22".

8. Fahrzeuge

Das **ADR** definiert „**Fahrzeuge**“ als:

Jedes Fahrzeug zur Beförderung gefährlicher Güter auf der Straße, unabhängig davon, ob es

- **vollständig** (jedes Fahrzeug, das keiner weiteren Vervollständigung bedarf, z.B. Lieferwagen, Lastkraftwagen, Zugmaschinen und Anhänger, die in einem einzigen Produktionsschritt gebaut werden),
- **unvollständig** (jedes Fahrzeug, das noch einer Vervollständigung in mindestens einem weiteren Produktionsschritt bedarf, z.B. Fahrgestelle mit Fahrerhaus oder Anhängerfahrgestelle) oder
- **vervollständigt** (jedes Fahrzeug, das das Ergebnis eines aus mehreren Schritten bestehenden Produktionsprozesses ist, z.B. mit einer Karosserie versehene Fahrgestelle oder Fahrgestelle mit Fahrerhaus)

ist.

Die **GGVSEB** definiert „**Fahrzeuge**“:

Fahrzeuge sind im innerstaatlichen Verkehr und innergemeinschaftlichen Verkehr – abweichend von der Begriffsbestimmung im ADR – die in Abschnitt 1.2.1 ADR beschriebenen Fahrzeuge mit einer bauartbedingten Höchstgeschwindigkeit von mehr als 25 Kilometer pro Stunde sowie ihre Anhänger, und Güterstraßenbahnen, die auf einem vom Eisenbahnnetz abgeschlossenen Schienennetz verkehren.

7.1.2 ADR

Fahrzeuge für die Beförderung gefährlicher Güter müssen hinsichtlich ihrer Auslegung, ihres Baus und ggf. ihrer Zulassung den jeweiligen Vorschriften des Teil 9 entsprechen.

Bei der Betrachtung, welche Fahrzeuge für welche Gefahrguttransporte zum Einsatz kommen dürfen, muss daher weiterhin unterschieden werden in **Fahrzeuge**

- **ohne besondere Zulassung und**
- **mit besonderer Zulassung.**

Wird von „Fahrzeugen“ gesprochen, so sind immer Kraftfahrzeuge und auch Anhänger gemeint.

Fahrzeuge ohne besondere Zulassung

(9.2.1 ADR):

Bei der Zulässigkeit von Fahrzeugen spielen viele grundsätzliche Bau- und Ausrüstungsvorschriften der Europäischen Union eine Rolle.

8. Fahrzeuge

Die aufgeführten **Regelungen** gelten nur für **Fahrzeuge** der **Kategorien N und O**, gemäß des Dokumentes der EU-Wirtschaftskommission TRANS/WP.29/78/Rev. 1 „Gesamtresolution Fahrzeuge; Fahrzeuge zur Beförderung gefährlicher Güter, Anhang 7“ (R.E.3)

Fahrzeuge der Kategorie N:

Zulässiges Gesamtgewicht zGg	Kraftfahrzeuge der Klasse N	
	Bezeichnung nach R.E.3	Bezeichnung nach Richtlinie 97/27/EG
zGg ≤ 3,5 t	Kraftfahrzeuge der Klasse N_1	Lastkraftwagen N_1 Zugmaschine N_1 Sattelzugmaschine N_1
3,5 t < zGg ≤ 12 t	Klasse N_2	Lastkraftwagen N_2 Zugmaschine N_2 Sattelzugmaschine N_2
zGg > 12 t	Klasse N_3	Lastkraftwagen N_3 Zugmaschine N_3 Sattelzugmaschine N_3

Fahrzeuge der Kategorie O:

Zulässiges Gesamtgewicht zGg	Anhängerfahrzeuge
zGg ≤ 0,75 t	Anhänger mit schwenkbarer Zugeinrichtung O_1 Sattelanhänger O_1 Zentralachsanhänger O_1
0,75 t < zGg ≤ 3,5 t	Anhänger mit schwenkbarer Zugeinrichtung O_2 Sattelanhänger O_2 Zentralachsanhänger O_2
3,5 t < zGg ≤ 10 t	Anhänger mit schwenkbarer Zugeinrichtung O_3 Sattelanhänger O_3 Zentralachsanhänger O_3
zGg > 10 t	Anhänger mit schwenkbarer Zugeinrichtung O_4 Sattelanhänger O_4 Zentralachsanhänger O_4

Grundsätzliche Voraussetzungen

9.2.1.1 ADR

Für andere Fahrzeuge als die Fahrzeuge EX/II, EX/III, FL, OX und AT (diese Fahrzeuge benötigen eine besondere Zulassung, siehe unten):

Die **Bremsausrüstung** muss nach Absatz 9.2.3.1.1 ADR **in Übereinstimmung** sein mit der

- **ECE-Regelung Nr. 13** „Einheitliche Bedingungen für die Genehmigung von Fahrzeugen der Klassen M, N, O hinsichtlich der Bremsen“ oder der
- **Richtlinie 71/320/EWG** „Angleichung der Rechtsvorschriften der Mitgliedstaaten über die Bremsanlagen bestimmter Klassen von Kraftfahrzeugen und deren Anhängern“

für alle erstmalig nach dem 30. Juni 1997 zum Verkehr zugelassenen Fahrzeuge (oder, sofern eine Zulassung zum Verkehr nicht zwingend vorgeschrieben ist, in Betrieb genommene Fahrzeuge).

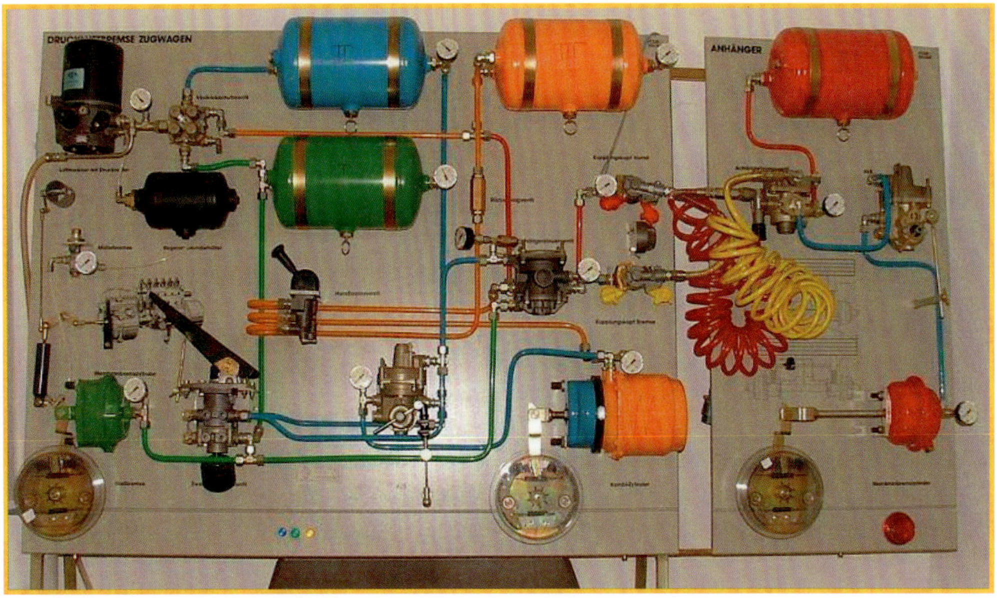

Ausstattung mit **Geschwindigkeitsbegrenzern** nach Abschnitt 9.2.5 ADR für

- alle erstmalig nach dem 31.12.1987 zum Verkehr zugelassene Kraftfahrzeuge (Trägerfahrzeuge und Zugmaschinen für Sattelanhänger) mit einer höchsten Gesamtmasse von mehr als 12 Tonnen und
- alle erstmalig nach dem 31.12.2007 zum Verkehr zugelassenen Kraftfahrzeuge (Trägerfahrzeuge und Zugmaschinen für Sattelanhänger) mit einer höchsten Masse von mehr als 3,5 Tonnen und höchstens 12 Tonnen.

Der Geschwindigkeitsbegrenzer ist so einzustellen, dass die Geschwindigkeit unter Berücksichtigung der technischen Toleranz des Geschwindigkeitsbegrenzers 90 km/h nicht übersteigt.

Der **Geschwindigkeitsbegrenzer** muss dabei die **Anforderungen** erfüllen der

- **ECE-Regelung Nr. 89** „Einheitliche Bedingungen für die Genehmigung von Fahrzeugen hinsichtlich der Begrenzung ihrer Höchstgeschwindigkeit bzw. hinsichtlich des Einbaus einer Geschwindigkeits-Begrenzungseinrichtung eines genehmigten Typs; und von Geschwindigkeits-Begrenzungseinrichtungen“
- **Richtlinie 92/24/EWG** „Geschwindigkeitsbegrenzungseinrichtungen und vergleichbare Geschwindigkeitsbegrenzungssysteme für bestimmte Kraftfahrzeugklassen“

Das bedeutet im Umkehrschluss**, Fahrzeuge der Kategorien M** (4-rädriges Personenfahrzeug) und T (Traktoren für die Land- und Forstwirtschaft) müssen nicht den speziellen Voraussetzungen des Teils 9 ADR entsprechen, sondern „nur“ den grundsätzlichen verschiedenen EU-Regelungen.

8. Fahrzeuge

Fahrzeuge mit besonderer Zulassung

(9.1.2 ADR):

Um eine Bescheinigung der besonderen Zulassung zu bekommen, müssen diese Fahrzeuge auch grundsätzlichen fahrzeugtechnischen Anforderungen genügen.

Erste allgemeine Voraussetzung ist das Vorhandensein eines

Typgenehmigten Fahrzeugs:

Dabei handelt es sich um Fahrzeuge, die zugelassen wurden **in Übereinstimmung** mit der

- **ECE-Regelung Nr. 105** „Einheitliche Bedingungen für die Genehmigung von Fahrzeugen für den Transport gefährlicher Güter hinsichtlich ihrer besonderen konstruktiven Merkmale" oder der
- **Richtlinie 98/91/EG** „Kraftfahrzeuge und Kraftfahrzeuganhänger, die zur Beförderung gefährlicher Güter auf der Straße bestimmt sind".

Vorschriften für typgenehmigte Fahrzeuge

9.1.2.2 ADR

- Ausstellung einer Bescheinigung über die Typgenehmigung durch eine zuständige Behörde
- Typgenehmigte Fahrzeuge müssen in ihrem Zulassungsstaat jährlichen technischen Untersuchungen unterzogen werden, um sicherzustellen dass sie den Vorschriften des ADR und den allgemeinen Sicherheitsvorschriften (z.B. Bremsen, Beleuchtung, usw.) entsprechen.
- Ausstellung bzw. Verlängerung der besonderen Zulassungsbescheinigung

Zulassungsbescheinigung

9.1.3 ADR

Die Übereinstimmung der Fahrzeuge, für die eine besondere Zulassung erforderlich ist, mit den Vorschriften des Teil 9 ADR, ist von einer zuständigen Behörde des Zulassungsstaates zu bestätigen.

Dazu wird ein vorgegebenes Formular benutzt. Dieses Formular wird im Teil 9 „Versenden", Kapitel 5 „Dokumente" ausführlich besprochen.

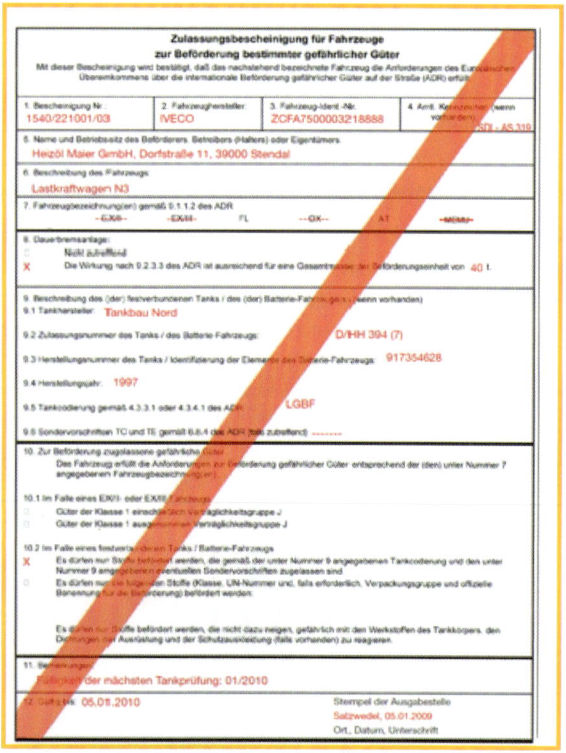

Zulassungsbescheinigung für Fahrzeuge zur Beförderung bestimmter gefährlicher Güter

1. Bescheinigung Nr.: 1540/221001/03
2. Fahrzeughersteller: IVECO
3. Fahrzeug-Ident.-Nr.: ZCFA7500003218888
4. Amtl. Kennzeichen (wenn vorhanden): SDL - AS 319
5. Name und Betriebssitz des Beförderers, Betreibers (Halters) oder Eigentümers: Heizöl Maier GmbH, Dorfstraße 11, 39000 Stendal
6. Beschreibung des Fahrzeugs: Lastkraftwagen N3
7. Fahrzeugbezeichnung(en) gemäß 9.1.1.2 des ADR: ~~EX/II~~ ~~EX/III~~ FL ~~OX~~ AT ~~MEMU~~
8. Dauerbremsanlage:
   - ☐ Nicht zutreffend
   - X Die Wirkung nach 9.2.3.3 des ADR ist ausreichend für eine Gesamtmasse der Beförderungseinheit von 40 t.
9. Beschreibung des (der) festverbundenen Tanks / des (der) Batterie-Fahrzeugs (wenn vorhanden)
   - 9.1 Tankhersteller: Tankbau Nord
   - 9.2 Zulassungsnummer des Tanks / des Batterie-Fahrzeugs: D/HH 394 (7)
   - 9.3 Herstellungsnummer des Tanks / Identifizierung der Elemente des Batterie-Fahrzeugs: 917354628
   - 9.4 Herstellungsjahr: 1997
   - 9.5 Tankcodierung gemäß 4.3.3.1 oder 4.3.4.1 des ADR: LGBF
   - 9.6 Sondervorschriften TC und TE gemäß 6.8.4 des ADR (falls zutreffend) -------
10. Zur Beförderung zugelassene gefährliche Güter:
    Das Fahrzeug erfüllt die Anforderungen zur Beförderung gefährlicher Güter entsprechend der (den) unter Nummer 7 angegebenen Fahrzeugbezeichnung(en).
    - 10.1 Im Falle eines EX/II- oder EX/III-Fahrzeugs
      - ☐ Güter der Klasse 1 einschließlich Verträglichkeitsgruppe J
      - ☐ Güter der Klasse 1 ausgenommen Verträglichkeitsgruppe J
    - 10.2 Im Falle eines festverbundenen Tanks / Batterie-Fahrzeugs
      - X Es dürfen nur Stoffe befördert werden, die gemäß der unter Nummer 9 angegebenen Tankcodierung und den unter Nummer 9 angegebenen eventuellen Sondervorschriften zugelassen sind
      - ☐ Es dürfen nur die folgenden Stoffe (Klasse, UN-Nummer und, falls erforderlich, Verpackungsgruppe und offizielle Benennung für die Beförderung) befördert werden:

      Es dürfen nur Stoffe befördert werden, die nicht dazu neigen, gefährlich mit den Werkstoffen des Tankkörpers, den Dichtungen, der Ausrüstung und der Schutzauskleidung (falls vorhanden) zu reagieren.
11. Bemerkungen: Fälligkeit der nächsten Tankprüfung: 01/2010
12. Gültig bis: 05.01.2010

Stempel der Ausgabestelle
Salzwedel, 05.01.2009
Ort, Datum, Unterschrift

RSEB – Anlage 15 (Prüfliste)

In der RSEB ist die **Prüfliste** für die Prüfung von Fahrzeugen nach den Vorschriften des ADR zur Ausstellung / Verlängerung der ADR-Zulassungsbescheinigung zu finden:

		Fahrzeugbezeichnung						Fund-stelle	Prüfungsumfang	
		EX/II	**EX/III**	**MEMU**	**AT**	**FL**	**OX**		**Ausstellung**	**Verlängerung**
1.	**Ausrüstung**									
1.1	Hinterer Anfahrschutz				x	x	x	9.7.6	Erfordernis, Ausführung,	Erfordernis, Zustand
				x				9.8.5	Wirksamkeit	
1.2	**Verhütung von Feuergefahren**									
	Motor	x	x	x		x	x	9.2.4.4 9.3.5	Erfordernis, Ausführung, Wirksamkeit	Erfordernis, Zustand
	Feuerlöschsystem für Motorraum			x				9.8.7.1	Ausführung, Einsatzbereitschaft (z.B. Plombierung)	Zustand, Einsatzbereitschaft (z.B. Plombierung)
	Reifen (Abdeckung)			x				9.8.7.2	Ausführung, Wirksamkeit	Zustand
	Auspuffanlage	x	x	x		x		9.2.4.5 9.3.6	Erfordernis, Ausführung, Wirksamkeit	Erfordernis, Zustand
	Kraftstoffbehälter	x	x	x		x	x	9.2.4.3	Erfordernis, Ausführung, Wirksamkeit	Erfordernis, Zustand
	Dauerbremse (Abdeckung)		x	x	x	x	x	9.2.4.6	Erfordernis, Ausführung, Wirksamkeit	Erfordernis, Zustand
	Verbrennungs-heizgeräte	x	x	x	x	x	x	9.2.4.7.1 9.2.4.7.2 9.2.4.7.5	Einbau/ Funktionsprüfung	Zustand
						x		9.2.4.7.3 9.2.4.7.4	Funktionsprüfung, Kontrolle, Herstellernachweis	Zustand
		x	x					9.2.4.7.6	Einbau/ Funktionsprüfung	Zustand
	Verbrennungsheiz-geräte/Laderaum				x	x	x	9.7.7	Einbau/ Funktionsprüfung	Zustand
		x	x					9.3.2	Einbau/ Funktionsprüfung	Zustand
				x				9.8.6.2	Einbau/ Funktionsprüfung	Zustand
	Fahrerhaus/ Werkstoffe/ Wärmeschild						x	9.2.4.2	Kontrolle Herstellernachweis	Plausibilität

		Fahrzeugbezeichnung						Fund-stelle	Prüfungsumfang	
		EX/II	EX/III	MEMU	AT	FL	OX		Ausstellung	Verlängerung
2.	**Bremsanlage**	x	x	x	x	x	x	9.2.3.1	Erfordernis, Ausführung	Zustand
2.1	Automatischer Blockierverhinderer		x	x	x	x	x	9.2.3.1	Erfordernis, Ausführung	Zustand
2.2	Dauerbremse		x	x	x	x	x	9.2.3.1	Erfordernis, Ausführung, Kontrolle, Herstellernachweis	ggf. Wirkungs-prüfung
3.	**Geschwindigkeits begrenzer**	x	x	x	x	x	x	9.2.5	Nachweis	Zustand
4.	**Elektrische Ausrüstung**									
4.1	Leitungen, (mechanischer und thermischer Schutz)		x	x	x	x	x	9.2.2.2.1 9.2.2.2.2	Ausführung, Wirksamkeit	Zustand
4.2	Batterietrenn-schalter		x	x		x		9.2.2.3.1 9.2.2.3.2 9.2.2.3.4	Erfordernis, Ausführung, Wirksamkeit	Zustand, Funktion
4.3	Gehäuse Batterietrenn-schalter					x		9.2.2.3.3	Kontrolle, Her-stellernachweis	Zustand
4.4	Batterien	x	x	x		x		9.2.2.4	Ausführung	Zustand
4.5	Dauerstromkreise					x		9.2.2.5.1 9.7.8.3	Erfordernis, Ausführung, Kontrolle, Nachweise	Zustand
4.6	Dauerstromkreise		x	x				9.2.2.5.2	Erfordernis, Ausführung, Wirksamkeit	Zustand
4.7	Elektrische Anlage hinter dem Fahrerhaus		x	x		x x		9.2.2.6 9.7.8.2	Erfordernis, Ausführung, ggf. Kontrolle, Nachweise	Zustand
4.8	Elektrische Einrichtung	x	x					9.3.7.1 9.3.7.2 9.3.7.3	Erfordernis, Ausführung, ggf. Kontrolle, Nachweise	Zustand
5.	**Verbindungsein-richtung des Anhängers**	x	x	x				9.2.6	Anbau, Kontrolle, Nachweis	Zustand
6.	**Tank**									
6.1	Tankprüf-bescheinigung			x	x	x	x	9.7.2 6.8.3.4.5	Prüfung, Kontrolle, Übernahme in Zulassungs-bescheinigung	Kontrolle

		Fahrzeugbezeichnung						Fund-stelle	Prüfungsumfang	
		EX/II	EX/III	MEMU	AT	FL	OX		Ausstellung	Verlängerung
6.2	Betreiberangaben			x	x	x	x	9.7.2	Identität, Vollständigkeit	Identität, Vollständigkeit
6.3	Angaben auf Tankschild			x	x	x	x	9.7.2	Identität, Vollständigkeit	Identität, Vollständigkeit
6.4	Tankwandung			x	x	x	x	9.1.2.1 9.1.3.4 9.7.2	äußerer Zustand	äußerer Zustand
6.5	Tankausrüstung			x	x	x	x	9.1.2.1 9.1.3.4 9.7.2	äußerer Zustand	äußerer Zustand
6.6	Tankbefestigung			x	x	x	x	9.7.3	Wirksamkeit, Ausführung	äußerer Zustand
6.7	Erdung von Tanks und Symbol			x	*)	x		9.7.4 6.8.2.1.27 9.8.3	Wirksamkeit, Ausführung	äußerer Zustand
6.8	Stabilität			x	x	x	x	9.7.5.1 9.8.4	Berechnung	------
6.9	Kippstabilität				x	x	x	9.7.5.2	Erfordernis, Kontrolle, Nachweise	------
7.	**Fahrzeugaufbau**	x	x					9.3.3 9.3.4.1 9.3.4.2	Erfordernis, Ausführung	Zustand
	Schlösser, Herstell-einrichtung, Laderäume			x				9.8.8		
	Erdung			x				9.8.3	Erfordernis, Ausführung	Zustand
8.	**Unterlagen gem. BAM-GGR 010**			x				BAM-GGR 010 Anhang 3	Vorhandensein, Identität	------
9.	**Wiederkehrende Prüfung gem. Zulassung MEMU**			x				gem. Zulassung der BAM	------	Vorhanden-sein, Identität

*) Fahrzeuge „AT“, die auch UN 1202 DIESELKRAFTSTOFF der Norm EN 590:2004 entsprechen, oder GASÖL oder HEIZÖL, LEICHT mit einem Flammpunkt gem. EN 590:2004 befördern dürfen, müssen mit Erdungsanschluss und Symbol versehen sein. Das gilt auch für die Beförderung UN 1361 KOHLE oder RUSS der Verpackungsgruppe II.

Erfordernis: Feststellung anhand der Vorschriftentexte, ob diese auf das Fahrzeug auch zutreffen.
Ausführung: Feststellung, ob das Bauteil den Anforderungen genügt.
Wirksamkeit: Prüfung des Anbaus, ggf. erforderliche Messungen.

8. Fahrzeuge

Grundsätzliche bauliche Anforderungen, die sich aus der Prüfliste ergeben:

Elektrische Leitungen:

- Um Überhitzungen zu vermeiden, müssen die Leiter ausreichend bemessen sein. Sie müssen in geeigneter Weise isoliert sein.
- Alle Stromkreise müssen durch Schmelzsicherungen oder Sicherungsautomaten geschützt sein, die elektrischen Leitungen müssen sicher befestigt und so verlegt sein, dass die Leiter in geeigneter Weise gegen mechanische und thermische Beanspruchungen geschützt sind.

Batterietrennschalter:

- Ein Schalter zur Unterbrechung der Stromkreise muss so nahe wie in der Praxis möglich an der Batterie angebracht sein.
- Wenn ein einpoliger Schalter zur Unterbrechung verwendet wird, muss dieser an der spannungsführenden Leitung und nicht an der Masseleitung angebracht sein.
- Eine Betätigungseinrichtung für das Ein- und Ausschalten des Schalters muss sich im Fahrerhaus befinden.
- Sie muss für den Fahrer leicht zugänglich und deutlich gekennzeichnet sein.
- Sie muss entweder durch eine Schutzabdeckung, durch eine mehrstufig zu betätigende Einrichtung oder durch eine andere geeignete Vorrichtung gegen unbeabsichtigte Betätigung geschützt sein.
- Zusätzliche Betätigungseinrichtungen dürfen eingebaut sein, sofern sie deutlich gekennzeichnet und gegen unbeabsichtigte Betätigung geschützt sind.
- Wenn die Betätigungseinrichtung(en) elektrisch betrieben wird (werden), unterliegen ihre Stromkreise den Vorschriften des Unterabschnitts 9.2.2.5.
- Der Schalter muss ein Gehäuse der Schutzart IP 65 gemäß IEC-Norm 529 haben.
- Die elektrischen Anschlüsse am Schalter müssen der Schutzart IP 54 entsprechen. Dies ist jedoch nicht erforderlich, wenn sich die Anschlüsse in einem Gehäuse befinden, das auch der Batteriekasten sein kann; in diesem Fall genügt es, diese Anschlüsse gegen Kurzschluss zu schützen, z.B. mit einer Gummikappe.

Batterien:

- Die Batterieanschlussklemmen müssen elektrisch isoliert oder durch einen isolierenden Batteriekastendeckel abgedeckt sein.
- Wenn sich die Batterien nicht unter der Motorhaube befinden, müssen sie in einem belüfteten Batteriekasten eingebaut sein.

Dauerstromkreise:

- Die Teile der elektrischen Anlage, einschließlich der Leitungen, die unter Spannung bleiben müssen, wenn der Batterietrennschalter geöffnet ist, müssen zur Verwendung innerhalb einer Gefahrenzone geeignet sein.
- Die nicht über den Batterietrennschalter geführten Anschlüsse für die Ausrüstung, die dauernd unter Spannung bleiben muss, wenn der Batterietrennschalter geöffnet ist, müssen durch eine geeignete Einrichtung, wie eine Schmelzsicherung, einen Sicherungsautomaten oder eine Sicherheitsbarriere (Strombegrenzer) gegen Überhitzung geschützt sein.

Vorschriften für den hinter dem Fahrerhaus angebrachten Teil der elektrischen Anlage:

- Diese gesamte Anlage muss so beschaffen, eingebaut und geschützt sein, dass durch sie bei normalem Betrieb der Fahrzeuge weder ein Brand noch ein Kurzschluss hervorgerufen werden kann und bei Stoß oder Verformung diese Gefahren auf ein Mindestmaß beschränkt werden.
- Insbesondere gilt: Die hinter dem Fahrerhaus liegenden Leitungen müssen gegen Stoß, Abscheuern und Aneinanderreiben während des normalen Betriebs des Fahrzeuges geschützt sein.

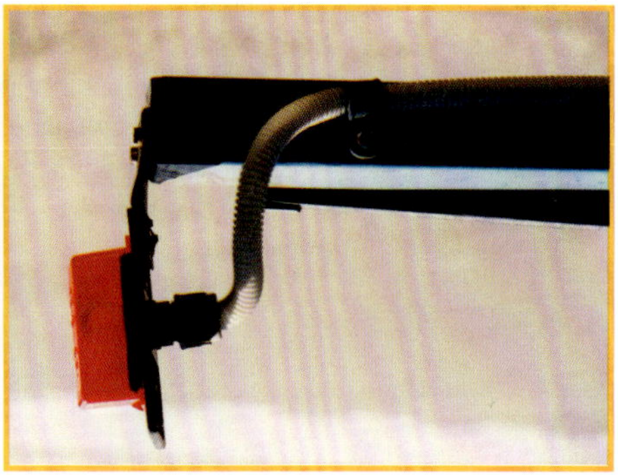

Beleuchtung:

Glühlampen mit Schraubsockel dürfen nicht verwendet werden.

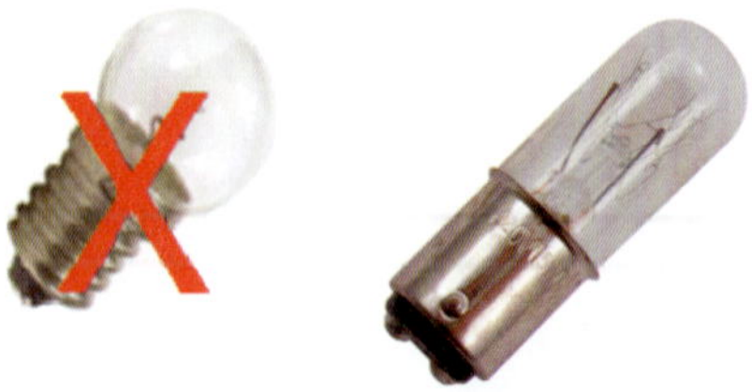

Elektrische Anschlussverbindungen:

Elektrische Anschlussverbindungen zwischen Kraftfahrzeugen und Anhängern müssen der Schutzart IP54 gemäß der Norm IEC 60529 entsprechen und so ausgelegt sein, dass ein unbeabsichtigtes Trennen der Verbindung verhindert wird. Die Anschlussverbindungen müssen der Norm ISO 12098:2004, ISO 7638:2003 bzw. EN 15207:2006 entsprechen.

Bremsausrüstung:

Kraftfahrzeuge und Anhänger, die zur Verwendung als Beförderungseinheit für gefährliche Güter bestimmt sind, müssen allen zutreffenden technischen Vorschriften der ECE-Regelung Nr. 13 oder der Richtlinie 71/320/EWG entsprechen.

Dauerbremsanlage:

- Fahrzeuge, die mit einer Dauerbremsanlage ausgerüstet sind, die sich hinter der Rückwand des Fahrerhauses befindet und höhere Temperaturen entwickelt, müssen zwischen dieser Anlage und dem Tank oder der Ladung mit einer Hitzeabschirmung (Hitzeschild) versehen sein, die sicher befestigt und so angebracht ist, dass jede - auch eine örtlich begrenzte - Erhitzung der Tankwand oder der Ladung vermieden wird.
- Außerdem muss diese Hitzeabschirmung (Hitzeschild) die Anlage auch gegen zufälliges Entweichen oder Ausfließen der Ladung schützen. Ein Schutz durch z.B. eine zweischalige Abdeckung wird als ausreichend angesehen.

Kraftstoffbehälter:

Die Kraftstoffbehälter zur Versorgung des Fahrzeugmotors müssen folgenden Vorschriften entsprechen:

- Kraftstoff muss im Falle des Entweichens zum Boden hin abfließen und darf dabei weder mit heißen Teilen des Fahrzeugs noch mit der Ladung in Berührung kommen.
- Behälter, die Benzin enthalten, müssen mit einer wirksamen, der Einfüllöffnung angepassten Flammendurchschlagsicherung oder mit einer Einrichtung versehen sein, welche die Einfüllöffnung luftdicht verschlossen hält.

Motor:

Die Antriebsmotoren der Fahrzeuge müssen so ausgerüstet und angeordnet sein, dass jede Gefahr für die Ladung durch Erhitzung oder Entzündung vermieden wird.

Auspuffanlage:

- Die Auspuffanlage (einschließlich der Auspuffrohre) muss so geführt oder geschützt sein, dass jede Gefahr für die Ladung durch Erhitzung oder Entzündung vermieden wird.
- Die Teile der Auspuffanlage, die sich direkt unter dem Kraftstoffbehälter (Diesel) befinden, müssen sich in einem Abstand von mindestens 100 mm von diesen Teilen befinden oder durch eine Hitzeabschirmung (Hitzeschild) geschützt sein.

Verbrennungsheizgeräte:

Die Verbrennungsheizgeräte müssen den anwendbaren technischen Vorschriften der ECE-Regelung Nr. 122 oder der Richtlinie 2001/56/EG in der geltenden Fassung entsprechen.

- Die Verbrennungsheizgeräte und ihre Abgasanlage müssen so beschaffen, angeordnet und geschützt oder abgedeckt sein, dass jede unannehmbare Gefahr einer Erwärmung oder Entzündung der Ladung vermieden wird.

- Verbrennungsheizgeräte müssen mindestens durch die beschriebenen Verfahren außer Betrieb gesetzt werden können:
  - Abschalten von Hand im Fahrerhaus
  - Abstellen des Fahrzeugmotors; in diesem Fall darf das Heizgerät vom Fahrzeugführer von Hand wieder eingeschaltet werden
  - Inbetriebnahme einer eingebauten Förderpumpe im Kraftfahrzeug für beförderte gefährliche Güter.
  - Nach dem Abschalten der Verbrennungsheizgeräte ist eine Nachlaufzeit zulässig. Nach einer Nachlaufzeit von höchstens 40 Sekunden muss die Zuführung von Verbrennungsluft durch geeignete Maßnahmen unterbrochen sein.

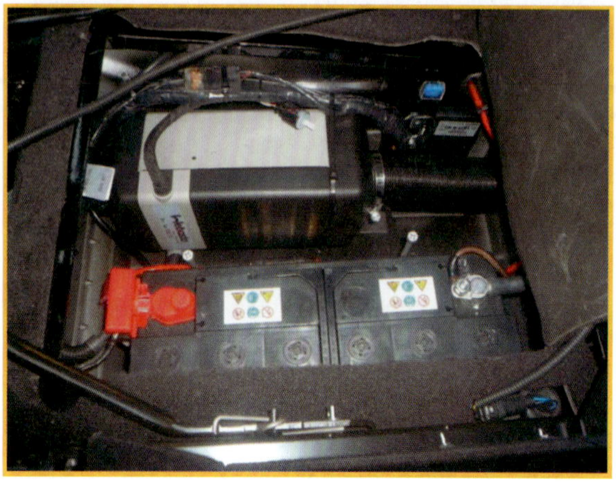

  - Verbrennungsheizgeräte müssen von Hand eingeschaltet werden.
  - Automatische Steuerungen sind verboten.
  - Verbrennungsheizgeräte für gasförmige Brennstoffe sind nicht zugelassen.

Geschwindigkeitsbegrenzer:

- Kraftfahrzeuge (Trägerfahrzeuge und Zugmaschinen für Sattelanhänger) mit einer höchsten Gesamtmasse von mehr als 3,5 Tonnen müssen mit einem Geschwindigkeitsbegrenzer entsprechend den technischen Vorschriften der ECE-Regelung Nr. 89 in der jeweils geltenden Fassung ausgerüstet sein.
- Der Geschwindigkeitsbegrenzer ist so einzustellen, dass die Geschwindigkeit unter Berücksichtigung der technischen Toleranz des Geschwindigkeitsbegrenzers 90 km/h nicht übersteigt.

Verbindungseinrichtungen des Anhängers:

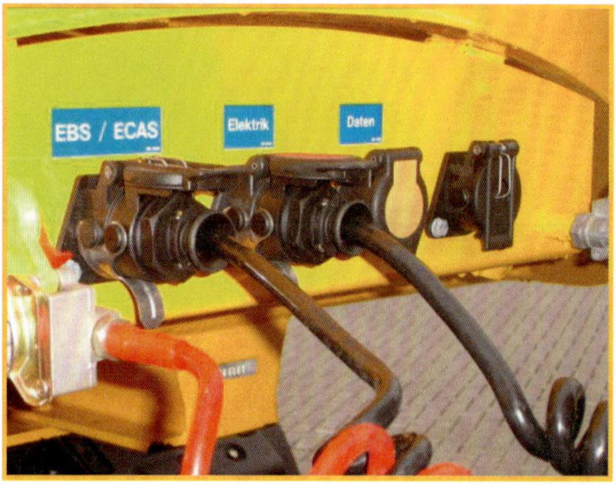

Die Verbindungseinrichtung des Anhängers muss den technischen Vorschriften der ECE-Regelung Nr. 55 (Einheitliche Vorschriften für die Genehmigung von mechanischen Verbindungseinrichtungen von miteinander verbundenen Fahrzeugen) oder der Richtlinie 94/20/EG entsprechen.

EX/II und EX/III-Fahrzeuge

Fahrzeuge zur Beförderung von explosiven Stoffen oder Gegenständen mit Explosivstoff (Klasse 1).

Die allgemeinen Anforderungen an Fahrzeuge mit besonderer Zulassung ergeben sich aus o.a. Prüfliste.

Ergänzende Vorschriften für EX/II und EX/III-Fahrzeuge

9.3 ADR

- Für den Aufbau dürfen keine Werkstoffe verwendet werden, die mit den beförderten explosiven Stoffen und Gegenständen mit Explosivstoff gefährliche Verbindungen eingehen können.
- Verbrennungsheizgeräte dürfen in EX/II- und EX/III-Fahrzeugen nur für die Beheizung des Fahrerhauses oder des Motors eingebaut sein. Der Schalter des Verbrennungsheizgerätes darf außerhalb des Fahrerhauses angebracht sein. Im Laderaum dürfen keine Verbrennungsheizgeräte und keine zum Betrieb des Verbrennungsheizgerätes erforderlichen Kraftstoffbehälter, Energiequellen, Einlässe für Verbrennungs- oder Heizungsluft oder Auslässe von Abgasrohren eingebaut sein.
- Bei EX/II- und EX/III-Fahrzeugen muss der Motor ein Motor mit Kompressionszündung sein.
- Der Antriebsmotor eines EX/II- oder EX/III-Fahrzeugs muss sich vor der Vorderwand des Laderaums befinden. Er darf jedoch auch unter dem Laderaum angeordnet sein, wenn die Anlage so beschaffen ist, dass die Abwärme keine Gefahr für die Ladung darstellen kann, die aus einem Temperaturanstieg an der Innenfläche des Laderaums auf über 80 °C resultiert. Die Auspuffanlage der EX/II- und EX/III-Fahrzeuge oder anderer Teile dieser vollständigen oder vervollständigten Fahrzeuge müssen so gebaut und angeordnet sein, dass die Abwärme keine Gefahr für die Ladung darstellen kann, die aus einem Temperaturanstieg an der Innenfläche des Laderaums auf über 80 °C resultiert.
- Die Nennspannung der elektrischen Anlage darf nicht mehr als 24 V betragen. Jede im Laderaum von EX/II-Fahrzeugen vorhandene Beleuchtung muss an der Decke angebracht und abgedeckt sein, d.h. sie darf keine freiliegenden Leitungen oder Glühbirnen aufweisen. Im Falle der Verträglichkeitsgruppe J muss die elektrische Anlage mindestens der Schutzart IP65 entsprechen (z.B. „druckfeste Kapselung EEx d“). Jede vom Inneren des Laderaums zugängliche elektrische Ausrüstung muss ausreichend vor mechanischen Stößen von innen geschützt sein. Die elektrische Anlage im Laderaum muss staubgeschützt sein (mindestens Schutzart IP54 oder gleichwertig) oder im Falle der Verträglichkeitsgruppe J mindestens der Schutzart IP65 entsprechen (z.B. „druckfeste Kapselung EEx d“).

8. Fahrzeuge

EX/II-Fahrzeuge

- Die Fahrzeuge müssen so entworfen, gebaut und ausgerüstet sein, dass die explosiven Stoffe oder die Gegenstände mit Explosivstoff vor äußeren Gefahren und vor Witterungseinflüssen geschützt sind.
- Die Fahrzeuge müssen gedeckt oder bedeckt sein.
- Die Plane muss reißfest und aus wasserdichtem und schwer entzündbarem Werkstoff (Im Falle der Entzündbarkeit gilt diese Vorschrift als erfüllt, wenn Proben der Plane in Übereinstimmung mit dem in der ISO-Norm 3795:1989 (Straßenfahrzeuge sowie Traktoren und Maschinen für die Land- und Forstwirtschaft - Bestimmung des Brennverhaltens von Werkstoffen der Innenausstattung) festgelegten Verfahren eine Abbrandgeschwindigkeit von höchstens 100 mm/min hat) bestehen. Die Plane muss so über das Fahrzeug gespannt sein, dass sie den Ladebereich auf allen Seiten abschließt.
- Alle Öffnungen im Laderaum von gedeckten Fahrzeugen müssen verschließbare, dicht schließende Türen oder starre Abdeckungen haben.
- Das Fahrerhaus muss vom Laderaum durch eine fugenlose Wand getrennt sein

EX/III-Fahrzeuge

- Die Fahrzeuge müssen so entworfen, gebaut und ausgerüstet sein, dass die explosiven Stoffe oder die Gegenstände mit Explosivstoff vor äußeren Gefahren und vor Witterungseinflüssen geschützt sind.
- Diese Fahrzeuge müssen gedeckt sein.

- Das Fahrerhaus muss vom Laderaum durch eine fugenlose Wand getrennt sein.
- Die Ladefläche muss fugenlos sein.
- Verankerungspunkte für die Ladungssicherung dürfen eingebaut sein.
- Alle Verbindungen müssen abgedichtet sein.
- Alle Öffnungen müssen verschlossen werden können. Sie müssen so angeordnet und gebaut sein, dass sich die Verbindungen überlappen.
- Der Aufbau muss aus hitze- und flammenbeständigen Werkstoffen mit einer Mindestdicke von 10 mm gebaut sein. Diese Vorschrift gilt bei Verwendung von Werkstoffen, die gemäß EN-Norm 13501-1:2002 der Klasse B-s3-d2 zugeordnet sind, als erfüllt.
- Wenn der für den Aufbau verwendete Werkstoff Metall ist, muss die gesamte Innenseite des Aufbaus mit Werkstoffen, die dieselben Vorschriften erfüllen, abgedeckt sein.
- Fahrzeuge EX/III müssen mit selbsttätigen Feuerlöschsystemen für den Motorraum ausgerüstet sein.
- Der Schutz der Ladung vor Reifenbrand muss durch metallene Wärmeschutzschilde gewährleistet sein.

MEMU (Mobile Explosives Manufacturing Unit)

Eine Einheit oder ein Fahrzeug, auf dem eine Einheit befestigt ist, zur Herstellung und zum Laden von explosiven Stoffen oder Gegenständen mit Explosivstoff aus gefährlichen Gütern, die selbst keine explosiven Stoffe oder Gegenstände mit Explosivstoff sind. Die Einheit besteht aus verschiedenen Tanks, Schüttgut-Containern und Herstellungseinrichtungen sowie aus Pumpe und der damit zusammenhängenden Ausrüstung. Die MEMU kann verschiedene besondere Laderäume für verpackte explosive Stoffe oder Gegenstände mit Explosivstoff haben.

Obwohl die Begriffsbestimmung für MEMU den Ausdruck „zur Herstellung und zum Laden von explosiven Stoffen oder Gegenständen mit Explosivstoff" enthält, gelten die Vorschriften für MEMU nur für die Beförderung und nicht für die Herstellung und das Laden von explosiven Stoffen oder Gegenstände mit Explosivstoff.

Ergänzende Vorschriften für MEMU

9.8 ADR

- Ein MEMU besteht – außer dem eigentlichen Fahrzeug oder dem Achsaggregat – aus einem oder mehreren Tanks und Schüttgut-Containern, deren Ausrüstungsteilen und den Verbindungsteilen zum Fahrzeug oder zum Achsaggregat.
- Tanks, Schüttgut-Container und besondere Laderäume für Versandstücke mit explosiven Stoffen oder Gegenständen mit Explosivstoff von MEMU müssen den Vorschriften des Kapitels 6.12 entsprechen.
- Tanks, Schüttgut-Container und besondere Laderäume für Versandstücke mit explosiven Stoffen oder Gegenständen mit Explosivstoff, die aus Metall oder aus faserverstärkten Kunststoffen hergestellt sind, müssen mindestens eine gute elektrische Verbindung mit dem Fahrgestell des Fahrzeugs aufweisen. Jeder metallische Kontakt, der eine elektrochemische Korrosion hervorrufen oder mit den in den Tanks und Schüttgut-Containern beförderten gefährlichen Gütern reagieren kann, ist zu vermeiden.
- Die Breite über alles der Aufstandsfläche am Boden (Entfernung zwischen den äußeren Berührungspunkten des rechten und des linken Reifens derselben Achse mit dem Boden) muss mindestens 90 % der Höhe des Schwerpunkts des beladenen Tankfahrzeugs betragen. Bei Sattelkraftfahrzeugen darf die Achslast des Sattelanhängers 60 % der nominalen Gesamtmasse des beladenen Sattelkraftfahrzeugs nicht übersteigen.
- Die Rückseite des Fahrzeugs muss über die gesamte Breite des Tanks durch eine ausreichend feste Stoßstange gegen Heckaufprall geschützt sein. Der Abstand zwischen der Rückwand des Tanks und der Rückseite der Stoßstange muss mindestens 100 mm betragen (wobei dieser Abstand von dem am weitesten nach hinten liegenden Punkt der Tankwand oder von den schützenden Ausrüstungsteilen aus zu messen ist, die mit dem beförderten Stoff in Verbindung stehen). Fahrzeuge mit einem nach hinten entladbaren Kippbehälter müssen nicht mit einer Stoßstange versehen sein, wenn die hinteren Ausrüstungen des Behälters eine Schutzvorrichtung haben, welche den Behälter ebenso schützt wie eine Stoßstange.
- Die Verbrennungsheizgeräte müssen den Vorschriften über Verbrennungsheizgeräte genügen, der Schalter darf außerhalb des Fahrerhauses angebracht sein, das Gerät muss außerhalb des MEMU-Laderaums abgeschaltet werden können
- Im Laderaum von MEMU, die Tanks enthalten, darf kein Kraftstoffbehälter, keine Energiequelle, kein Einlass für Verbrennungs- oder Heizungsluft und kein Auslass von Abgasrohren, die zum Betrieb eines Verbrennungsheizgerätes erforderlich sind, eingebaut sein. Es ist sicherzustellen, dass die Heißluftöffnung nicht blockiert werden kann. Die Temperatur, der die Ausrüstung ausgesetzt ist, darf 50 °C nicht überschreiten. Im Laderaum angebrachte Heizgeräte müssen so beschaffen sein, dass die Entzündung einer explosiven Atmosphäre unter Betriebsbedingungen verhindert wird.
- MEMU müssen mit selbsttätigen Feuerlöschsystemen für den Motorraum ausgerüstet sein.
- Der Schutz der Ladung vor Reifenbrand muss durch metallene Wärmeschutzschilde gewährleistet sein.
- Die Herstelleinrichtung und die besonderen Laderäume in MEMU müssen mit Schlössern ausgerüstet sein.

Ergänzende Vorschriften für Tankfahrzeuge (festverbundene Tanks), Batteriefahrzeuge, Aufsetztanks, Tankcontainer, ortsbewegliche Tanks, MEGC 9.7 ADR

- Ein Tankfahrzeug besteht - außer dem eigentlichen Fahrzeug oder dem Achsaggregat - aus einem oder mehreren Tanks sowie ihren Ausrüstungsteilen und den Verbindungsteilen zum Fahrzeug oder zum Achsaggregat.
- Ist der Aufsetztank auf ein Trägerfahrzeug aufgesetzt, muss die Einheit den Vorschriften für Tankfahrzeuge entsprechen.
- Die Befestigungseinrichtungen müssen so beschaffen sein, dass sie unter normalen Beförderungsbedingungen den statischen und dynamischen Beanspruchungen sowie den in Teil 6 vorgeschriebenen Mindestbeanspruchungen für Tankfahrzeuge, Batterie-Fahrzeuge und Trägerfahrzeuge von Aufsetztanks standhalten.
- Die Breite über alles der Aufstandsfläche am Boden (Entfernung zwischen den äußeren Berührungspunkten des rechten und des linken Reifens derselben Achse mit dem Boden) muss mindestens 90 % der Höhe des Schwerpunkts des beladenen Tankfahrzeugs betragen. Bei Sattelkraftfahrzeugen darf die Achslast des Sattelanhängers 60 % der nominalen Gesamtmasse des beladenen Sattelkraftfahrzeugs nicht übersteigen.
- Die Rückseite des Fahrzeugs muss über die gesamte Breite des Tanks durch eine ausreichend feste Stoßstange gegen Heckaufprall geschützt sein. Der Abstand zwischen der Rückwand des Tanks und der Rückseite der Stoßstange muss mindestens 100 mm betragen (wobei dieser Abstand von dem am weitesten nach hinten liegenden Punkt der Tankwand oder von den hervorstehenden Ausrüstungsteilen aus zu messen ist, die mit dem beförderten Stoff in Verbindung stehen). Fahrzeuge mit nach hinten entladbaren Kippbehältern für pulverförmige oder körnige Stoffe und Saug-Druck-Tanks für Abfälle mit kippbarem Behälter müssen nicht mit einer Stoßstange versehen sein, wenn die hinteren Ausrüstungen der Behälter eine Schutzvorrichtung haben, welche die Behälter ebenso schützt, wie eine Stoßstange.
- Die Verbrennungsheizgeräte müssen den Vorschriften des Teil 9 über Verbrennungsheizgeräte genügen, der Schalter darf außerhalb des Fahrerhauses angebracht sein, das Gerät muss außerhalb des Laderaums abgeschaltet werden können
- Wenn das Fahrzeug zur Beförderung gefährlicher Güter bestimmt ist, für die ein Zettel nach Muster 1.5, 3, 4.1, 4.3, 5.1 oder 5.2 vorgeschrieben ist, darf im Laderaum kein Kraftstoffbehälter, keine Energiequelle, kein Einlass für Verbrennungs- oder Heizungsluft und kein Auslass von Abgasrohren, die zum Betrieb eines Verbrennungsheizgerätes erforderlich sind, eingebaut sein. Es ist sicherzustellen, dass die Heißluftöffnung nicht von der Ladung blockiert werden kann. Die Temperatur, der die Ladung ausgesetzt ist, darf 50 °C nicht überschreiten. Im Laderaum angebrachte Heizgeräte müssen so beschaffen sein, dass die Entzündung einer explosiven Atmosphäre unter Betriebsbedingungen verhindert wird.

8. Fahrzeuge

Es wird unterschieden zwischen **Fahrzeugen FL, OX und AT**.

Fahrzeug FL:

- Ein Fahrzeug zur Beförderung flüssiger Stoffe mit einem Flammpunkt von höchstens 60 °C (mit Ausnahme von Dieselkraftstoffen entsprechend Norm EN 590:2004, Gasöl oder Heizöl (leicht) - UN-Nummer 1202 - mit einem Flammpunkt entsprechend Norm EN 590:2004) in festverbundenen Tanks oder Aufsetztanks mit einem Fassungsraum von mehr als 1 m^3 oder in Tankcontainern oder ortsbeweglichen Tanks mit einem Einzelfassungsraum von mehr als 3 m^3 oder

- ein Fahrzeug zur Beförderung entzündbarer Gase in festverbundenen Tanks oder Aufsetztanks mit einem Fassungsraum von mehr als 1 m^3 oder in Tankcontainern,

- ortsbeweglichen Tanks oder MEGC mit einem Einzelfassungsraum von mehr als 3 m³

oder

- ein Batterie-Fahrzeug mit einem Gesamtfassungsraum von mehr als 1 m³ zur Beförderung entzündbarer Gase.

Besondere bauliche Voraussetzungen sind

- Tanks aus Metall oder aus faserverstärkten Kunststoffen der Tankfahrzeuge FL und die Teile von Batterie-Fahrzeugen FL müssen mindestens eine gute elektrische Verbindung mit dem Fahrgestell des Fahrzeugs aufweisen. Jeder metallische Kontakt, der eine elektrochemische Korrosion hervorrufen kann, ist zu vermeiden.
- Die elektrische Anlage von FL-Fahrzeugen, für die eine Zulassung nach Abschnitt 9.1.2 vorgeschrieben ist, muss den Vorschriften des Teil 9 genügen. Jedoch muss jede hinzugefügte oder geänderte elektrische Anlage den Vorschriften entsprechen, die gemäß den zu befördernden Stoffen für das elektrische Gerät der betreffenden Gruppe oder Temperaturklasse gelten.
- Die elektrische Ausrüstung von FL-Fahrzeugen, die sich in Zonen befindet, in denen eine explosive Atmosphäre in einem Ausmaß besteht oder auftreten kann, dass besondere Vorsichtsmaßnahmen erforderlich werden, muss geeignete Eigenschaften für die Verwendung in einer Gefahrenzone aufweisen. Diese Ausrüstung muss den allgemeinen Vorschriften der IEC-Norm 60079 Teile 0 und 14 und den zusätzlichen einschlägigen Vorschriften der IEC-Norm 60079 Teil 1, 2, 5, 6, 7, 11 oder 18 genügen. Sie muss den Vorschriften entsprechen, die gemäß den zu befördernden Stoffen für das elektrische Gerät der betreffenden Gruppe oder Temperaturklasse gelten. Für die Anwendung der IEC-Norm 60079 Teil 14 gilt folgende Klassifizierung:
  - **ZONE 0**: Innenraum der Tankabteile, Befüllungs- und Entleerungsarmaturen und Dampfrückführungsleitungen.
  - **ZONE 1**: Innenraum der Schutzkästen für die zur Befüllung und Entleerung verwendete Ausrüstung sowie die Zone in einem Umkreis von weniger als 0,5 m um die Belüftungseinrichtungen und die Druckentlastungsventile.
  - Die dauernd unter Spannung stehende elektrische Ausrüstung, einschließlich der Leitungen, die sich außerhalb der Zonen 0 und 1 befindet, muss den für die Zone 1 bezüglich der elektrischen Ausrüstung im Allgemeinen geltenden Vorschriften oder den für die Zone 2 gemäß IEC-Norm 60079 Teil 14 geltenden Vorschriften für die elektrische Ausrüstung im Fahrerhaus genügen. Sie muss den Vorschriften entsprechen, die gemäß den zu befördernden Stoffen für das elektrische Gerät der betreffenden Gruppe gelten.

Fahrzeug OX:

Ein Fahrzeug zur Beförderung von Wasserstoffperoxid, stabilisiert oder von Wasserstoffperoxid, wässerige Lösung, stabilisiert mit mehr als 60 % Wasserstoffperoxid (Klasse 5.1 UN-Nummer 2015) in festverbundenen Tanks oder Aufsetztanks mit einem Fassungsraum von mehr als 1 m^3 oder in Tankcontainern oder ortsbeweglichen Tanks mit einem Einzelfassungsraum von mehr als 3 m^3.

Besondere bauliche Voraussetzungen sind:
Sofern das Fahrerhaus nicht aus schwer brennbaren Werkstoffen hergestellt ist, muss an der Rückseite des Fahrerhauses eine Schutzwand aus Metall oder aus einem anderen geeigneten Werkstoff angebracht sein, deren Breite der des Tanks entspricht. Alle Fenster in der Rückwand des Fahrerhauses oder in der Schutzwand müssen luftdicht verschlossen sein und aus feuerbeständigem Sicherheitsglas in feuerfesten Rahmen bestehen. Zwischen dem Tank und dem Fahrerhaus oder der Schutzwand muss sich ein mindestens 15 cm breiter Freiraum befinden.

Fahrzeug AT:

Ein Fahrzeug,

- das kein Fahrzeug EX/III, FL oder OX oder kein MEMU ist,
- zur Beförderung gefährlicher Güter in
- festverbundenen Tanks oder
- Aufsetztanks mit einem Fassungsraum von mehr als 1 m^3 oder in
- Tankcontainern,
- ortsbeweglichen Tanks oder
- MEGC mit einem Einzelfassungsraum von mehr als 3 m^3 oder ein
- Batterie-Fahrzeug mit einem Gesamtfassungsraum von mehr als 1 m^3, das kein Fahrzeug FL ist.

Besondere bauliche Voraussetzungen nach Teil 9 sind bei diesen Tankfahrzeugen grundsätzlich erst mal nicht gegeben.

Ergänzende Vorschriften für Fahrzeuge zur Beförderung in loser Schüttung

9.5 ADR:

Verbrennungsheizgeräte:

- der Schalter darf außerhalb des Fahrerhauses angebracht sein
- das Gerät muss außerhalb des Laderaums abgeschaltet werden können
- wenn das Fahrzeug zur Beförderung gefährlicher Güter bestimmt ist, für die ein Zettel nach Muster 4.1, 4.3 oder 5.1 vorgeschrieben ist, darf im Laderaum kein Kraftstoffbehälter, keine Energiequelle, kein Einlass für Verbrennungs- oder Heizungsluft und kein Auslass von Abgasrohren, die zum Betrieb eines Verbrennungsheizgerätes erforderlich sind, eingebaut sein. Es ist sicherzustellen, dass die Heißluftöffnung nicht durch die Ladung blockiert werden kann. Die Temperatur, der die Ladung ausgesetzt ist, darf 50 °C nicht überschreiten. Im Laderaum angebrachte Heizgeräte müssen so beschaffen sein, dass die Entzündung einer explosiven Atmosphäre unter Betriebsbedingungen verhindert wird.

Aufbauten:

Die Aufbauten von Fahrzeugen zur Beförderung gefährlicher fester Stoffe in loser Schüttung müssen je nach Fall den Vorschriften der Kapitel 6.11 und 7.3 entsprechen, und zwar einschließlich der Vorschriften des Abschnittes 7.3.2 oder 7.3.3, die gemäß den Angaben in Kapitel 3.2 Tabelle A Spalte 10 bzw. 17 für einen bestimmten Stoff anwendbar sein können.

Ergänzende Vorschriften für Fahrzeuge zur Beförderung von Stoffen unter Temperaturkontrolle

9.6 ADR:

- Das Fahrzeug muss hinsichtlich seiner Isolierung und der Kältequelle so beschaffen und ausgerüstet sein, dass die vorgesehene Kontrolltemperatur für den zu befördernden Stoff nicht überschritten wird. Die Wärmedurchgangszahl darf 0,4 W/m^2K nicht überschreiten.
- Das Fahrzeug muss so eingerichtet sein, dass die Dämpfe der beförderten Stoffe oder Kühlmittel nicht in das Fahrerhaus eindringen können.
- Durch eine geeignete Einrichtung muss vom Fahrerhaus aus jederzeit die im Laderaum herrschende Temperatur festgestellt werden können.
- Der Laderaum muss mit Lüftungsschlitzen oder -klappen versehen sein, wenn die Gefahr der Bildung eines gefährlichen Überdrucks in diesem Raum besteht. Es müssen Vorkehrungen getroffen werden, um gegebenenfalls sicherzustellen, dass die Kühlung durch die Lüftungsschlitze oder -klappen nicht beeinträchtigt wird.
- Das Kühlmittel darf nicht entzündbar sein.
- Das Kühlaggregat von Fahrzeugen mit Kältemaschinen muss unabhängig vom Antriebsmotor des Fahrzeugs betrieben werden können.
- Die zur Vermeidung der Überschreitung der Kontrolltemperatur geeigneten Maßnahmen (R 1 bis R 5) sind in Kapitel 7.2 aufgeführt [siehe Sondervorschrift V 8 (3)]. Je nach angewandtem Verfahren können in Kapitel 7.2 die ergänzenden Vorschriften für die Herstellung des Fahrzeugaufbaus aufgeführt werden.

9. Versenden

Das Versenden beinhaltet die Vorschriften für die Kennzeichnung, Bezettelung und Dokumentation zur Beförderung gefährlicher Güter.

9.1 Kennzeichnung

Unter **Kennzeichnung** versteht man die **Anbringung** von **Gefahr-/Großzetteln**, **orangefarbenen Warntafeln** und **weiteren Kennzeichnungen** zur **Verdeutlichung der Gefahren**, die von Verpackungen, Containern und Fahrzeugen ausgehen.

Kennzeichnung von Verpackungen

5.2.1 ADR

Jedes Versandstück ist deutlich und dauerhaft mit der **UN-Nummer** der enthaltenen Güter, der die Buchstaben „**UN**" vorangestellt werden, zu versehen. Bei unverpackten Gegenständen ist die Kennzeichnung auf dem Gegenstand, seinem Schlitten oder seiner Handhabungs-, Lagerungs- oder Abschusseinrichtung anzubringen.

Die **Kennzeichnungen** müssen

- gut **sichtbar** und **lesbar** sein,
- der **Witterung** ohne nennenswerte Beeinträchtigung ihrer Wirkung **standhalten**,
- die Zeichenhöhe muss 12 mm betragen
- bei Versandstücken bis 30 l / 30 kg und bei Flaschen bis 60 l ist die Zeichenhöhe 6 mm
- bei Versandstücken bis 5 l / 5 kg ist die Zeichenhöhe in einer angemessenen Größe zu wählen

Großpackmittel (IBC) mit einem Fassungsraum von mehr als 450 Litern und **Großverpackungen** sind **auf zwei gegenüberliegenden Seiten** mit Kennzeichnungen zu versehen.

Bergungsverpackungen sind zusätzlich mit der Kennzeichnung „**BERGUNG**“ zu versehen.

Verwendung von Umverpackungen

5.1.2 ADR

Umverpackungen müssen gekennzeichnet werden

- mit dem Ausdruck „**UMVERPACKUNG**“
- für jedes in der Umverpackung enthaltene gefährliche Gut mit der **UN-Nummer**, der die Buchstaben „**UN**“ vorangestellt sind und
- wie nach Abschnitt 5.2.2 für Versandstücke vorgeschrieben, **bezettelt** und
- falls für die Versandstücke gefordert, mit dem Zeichen für umweltgefährdende Stoffe,
- es sei denn, die für alle in der Umverpackung enthaltenen gefährlichen Güter repräsentativen UN-Nummern und Gefahrzettel bleiben sichtbar. Ist ein und dieselbe UN-Nummer oder ein und derselbe Gefahrzettel für verschiedene Versandstücke vorgeschrieben, muss diese UN-Nummer oder dieser Gefahrzettel nur einmal angebracht werden.
- Die Kennzeichnung mit dem Ausdruck „**UMVERPACKUNG**“, die gut sichtbar und lesbar sein muss, muss in einer **Amtssprache** des **Ursprungslandes** und, wenn diese Sprache nicht Deutsch, Englisch oder Französisch ist, außerdem in **Deutsch**, **Englisch (OVERPACK)** oder **Französisch (SUREMBALLAGE)** angegeben sein, sofern nicht Vereinbarungen zwischen den von der Beförderung berührten Staaten etwas anderes vorschreiben.
- **Ausrichtungspfeile** sind, wenn erforderlich, **auf zwei gegenüberliegenden** Seiten der folgenden Umverpackungen anzubringen:
  - Umverpackungen mit Versandstücken, die zu kennzeichnen sind, es sei denn, die Kennzeichnung bleibt sichtbar, und
  - Umverpackungen mit flüssigen Stoffen in Versandstücken, die nicht gekennzeichnet werden müssen, es sei denn, die Verschlüsse bleiben sichtbar.
- Jedes Versandstück mit gefährlichen Gütern, das in einer Umverpackung enthalten ist, muss allen anwendbaren Vorschriften des ADR/RID entsprechen. Die vorgesehene Funktion der einzelnen Verpackungen darf durch die Umverpackung nicht beeinträchtigt werden.
- Jedes Versandstück, das mit Ausrichtungszeichen versehen und in eine Umverpackung oder in eine Großverpackung eingesetzt ist, muss gemäß diesen Kennzeichnungen ausgerichtet sein.

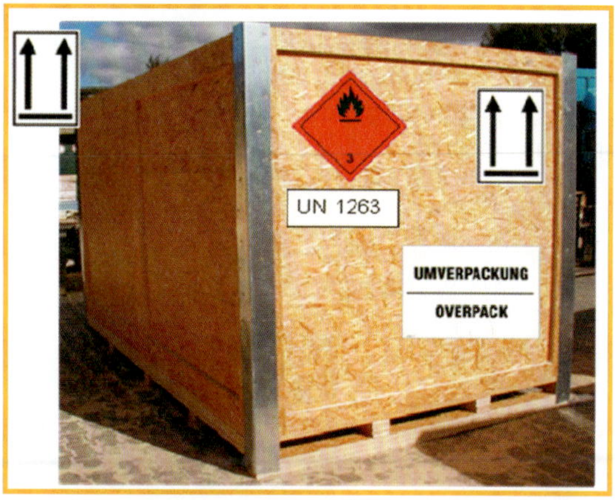

Ungereinigte leere Verpackungen, Tanks, MEMU, Fahrzeuge und Container für Güter in loser Schüttung

5.1.3 ADR

Diese müssen, wenn sie gefährliche Güter der einzelnen Klassen mit Ausnahme der Klasse 7 enthalten haben, mit den **gleichen Kennzeichnungen** versehen sein, **wie in gefülltem Zustand**.

Zusammenpackung

5.1.4 ADR

Werden zwei oder mehrere gefährliche Güter zusammen in derselben Außenverpackung verpackt, muss das Versandstück mit den für jedes Gut vorgeschriebenen Gefahrzetteln und Kennzeichnungen versehen sein. Ist ein und derselbe Gefahrzettel für verschiedene Güter vorgeschrieben, muss er nur einmal angebracht werden.

Zusätzliche Vorschriften für Güter der Klasse 1

5.2.1.5 ADR

Versandstücke mit Gütern der Klasse 1 müssen **zusätzlich mit der offiziellen Benennung** für die Beförderung versehen sein. Diese Kennzeichnung muss gut lesbar und unauslöschbar in einer amtlichen Sprache des Versandlandes angegeben sein und, wenn diese Sprache nicht Deutsch, Englisch oder Französisch ist, in einer dieser Sprachen.

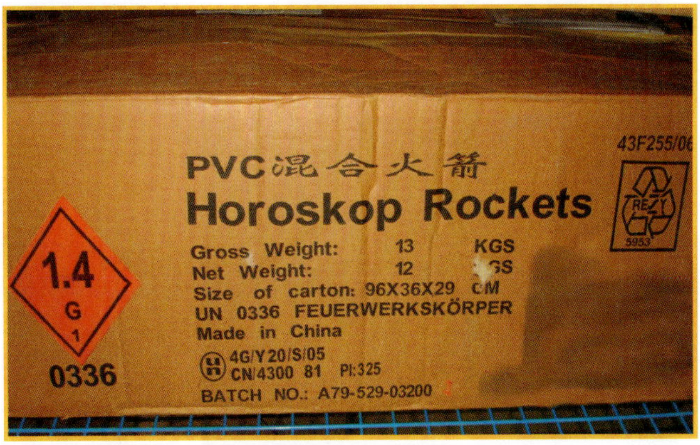

Zusätzliche Vorschriften für Güter der Klasse 2

5.2.1.6 ADR

Auf den nachfüllbaren Gefäßen muss gut lesbar und dauerhaft angegeben sein:

- die **UN-Nummer** und die **offizielle Benennung** für die Beförderung des Gases oder des Gasgemisches;
- bei Gasen, die einer **n.a.g.-Eintragung** zugeordnet sind, muss zusätzlich zur UN-Nummer nur **die technische Benennung** des Gases angegeben werden;
- bei **Gemischen** von Gasen müssen nicht mehr als **zwei Komponenten** angeben werden, die für die **Gefahren maßgeblich** sind;

- bei **verdichteten Gasen**, die nach Masse gefüllt werden, und bei **verflüssigten Gasen entweder** die **höchstzulässige Masse** der Füllung und die **Eigenmasse des Gefäßes** einschließlich Ausrüstungsteile, die zum Zeitpunkt des Befüllens angebracht sind, oder die **Bruttomasse**;
- das Datum (**Jahr**) der nächsten **wiederkehrenden Prüfung**.
- Diese **Angaben** dürfen entweder **eingeprägt** oder auf einem am Gefäß befestigten **dauerhaften Schild oder Zettel** oder durch eine **haftende** und deutlich sichtbare **Kennzeichnung**, z.B. durch **Lackierung** oder ein anderes gleichwertiges Verfahren, angebracht sein.

5.2.2.2.1.2 ADR

Flaschen für Gase der Klasse 2 dürfen, soweit dies wegen ihrer Form, ihrer Ausrichtung und ihres Befestigungssystems für die Beförderung erforderlich ist, mit Gefahrzetteln versehen sein, die den in diesem Abschnitt beschriebenen Gefahrzetteln zwar gleichartig sind, deren **Abmessungen** aber entsprechend der Norm ISO 7225:2005 „Precautionary labels for gas cylinders" (Warnaufkleber für Gasflaschen) **verkleinert** sind, um auf dem nicht zylindrischen Teil solcher Flaschen (Flaschenhals) angebracht werden zu können.

Ungeachtet der Vorschriften des Absatzes 5.2.2.1.6 **dürfen** sich Gefahrzettel bis zu dem in der Norm ISO 7225:2005 vorgesehenen Ausmaß **überlappen**. Jedoch müssen die Gefahrzettel für die **Hauptgefahr** und die **Ziffern** aller Gefahrzettel **vollständig sichtbar** und die **Symbole erkennbar** bleiben.

Ungereinigte leere Druckgefäße für Gase der Klasse 2 dürfen mit veralteten oder beschädigten Gefahrzetteln für Zwecke der Wiederbefüllung bzw. Prüfung und zur Anbringung eines neuen Gefahrzettels gemäß den geltenden Vorschriften oder der Entsorgung des Druckgefäßes befördert werden.

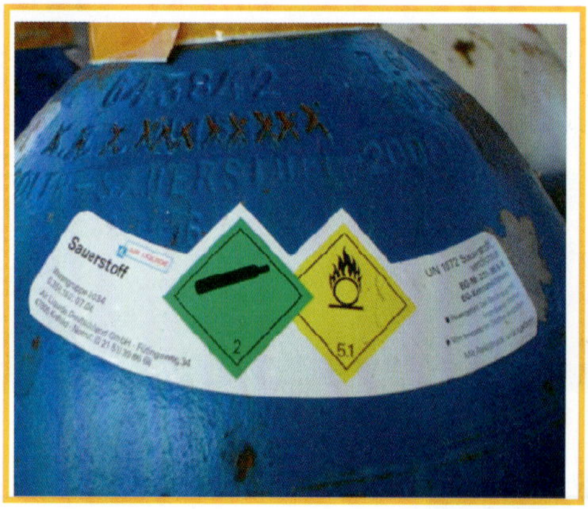

Besondere Vorschriften für die Kennzeichnung von radioaktiven Stoffen der Klasse 7

Radioaktive Stoffe unterliegen nicht nur im Bereich der Kennzeichnung sehr unterschiedlichen und differenzierten Regelungen. Da diese i.a.R. sehr umfangreich und speziell sind, werden sie an dieser Stelle nicht näher ausgeführt. In einer der nächsten Aktualisierungen ist beabsichtigt, ein eigenes Kapitel über die Beförderung radioaktiver Stoffe aufzunehmen

Für die Kennzeichnung befinden sich die Regelungen in den Absätzen 5.1.5, 5.2.1.7 und 5.2.2.1.11 ADR.

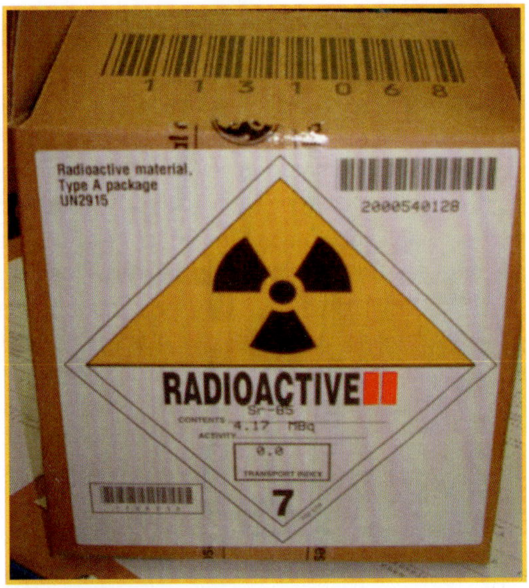

Besondere Vorschriften für die Kennzeichnung von umweltgefährdenden Stoffen

5.2.1.8 ADR

Versandstücke mit umweltgefährdenden Stoffen müssen dauerhaft mit dem **Kennzeichen für umweltgefährdende Stoffe** gekennzeichnet sein, **ausgenommen** Einzelverpackungen und zusammengesetzte Verpackungen, sofern diese Einzelverpackungen oder die Innenverpackungen der zusammengesetzten Verpackungen

- für **flüssige Stoffe** eine Menge von **höchstens 5 l** haben oder
- für **feste Stoffe** eine Nettomasse von **höchstens 5 kg** haben.

Das Kennzeichen ist neben den anderen Gefahrenkennzeichen anzubringen.

Besondere Vorschriften für die Bezettelung von selbstzersetzlichen Stoffen und organischen Peroxiden

5.2.2.1.9 ADR

- Der Gefahrzettel nach Muster 4.1 zeigt auch an, dass das Produkt entzündbar sein kann, so dass ein Gefahrzettel nach Muster 3 daher nicht erforderlich ist.
- Für selbstzersetzliche Stoffe des Typs B ist zusätzlich ein Gefahrzettel nach Muster 1 anzubringen, es sei denn, die zuständige Behörde hat zugelassen, dass auf diesen Zettel bei einer bestimmten Verpackung verzichtet werden kann, weil Prüfungsergebnisse gezeigt haben, dass der selbstzersetzliche Stoff in einer solchen Verpackung kein explosives Verhalten aufweist.
- Der Gefahrzettel nach Muster 5.2 zeigt auch an, dass das Produkt entzündbar sein kann, so dass ein Gefahrzettel nach Muster 3 daher nicht erforderlich ist. Zusätzlich sind folgende Gefahrzettel anzubringen:
  - bei organischen Peroxiden des Typs B ein Gefahrzettel nach Muster 1, es sei denn, die zuständige Behörde hat zugelassen, dass auf diesen Zettel bei einer bestimmten Verpackung verzichtet werden kann, weil Prüfungsergebnisse gezeigt haben, dass das organische Peroxid in einer solchen Verpackung kein explosives Verhalten aufweist;
  - ein Gefahrzettel nach Muster 8, wenn der Stoff den Kriterien der Verpackungsgruppe I oder II der Klasse 8 entspricht.

Besondere Vorschriften für die Bezettelung von Versandstücken mit ansteckungsgefährlichen Stoffen

5.2.2.1.10 ADR

Zusätzlich zum Gefahrzettel nach Muster 6.2 müssen Versandstücke mit ansteckungsgefährlichen Stoffen mit allen anderen Gefahrzetteln versehen sein, die durch die Eigenschaften des Inhalts erforderlich sind.

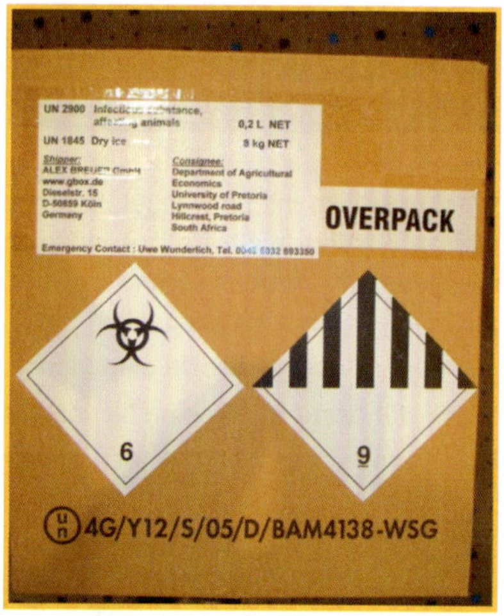

Kennzeichnung von Fahrzeugen mit Additivanlagen

RSEB zu Abschnitt 5.2.2 ADR

Die Kennzeichnung von fest verbundenen außen angebrachten Additivierungsanlagen erfolgt wie bei Verpackungen nach Abschnitt 5.2.2 ADR. Die Beförderung eines Additivs beeinflusst nicht die orangefarbene Kennzeichnung nach Absatz 5.3.2.1.6 ADR.

9.2 Bezettelung (Gefahrzettel, Großzettel)

Bezettelungsvorschriften

5.2.2.1 ADR

Für jeden in Kapitel 3.2 Tabelle A aufgeführten Stoff oder Gegenstand sind die in Spalte 5 angegebenen Gefahrzettel anzubringen, sofern durch eine Sondervorschrift in Spalte 6 nichts anderes vorgesehen ist.

Statt Gefahrzettel dürfen **auch unauslöschbare Gefahrzeichen** angebracht werden, die den vorgeschriebenen Mustern genau entsprechen.

Alle **Gefahrzettel** müssen

- **auf derselben Fläche** des Versandstücks angebracht werden, sofern die Abmessungen des Versandstücks dies zulassen; bei Versandstücken mit Gütern der Klasse 1 oder 7 müssen sie in der Nähe der Kennzeichnung mit der offiziellen Benennung für die Beförderung angebracht werden;
- so auf dem Versandstück angebracht werden, dass sie durch einen Teil der Verpackung, ein an der Verpackung angebrachtes Teil, einen anderen Gefahrzettel oder eine Kennzeichnung **weder abgedeckt noch verdeckt** werden;
- **nahe beieinander angebracht** werden, wenn mehr als ein Gefahrzettel vorgeschrieben ist.
- Wenn die Form eines Versandstücks zu unregelmäßig oder das Versandstück zu klein ist, so dass ein Gefahrzettel nicht auf zufriedenstellende Weise angebracht werden kann, darf dieser **durch eine Schnur** oder durch ein **anderes geeignetes Mittel fest** mit dem Versandstück **verbunden** werden.

Vorschriften für Gefahrzettel

5.2.2.2 ADR

- Die Gefahrzettel müssen den nachstehenden Vorschriften und hinsichtlich der Farbe, der Symbole und der allgemeinen Form den Gefahrzettelmustern in Absatz 5.2.2.2.2 (siehe unten) entsprechen.
  Entsprechende Muster, die für andere Verkehrsträger vorgeschrieben sind, mit geringfügigen Abweichungen, welche die offensichtliche Bedeutung des Gefahrzettels nicht beeinträchtigen, sind ebenfalls zugelassen.
- In bestimmten Fällen sind die Gefahrzettel mit einer gestrichelten äußeren Linie dargestellt. Diese ist nicht erforderlich, wenn der Gefahrzettel vor einem Hintergrund mit kontrastierender Farbe angebracht ist.
- Alle Gefahrzettel müssen die Form eines auf die Spitze gestellten Quadrats (Raute) haben; sie müssen eine Seitenlänge von mindestens 100 mm aufweisen. Sie müssen eine Linie haben, die parallel zum Rand in einem Abstand von 5 mm verläuft. In der oberen Hälfte muss die Linie dieselbe Farbe wie das Symbol, in der unteren Hälfte dieselbe Farbe wie die Ziffer in der unteren Ecke haben.
  Die Gefahrzettel müssen vor einem Hintergrund mit kontrastierender Farbe angebracht werden oder müssen entweder eine gestrichelte oder eine durchgehende äußere Begrenzungslinie aufweisen. Wenn es die Größe eines Versandstücks erfordert, dürfen die Gefahrzettel geringere Abmessungen haben, sofern sie deutlich sichtbar bleiben.

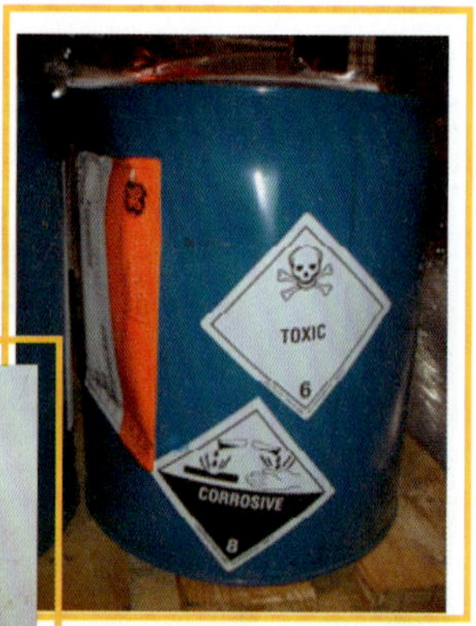

- Die Gefahrzettel dürfen einen Text wie die UN-Nummer oder eine textliche Beschreibung der Gefahr (z.B. „entzündbar“) enthalten, vorausgesetzt, der Text verdeckt oder beeinträchtigt nicht die anderen vorgeschriebenen Elemente des Gefahrzettels.

- Mit Ausnahme der Unterklassen 1.4, 1.5 und 1.6 ist darüber hinaus bei Gefahrzetteln der Klasse 1 in der unteren Hälfte über der Nummer der Klasse die Nummer der Unterklasse und der Buchstabe der Verträglichkeitsgruppe des Stoffes oder Gegenstandes angegeben. Bei den Gefahrzetteln der Unterklassen 1.4, 1.5 und 1.6 ist in der oberen Hälfte die Nummer der Unterklasse und in der unteren Hälfte die Nummer der Klasse und der Buchstabe der Verträglichkeitsgruppe angegeben.
- Die Symbole, der Text und die Ziffern müssen gut lesbar und unauslöschbar sein und auf allen Gefahrzetteln in schwarz erscheinen, ausgenommen:
  - der Gefahrzettel der Klasse 8, bei dem ein eventueller Text und die Ziffer der Klasse in weiß anzugeben ist,
  - die Gefahrzettel mit grünem, rotem oder blauem Grund, bei denen das Symbol, der Text und die Ziffer in weiß angegeben werden darf,
  - der Gefahrzettel der Klasse 5.2, bei dem das Symbol weiß dargestellt werden darf, und
  - die auf Flaschen und Gaspatronen für Gase der UN-Nummern 1011, 1075, 1965 und 1978 angebrachten Gefahrzettel nach Muster 2.1, bei denen das Symbol, der Text und die Ziffer bei ausreichendem Kontrast in der Farbe des Gefäßes angegeben werden dürfen.

- Die Gefahrzettel müssen der Witterung ohne nennenswerte Beeinträchtigung ihrer Wirkung standhalten können.

Nr. 1

Nr. 1.4

Nr. 1.5

Nr. 1.6

Explosive Stoffe und Gegenstände mit Explosivstoff

** Angabe der Unterklasse – keine Angabe, wenn die explosive Eigenschaft die Nebengefahr darstellt

* Angabe der Verträglichkeitsgruppe – keine Angabe, wenn die explosive Eigenschaft die Nebengefahr darstellt

---

Nr. 2.1
Entzündbare Gase

Nr. 2.2
Nicht entzündbare, nicht giftige Gase

Nr. 2.3
Giftige Gase

Nr. 3
Entzündbare flüssige Stoffe

Nr. 4.1
– Entzündbare feste Stoffe, selbstzersetzliche Stoffe und desensibilisierte explosive feste Stoffe

Nr. 4.2
Selbstentzündliche Stoffe

Nr. 4.3
Stoffe, die in Berührung mit Wasser entzündbare Gase entwickeln

Nr. 5.1
Entzündend (oxidierend) wirkende Stoffe

Nr. 5.2
Organische Peroxide

Nr. 6.1
Giftige Stoffe

Nr. 6.2
Ansteckungsgefährliche Stoffe

Nr. 7A
Radioaktive Stoffe

Nr. 7B
Radioaktive Stoffe

Nr. 7C
Radioaktive Stoffe

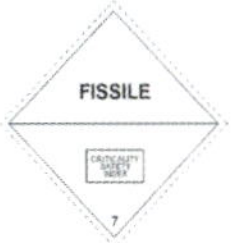

Nr. 7E
Spaltbare Stoffe

Nr. 8
Ätzende Stoffe

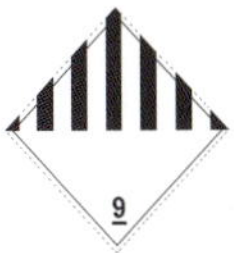

Nr. 9
Verschiedene gefährliche Stoffe und Gegenstände

Nr. 7D
– nur als Großzettel (Placard) für radioaktive Stoffe

Beschreibung der Großzettel

5.3.1.7 ADR

Großzettel müssen

- eine Größe von mindestens 250 mm x 250 mm und eine Linie haben, die parallel zum Rand in einem Abstand von 12,5 mm verläuft. In der oberen Hälfte muss die Linie dieselbe Farbe wie das Symbol, in der unteren Hälfte dieselbe Farbe wie die Ziffer in der unteren Ecke haben;
- dem für das jeweilige gefährliche Gut vorgeschriebenen Gefahrzettel hinsichtlich Farbe und Symbol entsprechen und
- die für den entsprechenden Gefahrzettel des jeweiligen gefährlichen Guts in Unterabschnitt 5.2.2.2 vorgeschriebenen Ziffern (und für Güter der Klasse 1 den Buchstaben der Verträglichkeitsgruppe) mit einer Zeichenhöhe von mindestens 25 mm anzeigen.
- Für Tanks mit einem Fassungsraum von höchstens 3 m^3 und Kleincontainer dürfen die Großzettel (Placards) durch Gefahrzettel ersetzt werden.
- Für die Klassen 1 und 7 dürfen die Abmessungen der Großzettel (Placards) auf eine Seitenlänge von 100 mm reduziert werden, wenn wegen der Größe und des Baus der Fahrzeuge die verfügbare Fläche für das Anbringen der vorgeschriebenen Großzettel (Placards) nicht ausreicht.

Anbringung von Großzetteln

5.3.1 ADR

- Großzettel (Placards), die sich nicht auf die beförderten gefährlichen Güter oder deren Reste beziehen, müssen entfernt oder abgedeckt sein.
- Wenn die Großzettel (Placards) auf Klapptafeln angebracht werden, müssen diese so ausgelegt und gesichert sein, dass jegliches Umklappen oder Lösen aus der Halterung während der Beförderung (insbesondere durch Stöße und unabsichtliche Handlungen) ausgeschlossen ist.

Anbringen von Großzetteln (Placards) an Containern, MEGC, Tankcontainern und ortsbeweglichen Tanks (auch bei Tankwechselaufbauten und im kombinierten Verkehr Straße/Schiene, aber nicht bei Wechselaufbauten allgemein)

5.3.1.2 ADR

Die Großzettel (Placards) sind an beiden Längsseiten und an jedem Ende des Containers, MEGC, Tankcontainers oder ortsbeweglichen Tanks anzubringen.

Wenn der **Tankcontainer** oder **ortsbewegliche Tank mehrere Tankabteile** hat, in denen zwei oder mehrere gefährliche Güter befördert werden, sind die entsprechenden Großzettel (Placards) an beiden Längsseiten in der Höhe des jeweiligen Tankabteils und jeweils ein Muster der an den Längsseiten angebrachten Großzettel (Placards) an beiden Enden anzubringen.

Anbringen von Großzetteln an Trägerfahrzeugen, auf denen Container, MEGC, Tankcontainer oder ortsbewegliche Tanks befördert werden (auch bei Tankwechselaufbauten und im kombinierten Verkehr Straße/Schiene, aber nicht bei Wechselaufbauten allgemein)

5.3.1.3 ADR

Wenn die an Containern, MEGC, Tankcontainern oder ortsbeweglichen Tanks angebrachten Großzettel (Placards) außerhalb des Trägerfahrzeugs nicht sichtbar sind, müssen die gleichen Großzettel (Placards) auch auf beiden Längsseiten und hinten am Fahrzeug angebracht werden. In den übrigen Fällen muss am Trägerfahrzeug kein Großzettel (Placard) angebracht werden.

Anbringen von Großzetteln (Placards) an Fahrzeugen für die Beförderung in loser Schüttung, Tankfahrzeugen, Batterie-Fahrzeugen, MEMU und Fahrzeugen mit Aufsetztanks

5.3.1.4 ADR

Die Großzettel (Placards) sind an beiden Längsseiten und hinten am Fahrzeug anzubringen.

Wenn das Tankfahrzeug oder der auf dem Fahrzeug beförderte Aufsetztank mehrere Tankabteile hat, in denen zwei oder mehrere gefährliche Güter befördert werden, sind die entsprechenden Großzettel (Placards) an beiden Längsseiten in der Höhe des jeweiligen Tankabteils und jeweils ein Muster der an den Längsseiten angebrachten Großzettel (Placards) hinten anzubringen.

Wenn in diesem Fall jedoch an allen Tankabteilen die gleichen Großzettel (Placards) anzubringen sind, müssen diese Großzettel (Placards) an beiden Längsseiten und hinten nur einmal angebracht werden.

Wenn mehr als ein Großzettel (Placard) für dasselbe Tankabteil vorgeschrieben ist, müssen die Großzettel (Placards) nahe beieinander angebracht werden.

Wird während oder am Ende einer ADR-Beförderung ein Tanksattelauflieger von seiner Zugmaschine getrennt, um auf ein Schiff oder Binnenschiff verladen zu werden, müssen die Großzettel (Placards) auch vorn am Tanksattelauflieger angebracht werden.

MEMU mit Tanks und Schüttgut-Containern sind für die darin enthaltenen Stoffe mit Großzetteln (Placards) zu versehen. Bei Tanks mit einem Fassungsraum von weniger als 1000 Litern dürfen Großzettel (Placards) durch Gefahrzettel ersetzt werden.

Bei MEMU mit Versandstücken, die Stoffe oder Gegenstände der Klasse 1 (ausgenommen Unterklasse 1.4 Verträglichkeitsgruppe S) befördern, müssen die Großzettel (Placards) an beiden Längsseiten und hinten angebracht werden.

Besondere Laderäume für explosive Stoffe oder Gegenstände mit Explosivstoff sind mit Großzetteln (Placards) zu versehen.

Anbringen von Großzetteln (Placards) an Fahrzeugen, in denen nur Versandstücke befördert werden

5.3.1.5 ADR

An Fahrzeugen, in denen Versandstücke mit Stoffen oder Gegenständen der Klasse 1 (ausgenommen Unterklasse 1.4 Verträglichkeitsgruppe S) befördert werden, sind an beiden Längsseiten und hinten Großzettel (Placards) anzubringen.

An Fahrzeugen, in denen radioaktive Stoffe der Klasse 7 in Verpackungen oder Großpackmitteln (IBC) (ausgenommen freigestellte Versandstücke) befördert werden, sind an beiden Längsseiten und hinten Großzettel (Placards) anzubringen.

Anbringen von Großzetteln (Placards) an leeren Tankfahrzeugen, Fahrzeugen mit Aufsetztanks, Batterie-Fahrzeugen, MEGC, MEMU, Tankcontainern und ortsbeweglichen Tanks sowie an leeren Fahrzeugen und Containern für die Beförderung in loser Schüttung

5.3.1.6 ADR

Ungereinigte, nicht entgaste leere Tankfahrzeuge, Fahrzeuge mit Aufsetztanks, Batterie-Fahrzeuge, MEGC MEMU, Tankcontainer und ortsbewegliche Tanks sowie ungereinigte leere Fahrzeuge und Container für die Beförderung in loser Schüttung müssen mit den für die vorherige Ladung vorgeschriebenen Großzetteln (Placards) versehen sein.

Großzettel (Placards) in einer Transportkette, die eine See- oder Luftbeförderung einschließt

1.1.4.2.2 ADR

Die Beförderungseinheiten dürfen auch mit den Großzetteln für den See- oder Luftverkehr versehen sein, vorausgesetzt, die orangefarbene Kennzeichnung ist nach Abschnitt 5.3.2 ADR erfolgt. Ist beim Transport gefährlicher Güter eine See- oder Luftbeförderung mit einem Schiff eingebunden, sind am Fahrzeug rechts, links und hinten Großzettel anzubringen. Nach einer See- oder Luftbeförderung dürfen die Großzettel an den beiden Längsseiten und hinten verbleiben.

9.3 Orangefarbene Kennzeichnung

Beschreibung der orangefarbenen Tafeln

5.3.2.2 ADR

- Die orangefarbenen Tafeln müssen rückstrahlend sein und eine Grundlinie von 40 cm, eine Höhe von 30 cm und einen schwarzen Rand von 15 mm Breite haben.
- Der verwendete Werkstoff muss witterungsbeständig sein und eine dauerhafte Kennzeichnung gewährleisten.
- Die Tafel darf sich bei einer 15-minütigen Feuereinwirkung nicht von der Befestigung lösen.

(Hier wird eine Diskussion geführt, ob die Anbringung an Kunststoffstoßfängern oder an Kühlerverkleidungen aus Kunststoff als Anbringungsort diese Anforderung erfüllt!!)

- Sie muss unabhängig von der Ausrichtung des Fahrzeugs befestigt bleiben (siehe Bemerkung oben).

- Die orangefarbenen Tafeln dürfen in der Mitte durch eine waagerechte schwarze Linie mit einer Strichbreite von 15 mm unterteilt werden.

- Wenn wegen der Größe und des Baus des Fahrzeugs die verfügbare Fläche für das Anbringen der orangefarbenen Tafeln nicht ausreicht, dürfen deren Abmessungen für die Grundlinie auf 30 cm, für die Höhe auf 12 cm und für den schwarzen Rand auf 10 mm verringert werden.

- Bei Containern, in denen gefährliche feste Stoffe in loser Schüttung befördert werden, und bei Tankcontainern, MEGC und ortsbeweglichen Tanks dürfen die Tafeln durch eine **Selbstklebefolie**, einen **Farbanstrich** oder jedes andere **gleichwertige Verfahren** ersetzt werden. Diese alternative Kennzeichnung muss den in diesem Unterabschnitt aufgeführten Anforderungen mit Ausnahme der in den Absätzen 5.3.2.2.1 und 5.3.2.2.2 aufgeführten Vorschriften betreffend der Feuerfestigkeit entsprechen.

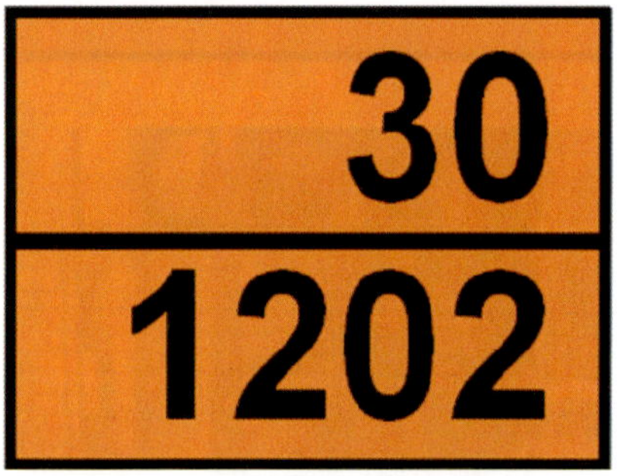

- Die Nummer zur Kennzeichnung der Gefahr und die UN-Nummer bestehen aus schwarzen Ziffern mit einer Zeichenhöhe von 100 mm und einer Strichbreite von 15 mm.
  Die **Nummer** zur **Kennzeichnung der Gefahr** muss im **oberen Teil**, die **UN-Nummer** im **unteren Teil** der Tafel angegeben sein; sie müssen durch eine waagrechte schwarze Linie mit einer Strich breite von 15 mm in der Mitte der Tafel getrennt sein.

- Die Nummer zur Kennzeichnung der Gefahr und die UN-Nummer müssen unauslöschbar und nach einer 15-minütigen Feuereinwirkung noch lesbar sein.

- Auswechselbare Ziffern und Buchstaben auf Tafeln, mit denen die Nummer zur Kennzeichnung der Gefahr und die UN-Nummer dargestellt werden, müssen während der Beförderung und unabhängig von der Ausrichtung des Fahrzeugs an der vorgesehenen Stelle verbleiben.
  Wenn die orangefarbene Tafel auf Klapptafeln angebracht wird, müssen diese so ausgelegt und gesichert sein, dass jegliches Umklappen oder Lösen aus der Halterung während der Beförderung (insbesondere durch Stöße und unabsichtliche Handlungen) ausgeschlossen ist.

Bedeutung der Nummern zur Kennzeichnung der Gefahr

5.3.2.3 ADR

Die Nummer zur Kennzeichnung der Gefahr besteht für Stoffe der Klassen 2 bis 9 aus zwei oder drei Ziffern.

Die **erste Ziffer** beschreibt die **Hauptgefahr** bzw. den **Stoff** selber:

2 = Gasförmige Stoffe
3 = Entzündbare flüssige Stoffe
4 = Entzündbare feste Stoffe
5 = Oxidierend wirkende Stoffe
6 = Giftige Stoffe
7 = Radioaktive Stoffe
8 = Ätzende Stoffe
9 = Sonstige gefährliche Stoffe

Die **weiteren Ziffern** weisen auf **zusätzliche Gefahren** hin:

0 = Keine weitere Gefahr
2 = Entweichen von Gas (durch Druck oder durch chemische Reaktion)
3 = Entzündbarkeit von flüssigen Stoffen (Dämpfen) und Gasen oder selbsterhitzungsfähiger flüssiger Stoff
4 = Entzündbarkeit von festen Stoffen oder selbsterhitzungsfähiger fester Stoff
5 = Oxidierende (brandfördernde) Wirkung
6 = Giftigkeit oder Ansteckungsgefahr
7 = Radioaktivität
8 = Ätzende Wirkung
9 = Gefahr einer heftigen spontanen Reaktion
(umfasst eine sich aus dem Stoff ergebende Möglichkeit der Explosionsgefahr, einer gefährlichen Zerfalls- oder Polymerisationsreaktion unter Entwicklung beträchtlicher Wärme oder die Entwicklung von entzündbaren und/oder giftigen Gasen)

Wenn die Gefahr eines Stoffes ausreichend durch eine einzige Ziffer angegeben werden kann, wird dieser Ziffer eine **Null** angefügt.

30 (Schwach) Entzündbarer, flüssiger Stoff

Die **Verdoppelung** einer Ziffer weist auf die Zunahme der entsprechenden Gefahr hin.

33 Leicht (hoch) entzündbarer Stoff

Wenn der Nummer zur Kennzeichnung der Gefahr der **Buchstabe „X"** vorangestellt ist, bedeutet dies, dass der **Stoff in gefährlicher Weise mit Wasser reagiert**. Bei solchen Stoffen darf Wasser nur im Einverständnis mit Sachverständigen verwendet werden.

X323 Entzündbarer flüssiger Stoff, der mit Wasser gefährlich reagiert und entzündbare Gase bildet.

1.5 D
0331

Für **Stoffe der Klasse 1** (z.Zt. UN 0331 Sprengstoff Typ B und UN 0332 Sprengstoff Typ E) wird als Nummer zur Kennzeichnung der Gefahr der **Klassifizierungscode** gemäß Kapitel 3.2 Tabelle A Spalte 3b verwendet (für o.a. UN-Nummern 1.5 D).

Folgende **Ziffernkombinationen** haben jedoch eine **besondere Bedeutung**:

22	tiefgekühlt verflüssigtes Gas, erstickend
323	entzündbarer flüssiger Stoff, der mit Wasser reagiert und entzündbare Gase bildet
333	pyrophorer (fein verteilt, bei Raumtemperatur heftig mit Sauerstoff reagierend) flüssiger Stoff
362	entzündbarer flüssiger Stoff, giftig, der mit Wasser reagiert und entzündbare Gase bildet
382	entzündbarer flüssiger Stoff, ätzend, der mit Wasser reagiert und entzündbare Gase bildet
423	fester Stoff, der mit Wasser reagiert und entzündbare Gase bildet, oder entzündbarer fester Stoff, der mit Wasser reagiert und entzündbare Gase bildet, oder selbsterhitzungsfähiger fester Stoff, der mit Wasser reagiert und entzündbare Gase bildet
44	entzündbarer fester Stoff, der sich bei erhöhter Temperatur in geschmolzenem Zustand befindet
446	entzündbarer fester Stoff, giftig, der sich bei erhöhter Temperatur in geschmolzenem Zustand befindet
462	fester Stoff, giftig, der mit Wasser reagiert und entzündbare Gase bildet
482	fester Stoff, ätzend, der mit Wasser reagiert und entzündbare Gase bildet
539	entzündbares organisches Peroxid
606	ansteckungsgefährlicher Stoff
623	giftiger flüssiger Stoff, der mit Wasser reagiert und entzündbare Gase bildet
642	giftiger fester Stoff, der mit Wasser reagiert und entzündbare Gase bildet
823	ätzender flüssiger Stoff, der mit Wasser reagiert und entzündbare Gase bildet

842	ätzender fester Stoff, der mit Wasser reagiert und entzündbare Gase bildet
90	umweltgefährdender Stoff, verschiedene gefährliche Stoffe
99	verschiedene gefährliche erwärmte Stoffe

Vollständige Übersicht der Nummern zur Kennzeichnung der Gefahr:

20	erstickendes Gas oder Gas, das keine Zusatzgefahr aufweist
22	tiefgekühlt verflüssigtes Gas, erstickend
223	tiefgekühlt verflüssigtes Gas, entzündbar
225	tiefgekühlt verflüssigtes Gas, oxidierend (brandfördernd)
23	entzündbares Gas
238	entzündbares Gas, ätzend
239	entzündbares Gas, das spontan zu einer heftigen Reaktion führen kann
25	oxidierendes (brandförderndes) Gas
26	giftiges Gas
263	giftiges Gas, entzündbar
265	giftiges Gas, oxidierend (brandfördernd)
268	giftiges Gas, ätzend
28	ätzendes Gas
285	ätzendes Gas, oxidierend (brandfördernd)
30	• entzündbarer flüssiger Stoff (Flammpunkt von 23 °C bis einschließlich 60 °C) oder • entzündbarer flüssiger Stoff oder fester Stoff in geschmolzenem Zustand mit einem Flammpunkt über 60 °C, auf oder über seinen Flammpunkt erwärmt, oder • selbsterhitzungsfähiger flüssiger Stoff
323	entzündbarer flüssiger Stoff, der mit Wasser reagiert und entzündbare Gase bildet
X323	entzündbarer flüssiger Stoff, der mit Wasser gefährlich reagiert [1)] und entzündbare Gase bildet 1) Wasser darf nur im Einverständnis mit Sachverständigen verwendet werden.
33	leicht entzündbarer flüssiger Stoff (Flammpunkt unter 23 °C)
333	pyrophorer flüssiger Stoff
X333	pyrophorer flüssiger Stoff, der mit Wasser gefährlich reagiert [1)] 1) Wasser darf nur im Einverständnis mit Sachverständigen verwendet werden.

336	leicht entzündbarer flüssiger Stoff, giftig
338	leicht entzündbarer flüssiger Stoff, ätzend
X338	leicht entzündbarer flüssiger Stoff, ätzend, der mit Wasser gefährlich reagiert [1)] 1) Wasser darf nur im Einverständnis mit Sachverständigen verwendet werden.
339	leicht entzündbarer flüssiger Stoff, der spontan zu einer heftigen Reaktion führen kann
36	entzündbarer flüssiger Stoff (Flammpunkt von 23 °C bis einschließlich 60 °C), schwach giftig, oder selbsterhitzungsfähiger flüssiger Stoff, giftig
362	entzündbarer flüssiger Stoff, giftig, der mit Wasser reagiert und entzündbare Gase bildet
X362	entzündbarer flüssiger Stoff, giftig, der mit Wasser gefährlich reagiert [1)] und entzündbare Gase bildet 1) Wasser darf nur im Einverständnis mit Sachverständigen verwendet werden.
368	entzündbarer flüssiger Stoff, giftig, ätzend
38	entzündbarer flüssiger Stoff (Flammpunkt von 23 °C bis einschließlich 60 °C), schwach ätzend, oder selbsterhitzungsfähiger flüssiger Stoff, ätzend
382	entzündbarer flüssiger Stoff, ätzend, der mit Wasser reagiert und entzündbare Gase bildet
X382	entzündbarer flüssiger Stoff, ätzend, der mit Wasser gefährlich reagiert [1)] und entzündbare Gase bildet 1) Wasser darf nur im Einverständnis mit Sachverständigen verwendet werden.
39	entzündbarer flüssiger Stoff, der spontan zu einer heftigen Reaktion führen kann
40	entzündbarer fester Stoff oder selbsterhitzungsfähiger Stoff oder selbstzersetzlicher Stoff
423	fester Stoff, der mit Wasser reagiert und entzündbare Gase bildet, oder entzündbarer fester Stoff, der mit Wasser reagiert und entzündbare Gase bildet, oder selbsterhitzungsfähiger fester Stoff, der mit Wasser reagiert und entzündbare Gase bildet
X423	fester Stoff, der mit Wasser gefährlich reagiert[1)] und entzündbare Gase bildet, oder entzündbarer fester Stoff, der mit Wasser gefährlich reagiert[1)] und entzündbare Gase bildet, oder selbsterhitzungsfähiger fester Stoff, der mit Wasser gefährlich reagiert[1)] und entzündbare Gase bildet. 1) Wasser darf nur im Einverständnis mit Sachverständigen verwendet werden.
43	selbstentzündlicher (pyrophorer) fester Stoff
X432	selbstentzündlicher (pyrophorer) fester Stoff, der mit Wasser gefährlich reagiert[1)] und entzündbare Gase bildet 1) Wasser darf nur im Einverständnis mit Sachverständigen verwendet werden.
44	entzündbarer fester Stoff, der sich bei erhöhter Temperatur in geschmolzenem Zustand befindet
446	entzündbarer fester Stoff, giftig, der sich bei erhöhter Temperatur in geschmolzenem Zustand befindet

46	entzündbarer oder selbsterhitzungsfähiger fester Stoff, giftig
462	fester Stoff, giftig, der mit Wasser reagiert und entzündbare Gase bildet
X462	fester Stoff, der mit Wasser gefährlich reagiert [1] und giftige Gase bildet 1) Wasser darf nur im Einverständnis mit Sachverständigen verwendet werden.
48	entzündbarer oder selbsterhitzungsfähiger fester Stoff, ätzend
482	fester Stoff, ätzend, der mit Wasser reagiert und entzündbare Gase bildet
X482	fester Stoff, der mit Wasser gefährlich reagiert [1] und ätzende Gase bildet 1) Wasser darf nur im Einverständnis mit Sachverständigen verwendet werden.
50	oxidierender (brandfördernder) Stoff
539	entzündbares organisches Peroxid
55	stark oxidierender (brandfördernder) Stoff
556	stark oxidierender (brandfördernder) Stoff, giftig
558	stark oxidierender (brandfördernder) Stoff, ätzend
559	stark oxidierender (brandfördernder) Stoff, der spontan zu einer heftigen Reaktion führen kann
56	oxidierender (brandfördernder) Stoff, giftig
568	oxidierender (brandfördernder) Stoff, giftig, ätzend
58	oxidierender (brandfördernder) Stoff, ätzend
59	oxidierender (brandfördernder) Stoff, der spontan zu einer heftigen Reaktion führen kann
60	giftiger oder schwach giftiger Stoff
606	ansteckungsgefährlicher Stoff
623	giftiger flüssiger Stoff, der mit Wasser reagiert und entzündbare Gase bildet
63	giftiger Stoff, entzündbar (Flammpunkt von 23 °C bis einschließlich 60 °C)
638	giftiger Stoff, entzündbar (Flammpunkt von 23 °C bis einschließlich 60 °C), ätzend
639	giftiger Stoff, entzündbar (Flammpunkt nicht über 60 °C), der spontan zu einer heftigen Reaktion führen kann
64	giftiger fester Stoff, entzündbar oder selbsterhitzungsfähig
642	giftiger fester Stoff, der mit Wasser reagiert und entzündbare Gase bildet
65	giftiger Stoff, oxidierend (brandfördernd)

66	sehr giftiger Stoff
663	sehr giftiger Stoff, entzündbar (Flammpunkt nicht über 60 °C)
664	sehr giftiger fester Stoff, entzündbar oder selbsterhitzungsfähig
665	sehr giftiger Stoff, oxidierend (brandfördernd)
668	sehr giftiger Stoff, ätzend
X668	sehr giftiger Stoff, ätzend, der mit Wasser gefährlich reagiert [1)] 1) Wasser darf nur im Einverständnis mit Sachverständigen verwendet werden.
669	sehr giftiger Stoff, der spontan zu einer heftigen Reaktion führen kann
68	giftiger Stoff, ätzend
69	giftiger oder schwach giftiger Stoff, der spontan zu einer heftigen Reaktion führen kann
70	radioaktiver Stoff
78	radioaktiver Stoff, ätzend
80	ätzender oder schwach ätzender Stoff
X80	ätzender oder schwach ätzender Stoff, der mit Wasser gefährlich reagiert [1)] 1) Wasser darf nur im Einverständnis mit Sachverständigen verwendet werden.
823	ätzender flüssiger Stoff, der mit Wasser reagiert und entzündbare Gase bildet
83	ätzender oder schwach ätzender Stoff, entzündbar (Flammpunkt von 23 °C bis einschließlich 60 °C)
X83	ätzender oder schwach ätzender Stoff, entzündbar (Flammpunkt von 23 °C bis einschließlich 60 °C), der mit Wasser gefährlich reagiert [1)] 1) Wasser darf nur im Einverständnis mit Sachverständigen verwendet werden.
839	ätzender oder schwach ätzender Stoff, entzündbar (Flammpunkt von 23 °C bis einschließlich 60 °C), der spontan zu einer heftigen Reaktion führen kann
X839	ätzender oder schwach ätzender Stoff, entzündbar (Flammpunkt von 23 °C bis einschließlich 60 °C), der spontan zu einer heftigen Reaktion führen kann und der mit Wasser gefährlich reagiert [1)] 1) Wasser darf nur im Einverständnis mit Sachverständigen verwendet werden.
84	ätzender fester Stoff, entzündbar oder selbsterhitzungsfähig
842	ätzender fester Stoff, der mit Wasser reagiert und entzündbare Gase bildet
85	ätzender oder schwach ätzender Stoff, oxidierend (brandfördernd)
856	ätzender oder schwach ätzender Stoff, oxidierend (brandfördernd) und giftig
86	ätzender oder schwach ätzender Stoff, giftig

88	stark ätzender Stoff
X88	stark ätzender Stoff, der mit Wasser gefährlich reagiert [1] 1) Wasser darf nur im Einverständnis mit Sachverständigen verwendet werden.
883	stark ätzender Stoff, entzündbar (Flammpunkt von 23 °C bis einschließlich 60 °C)
884	stark ätzender fester Stoff, entzündbar oder selbsterhitzungsfähig
885	stark ätzender Stoff, oxidierend (brandfördernd)
886	stark ätzender Stoff, giftig
X886	stark ätzender Stoff, giftig, der mit Wasser gefährlich reagiert [1] 1) Wasser darf nur im Einverständnis mit Sachverständigen verwendet werden.
89	ätzender oder schwach ätzender Stoff, der spontan zu einer heftigen Reaktion führen kann
90	umweltgefährdender Stoff verschiedene gefährliche Stoffe
99	verschiedene gefährliche erwärmte Stoffe

Anbringung an kennzeichnungspflichtigen Beförderungseinheiten

5.3.2.1.1 ADR

Beförderungseinheiten, in denen gefährliche Güter befördert werden, müssen mit zwei rechteckigen, senkrecht angebrachten orangefarbenen Tafeln versehen sein.

Sie sind vorn und hinten an der Beförderungseinheit senkrecht zu deren Längsachse anzubringen. Sie müssen deutlich sichtbar bleiben.

Wenn während der Beförderung gefährlicher Güter ein Anhänger mit gefährlichen Gütern von seinem Zugfahrzeug getrennt wird, muss an der Heckseite des Anhängers seine orangefarbene Tafel angebracht bleiben.

Anbringung von Warntafeln mit Kennzeichnungsnummern

5.3.2.1.2 ADR

Wenn in Kapitel 3.2 Tabelle A Spalte 20 eine Nummer zur Kennzeichnung der Gefahr angegeben ist, müssen bei

- Tankfahrzeugen,
- Batterie-Fahrzeugen oder
- Beförderungseinheiten mit einem oder mehreren Tanks, in denen gefährliche Güter befördert werden,

außerdem

- an den Seiten jedes Tanks,
- jedes Tankabteils oder
- jedes Elements eines Batterie-Fahrzeugs

parallel zur Längsachse des Fahrzeugs orangefarbene Tafeln deutlich sichtbar angebracht sein. Diese orangefarbenen Tafeln müssen mit der Nummer zur Kennzeichnung der Gefahr und der

UN-Nummer versehen sein, die in Kapitel 3.2 Tabelle A Spalte 20 bzw. Spalte 1 für jeden in einem Tank oder einem Tankabteil, oder in einem Element eines Batterie-Fahrzeugs beförderten Stoff vorgeschrieben sind.

Diese Vorschriften finden für MEMU nur bei Tanks mit einem Fassungsraum von mindestens 1 000 Litern und bei Schüttgut-Containern Anwendung.

Anbringung von Warntafeln mit Kennzeichnungsnummern bei bestimmten UN-Nummern

5.3.2.1.3 ADR

Bei Tankfahrzeugen oder Beförderungseinheiten mit einem oder mehreren Tanks, in denen Stoffe der UN-Nummer

- 1202 DIESELKRAFTSTOFF oder GASÖL oder HEIZÖL, LEICHT,
- 1203 BENZIN oder OTTOKRAFTSTOFF oder
- 1223 KEROSIN oder Flugbenzin, das der UN-Nummer
- 1268 ERDÖLDESTILLATE, N.A.G. oder ERDÖLPRODUKTE, N.A.G. oder
- 1863 DÜSENKRAFTSTOFF

zugeordnet ist, aber keine anderen gefährlichen Stoffe befördert werden, müssen die orangefarbenen Tafeln nicht angebracht werden, wenn auf den vorn und hinten angebrachten Tafeln die für den gefährlichsten beförderten Stoff, d.h. für den Stoff mit dem niedrigsten Flammpunkt, vorgeschriebene Nummer zur Kennzeichnung der Gefahr und UN-Nummer angegeben sind.

Anbringung von Warntafeln an Beförderungseinheiten für unverpackte feste Stoffe oder Gegenstände (lose Schüttung)

5.3.2.1.4 ADR

Wenn in Kapitel 3.2 Tabelle A Spalte 20 eine Nummer zur Kennzeichnung der Gefahr angegeben ist, müssen bei Beförderungseinheiten und Containern, in denen unverpackte feste Stoffe oder Gegenstände (oder unter ausschließlicher Verwendung zu befördernde verpackte radioaktive Stoffe mit einer einzigen UN-Nummer) und keine anderen gefährlichen Güter befördert werden, außerdem an den Seiten jeder Beförderungseinheit oder jedes Containers parallel zur Längsachse des Fahrzeugs orangefarbene Tafeln deutlich sichtbar angebracht sein.

Diese orangefarbenen Tafeln müssen mit der Nummer zur Kennzeichnung der Gefahr und der UN-Nummer versehen sein, die in Kapitel 3.2 Tabelle A Spalte 20 bzw. Spalte 1 für jeden in der Beförderungseinheit oder im Container in loser Schüttung beförderten Stoff oder für den in der Beförderungseinheit oder im Container beförderten verpackten radioaktiven Stoff vorgeschrieben sind, sofern dieser unter ausschließlicher Verwendung zu befördern ist.

Anbringung von Warntafeln bei der Beförderung von Tankcontainern

5.3.2.1.5 ADR

Wenn die an Containern, Tankcontainern, MEGC oder ortsbeweglichen Tanks angebrachten, vorgeschriebenen orangefarbenen Tafeln außerhalb des Trägerfahrzeugs nicht deutlich sichtbar sind, müssen die gleichen Tafeln auch an den beiden Längsseiten des Fahrzeugs angebracht werden.

Dieser Absatz muss nicht für die Kennzeichnung von gedeckten und bedeckten Fahrzeugen mit orangefarbenen Tafeln angewendet werden, die Tanks mit einem höchsten Fassungsraum von 3 000 Litern befördern.

Anbringung von Warntafeln bei nur einem beförderten Gefahrgut

5.3.2.1.6 ADR

An Beförderungseinheiten, in denen nur ein gefährlicher Stoff und kein nicht gefährlicher Stoff befördert wird, sind die seitlich vorgeschriebenen orangefarbenen Tafeln nicht erforderlich, wenn die vorn und hinten angebrachten Tafeln mit der nach Kapitel 3.2 Tabelle A Spalte 20 bzw. Spalte 1 für diesen Stoff vorgeschriebenen Nummer zur Kennzeichnung der Gefahr und UN-Nummer versehen sind.

Anbringung von orangefarbenen Warntafeln

5.3.2.1.7 ADR

Die Vorschriften gelten auch für

- ungereinigte,
- nicht entgaste oder
- nicht entgiftete leere

festverbundene Tanks, Aufsetztanks, Batteriefahrzeuge, Tankcontainer, ortsbewegliche Tanks, MEGC und MEMU,

sowie für solche Fahrzeuge und Container für Güter in loser Schüttung.

Anbringung von Warntafeln bei „leeren“ Beförderungseinheiten

5.3.2.1.8 ADR

Orangefarbene Tafeln, die sich nicht auf die beförderten gefährlichen Güter oder deren Reste beziehen, müssen entfernt oder verdeckt sein. Wenn die Tafeln verdeckt sind, muss die Abdeckung vollständig und nach einer 15-minütigen Feuereinwirkung noch wirksam sein.

9.4 Weitere Kennzeichnungen

Ausrichtungspfeile

5.2.1.9 ADR

- zusammengesetzte Verpackungen mit Innenverpackungen, die flüssige Stoffe enthalten,
- Einzelverpackungen, die mit Lüftungseinrichtungen ausgerüstet sind, und
- Kryo-Behälter zur Beförderung tiefgekühlt verflüssigter Gase

müssen lesbar mit Pfeilen für die Ausrichtung des Versandstücks gekennzeichnet sein.

Die Ausrichtungspfeile müssen auf zwei gegenüberliegenden senkrechten Seiten des Versandstückes angebracht sein, wobei die Pfeile korrekt nach oben zeigen.

Sie müssen rechtwinklig und so groß sein, dass sie entsprechend der Größe des Versandstücks deutlich sichtbar sind.

Die Abbildung einer rechteckigen Abgrenzung um die Pfeile ist optional.

Ausrichtungspfeile sind nicht erforderlich für

- Außenverpackungen, die Druckgefäße mit Ausnahmen von Kryo-Behältern enthalten,
- Außenverpackungen, die gefährliche Güter in Innenverpackungen enthalten, wobei jede einzelne Innenverpackung nicht mehr als 120 ml enthält, mit einer für die Aufnahme des gesamten flüssigen Inhalts ausreichenden Menge saugfähigen Materials zwischen den Innen- und Außenverpackungen,
- Außenverpackungen, die ansteckungsgefährliche Stoffe der Klasse 6.2 in Primärgefäßen enthalten, wobei jedes einzelne Primärgefäß nicht mehr als 50 ml enthält,
- Typ IP-2-, Typ IP-3-, Typ A-, Typ B(U)-, Typ B(M)- oder Typ C-Versandstücke, die radioaktive Stoffe der Klasse 7 enthalten,
- Außenverpackungen, die Gegenstände enthalten, die unabhängig von ihrer Ausrichtung dicht sind (z.B. Alkohol oder Quecksilber in Thermometern, Druckgaspackungen usw.) oder
- Außenverpackungen, die gefährliche Güter in dicht verschlossenen Innenverpackungen enthalten, wobei jede einzelne Innenverpackung nicht mehr als 500 ml enthält.

Auf einem Versandstück dürfen keine Pfeile für andere Zwecke als der Angabe der richtigen Versandstückausrichtung abgebildet sein.

Kennzeichen für erwärmte Stoffe

5.3.3 ADR

- Tankfahrzeuge
- Tankcontainer, ortsbewegliche Tanks
- Spezialfahrzeuge oder –container oder
- besonders ausgerüstete Fahrzeuge oder Container

für die gemäß Sondervorschrift 580 in Kapitel 3.2 Tabelle A Spalte 6 ein Kennzeichen für erwärmte Stoffe vorgeschrieben ist, müssen

- im Falle der Fahrzeuge an beiden Längsseiten und hinten
- und im Falle der Container, Tankcontainer und ortsbeweglichen Tanks an allen vier Seiten

mit einem Kennzeichen versehen sein, das die Form eines Dreiecks mit einer Seitenlänge von mindestens 250 mm hat und rot dargestellt ist.

Kennzeichen für umweltgefährdende Stoffe

5.3.6 ADR

Wenn das Anbringen eines Großzettels (Placards) vorgeschrieben ist, müssen

- Container
- MEGC
- Tankcontainer
- ortsbewegliche Tanks
- Fahrzeuge

mit umweltgefährdenden Stoffen mit dem Kennzeichen für umweltgefährdende Stoffe gekennzeichnet sein.

Für das Kennzeichen sind die Vorschriften des Abschnitt 5.3.1 für Großzettel (Placards) entsprechend anzuwenden.

Für den Seeverkehr nach IMDG-Code gilt auch diese Kennzeichnung für Versandstücke und Beförderungseinheiten. Die Bezeichnung nennt sich im Seeverkehr „MEERESSCHADSTOFFE“.

Auch im Luftverkehr nach ICAO-TI bzw. IATA-DGR wird dieses Kennzeichen eingesetzt. Die Bezeichnung nennt sich hier „ENVIRONMENTALLY HAZARDOUS“.

Sondervorschriften für begaste Einheiten

5.5.2.3 ADR

Eine begaste Güterbeförderungseinheit (CTU: Cargo Transport Unit) muss an jedem Zugang an einer von Personen, welche die CTU öffnen oder betreten, leicht einsehbaren Stelle mit einem Warnkennzeichen versehen sein. Das vorgeschriebene Kennzeichen muss so lange auf der CTU verbleiben, bis folgende Vorschriften erfüllt sind:

- die begaste CTU wurde belüftet, um schädliche Konzentrationen des Begasungsmittels abzubauen, und
- die begasten Güter oder Werkstoffe wurden entladen

Wenn die begaste CTU entweder durch Öffnen der Türen oder durch mechanische Belüftung nach der Begasung vollständig belüftet wurde, muss das Datum der Belüftung auf dem Warnkennzeichen für Begasung angegeben werden.

Wenn die begaste CTU belüftet und entladen wurde, muss das Warnkennzeichen für Begasung entfernt werden.

Großzettel nach Muster 9 dürfen nicht an einer begasten CTU angebracht werden, sofern sie nicht für andere in der CTU verladenen Stoffe oder Gegenstände der Klasse 9 erforderlich sind.

Das Warnkennzeichen für Begasung muss rechteckig, mindestens 300 mm breit und mindestens 250 mm hoch sein. Die Aufschriften müssen schwarz auf weißem Grund sein, die Buchstabenhöhe muss mindestens 25 mm betragen.

Sondervorschriften für Fahrzeuge und Container mit Stoffen, die bei der Verwendung zu Kühl- oder Konditionierungszwecken eine Erstickungsgefahr darstellen können (wie Trockeneis (UN 1845), Stickstoff, tiefgekühlt, flüssig (UN 1977) oder Argon, tiefgekühlt, flüssig (UN 1951))

5.5.3 ADR

Es ist wichtig zu unterscheiden, wann diese Regelungen Anwendung finden:

- Die Regelungen dieses Abschnitts sind **nicht anwendbar** für zu Kühl- oder Konditionierungszwecke einsetzbare Stoffe, wenn sie **als Sendung** gefährlicher Güter befördert werden. Bei der Beförderung als Sendung müssen diese Stoffe unter der entsprechenden Eintragung des Kapitels 3.2 Tabelle A in Übereinstimmung mit den damit verbundenen Beförderungsbedingungen befördert werden (d.h., sie müssen als "normale" Gefahrgutsendung behandelt werden)
- Fahrzeuge und Container mit Stoffen, die zu Kühl- oder Konditionierungszwecken (ausgenommen zur Begasung) während der Beförderung verwendet werden, unterliegen neben den Vorschriften dieses Abschnitts keinen **weiteren Vorschriften des ADR/RID**.
- Dieser Abschnitt gilt **nicht für Gase in Kühlkreisläufen**.
- Gefährliche Güter, die während der Beförderung zur Kühlung oder Konditionierung von **Tanks oder MEGC** verwendet werden, **unterliegen nicht den Vorschriften** dieses Abschnitts.
- Wenn **gefährliche Güter in gekühlte oder konditionierte Fahrzeuge und Container** verladen werden, gelten neben den Vorschriften dieses Abschnitts **alle** für diese gefährlichen Güter **anwendbaren Vorschriften** des ADR/RID.

Verpackte gefährliche Güter, für die eine Kühlung oder Konditionierung erforderlich ist und denen die **Verpackungsanweisung P 203, P 620, P 650, P 800, P 901 oder P 904** zugeordnet ist, müssen den entsprechenden **Vorschriften** der jeweiligen **Verpackungsanweisung** entsprechen.

Bei verpackten gefährlichen Gütern, für die eine Kühlung oder Konditionierung erforderlich ist und denen eine **andere Verpackungsanweisung** zugeordnet ist, müssen die Versandstücke in der Lage sein,

- sehr geringen Temperaturen standzuhalten, und
- dürfen durch das Kühl- oder Konditionierungsmittel nicht beeinträchtigt oder bedeutsam geschwächt werden.

Die Versandstücke müssen so ausgelegt und gebaut sein, dass eine Gasentlastung zur Verhinderung eines Druckaufbaus, der zu einem Bersten der Verpackung führen könnte, ermöglicht wird.

Die gefährlichen Güter müssen so verpackt sein, dass nach der Dissipation (im weitesten Sinne: "Verbrauch des Kühl- oder Konditionierungsmittels durch Erwärmung") des Kühl- oder Konditionierungsmittels Bewegungen verhindert werden.

Versandstücke, die ein Kühl- oder Konditionierungsmittel enthalten, müssen in gut belüfteten Fahrzeugen und Containern befördert werden.
Versandstücke, die gefährliche Güter für die Kühlung oder Konditionierung enthalten, müssen mit der in Kapitel 3.2 Tabelle A Spalte 2 angegebenen Benennung dieser gefährlichen Güter, gefolgt von dem Ausdruck "ALS KÜHLMITTEL" bzw. "ALS KONDITIONIERUNGSMITTEL", gekennzeichnet sein.

KOHLENDIOXID, FEST, ALS KÜHLMITTEL

Diese Angaben sind in einer amtlichen Sprache des Ursprungslandes abzufassen und, wenn diese Sprache nicht Deutsch, Englisch oder Französisch ist, außerdem in Deutsch, Englisch oder Französisch, sofern nicht Vereinbarungen zwischen den von der Beförderung berührten Staaten etwas anderes vorschreiben.

Die Kennzeichnungen müssen dauerhaft und lesbar sein und an einer Stelle und in einer in Bezug auf das Versandstück verhältnismäßigen Größe angebracht sein, dass sie leicht sichtbar sind.

Wenn **Trockeneis in unverpackter Form** verwendet wird, darf es **nicht in direkten Kontakt** mit dem **Metallaufbau** des Fahrzeugs oder Containers gelangen, um eine Versprödung des Metalls zu verhindern.
Um eine **ausreichende Isolierung** zwischen dem Trockeneis und dem Fahrzeug oder Container sicherzustellen, muss ein **Abstand von mindestens 30 mm** eingehalten werden (z.B. durch Verwendung von Werkstoffen mit geringer Wärmeleitfähigkeit, wie Holzbohlen, Paletten usw.).

Wenn Trockeneis um Versandstücke angeordnet wird, müssen Maßnahmen ergriffen werden, um sicherzustellen, dass nach der Dissipation des Trockeneises die Versandstücke während der Beförderung in ihrer ursprünglichen Lage verbleiben.

Fahrzeuge und Container, die gefährliche Güter zur Kühlung oder Konditionierung enthalten, müssen **an jedem Zugang** an einer für Personen, welche das Fahrzeug oder Container öffnen oder betreten, leicht einsehbaren Stelle mit einem **Warnkennzeichen** (siehe unten) versehen sein. Dieses Kennzeichen muss so lange auf dem Fahrzeug oder Container verbleiben, bis folgende Vorschriften erfüllt sind:

- das Fahrzeug oder der Container wurde belüftet, um schädliche Konzentrationen des Kühl- oder Konditionierungsmittels abzubauen, und
- die gekühlten oder konditionierten Güter wurden entladen.

Das **Warnkennzeichen** muss rechteckig, mindestens 150 mm breit und mindestens 250 mm hoch sein. Das Warnkennzeichen muss folgende Angaben enthalten:

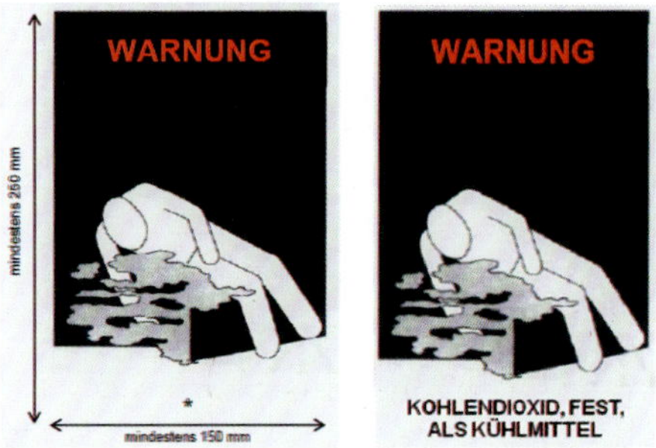

- den Ausdruck «**WARNUNG**» in roten oder weißen Buchstaben mit einer Buchstabenhöhe von mindestens 25 mm
- unter dem Symbol die in Kapitel 3.2 Tabelle A Spalte 2 angegebene Benennung, gefolgt von dem Ausdruck "**ALS KÜHLMITTEL**" bzw. "**ALS KONDITIONIERUNGSMITTEL**", in schwarzen Buchstaben auf weißem Grund mit einer Buchstabenhöhe von mindestens 25 mm

Alle Angaben sind auch hier in einer amtlichen Sprache des Ursprungslandes abzufassen und, wenn diese Sprache nicht Deutsch, Englisch oder Französisch ist, außerdem in Deutsch, Englisch oder Französisch, sofern nicht Vereinbarungen zwischen den von der Beförderung berührten Staaten etwas anderes vorschreiben.

Gefährliche Gase

7.5.11 CV 36 ADR

Bestimmte gefährliche Gase müssen unter der Auflage der Sondervorschrift CV 36 befördert und die Beförderungseinheiten gekennzeichnet werden:

- Die Versandstücke sind vorzugsweise in offene oder belüftete Fahrzeuge oder in offene oder belüftete Container zu verladen.
- Wenn dies nicht möglich ist und die Versandstücke in anderen gedeckten Fahrzeugen oder anderen geschlossenen Containern befördert werden, müssen die Ladetüren der Fahrzeuge oder Container mit folgender Kennzeichnung versehen sein, wobei die Buchstabenhöhe mindestens 25 mm betragen muss

ACHTUNG
KEINE BELÜFTUNG
VORSICHTIG ÖFFNEN

Diese Angaben müssen in einer Sprache abgefasst sein, die vom Absender als geeignet angesehen wird.

Besondere Kennzeichnungen und Markierungen aus dem Luftverkehr

Magnetisches Material
7.2.4.1 IATA-DGR

Die Kennzeichnung ist anzubringen, wenn das Versandstück magnetisches Material enthält:

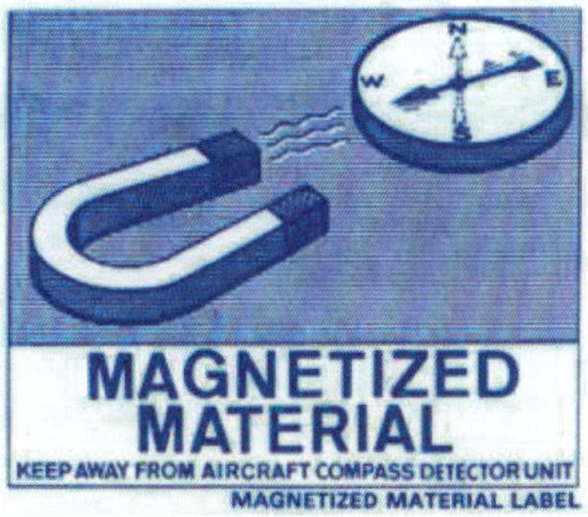

Nur im Frachtflugzeug (Cargo Aircraft Only)
7.2.4.2 IATA-DGR

Die Kennung **muss** auf den Packstücken und Umverpackungen angebracht werden, deren Inhalt nur mit **Frachtflugzeugen befördert werden dürfen.** Sie darf nicht verwendet werden, wenn z.B. die Mengen auf die Größenordnung für Passagierflugzeuge reduziert wurden, um sowohl mit Frachtflugzeugen wie mit Passagiermaschinen befördern zu können. Das Gefahrgut kann in diesem Fall zwar **mit Passagier-** und Frachtmaschinen befördert werden, aber die Kennung **muss unterbleiben.**

Tiefgekühlte Flüssigkeiten 7.2.4.3 IATA-DGR

Das Abfertigungskennzeichen muss zusätzlich zum Gefahrenkennzeichen für die Unterklasse 2.2 auf Verpackungen und Umverpackungen angebracht werden, die tiefgekühlte Flüssigkeiten enthalten.

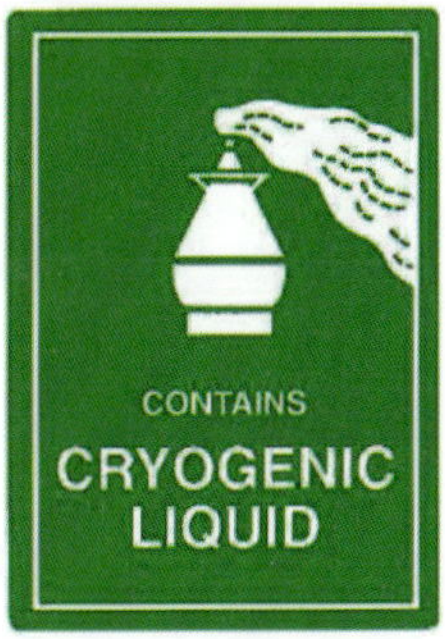

Vor Hitze schützen
7.2.4.5 IATA-DGR

Auf Packstücken, die selbstreagierende Stoffe der Klasse 4.1 und organische Peroxide (Klasse 5.2) enthalten, ist zusätzlich zu den erforderlichen Gefahrkennzeichen diese Kennung anzubringen. Die IATA-Vorschriften schreiben dazu vor, das die Substanz während des Transportes vor direkter Sonneneinstrahlung geschützt und an einem kühlen, gut belüfteten Platz, von allen Wärmequellen entfernt, gelagert werden.

Radioaktive Stoffe, freigestellte Packstücke (Excepted Package)
7.2.4.6 IATA-DGR

Ab 01.01.2007 verbindlich vorgeschriebene Kennzeichnung für alle freigestellten Packstücke mit radioaktiven Stoffen.

Lithiumbatterien
7.2.4.7 IATA-DGR

Lithium-Batterien enthaltende Versandstücke, die verpackt wurden nach den Verpackungsanweisungen 965 bis 970, die nicht den übrigen Anforderungen dieser Vorschriften unterliegen, müssen ein „Lithium Battery" (Lithium-Batterie) Abfertigungskennzeichen tragen.

9.5 Begleitpapiere

Wird eine Gefahrgutbeförderung vorgenommen, so müssen eine Reihe von Unterlagen mitgeführt werden, die so genannten Begleitpapiere. Die Definition dafür ist fließend, weil z.T. auch Dokumente den Gefahrgutbeförderungsunterlagen zugerechnet werden, die erforderlich sind, wenn kein Gefahrgut transportiert wird und weil einige Bundesländer möglicherweise eigene Prämissen setzen. Die Entscheidung über mitzuführende Begleitpapiere ist für jede Gefahrgutbeförderung neu zu treffen.

Mitzuführende Begleitpapiere

5.4.0 i.V.m. 8.1.2 ADR

Folgende Begleitpapiere sind bei Gefahrgutbeförderungen mitzuführen:

- Lichtbildausweis,
- Beförderungspapier,
- Container-/ Fahrzeug-Packzertifikat,
- Schriftliche Weisungen,
- Bescheinigung der besonderen Zulassung,
- ADR-Schulungsbescheinigung,
- ADR-Vereinbarung,
- Bescheinigung über die Prüfung von Aufsetztanks,
- Beförderungsgenehmigung für (bestimmte) radioaktive Stoffe,
- Abfallbegleitschein nach Abfallrecht,
- Befähigungsschein nach § 20 Sprengstoffgesetz,
- Ausnahme nach § 5 GGVSEB (ggf. in Deutschland zwingend mitzuführen),
- Bescheinigung einer Wasser- oder Schifffahrtsdirektion i.V.m. Beförderungen nach § 35 Absatz 7 GGVSEB (ggf. in Deutschland zwingend mitzuführen),
- Fahrwegbestimmung nach § 35 GGVSEB (ggf. in Deutschland zwingend mitzuführen),
- Bescheinigung oder Reservierungsbestätigung der Bahn oder das Beförderungspapier für den Bahntransport gem. § 35 Absatz 7 GGVSEB (ggf. in Deutschland zwingend mitzuführen),
- weitere für bestimmte Gefahrgüter erforderliche behördliche Genehmigungen

Dabei sind Arbeitsverfahren der elektronischen Datenverarbeitung (EDV) oder des elektronischen Datenaustauschs (EDI) zur Unterstützung oder anstelle der schriftlichen Dokumentation zugelassen, sofern die zur Aufzeichnung und Verarbeitung der elektronischen Daten verwendeten Verfahren den juristischen Anforderungen hinsichtlich der Beweiskraft und der Verfügbarkeit während der Beförderung mindestens den Verfahren mit schriftlichen Dokumenten entsprechen.

Wenn die Informationen über die Beförderung gefährlicher Güter dem Beförderer durch EDV oder EDI übermittelt werden, muss der Absender in der Lage sein, dem Beförderer die Informationen als Papierdokument zu übergeben.

Die **RSEB** führt dazu aus:
Die Verfügbarkeit von elektronischen Dokumentationen während der Beförderung entspricht schriftlichen Dokumenten, wenn die EDV-Datensätze auf der Beförderungseinheit bei Bedarf eingesehen und ausgedruckt werden können.

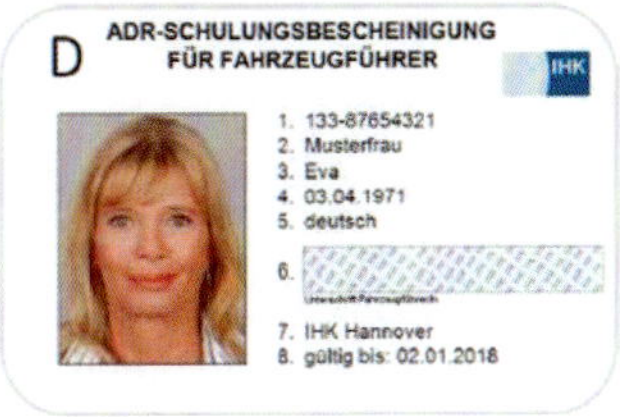

9.5.1 Beförderungspapier

Form und Sprache

5.4.1.4 ADR

Beim Beförderungspapier kommt es auf wesentliche **Inhalte** an, die zur **Information von Rettungs- und Einsatzkräften** erforderlich sind. Weiterhin werden bei einem Beförderungsvorgang immer Begleitpapiere, die frachtrechtlich verpflichtend sind mitgeführt. Daher wird in diesem Zusammenhang Wert gelegt auf die Inhalte und nicht auf die Verwendung eines bestimmten Formulars. Es können alle zur Verfügung stehenden Papiere genutzt werden, wenn sie mit den erforderlichen Angaben auf festgelegte Weise ergänzt werden.

Im **ADR (5.4.5)** ist ein **Musterdokument** als Benutzungsvorschlag für multimodale Beförderung abgedruckt, welches auch als Container-/Fahrzeug-Packzertifikat genutzt werden kann.
Ein Papier mit den Angaben kann auch ein solches sein, das bereits durch andere geltende Vorschriften für die Beförderung mit einem anderen Verkehrsträger verlangt wird. Bei mehreren Empfängern dürfen die Namen und die Anschriften der Empfänger sowie die Liefermengen, die es ermöglichen, die jeweils beförderte Art und Menge zu ermitteln, auch in anderen zu verwendenden oder durch andere Vorschriften verlangten Papieren enthalten sein, die im Fahrzeug mitzuführen sind.

Die in das Papier einzutragenden Vermerke sind in einer **amtlichen Sprache des Versandlandes** abzufassen **und**, wenn diese Sprache nicht **Deutsch**, **Englisch oder Französisch** ist, außerdem in Deutsch, Englisch oder Französisch, wenn nicht internationale Tarife für die Beförderung auf der Straße oder Vereinbarungen zwischen den von der Beförderung berührten Staaten etwas anderes vorschreiben.

Kann eine Sendung wegen der Größe der Ladung nicht vollständig in eine einzige Beförderungseinheit verladen werden, sind mindestens so viele **getrennte Papiere oder Kopien** des einen Papiers auszufertigen, **wie Beförderungseinheiten** beladen werden.
Ferner sind in allen Fällen **getrennte Beförderungspapiere** auszufertigen für Sendungen oder Teile einer Sendung, die wegen der **Zusammenladeverbote** nicht zusammen in ein Fahrzeug verladen werden dürfen.

Die Informationen über die von den zu befördernden Gütern ausgehenden Gefahren dürfen in ein übliches Beförderungspapier oder Ladungspapier aufgenommen oder mit diesem verbunden werden. Die Darstellung der Informationen im Papier [oder die Reihenfolge der Übertragung entsprechender Daten bei der Verwendung von Arbeitsverfahren der elektronischen Datenübertragung (EDV) oder des elektronischen Datenaustauschs (EDI)] muss den Angaben in Absatz 5.4.1.1.1 entsprechen.

Aufbewahrung von Informationen

5.4.4 ADR

Der Absender und der Beförderer müssen eine Kopie des Beförderungspapiers und der zusätzlichen Informationen und Dokumentation für einen **Mindestzeitraum von 3 Monaten aufbewahren.**

Wenn die Dokumente elektronisch oder in einem **EDV**-System gespeichert werden, müssen der Absender und der Beförderer in der Lage sein, einen **Ausdruck** herzustellen.

Beförderungspapier und damit zusammenhängende Informationen

5.4.1 ADR

Folgende **Angaben** muss das Beförderungspapier enthalten:

a) **UN-Nummer** mit den vorangestellten Buchstaben „**UN**",

b) **offizielle Benennung**, ggf. ergänzt durch die technische Benennung
(Die offizielle Benennung darf sowohl in Großbuchstaben als auch in der üblichen Schreibweise erfolgen)

c) die **Nummern** der **Gefahrzettelmuster**
für Klasse 1-Stoffe und Gegenstände den Klassifizierungscode; sind andere Nummern als 1, 1.4, 1.5, 1.6 von Gefahrzettelmustern angegeben, müssen diese nach dem Klassifizierungscode angegeben werden (Die RSEB führt hierzu aus: Nicht alle dem Sprengstoffrecht unterliegenden Stoffe sind Güter der Klasse 1. Werden solche Stoffe befördert, ist ein Hinweis darauf im Beförderungspapier sinnvoll)
- bei radioaktiven Stoffen die Nummer der Klasse „7"
- Sondervorschriften gem. Spalte 6 Tabelle A, Kapitel 3.2 beachten
- bei mehreren Nummern sind die Nummern nach der ersten Nummer in Klammern anzugeben

d) ggf. die dem Stoff zugeordnete **Verpackungsgruppe**, der die Buchstaben „VG" oder die entsprechenden Abkürzungen für die gestatteten ADR-Sprachen vorangestellt werden können,

e) die Anzahl und Beschreibung der Versandstücke,
ACHTUNG: Der UN-Code der Verpackungen alleine reicht nicht!
Angaben über Innenverpackungen in zusammengesetzten Verpackungen sind nicht erforderlich

f) wahlweise die **Gesamtmenge** jedes gefährlichen Gutes mit
- unterschiedlicher UN-Nummer oder
- unterschiedlicher offizieller Benennung oder
- unterschiedlicher Verpackungsgruppe,

als Volumen bzw. als Brutto- oder Nettomasse
(Werden Freistellungen im Zusammenhang mit Mengen, die je Beförderungseinheit transportiert werden, in Anspruch genommen (1.1.3.6 ADR), muss für jede Beförderungskategorie die Gesamtmenge der gefährlichen Güter im Beförderungspapier angegeben werden.
Die Gesamtmenge braucht gem. 5.4.1.1.6.1 ADR nicht für leere ungereinigte Umschließungen angegeben werden)

g) **Name** und **Anschrift** des **Absenders**,

h) **Name** und **Anschrift** der/des **Empfänger**(s), ggf. der Ausdruck „Verkauf bei Lieferung",

i) eine Erklärung entsprechend den Vorschriften einer **Sondervereinbarung**.

j) bleibt offen

k) soweit zugeordnet, der in Kapitel 3.2 Tabelle A Spalte 15 angegebene **Tunnelbeschränkungscode** in Großbuchstaben und in Klammern. Der Tunnelbeschränkungscode muss im Beförderungspapier nicht angegeben werden, wenn vor der Beförderung bekannt ist, dass kein Tunnel mit Beschränkungen für die Beförderung gefährlicher Güter durchfahren wird.

Die Reihung der Angaben a), b), c), d) und k) ist nur in dieser einen Folge und ohne dass andere Einschübe gestattet sind vorgeschrieben. Sonst dürfen Stellen und Reihenfolge der Angaben im Beförderungspapier frei gewählt werden.

Beispiel: **UN 1098 ALLYLALKOHOL, 6.1 (3), VG I, (C/D)**

Sondervorschriften für Abfälle

5.4.1.1.3 ADR

Wenn Abfälle (ausgenommen radioaktive Abfälle), die gefährliche Güter enthalten, befördert werden, ist der offiziellen Benennung für die Beförderung der Ausdruck „ABFALL“ voranzustellen, sofern dieser Ausdruck nicht bereits Bestandteil der offiziellen Benennung für die Beförderung ist, z.B.

UN 1230 ABFALL METHANOL, 3 (6.1), II, (D/E)

Sondervorschriften für Bergungsverpackungen und Bergungsdruckgefäße

5.4.1.1.5 ADR

Wenn gefährliche Güter in einer Bergungsverpackung oder einem Bergungsdruckgefäß befördert werden, ist im Beförderungspapier nach der Beschreibung der Güter hinzuzufügen:

BERGUNGSVERPACKUNG oder **BERGUNGSDRUCKGEFÄSS**

Sondervorschriften für ungereinigte leere Umschließungsmittel

5.4.1.1.6.1 ADR

Für leere ungereinigte Umschließungen mit Rückständen gilt, dass vor oder nach Eintragungen a) bis d) und k) der Ausdruck

- LEER, UNGEREINIGT oder
- RÜCKSTÄNDE DES ZULETZT ENTHALTENEN STOFFES

anzugeben ist:

LEER, UNGEREINIGT UN 1230 METHANOL, 3 (6.1), II, (D/E)
RÜCKSTÄNDE DES ZULETZT ENTHALTENEN STOFFES
UN 1230 METHANOL, 3 (6.1), II, (D/E)

Die Mengenangabe entfällt.

Wahlweise können aber auch die unter den nachfolgenden Absätzen 5.4.1.1.6.2.1 bis 5.4.1.1.6.2.2 ADR aufgeführten Eintragungen benutzt werden.

Sondervorschriften für ungereinigte leere Verpackungen

5.4.1.1.6.2.1 ADR

Die Eintragungen für leere ungereinigte Verpackungen mit Rückständen (bei Gasgefäßen < 1.000 Liter) müssen lauten:

- LEERE VERPACKUNG
- LEERES GEFÄSS
- LEERES GROSSPACKMITTEL (IBC)
- LEERE GROSSVERPACKUNG

ergänzt durch Klasse und die Gefahrzettel des letzten damit transportierten Ladegutes, z.B.

LEERE VERPACKUNG, 6.1 (3).

Die Angaben zu a), b), d), e) und f) des Absatzes 5.4.1.1.1 ADR entfallen.

Sondervorschriften für ungereinigte leere Umschließungen

5.4.1.1.6.2.2 ADR

Bei Eintragungen für leere ungereinigte Umschließungen mit Rückständen (bei Gasgefäßen > 1.000 Liter) werden den in der Reihung vorgegebenen Angaben a) bis d) und k) folgende mögliche Bezeichnungen hinzugefügt:

- LEERES TANKFAHRZEUG
- LEERER AUFSETZTANK
- LEERES BATTERIE-FAHRZEUG
- LEERER ORTSBEWEGLICHER TANK
- LEERER TANKCONTAINER
- LEERER MEGC
- LEERER MEMU
- LEERES FAHRZEUG
- LEERER CONTAINER
- LEERES GEFÄSS

ergänzt durch den Ausdruck

- LETZTES LADEGUT

Beispiel:

LEERES TANKFAHRZEUG, LETZTES LADEGUT:
UN 1098 ALLYLALKOHOL, 6.1 (3), I, (C/D)

Die Mengenangabe entfällt.

Sondervorschriften für Rücksendungen

5.4.1.1.6.2.3 ADR

Werden ungereinigte leere Umschließungen (mit Rückständen) an deren Absender zurückgesandt, dürfen die Beförderungspapiere von der Anlieferung benutzt werden. Die Mengenangabe ist zu entfernen (z.B. streichen) und zu ersetzen durch die Angabe:

LEERE UNGEREINIGTE RÜCKSENDUNG

Sondervorschriften für Reinigung oder Reparaturzuführung

5.4.1.1.6.3 ADR

Bei der Zuführung zur Reinigung oder Reparatur ist bei ungereinigten Umschließungen (Tanks, Batterie-Fahrzeuge, MEGC) einerseits und Containern sowie Fahrzeugen andererseits im Beförderungspapier entsprechend zusätzlich zu vermerken:

BEFÖRDERUNG NACH ABSATZ 4.3.2.4.3

(das sind Sicherheitsvorschriften betreffend Tanks, Batterie-Fahrzeuge und MEGC, die unverschlossen oder nicht dicht befördert werden müssen)

oder

BEFÖRDERUNG NACH UNTERABSCHNITT 7.5.8.1

(das sind Sicherheitsvorschriften betreffend Fahrzeuge oder Container, die vom davor beförderten Gefahrgut verunreinigt wurden).

Sondervorschriften für abgelaufene Prüfungen

5.4.1.1.6.4 ADR

Bei der Beförderung von festverbundenen Tanks (Tankfahrzeugen), Aufsetztanks, Batterie-Fahrzeugen, Tankcontainern und MEGC nach den Vorschriften des Absatzes 4.3.2.4.4 ist im Beförderungspapier zu vermerken:

BEFÖRDERUNG NACH ABSATZ 4.3.2.4.4

(damit darf die Beförderung auch mit abgelaufenen Prüfbescheinigungen zum Zwecke der Zuführung zur Prüfung durchgeführt werden).

Sondervorschriften für Transporte in einer Transportkette See/Luft

5.4.1.1.7 ADR

Wer gefährliche Güter im Rahmen einer Transportkette unter Nutzung der Vorschriften nach 1.1.4.2.1 ADR befördert, muss im Beförderungspapier vermerken:

BEFÖRDERUNG NACH ABSATZ 1.1.4.2.1

Die RSEB führt hierzu aus:

Die Angaben im Beförderungspapier können für diese Fälle auch in Englisch erfolgen.

Sondervorschriften für abgelaufene Prüfungen bei IBC

5.4.1.1.11 ADR

Beförderungen von Großpackmitteln (IBC) nach Ablauf der Frist für die wiederkehrende Prüfung oder Inspektion benötigen folgenden Vermerk im Beförderungspapier:

BEFÖRDERUNG NACH UNTERABSCHNITT 4.1.2.2 b)
BEFÖRDERUNG NACH ABSATZ 6.7.2.19.6 b)
BEFÖRDERUNG NACH ABSATZ 6.7.3.15.6 b)
BEFÖRDERUNG NACH ABSATZ 6.7.4.14.6 b)

(Das ist z.B. die Festlegung in der Vorschrift, wonach Großpackmittel innerhalb von 3 Monaten nach Ablauf der Frist für die wiederkehrende Prüfung oder Inspektion befördert werden dürfen).

Sondervorschriften für die Beförderung in Tankfahrzeugen mit mehreren Abteilen/Tanks

5.4.1.1.13 ADR

Wenn abweichend von Absatz 5.3.2.1.2 (Kennzeichnung jedes Abteils/Tanks seitlich) die Kennzeichnung eines Tankfahrzeugs mit mehreren Abteilen oder einer Beförderungseinheit mit einem oder mehreren Tanks gemäß Absatz 5.3.2.1.3 (Kennzeichnung nur vorne/hinten mit den Kennzeichnungsnummern des gefährlichsten Stoffes bei Mineralöltransporten bestimmter UN-Nummern) erfolgt, müssen die in jedem Tank oder jedem Abteil eines Tanks enthaltenen Stoffe im Beförderungspapier einzeln angegeben werden.

Sondervorschriften für die Beförderung von erwärmten Stoffen

5.4.1.1.14 ADR

Wenn die offizielle Benennung für die Beförderung eines Stoffes, der in flüssigem Zustand bei einer Temperatur von mindestens 100 °C oder in festem Zustand bei einer Temperatur von mindestens 240 °C befördert oder zur Beförderung aufgegeben wird, nicht angibt, dass es sich um einen Stoff handelt, der unter erhöhter Temperatur befördert wird, zum Beispiel durch Verwendung des Ausdrucks

„**GESCHMOLZEN**“ oder „**ERWÄRMT**“

als Teil der offiziellen Benennung für die Beförderung, ist direkt nach der offiziellen Benennung für die Beförderung der Ausdruck

„**HEISS**“

hinzuzufügen.

Sondervorschriften für die Beförderung unter Temperaturkontrolle

5.4.1.1.15 ADR

Wenn der Ausdruck „**STABILISIERT**“ Teil der offiziellen Benennung für die Beförderung ist und wenn die Stabilisierung durch eine Temperaturkontrolle erfolgt, sind die Kontrolltemperatur und die Notfalltemperatur wie folgt im Beförderungspapier anzugeben:

KONTROLLTEMPERATUR: ......°C,
NOTFALLTEMPERATUR: .....°C.

Sondervorschriften für die Sondervorschrift 650 im Kap. 3.3

5.4.1.1.16 ADR

Wenn dies durch Kapitel 3.3 ADR Sondervorschrift 640 vorgeschrieben ist, ist im Beförderungspapier zu vermerken:

SONDERVORSCHRIFT 640X

(Für X steht der jeweilige Großbuchstabe der Sondervorschrift 640).

Sondervorschriften für die Beförderung fester Stoffe in Schüttgut-Containern

5.4.1.1.17 ADR

Wenn Schüttgut-Container gemäß Abschnitt 6.11.4 ADR (das sind Schüttgut-Container, die keine Container gemäß CSC sind) für die Beförderung fester Stoffe verwendet werden, ist im Beförderungspapier anzugeben:

SCHÜTTGUT-CONTAINER BK (...) VON DER ZUSTÄNDIGEN BEHÖRDE VON ..... ZUGELASSEN.

Sondervorschriften für die Beförderung umweltgefährdender Stoffe

5.4.1.1.18 ADR

Wenn ein Stoff der Klassen 1 bis 9 den Klassifizierungskriterien für umweltgefährdende Stoffe entspricht, muss im Beförderungspapier der zusätzliche Ausdruck

UMWELTGEFÄHRDEND oder **MEERESSCHADSTOFF/UMWELTGEFÄHRDEND**

angegeben sein.

Dies gilt nicht für die UN-Nummer 3077 UMWELTGEFÄHRDENDER STOFF, FEST, N.A.G. und UN-Nummer 3082 UMWELTGEFÄHRDENDER STOFF, FLÜSSIG, N.A.G.

Bei Beförderung in einer Transportkette Seetransport ist gemäß IMDG-Code anstelle der Angabe „UMWELTGEFÄHRDEND" die Angabe „MEERESSCHADSTOFF" zugelassen.

Zusätzliche oder besondere Angaben für bestimmte Klassen

5.4.1.2 ADR

Für die Klasse 1, 2, 4.1, 5.2, 6.2 und 7 sind weitere zusätzliche bzw. anders gestaltete Einträge vorzunehmen. Diese Einzelheiten würden an dieser Stelle zu weit führen. Es wird auf den Vorschriftentext verwiesen.

Nicht gefährliche Güter

5.4.1.5 ADR

Unterliegen in Kapitel 3.2 Tabelle A namentlich genannte Güter nicht den Vorschriften des ADR/RID, da sie gemäß Teil 2 als nicht gefährlich gelten, darf der Absender zu diesem Zweck eine Erklärung in das Beförderungspapier aufnehmen, z.B.:

KEINE GÜTER DER KLASSE ...

Diese Vorschrift darf insbesondere angewendet werden, wenn der Absender der Ansicht ist, dass die Sendung auf Grund der chemischen Beschaffenheit der beförderten Güter (z.B. Lösungen oder Gemische) oder auf Grund der Tatsache, dass diese Güter nach anderen Vorschriften als gefährlich gelten, während der Beförderung Gegenstand einer Überprüfung werden könnte.

Dokumentation für begaste Einheiten

5.5.2.4 ADR

Dokumente im Zusammenhang mit der Beförderung von Güterbeförderungseinheiten (CTU), die begast und vor der Beförderung nicht vollständig belüftet wurden, müssen folgende Angaben enthalten:

- UN 3359 BEGASTE GÜTERBEFÖRDERUNGSEINHEIT (CTU), 9 oder
- UN 3359 BEGASTE GÜTERBEFÖRDERUNGSEINHEIT (CTU), KLASSE 9
- Datum und die Uhrzeit der Begasung
- Typ und Menge des verwendeten Begasungsmittels

Diese Angaben sind in einer amtlichen Sprache des Versandlandes abzufassen und wenn diese Sprache nicht Deutsch, Englisch oder Französisch ist, außerdem in Deutsch, Englisch oder Französisch, sofern nicht Vereinbarungen zwischen den von der Beförderung berührten Staaten etwas anderes vorschreiben.

Die Dokumente können formlos sein. Die Angaben müssen leicht erkennbar, lesbar und dauerhaft sein.

Es müssen Anweisungen für die Beseitigung von Rückständen des Begasungsmittels einschließlich Angaben über die ggf. verwendeten Begasungsgeräte bereitgestellt werden.
Dokumente sind nicht erforderlich, wenn die CTU vollständig belüftet und das Datum der Belüftung auf dem Warnkennzeichen angegeben wurde.

Dokumentation für Versandstücke, Fahrzeuge und Container, die mit Stoffen zu Kühl- oder Konditionierungszwecken versehen sind, die eine Erstickungsgefahr darstellen können (UN 1845 Trockeneis, UN 1977 Stickstoff, tiefgekühlt, flüssig, UN 1951 Argon, tiefgekühlt, flüssig)

5.5.3.7 ADR

Dokumente im Zusammenhang mit der Beförderung von Fahrzeugen oder Containern, die gekühlt oder konditioniert und vor der Beförderung nicht vollständig belüftet wurden, müssen folgende Angaben enthalten:

- die **UN-Nummer**, der die Buchstaben "**UN**" vorangestellt sind, und
- die in Kapitel 3.2 Tabelle A Spalte 2 angegebene **Benennung**, gefolgt von dem Ausdruck "**ALS KÜHLMITTEL**" bzw. "**ALS KONDITIONIERUNGSMITTEL**

UN 1845 KOHLENDIOXID, FEST, ALS KÜHLMITTEL

Diese Angaben sind in einer amtlichen Sprache des Versandlandes abzufassen und wenn diese Sprache nicht Deutsch, Englisch oder Französisch ist, außerdem in Deutsch, Englisch oder Französisch, sofern nicht Vereinbarungen zwischen den von der Beförderung berührten Staaten etwas anderes vorschreiben.
Die Dokumente können formlos sein. Die Angaben müssen leicht erkennbar, lesbar und dauerhaft sein.

RSEB zu 5.4.1.1 ADR

Bei Tankfahrzeugen mit Additivanlagen ist ein zusätzlicher Eintrag des Additivs im Beförderungspapier erforderlich, beispielsweise

UN 3082 Umweltgefährdender Stoff, flüssig, n.a.g., (xxx*⁾), 9, III, (E)

*⁾ Angabe der technischen Benennung

Auch das Mitführen eines eigenen Beförderungspapiers für das Additiv ist zulässig.

§ 35 Abs. 6 Satz 1 GGVSEB Fahrwegbestimmung

Bei Anwendung des § 35 Abs. 4 Nr. 2 GGVSEB ist der Vermerk im Beförderungspapier

BEFÖRDERUNG NACH § 35 ABS. 4 NR. 2 GGVSEB

einzutragen.

Gefahrgutausnahmeverodnung GGAV

Verschiedene Ausnahmen der GGAV fordern auch Einträge im Beförderungspapier. Hier muss bei der konkreten Anwendung auf eventuelle Eintragsverpflichtungen geachtet werden. Beispiel:
Bei der Ausnahme Nr. 18 (S) GGAV ist beim Verzicht auf Angaben im Beförderungspapier zusätzlich zu den verbleibenden Angaben der Eintrag

Ausnahme 18

vorzunehmen.

ADR-Vereinbarungen

Im Rahmen der Nutzung von ADR-Vereinbarungen können Eintragungen erforderlich werden.
Beispielsweise:

Beförderung vereinbart nach Abschnitt 1.5.1 des ADR (Mxxx)

5.4.5 ADR Beispielformular für die multimodale Beförderung

FORMULAR FÜR DIE MULTIMODALE BEFÖRDERUNG GEFÄHRLICHER GÜTER (rechter Rand schwarz schraffiert)

1. Absender

2. Nummer des Beförderungspapiers

3.
Seite 1 von ... Seiten

4. Referenznummer des Beförderers

5. Referenznummer des Spediteurs

6. Empfänger

7. Beförderer (vom Beförderer auszufüllen)

ERKLÄRUNG DES ABSENDERS
Hiermit erkläre ich, dass der Inhalt dieser Sendung vollständig und genau durch die unten angegebene offizielle Benennung für die Beförderung beschrieben und richtig klassifiziert, verpackt, gekennzeichnet, bezettelt und mit Großzetteln (Placards) versehen ist und sich nach den anwendbaren internationalen und nationalen Vorschriften in jeder Hinsicht in einem für die Beförderung geeigneten Zustand befindet.

8. Diese Sendung entspricht den vorgeschriebenen Grenzwerten für (nicht Zutreffendes streichen)

PASSAGIER- UND FRACHTFLUGZEUG | NUR FRACHTFLUGZEUG

9. Zusätzliche Informationen für die Handhabung

10. Schiff / Flugnummer und Datum

11. Hafen / Ladestelle

12. Hafen / Entladestelle

13. Bestimmungsort

14. Kennzeichen für die Beförderung	* Anzahl und Art der Versandstücke; Beschreibung der Güter	Bruttomasse (kg)	Nettomasse	Rauminhalt (m³)

15. Kennzeichnungsnummer des Containers / Zulassungsnummer des Fahrzeugs	16. Siegelnummer(n)	17. Abmessungen und Typ des Containers/Fahrzeugs	18. Tara (kg)	19. Bruttogesamtmasse (einschließlich Tara) (kg)

CONTAINER-/FAHRZEUG-PACKZERTIFIKAT
Hiermit erkläre ich, dass die oben beschriebenen Güter in den oben angegebenen Container / in das oben angegebene Fahrzeug gemäß den geltenden Vorschriften verpackt / verladen wurden.**
FÜR JEDE LADUNG IN CONTAINERN / FAHRZEUGEN VON DER FÜR DAS PACKEN / VERLADEN VERANTWORTLICHEN PERSON ZU VERVOLLSTÄNDIGEN UND ZU UNTERZEICHNEN

21. EMPFANGSBESTÄTIGUNG
Die oben bezeichnete Anzahl Versandstücke / Container / Anhänger in scheinbar gutem Zustand erhalten, mit Ausnahme von:

20. Name der Firma	Name des Frachtführers	22. Name der Firma (DES ABSENDERS, DER DIESES DOKUMENT VORBEREITET)
Name und Funktion des Erklärenden	Zulassungsnummer des Fahrzeugs	Name und Funktion des Erklärenden
Ort und Datum	Unterschrift und Datum	Ort und Datum
Unterschrift des Erklärenden	UNTERSCHRIFT DES FAHRZEUGFÜHRERS	Unterschrift des Erklärenden

* FÜR GEFÄHRLICHE GÜTER: Es ist anzugeben: offizielle Benennung für die Beförderung; Gefahrenklasse, UN-Nummer, Verpackungsgruppe (soweit vorhanden) und alle sonstigen Informationsbestandteile, die durch geltende nationale oder internationale Regelwerke vorgeschrieben werden.

** Siehe Abschnitt 5.4.2.

Muster eines Speditionsauftrages als Beförderungspapier

Speditionsauftrag

(10) Versender - Postanschrift - Fernsprecher - Fax

Fa. Otto Zuverlässig
Gewerbegebiet Schöneweide
13597 Berlin

(11) Kundennummer

(13) Andere vorgeschriebene oder zulässige Erklärungen (4), Begleitpapiere (5)

(14) a Referenz-Nr. des Versenders (6)

(15) Empfänger - Postanschrift - Fernsprecher - Fax

Fa. Erich Fleißig
Industriestr. 2 - 5
70565 Stuttgart

(16) Kundennummer

(20) Tauschpaletten Anzahl EUR EUR

(20) a Palettenschein-Nr.

(22) unverbindliche Versendervermerke (7)

1137682553

Nachnahmebetrag

(24) Frankatur (8) Absender

frei Haus

unfrei

(29) Plz Versandstation/-ort

(26)

(28) Stückgut Expreßgut

(58) Bahnhof für Zoll- oder Steuerbeh.

(14) b Referenz-Nr. des Empfängers (6)

(30) Plz Empfangsstation/-ort (9)

(60) Warenwertangabe für Speditionsversicherung (14)

Wir arbeiten ausschließlich nach den Allgemeinen Deutschen Spediteurbedingungen (ADSp).

(31) Anzahl | Verpackung/Nr. des Ladem. | Inhalt - Bezeichnung des Gutes (bei Stückgütern ggf. auch Buchstaben [Zeichen] und Nummer) (10), (11)

(32) RID (11) X ja

(34) Wirkliches Gewicht in kg

Ermittlungsdienstliche Vermerke

2 Kanister UN 1263 Farbe, 3, II, (D/E)

10

Versandblatt · Blatt 1 (für Versandstation)

Annahmezeichen

Rauminhalt: dm³ Umrechnungsfaktor

Summe

(120) Vertragsprüfungsnummer (15)

(67) Tarif-Nr. | (72) Frachtber.-Gew. Koeffizient | (71) Frachts. Grundk. | (71) a Fracht | (73) Freibetrag KZ | (74) Überweisung KZ

Übertrag

(38) Barvorschuß (Bv)

(39) Nachnahme (Nn) (12)

(38) a Vorfracht (Vf)

Fracht | Fracht

Summe A | Summe C

U-Steuer | U-Steuer

(90) Summe B | Summe

Steuersatz %

(91) Summe D

Summe:

(50) a

(12) Frachtzahler-Nr. Versand (13)

Rechnung für den Versender

(17) Frachtzahler-Nr. Empfang (13)

Rechnung für den Empfänger

Versandstation | Empfangsstation | Tarif-Nr. | Zv | Gewicht | Tag | DS | lfd. Nr. | Pz

Fracht u. Zu-Fracht | Hausfracht V | Hausfracht E | Nebenentgelte | Frei -netto- | Umsatzsteuer +) | Kunden-/Konto-Nr. | Gesamterhebung Versand

+) einschl. UF | ausgen. Wasser | Barsummierung

Umw.-Frachth. | Wasserfracht | Hausfracht E frei | Bv/Nn/Vf | Versandüberweisung

Im Empfang zu erfassen

(92) | (93) Tag | DS | lfd. Nr. | Pz | Kunden-/Konto-Nr. | Auszahlung/Gutschrift

Versandstempel | Empfangsstempel

Versand

Empfangsstation | Gewicht | Tarif-Nr. | Zv | Tag | DS | lfd. Nr. | Pz

Versandüberw. | Hausfracht E | Nebenentgelte | Gesamterh. - netto | Umsatzsteuer +) | Kunden-/Konto-Nr. | Gesamterhebung Empfang

+) einschl. UF | ausgen. Bv/Nn/Vf | Baraust./steuerfr. Neg. | Wasserfracht

Be-/Entlastung Barschalter | Barsummierung

Empfang

08.2005 154.72.1

9. Versenden

Muster eines Abfallbegleitscheins als Beförderungspapier

Passer für EDV

Begleitschein Blatt (2)

Beleg zum Nachweis der Entsorgung von Abfällen

Nr. 1 1500 0211122

Diese Ausfertigung (rosa) ist vom Entsorger mit seiner Unterschrift und der des Beförderers zusammen mit der Ausfertigung 3 (blau) an die für ihn zuständige Behörde zu senden.

Barcodefeld 75 x 15 mm

Abfallbezeichnung[1)]
andere organische Lösemittel, Waschflüssigkeiten und Mutterlaugen

Abfallschlüssel[1)]	**Entsorgungsnachweis-Nummer**	**Menge in t**
070204	SNP000190745	10,00

Erzeugernummer	**Beförderernummer**	**Entsorgernummer**
102345678	785634201	563784102
Datum der Übergabe (Tag, Monat, Jahr)	**Datum der Übernahme** (Tag, Monat, Jahr)	**Datum der Annahme** (Tag, Monat, Jahr)
050906	050906	060906
Firmenname, Anschrift	**Firmenname, Anschrift**	**Firmenname, Anschrift**
Chemische Reinigung Gewerbegebiet 5 13790 Industadt	Flüssigtrans GmbH Ringstraße 30 13755 Musterstadt	Abfallverbrennung Chemiepark 24350 Vorort
Unterschrift (als Versicherung der richtigen Deklaration)	**Unterschrift** (als Versicherung der ordnungsgemäßen Beförderung)	**Unterschrift** (als Versicherung der Annahme zur ordnungsgemäßen Entsorgung)
Müller	Maier	Schulze

Bitte verwenden Sie diese Schreibweise: A B C D E F G H I J K L M N O P Q R S T U V W X Y Z 1 2 3 4 5 6 7 8 9 0

Frei für Vermerke / Übernahmeschein-Nummern bei Nutzung eines Sammelentsorgungsnachweises

UN 1993 Abfall ENTZÜNDBARER FLÜSSIGER STOFF, N.A.G (enthält 2-Methylpropanol) 3, III, (D/E)

1 Tank

Weitere an der Beförderung beteiligte Firmen:

Beförderernummer (1. Transportwechsel)	**Beförderernummer** (2. Transportwechsel)	**Zwischenlager**
Datum der Übernahme (Tag, Monat, Jahr)	**Datum der Übernahme** (Tag, Monat, Jahr)	**Datum der Übernahme** (Tag, Monat, Jahr)
Beförderer (nur Name, Anschrift)	**Beförderer** (nur Name, Anschrift)	**Firmenname, Anschrift**
Unterschrift (als Versicherung der ordnungsgemäßen weiteren Beförderung)	**Unterschrift** (als Versicherung der ordnungsgemäßen weiteren Beförderung)	**Datum der Übergabe** (Tag, Monat, Jahr)
		Unterschrift (als Versicherung der ordnungsgemäßen Zwischenlagerung)

1) Nach EAK-Verordnung, Bestimmungsverordnung besonders überwachungsbedürftige Abfälle, Bestimmungsverordnung überwachungsbedürftige Abfälle zur Verwertung.

04.20.06 - Lüft.

Best.-Nr. 23101 · Verkehrs-Verlag J. Fischer, Düsseldorf · Telefon: 02 11/9 91 93-0 · Fax: 0211/6 80 15 44 www.verkehrsverlag-fischer.de

9.5.2 Container-/Fahrzeug-Packzertifikat

5.4.2 ADR

Für ortsbewegliche Tanks, Tankcontainer, MEGC sind Container-/Fahrzeug-Packzertifikate nicht erforderlich.

Werden gefährliche Güter in Großcontainern für eine Seebeförderung verladen, ist dem Beförderungspapier ein Container-Packzertifikat beizugeben. Beförderungspapier und Container-/Fahrzeug-Packzertifikat müssen miteinander verbunden sein. Es kann jedoch auch ein Formular verwendet werden, dass die Aufgaben beider Dokumente erfüllt.

Soll ein Container/Fahrzeug für den Seeverkehr gepackt werden, ist nach Abschnitt 5.4.2 des IMDG-Codes Folgendes zu beachten:

1. Container/Fahrzeug muss sauber, trocken und offensichtlich für die Aufnahme der Güter geeignet sein.
2. Versandstücke, die nach Trennvorschriften voneinander getrennt werden müssen, dürfen nicht zusammen gestaut werden.
3. Die Versandstücke sind auf äußere Schäden zu untersuchen. Nur einwandfreie Versandstücke dürfen verladen werden.
4. Fässer (Trommeln) sind aufrecht zu stauen und gegebenenfalls mit Sicherungsmaterial angemessen zu verzurren.
5. In loser Schüttung geladene Güter sind gleichmäßig im Container/Fahrzeug zu verteilen.
6. Für **Klasse 1-Güter**: Der Container / das Fahrzeug muss sich für seine Verwendung in einem bautechnisch einwandfreiem Zustand befinden.
7. Versandstücke, Container und das Fahrzeug sind ordnungsgemäß zu beschriften, markieren, kennzeichnen und plakatieren.
8. Für **CO_2-Trockeneis**: Container/Fahrzeug ist außen wie folgt zu beschriften oder zu kennzeichnen:

DANGEROUS CO_2 GAS (DRY ICE) INSIDE.
VENTILATE THOROUGHLY BEFORE ENTERING.

9. Ein Beförderungspapier für die gefährlichen Güter jeder Sendung im Container/Fahrzeug muss vorliegen.

Die RSEB führt hierzu aus:
Das Container-Packzertifikat ist auch für Fahrzeuge im Seeverkehrvorlauf auszustellen.

Erfolgt die Beladung durch mehrere Verlader, ist das Dokument durch jeden Verlader entsprechend zu ergänzen oder es ist jeweils ein neues Zertifikat zu erstellen und mitzugeben.

BEFÖRDERUNGSDOKUMENT FÜR GEFÄHRLICHE GÜTER
nach §8 GGVSee (IMO-ERKLÄRUNG)

TRANSPORT DOCUMENT FOR DANGEROUS GOODS
(IMO-DANGEROUS GOODS DECLARATION)

Dieses Formular entspricht SOLAS 74, Kapitel VII Regel 4; MARPOL 73/78, Anlage III, Regel 4 und dem IMDG-Code, Kapitel 5.4
This form meets the requirements of SOLAS 74, chapter VII regulation 4; MARPOL 73/78, Annex III. regulation 4 and the IMDG-Code, Chapter 5.4

Versender (Name & Anschrift) Shipper (Name & Address)	Buchungsnummer(n) Reference number(s)
Empfänger Consignee	Beförderer Carrier
CONTAINER/FAHRZEUG-PACKZERTIFIKAT **CONTAINER/VEHICLE PACKING CERTIFICATE** **ERKLÄRUNG** Es wird erklärt, dass das Packen der gefährlichen Güter in die oder auf die Beförderungseinheit gem. den Bestimmungen nach 5.4.2.1 durchgeführt wurde. **DECLARATION** It is declared that the packing of the goods into the cargo transport unit has been carried out in accordance with the provisions of 5.4.2.1. AUSFÜLLEN FÜR SENDUNGEN IN CONTAINERN ODER FAHRZEUGEN TO BE COMPLETED FOR SHIPMENTS IN CONTAINERS OR VEHICLES	Container-/Fahrzeug-Nr.: Container-/Vehicle-Nr.: Name/Funktion, Unternehmen/Organisation des Unterzeichners Name/status, company/organization of signatory Ort und Datum Place and date Unterschrift für den Packer Signature on behalf of packer
Schiffsname und Nummer der Reise Ship's name and voyage No. Ladehafen Port of loading	(Frei für Text, Anweisungen und sonstige Angaben) (Reserved for text, instructions or other matter)
Löschhafen Port of discharge	

UN-Nr. UN-No.	Inhalt (richtiger technischer Name) * Proper Shipping Name (Correct technical name) *	Klasse/Unterklasse nach IMO IMO-Class	Verpackungsgruppe Packing group	Markierung der Versandstücke Falls zutreffend, Identifikations-Nummer oder amtl. Kennzeichen Marks & Nos, if applicable, identification or registration number(s) of the Unit	Anzahl und Verp.-Art No. and kind of packages

Bruttomenge (Volumen/Masse) Gross quantity (volume/mass) Nettomenge/Volumen/Masse · Net quantity/volume/mass Netto Explosivstoffmasse *** Net explosive mass ***	Merkblatt-Nr. für Unfall-Maßnahmen EmS No.	Eigensc… Flammp… MARINE… Kontroll-… Control-…

* Marken- oder Handelsnamen allein sind nicht ausreichend. Falls zutreffend: (1) das V… (2) „LEER UNGEREINIGT" oder „RÜCKSTÄNDE – ZULETZT ENTHALTEN" hinzufüg…
** Falls nach Kapitel 5.4 IMDG-Code erforderlich; *** Nur bei Stoffen der Klasse 1;
* Proprietary/trade names alone are not sufficient. If applicable: (1) the word "WASTE… UNCLEANED" or "RESIDUE – LAST CONTAINED" should be added; (3) "LIMITED Q…
** When required in chapter 5.4 of the IMDG-Code; *** Class 1 only.

ZUSÄTZLICHE ANGABEN
Unter bestimmten Bedingungen sind besondere Angaben/Bescheinigungen erforderlic…
ADDITIONAL INFORMATION
In certain circumstances special information/certificates are required, see IMDG-Code, …

ERKLÄRUNG
Hiermit erkläre ich, dass der Inhalt dieser Sendung mit dem (den) richtigen technisc… Namen vollständig und genau bezeichnet ist. Die Güter sind nach den geltenden internationa… und nationalen Vorschriften klassifiziert, verpackt, beschriftet und gekennzeichnet/plaka… und befinden sich in jeder Hinsicht in einem für die Beförderung geeigneten Zustand.

DECLARATION
I hereby declare that the contents of this consignment are fully and accurately describe… the Proper Shipping Name, and are classified, packaged, marked and labelled/placar… and are in all respects in proper condition for transport according to the applicable internati… and national governmental regulations.

CONTAINER/FAHRZEUG-PACKZERTIFIKAT
gemäß – § 8 Abs. 4 GefahrgutVSee
in Verbindung mit IMDG-Code Kapitel 5.4.2 gemäß 30. Amendment

CONTAINER/VEHICLE PACKING CERTIFICATE
IMDG-Code chapter 5.4.2 according to 30. Amendment

Freiraum für Vermerke / Notices

Verantwortlicher (Firma und Anschrift) für: Seemäßige Stauung / seaworthy stowage IMDG-gemäße Stauung / stowage according to IMDG-Code	Buchung-Ref./Nr. / Booking Ref./No.: Container-Nr.: Reederei / Company: Dienst / Service: Ladehafen / Port of Loading: Löschhafen / Port of Destination: Terminal: Schiffsname / Vessel: Stauplatz auf dem Schiff / Cell Position:

Marke und Nr. (Marks and Numbers)	Anzahl (Number)	Verp.-Art (Type of Packages)	Inhalt (richtige techn. Bezeichnung) (Correct Technical Name)	Brutto-Gew. (Gross-Weight)	IMDG-Kl. UN-Nr.	Eigenschaften / Flammpunkt (Character / Flashpoint)

Es wird erklärt, dass das Packen der gefährlichen Güter in die oder auf die Beförderungseinheit gemäß den Bestimmungen nach Nr. 5.4.2.1 durchgeführt wurde.

1. Die Beförderungseinheit war sauber, trocken und für die Aufnahme der Güter augenscheinlich geeignet.
2. Sofern die Sendungen Güter der Klasse 1, außer Unterklasse 1.4 enthalten: Die Beförderungseinheit ist in bautechnischer Hinsicht gemäß Nr. 7.4.6 geeignet.
3. Güter, die voneinander getrennt werden müssen, wurden nicht zusammen in oder auf die Beförderungseinheit gepackt (es sei denn, dies wurde von der zuständigen Behörde gemäß Nr. 7.2.2.3 zugelassen).
4. Alle Versandstücke wurden auf äußere Schäden und undichte Stellen überprüft, und es wurden nur unbeschädigte Versandstücke geladen.
5. Fässer (Trommeln) wurden aufrecht gestaut, es sei denn, es wurde von der zuständigen Behörde etwas anderes zugelassen.
6. Alle Versandstücke wurden ordnungsgemäß in oder auf die Beförderungseinheit gepackt und gesichert.
7. Bei Beförderung gefährlicher Güter in Bulkverpackungen: die Ladung wurde gleichmäßig verteilt.
8. Die Beförderungseinheit und die darin enthaltenen Versandstücke wurden ordnungsgemäß beschriftet, markiert, gekennzeichnet und plakatiert.
9. Bei Verwendung von festem Kohlendioxid (CO_2-Trockeneis) für Kühlzwecke: Die Beförderungseinheit ist außen an einer gut sichtbaren Stelle wie z.B. an den Türen wie folgt beschriftet oder gekennzeichnet: „GEFÄHRLICHES CO_2-GAS (TROCKENEIS). VOR DEM BETRETEN GRÜNDLICH BELÜFTEN" / "DANGEROUS CO_2 GAS (DRY ICE) INSIDE. VENTILATE THOROUGHLY BEFORE ENTERING".
10. Das für die Beförderung gefährlicher Güter in Nr. 5.4.1 vorgeschriebene Beförderungspapier liegt für jede in oder auf die Beförderungseinheit gepackte Sendung mit gefährlichen Gütern vor.

Zusätzliche Erklärung:

It is declared that the packing of the goods into the unit has been carried out in accordance with the provisions of 5.4.2.1.

1. The cargo transport unit was clean, dry and apparently fit to receive the goods.
2. If the consignments include goods of class 1, other than division 1.4, the cargo transport unit is structurally serviceable in conformity with 7.4.6.
3. Goods which should be segregated have not been packed together onto or in the cargo transport unit (unless approved by the competent authority concerned in accordance with 7.2.2.3).
4. All packages have been externally inspected for damage, leakage or sifting, and only sound packages have been loaded.
5. Drums have been stowed in an upright position, unless otherwise authorized by the competent authority
6. All packages have been properly packed onto or in the cargo transport unit and secured.
7. When dangerous goods are transported in bulk packagings, the cargo has been evenly distributed.
8. The cargo transport unit and the packages therein are properly marked, labelled, and placarded.
9. When solid carbon dioxide (CO_2 – dry ice) is used for cooling purposes, the cargo transport unit is externally marked or labelled in a conspicuous place, such as at the door end, with the words: "DANGEROUS CO_2 GAS (DRY ICE) INSIDE. VENTILATE THOROUGHLY BEFORE ENTERING".
10. The dangerous goods transport document required in 5.4.1 has been received for each dangerous goods consignment packed onto or in the cargo transport unit.

Additional declaration:

Datum / Date:

Unterschrift / Signature

9.5.3 Schriftliche Weisungen

Mit dem ADR 2009 wurden die Regelungen zu den Schriftlichen Weisungen völlig neu gestaltet und mit den Regelungen für das ADR 2011 erneut aktualisiert.

Entgegen der früheren Philosophie, dass die Unfallmerkblätter sowohl für Einsatzkräfte (daher die alte Sprachenregelung) als auch für die Fahrzeugbesatzung benutzt werden sollen, dient die neue Regelung nur noch für die Ergreifung von Erstmaßnahmen durch die Fahrzeugbesatzung.

Im Gegensatz zu den bisherigen Unfallmerkblättern ist jetzt die Form festgelegt und darf nicht abgeändert werden. Ergänzungen dürfen nur auf einem zusätzlichen Blatt den Fahrzeugbesatzungen mitgegeben werden.

Schriftliche Weisungen

5.4.3 ADR

Für die **Hilfe** bei **Notfallsituationen**, die sich während der Beförderung ereignen können, sind in der **Kabine** der Fahrzeugbesatzung an **leicht zugänglicher Stelle** schriftliche Weisungen mitzuführen.

Diese Weisungen sind vom Beförderer vor Antritt der Fahrt der Fahrzeugbesatzung in einer **Sprache** bereitzustellen, die **jedes Mitglied lesen und verstehen** kann.

Der **Beförderer** hat darauf zu achten, dass jedes betreffende **Mitglied** der Fahrzeugbesatzung die Weisungen **versteht** und in der Lage ist, diese **richtig anzuwenden**.

Vor Antritt der Fahrt müssen sich die **Mitglieder** der Fahrzeugbesatzung selbst über die geladenen gefährlichen Güter **informieren** und die schriftlichen Weisungen wegen der bei einem Unfall oder Notfall zu ergreifenden **Maßnahmen einsehen**.

Die schriftlichen **Weisungen** müssen hinsichtlich ihrer **Form** und ihres **Inhalts** dem vorgegebenen **Muster** entsprechen.

SCHRIFTLICHE WEISUNGEN GEMÄSS ADR

Maßnahmen bei einem Unfall oder Notfall

Bei einem Unfall oder Notfall, der sich während der Beförderung ereignen kann, müssen die Mitglieder der Fahrzeugbesatzung folgende Maßnahmen ergreifen, sofern diese sicher und praktisch durchgeführt werden können:

- Bremssystem betätigen, Motor abstellen und Batterie durch Bedienung des gegebenenfalls vorhandenen Hauptschalters trennen;
- Zündquellen vermeiden, insbesondere nicht rauchen und keine elektrische Ausrüstung einschalten;
- die entsprechenden Einsatzkräfte verständigen und dabei soviel Informationen wie möglich über den Unfall oder Zwischenfall und die betroffenen Stoffe liefern;
- Warnweste anlegen und selbststehende Warnzeichen an geeigneter Stelle aufstellen;
- Beförderungspapiere für die Ankunft der Einsatzkräfte bereit halten;
- nicht in ausgelaufene Stoffe treten oder diese berühren und das Einatmen von Dunst, Rauch, Staub und Dämpfen durch Aufhalten auf der dem Wind zugewandten Seite vermeiden;
- sofern dies gefahrlos möglich ist, Feuerlöscher verwenden, um kleine Brände/Entstehungsbrände an Reifen, Bremsen und im Motorraum zu bekämpfen;
- Brände in Ladeabteilen dürfen nicht von Mitgliedern der Fahrzeugbesatzung bekämpft werden;
- sofern dies gefahrlos möglich ist, Bordausrüstung verwenden, um das Eintreten von Stoffen in Gewässer oder in die Kanalisation zu verhindern und um ausgetretene Stoffe einzudämmen;
- sich aus der unmittelbaren Umgebung des Unfalls oder Notfalls entfernen, andere Personen auffordern sich zu entfernen und die Weisungen der Einsatzkräfte befolgen;
- kontaminierte Kleidung und gebrauchte kontaminierte Schutzausrüstung ausziehen und sicher entsorgen.

Zusätzliche Hinweise für die Mitglieder der Fahrzeugbesatzung über die Gefahreneigenschaften von gefährlichen Gütern nach Klassen und über die in Abhängigkeit von den vorherrschenden Umständen zu ergreifenden Maßnahmen		
Gefahrzettel und Großzettel (Placards)	**Gefahreneigenschaften**	**Zusätzliche Hinweise**
(1)	**(2)**	**(3)**
Explosive Stoffe und Gegenstände mit Explosivstoff  1 1.5 1.6	Kann eine Reihe von Eigenschaften und Auswirkungen wie Massendetonation, Splitterwirkung, starker Brand/Wärmefluss, Bildung von hellem Licht, Lärm oder Rauch haben. Schlagempfindlich und/oder stoßempfindlich und/oder wärmeempfindlich.	Schutz abseits von Fenstern suchen.
Explosive Stoffe und Gegenstände mit Explosivstoff  1.4	Leichte Explosions- und Brandgefahr.	Schutz suchen.
Entzündbare Gase  2.1	Brandgefahr. Explosionsgefahr. Kann unter Druck stehen. Erstickungsgefahr. Kann Verbrennungen und/oder Erfrierungen hervorrufen. Umschließungen können unter Hitzeeinwirkung bersten.	Schutz suchen. Nicht in tief liegenden Bereichen aufhalten.
Nicht entzündbare, nicht giftige Gase  2.2	Erstickungsgefahr. Kann unter Druck stehen. Kann Erfrierungen hervorrufen. Umschließungen können unter Hitzeeinwirkung bersten.	Schutz suchen. Nicht in tief liegenden Bereichen aufhalten.
Giftige Gase  2.3	Vergiftungsgefahr. Kann unter Druck stehen. Kann Verbrennungen und/oder Erfrierungen hervorrufen. Umschließungen können unter Hitzeeinwirkung bersten.	Notfallfluchtmaske verwenden. Schutz suchen. Nicht in tief liegenden Bereichen aufhalten.
Entzündbare flüssige Stoffe  3	Brandgefahr. Explosionsgefahr. Umschließungen können unter Hitzeeinwirkung bersten.	Schutz suchen. Nicht in tief liegenden Bereichen aufhalten.
Entzündbare feste Stoffe, selbstzersetzliche Stoffe und desensibilisierte explosive feste Stoffe  4.1	Brandgefahr. Entzündbar oder brennbar, kann sich bei Hitze, Funken oder Flammen entzünden. Kann selbstzersetzliche Stoffe enthalten, die unter Einwirkung von Hitze, bei Kontakt mit anderen Stoffen (wie Säuren, Schwermetallverbindungen oder Aminen), bei Reibung oder Stößen zu exothermer Zersetzung neigen. Dies kann zur Bildung gesundheitsgefährdender und entzündbarer Gase oder Dämpfe oder zur Selbstentzündung führen. Umschließungen können unter Hitzeeinwirkung bersten. Explosionsgefahr desensibilisierter explosiver Stoffe bei Verlust des Desensibilisierungsmittels.	
Selbstentzündliche Stoffe  4.2	Brandgefahr durch Selbstentzündung bei Beschädigung von Versandstücken oder Austritt von Füllgut. Kann heftig mit Wasser reagieren.	
Stoffe, die in Berührung mit Wasser entzündbare Gase entwickeln  4.3	Bei Kontakt mit Wasser Brand- und Explosionsgefahr.	Ausgetretene Stoffe sollten durch Abdecken trocken gehalten werden.

Zusätzliche Hinweise für die Mitglieder der Fahrzeugbesatzung über die Gefahreneigenschaften von gefährlichen Gütern nach Klassen und über die in Abhängigkeit von den vorherrschenden Umständen zu ergreifenden Maßnahmen		
Gefahrzettel und Großzettel (Placards)	**Gefahreneigenschaften**	**Zusätzliche Hinweise**
(1)	**(2)**	**(3)**
Entzündend (oxidierend) wirkende Stoffe  5.1	Gefahr heftiger Reaktion, Entzündung und Explosion bei Berührung mit brennbaren oder entzündbaren Stoffen.	Vermischen mit entzündbaren oder brennbaren Stoffen (z.B. Sägespäne) vermeiden.
Organische Peroxide  5.2	Gefahr exothermer Zersetzung bei erhöhten Temperaturen, bei Kontakt mit anderen Stoffen (wie Säuren, Schwermetallverbindungen oder Aminen), Reibung oder Stößen. Dies kann zur Bildung gesundheitsgefährdender und entzündbarer Gase oder Dämpfe oder zur Selbstentzündung führen.	Vermischen mit entzündbaren oder brennbaren Stoffen (z.B. Sägespäne) vermeiden.
Giftige Stoffe  6.1	Gefahr der Vergiftung beim Einatmen, bei Berührung mit der Haut oder bei Einnahme. Gefahr für Gewässer oder Kanalisation.	Notfallfluchtmaske verwenden.
Ansteckungsgefährliche Stoffe  6.2	Ansteckungsgefahr. Kann bei Menschen oder Tieren schwere Krankheiten hervorrufen. Gefahr für Gewässer oder Kanalisation.	
Radioaktive Stoffe  7A  7B  7C  7D	Gefahr der Aufnahme und der äußeren Bestrahlung.	Expositionszeit beschränken.
Spaltbare Stoffe  7E	Gefahr nuklearer Kettenreaktion.	
Ätzende Stoffe  8	Verätzungsgefahr. Kann untereinander, mit Wasser und mit anderen Stoffen heftig reagieren. Ausgetretener Stoff kann ätzende Dämpfe entwickeln. Gefahr für Gewässer oder Kanalisation.	
Verschiedene gefährliche Stoffe und Gegenstände  9	Verbrennungsgefahr. Brandgefahr. Explosionsgefahr. Gefahr für Gewässer oder Kanalisation.	

Bem. 1. *Bei gefährlichen Gütern mit mehrfachen Gefahren und bei Zusammenladungen muss jede anwendbare Eintragung beachtet werden.*

2. *Die oben angegebenen zusätzlichen Hinweise können angepasst werden, um die Klassen der zu befördernden gefährlichen Güter und die Beförderungsmittel wiederzugeben.*

Zusätzliche Hinweise für die Mitglieder der Fahrzeugbesatzung über die Gefahreneigenschaften von gefährlichen Gütern, die durch Kennzeichen angegeben sind, und über die in Abhängigkeit von den vorherrschenden Umständen zu ergreifenden Maßnahmen		
Kennzeichen	**Gefahreneigenschaften**	**Zusätzliche Hinweise**
(1)	**(2)**	**(3)**
 Umweltgefährdende Stoffe	Gefahr für Gewässer oder Kanalisation.	
 Erwärmte Stoffe	Gefahr von Verbrennungen durch Hitze.	Berührung heißer Teile der Beförderungseinheit und des ausgetretenen Stoffes vermeiden.

Ausrüstung für den persönlichen und allgemeinen Schutz für die Durchführung allgemeiner und gefahrenspezifischer Notfallmaßnahmen, die sich gemäß Abschnitt 8.1.5 des ADR an Bord des Fahrzeugs befinden muss

Die folgende Ausrüstung muss sich an Bord der Beförderungseinheit befinden:

- ein Unterlegkeil je Fahrzeug, dessen Abmessungen der höchstzulässigen Gesamtmasse des Fahrzeugs und dem Durchmesser der Räder angepasst sein müssen;
- zwei selbststehende Warnzeichen;
- Augenspülflüssigkeit[a] und

für jedes Mitglied der Fahrzeugbesatzung

- eine Warnweste (z.B. wie in der Norm EN 471 beschrieben);
- ein tragbares Beleuchtungsgerät;
- ein Paar Schutzhandschuhe und
- eine Augenschutzausrüstung (z.B. Schutzbrille).

Für bestimmte Klassen vorgeschriebene zusätzliche Ausrüstung:

- an Bord von Fahrzeugen für die Gefahrzettel-Nummer 2.3 oder 6.1 muss sich für jedes Mitglied der Fahrzeugbesatzung eine Notfallfluchtmaske[b] befinden;
- eine Schaufel[c];
- eine Kanalabdeckung[c];
- ein Auffangbehälter[c].

a) Nicht erforderlich für Gefahrzettel der Muster 1, 1.4, 1.5, 1.6, 2.1, 2.2 und 2.3.

b) Zum Beispiel eine Notfallfluchtmaske mit einem Gas/Staub-Kombinationsfilter des Typs A1B1E1K1-P1 oder A2B2E2K2-P2, der mit dem in der Norm EN 141 beschriebenen vergleichbar ist.

c) Nur für feste oder flüssige Stoffe mit Gefahrzettel-Nummer 3, 4.1, 4.3, 8 oder 9 vorgeschrieben.

Stand: 01.01.2011

9.5.4 ADR-Zulassungsbescheinigung

Vorschriften für die ADR-Zulassungsbescheinigung

9.1.3 ADR

Die **Übereinstimmung** der Fahrzeuge **EX/II**, **EX/III**, **FL**, **OX** und **AT** und der **MEMU** mit den **Vorschriften** dieses Teils ist für jedes Fahrzeug, dessen **Untersuchung** ein **befriedigendes Ergebnis** liefert oder gemäß Unterabschnitt 9.1.2.1 zur Ausstellung einer Erklärung auf Übereinstimmung mit den Vorschriften des Kapitels 9.2 führt, in einer von der zuständigen Behörde des Zulassungsstaates erteilten Zulassungsbescheinigung (ADR-Zulassungsbescheinigung) zu bestätigen.

Eine von den zuständigen Behörden einer Vertragspartei erteilte Zulassungsbescheinigung für ein im Gebiet dieser Vertragspartei zugelassenes Fahrzeug wird während ihrer Geltungsdauer von den zuständigen Behörden der übrigen Vertragsparteien anerkannt.

Die **Zulassungsbescheinigung** muss dem dargestellten **Muster** entsprechen. Ihre Abmessungen entsprechen dem 210 mm x 297 mm (Format A4). Es dürfen Vorder- und Rückseite verwendet werden. Die **Farbe** ist **weiß** mit einem **diagonalen rosafarbenen Strich**.

Sie ist in der **Sprache** oder in einer der Sprachen des **Staates** abzufassen, der sie erteilt. Wenn diese Sprache nicht Deutsch, Englisch oder Französisch ist, müssen der Titel der Zulassungsbescheinigung sowie jede unter Nummer 11 aufgeführte Bemerkung außerdem in Deutsch, Englisch oder Französisch abgefasst sein.

Die Zulassungsbescheinigung für ein Saug-Druck-Tankfahrzeug für Abfälle muss folgenden Vermerk tragen: „Saug-Druck-Tankfahrzeug für Abfälle".

Die **Gültigkeit** der Zulassungsbescheinigungen endet spätestens **ein Jahr** nach dem Tag der technischen Untersuchung des Fahrzeugs, die der Erteilung der Bescheinigung vorausging. Wird jedoch die technische Untersuchung innerhalb eines Monats vor oder eines Monats nach diesem Tag durchgeführt, so beginnt der nächste Gültigkeitszeitraum mit dem Tag des Ablaufs des vorhergehenden.

Nach dieser Vorschrift sind jedoch bei Tanks, für die eine wiederkehrende technische Untersuchung vorgeschrieben ist, Dichtheitsprüfungen, Wasserdruckprüfungen oder innere Untersuchungen der Tanks in kürzeren Abständen als den in den Kapiteln 6.8 und 6.9 festgelegten nicht erforderlich.

Die RSEB führt hierzu aus:

Ausfertigung:

Die ADR-Zulassungsbescheinigung ist vom Sachverständigen nach § 14 Abs. 4 der GGVSEB auszufertigen. Dafür ist das Muster gemäß Unterabschnitt 9.1.3.5 ADR zu verwenden. Das amtliche Kennzeichen des Fahrzeugs darf in der ADR-Zulassungsbescheinigung unter Nummer 4 von der Zulassungsbehörde nach der StVZO oder von Stellen oder Personen nach § 14 Abs. 5 der GGVSEB eingetragen werden. Die Angabe der Fahrzeugbezeichnung(en) in Nummer 7 der ADR-Zulassungsbescheinigung muss mit den Angaben zur elektrischen Ausrüstung des Tanks übereinstimmen. Nebenbestimmungen aus der Bescheinigung nach Nr. 9-2.1.1 sind unter Nummer 11 der ADR-Zulassungsbescheinigung aufzunehmen. Die Gültigkeitsdauer der Bescheinigung ist unter Nummer 12 gemäß Unterabschnitt 9.1.3.4 ADR oder bis zur nächsten wiederkehrenden Prüfung des Tanks oder der Elemente des Batterie-Fahrzeugs gemäß der Bescheinigung nach Nr. 9-2.1.1 zu befristen, es gilt jeweils der nächstgelegene Termin.

Verlängerung der Geltungsdauer für Tankfahrzeuge und Batteriefahrzeuge:

Bei der Verlängerung ist nach Nr. 9-2.1.3 Sätze 2 bis 4 zu verfahren. Ergibt sich aus der ADR-Zulassungsbescheinigung, dass das Datum der nächsten Prüfung des Tanks oder der Elemente des Batterie-Fahrzeugs innerhalb der nächsten 12 Monate nach der Untersuchung des Fahrzeugs durch Stellen oder Personen nach § 14 Abs. 5 der GGVSEB liegt, ist die Geltungsdauer der Bescheinigung auf das Datum der nächsten Prüfung des Tanks oder der Elemente des Batterie-Fahrzeugs zu befristen.

Verlängerung der Geltungsdauer für andere Fahrzeuge:
Bei der Verlängerung ist nach Nr. 9-2.2 zu verfahren. Die Verlängerung erfolgt durch die gemäß § 14 Abs. 5 der GGVSEB zuständigen Stellen oder Personen.

Änderung der Tankcodierung oder Ergänzung der Stoffaufzählung in der ADR-Zulassungsbescheinigung

Die Änderung der Tankcodierung oder die Ergänzung der Stoffaufzählung in der ADR-Zulassungsbescheinigung darf nur mit Zustimmung der Baumusterzulassungsstelle vorgenommen werden.

Zuständigkeit für die Änderung oder Ergänzung:

Die Änderung oder Ergänzung der ADR-Zulassungsbescheinigung nach Nr. 9-4.1 fällt unter den Begriff Ausstellung einer Bescheinigung nach § 14 Abs. 4 der GGVSEB. Demgemäß dürfen nur amtlich anerkannte Sachverständige für den Kraftfahrzeugverkehr die Bescheinigung ändern oder ergänzen.

Verfahren und Zuständigkeiten für weitere Änderungen in der ADR-Zulassungsbescheinigung:

Änderungen in der ADR-Zulassungsbescheinigung, die durch eine Änderung des festverbundenen Tanks oder des Batterie-Fahrzeugs bedingt sind und den Tank oder die Elemente des Batterie-Fahrzeugs betreffen, dürfen auch von den zugelassenen Überwachungsstellen nach § 12 der GGVSEB ausgeführt werden.

Änderungen in der ADR-Zulassungsbescheinigung, die durch eine Änderung des Fahrzeugs im Sinne der Typeneinteilung nach Unterabschnitt 9.1.1.2 ADR bedingt sind, sind durch die Sachverständigen nach § 14 Abs. 4 der GGVSEB vorzunehmen.

Formale Änderungen in der ADR-Zulassungsbescheinigung, insbesondere auch Änderungen, die ohne Überprüfung des Fahrzeugs, des Tanks oder der Ausrüstung vorgenommen werden können, dürfen auch von den Zulassungsbehörden nach der StVZO und den zuständigen Stellen und Personen nach § 14 Abs. 5 der GGVSEB ausgeführt werden.

Beispiele für Änderungen formaler Art:

- Änderung des Firmennamens/des Halters und /oder der Anschrift
- Änderung des amtlichen Kennzeichens
- Eintragung und Aktualisierung nicht vorgeschriebener Hinweise in der Zulassungsbescheinigung (z.B. des Datums der nächsten fälligen Tankprüfung)

Alle Änderungen in der ADR-Zulassungsbescheinigung sind von den jeweils zuständigen Stellen oder Personen mit Dienstsiegel bzw. Prüfstempel und Namenszeichen zu versehen.

Die ADR-Zulassungsbescheinigung nach dem Muster in Unterabschnitt 9.1.3.5 ADR ist mit dem Tagesdatum der technischen Untersuchung des Fahrzeugs zu befristen. Bei Verlängerung der Gültigkeitsdauer beginnt der Zeitraum der nächsten Gültigkeit mit dem Tage des Ablaufs der vorhergehenden Gültigkeit. Erfolgt die erneute technische Untersuchung gemäß Unterabschnitt

9.1.3.4 ADR spätestens 1 Monat nach Ablauf der Jahresfrist, darf das Fahrzeug innerhalb dieser Monatsfrist **nicht** für die Beförderung gefährlicher Güter weiter verwendet werden. Nach dieser Monatsfrist ist das Fahrzeug einer technischen Untersuchung nach Unterabschnitt 9.1.2.1 Satz 2 ADR zu unterziehen.

Ist ein Tankfahrzeug mit einer Additiveinrichtung bzw. Tankreinigungsanlage ausgerüstet, so ist in der ADR-Zulassungsbescheinigung ein entsprechender Vermerk unter Nummer 11 (Bemerkungen) über die Ausrüstung(en) anzubringen.

Eine Anleitung zum Ausfüllen der ADR-Zulassungsbescheinigung enthält die **Anlage 16** der RSEB.

Muster ADR-Zulassungsbescheinigung (Sattelanhänger)

ZULASSUNGSBESCHEINIGUNG FÜR FAHRZEUGE ZUR BEFÖRDERUNG BESTIMMTER GEFÄHRLICHER GÜTER

Mit dieser Bescheinigung wird bestätigt, dass das nachstehend bezeichnete Fahrzeug die Anforderungen des Europäischen Übereinkommens über die internationale Beförderung gefährlicher Güter auf der Straße (ADR) erfüllt.

1. Bescheinigung Nr.:	2. Fahrzeughersteller:	3. Fahrzeug-Ident.-Nr.:	4. amtl. Kennz. (wenn vorhanden):
6574/2003	Hängerbau AG	123456789	AB-CD 123

5. Name und Betriebssitz des Beförderers, Betreibers (Halters) oder Eigentümers:
Fa.Otto Zuverlässig Gewerbegebiet 13597 Berlin

6. Beschreibung des Fahrzeugs: [1)]
Sattelanhänger 04

7. Fahrzeugbezeichnung(en) gemäß 9.1.1.2 des ADR [2)]
~~EX/II~~ ~~EX/III~~ ~~FL~~ ~~OX~~ AT ~~MEMU~~

8. Dauerbremsanlage: [3)]
☐ Nicht zutreffend
☒ Die Wirkung nach 9.2.3.1.2 des ADR ist ausreichend für eine Gesamtmasse der Beförderungseinheit von _____ t [4)]

9. Beschreibung des (der) festverbundenen Tanks / des (der) Batterie-Fahrzeuge(s) (wenn vorhanden)
9.1 Tankhersteller: Hängerbau AG
9.2 Zulassungsnummer des Tanks/des Batterie-Fahrzeugs: XXXX0 (T)
9.3 Herstellungsnummer des Tanks/Identifizierung der Elemente des Batterie-Fahrzeugs: 99991
9.4 Herstellungsjahr: 1994
9.5 Tankcodierung gemäß 4.3.3.1 oder 4.3.4.1 des ADR: SGAN
9.6 Sondervorschriften TC und TE gemäß 6.8.4 des ADR (falls zutreffend): [6)] Der Tank unterliegt 1.6.3.20 ADR

10. Zur Beförderung zugelassene gefährliche Güter:
Das Fahrzeug erfüllt die Anforderungen zur Beförderung gefährlicher Güter entsprechend der (den) unter Nummer 7 angegebenen Fahrzeugbezeichnung(en).

10.1 Im Falle eines EX/II- bzw. EX/III-Fahrzeugs [3)]
☐ Güter der Klasse 1 einschließlich Verträglichkeitsgruppe J
☐ Güter der Klasse 1 ausgenommen Verträglichkeitsgruppe J

10.2 Im Falle eines Tankfahrzeugs/Batterie-Fahrzeugs [3)]
☒ Es dürfen nur Stoffe befördert werden, die gemäß der unter Nummer 9 angegebenen Tankcodierung und den unter Nummer 9 angegebenen eventuellen Sondervorschriften zugelassen sind. [5)]
oder
☐ Es dürfen nur die folgenden Stoffe (Klasse, UN-Nummer, und, falls erforderlich, Verpackungsgruppe und offizielle Benennung für die Beförderung) befördert werden:

Es dürfen nur Stoffe befördert werden, die nicht dazu neigen, gefährlich mit den Werkstoffen des Tankkörpers, der Dichtungen, der Ausrüstung und der Schutzauskleidung (falls vorhanden) zu reagieren.

11. Bemerkungen:

12. Gültig bis: 13.3.2014

Stempel der Ausgabestelle

Berlin, den 14.3.2013
Ort, Datum, Unterschrift

1) Entsprechend den Begriffsbestimmungen für Kraftfahrzeuge und Anhänger der Kategorien N und O gemäß Anlage 7 der Gesamtresolution über die Konstruktion von Fahrzeugen (R.E.3) oder der Richtlinie 97/27/EG.
2) Nicht Zutreffendes streichen.
3) Zutreffendes ankreuzen.
4) Zutreffenden Wert eintragen. Ein Wert von 44 t beschränkt nicht die im (in den) Zulassungsdokument(en) angegebene «zulässige Zulassungs-/Betriebsmasse».
5) Stoffe, die der unter Nummer 9 angegebenen oder einer anderen gemäß der Hierarchie in Absatz 4.3.3.1.2 oder 4.3.4.1.2 zugelassenen Tankcodierung unter Berücksichtigung der eventuellen Sondervorschrift(en) zugeordnet sind.
6) Nicht erforderlich, wenn die zugelassenen Stoffe unter Nummer 10.2 aufgeführt sind.

Muster ADR-Zulassungsbescheinigung (Sattelzugmaschine)

ZULASSUNGSBESCHEINIGUNG FÜR FAHRZEUGE
ZUR BEFÖRDERUNG BESTIMMTER GEFÄHRLICHER GÜTER

Mit dieser Bescheinigung wird bestätigt, dass das nachstehend bezeichnete Fahrzeug die Anforderungen des Europäischen Übereinkommens über die internationale Beförderung gefährlicher Güter auf der Straße (ADR) erfüllt.

1. Bescheinigung Nr.:	**2. Fahrzeughersteller:**	**3. Fahrzeug-Ident.-Nr.:**	**4. amtl. Kennz.** (wenn vorhanden):
4357/2003	Autobau AG	987654321	AB-CD 122

5. Name und Betriebssitz des Beförderers, Betreibers (Halters) oder Eigentümers:
Fa.Otto Zuverlässig Gewerbegebiet 13597 Berlin

6. Beschreibung des Fahrzeugs: 1)
Zugmaschine N3

7. Fahrzeugbezeichnung(en) gemäß 9.1.1.2 des ADR 2)
~~EX/II~~ ~~EX/III~~ ~~FL~~ ~~OX~~ AT ~~MEMU~~

8. Dauerbremsanlage: 3)
☐ Nicht zutreffend
☒ Die Wirkung nach 9.2.3.1.2 des ADR ist ausreichend für eine Gesamtmasse der Beförderungseinheit von 40 t 4)

9. Beschreibung des (der) festverbundenen Tanks / des (der) Batterie-Fahrzeuge(s) (wenn vorhanden)
9.1 Tankhersteller:
9.2 Zulassungsnummer des Tanks/des Batterie-Fahrzeugs:
9.3 Herstellungsnummer des Tanks/Identifizierung der Elemente des Batterie-Fahrzeugs:
9.4 Herstellungsjahr:
9.5 Tankcodierung gemäß 4.3.3.1 oder 4.3.4.1 des ADR:
9.6 Sondervorschriften TC und TE gemäß 6.8.4 des ADR (falls zutreffend): 6)

10. Zur Beförderung zugelassene gefährliche Güter:
Das Fahrzeug erfüllt die Anforderungen zur Beförderung gefährlicher Güter entsprechend der (den) unter Nummer 7 angegebenen Fahrzeugbezeichnung(en).

10.1 Im Falle eines EX/II- bzw. EX/III-Fahrzeugs 3)
☐ Güter der Klasse 1 einschließlich Verträglichkeitsgruppe J
☐ Güter der Klasse 1 ausgenommen Verträglichkeitsgruppe J

10.2 Im Falle eines Tankfahrzeugs/Batterie-Fahrzeugs 3)
☐ Es dürfen nur Stoffe befördert werden, die gemäß der unter Nummer 9 angegebenen Tankcodierung und den unter Nummer 9 angegebenen eventuellen Sondervorschriften zugelassen sind. 5)
oder
☐ Es dürfen nur die folgenden Stoffe (Klasse, UN-Nummer, und, falls erforderlich, Verpackungsgruppe und offizielle Benennung für die Beförderung) befördert werden:

Es dürfen nur Stoffe befördert werden, die nicht dazu neigen, gefährlich mit den Werkstoffen des Tankkörpers, der Dichtungen, der Ausrüstung und der Schutzauskleidung (falls vorhanden) zu reagieren.

11. Bemerkungen:

12. Gültig bis: 13.3.2014

Stempel der Ausgabestelle

Berlin, den 14.3.2013
Ort, Datum, Unterschrift

1) Entsprechend den Begriffsbestimmungen für Kraftfahrzeuge und Anhänger der Kategorien N und O gemäß Anlage 7 der Gesamtresolution über die Konstruktion von Fahrzeugen (R.E.3) oder der Richtlinie 97/27/EG.
2) Nicht Zutreffendes streichen.
3) Zutreffendes ankreuzen.
4) Zutreffenden Wert eintragen. Ein Wert von 44 t beschränkt nicht die im (in den) Zulassungsdokument(en) angegebene «zulässige Zulassungs-/Betriebsmasse».
5) Stoffe, die der unter Nummer 9 angegebenen oder einer anderen gemäß der Hierarchie in Absatz 4.3.3.1.2 oder 4.3.4.1.2 zugelassenen Tankcodierung unter Berücksichtigung der eventuellen Sondervorschrift(en) zugeordnet sind.
6) Nicht erforderlich, wenn die zugelassenen Stoffe unter Nummer 10.2 aufgeführt sind.

9.5.5 ADR-Schulungsbescheinigung

Führer von Fahrzeugen, mit denen gefährliche Güter befördert werden, müssen im Besitz einer Bescheinigung sein, die von der zuständigen Behörde ausgestellt wurde und mit der bescheinigt wird, dass die Fahrzeugführer an einem **Schulungskurs** teilgenommen und eine **Prüfung** über die besonderen Anforderungen bestanden haben, die bei der Beförderung gefährlicher Güter zu erfüllen sind.

- Führer von Fahrzeugen, mit denen gefährliche Güter befördert werden, müssen an einem **Basiskurs** teilnehmen.
- Führer von Fahrzeugen oder MEMU, mit denen gefährliche Güter in festverbundenen Tanks oder Aufsetztanks mit einem Fassungsraum von mehr als 1 m^3 befördert werden, Führer von Batterie-Fahrzeugen mit einem Gesamtfassungsraum von mehr als 1 m^3 und Führer von Fahrzeugen oder MEMU, mit denen gefährliche Güter in Tankcontainern, ortsbeweglichen Tanks oder MEGC mit einem Einzelfassungsraum von mehr als 3 m^3 auf einer Beförderungseinheit befördert werden, müssen an einem **Aufbaukurs** für die Beförderung in **Tanks** teilgenommen haben
- Führer von Fahrzeugen, mit denen Stoffe oder Gegenstände der **Klasse 1**, ausgenommen Stoffe und Gegenstände der Unterklasse 1.4 Verträglichkeitsgruppe S, (siehe zusätzliche Vorschrift S1 in Kapitel 8.5) befördert werden, Führer von MEMU, mit denen Zusammenladungen von Stoffen oder Gegenständen der Klasse 1 und Stoffe der Klasse 5.1 (siehe Absatz 7.5.5.2.3) befördert werden, und Führer von Fahrzeugen, mit denen bestimmte **radioaktive Stoffe** (siehe Sondervorschriften S11 und S12 in Kapitel 8.5) befördert werden, müssen an **Aufbaukursen** teilgenommen haben.

Schulungsbescheinigung über die Fahrzeugführerschulung

8.2.2.8 ADR

Die Bescheinigung muss erteilt werden:

- nach erfolgreichem Abschluss eines Basiskurses

ggf. nach Abschluss eines Aufbaukurses für die Beförderung in

- Tanks
- Gütern der Klasse 1
- Gütern der Klasse 7

Die **Geltungsdauer** beträgt **5 Jahre** ab dem Zeitpunkt der Prüfung der ersten Basisschulung.

Die Bescheinigung wird **erneuert** nach Teilnahme an einer **Auffrischungsschulung** mit erfolgreicher **Prüfung**.

An der **Auffrischungsschulung** kann **innerhalb von zwölf Monaten vor Ablauf** der Bescheinigung teilgenommen werden. Die Gültigkeitsdauer wird um 5 Jahre vom Ablaufdatum der Bescheinigung verlängert.

An der Auffrischungsschulung kann vor der Frist von zwölf Monaten vor Ablauf der Bescheinigung teilgenommen werden. Die Gültigkeitsdauer wird um 5 Jahre vom Datum der Prüfung der Auffrischungsschulung verlängert

Die nachträgliche erfolgreiche Absolvierung eines Aufbaukurses verlängert die Geltungsdauer der Bescheinigung nicht. Die Bescheinigung wird nur um den Aufbaukurs erweitert, die Geltungsdauer bleibt weiterhin bestehen.

Die **Gestaltung** der Bescheinigung muss dem unten abgebildeten **Muster** entsprechen:

- Abmessungen nach Norm ISO 7810:2003 ID-1
- Material Kunststoff
- Farbe weiß mit schwarzen Buchstaben
- Ein zusätzliches Sicherheitsmerkmal, wie ein Hologramm, UV-Druck oder ein geätztes Profil
- Sprache des ausstellenden Staates, wenn diese Sprache nicht Deutsch, Englisch oder Französisch ist, dann
    - Titel der Bescheinigung
    - Titel der Ziffer 8
    - Titel auf der Rückseite
    - außerdem entweder in Deutsch, Englisch oder Französisch.

Übergangsregelung

1.6.1.21 ADR

Bescheinigungen über die Schulung von Fahrzeugführern gemäß dem bis zum 31. Dezember 2010 geltenden Muster, die von den Vertragsparteien bis zum 31. Dezember 2012 ausgestellt wurden, dürfen bis zum Ablauf ihrer fünfjährigen Geltungsdauer anstelle der den Vorschriften des Absatzes 8.2.2.8.5 entsprechenden Bescheinigungen weiterverwendet werden.

Die RSEB führt hierzu aus:

Ist ein Fahrzeugführer im Besitz einer im Ausland ausgestellten gültigen ADR-Bescheinigung und nimmt er erfolgreich an einem Aufbaukurs bzw. Auffrischungskurs in Deutschland teil, erweitert bzw. verlängert die deutsche IHK die Bescheinigung nach Unterabschnitt 8.2.2.8 ADR (ADR 2009) entsprechend bzw. stellt eine neue Bescheinigung aus.

Muster neue ADR-Schulungsbescheinigung

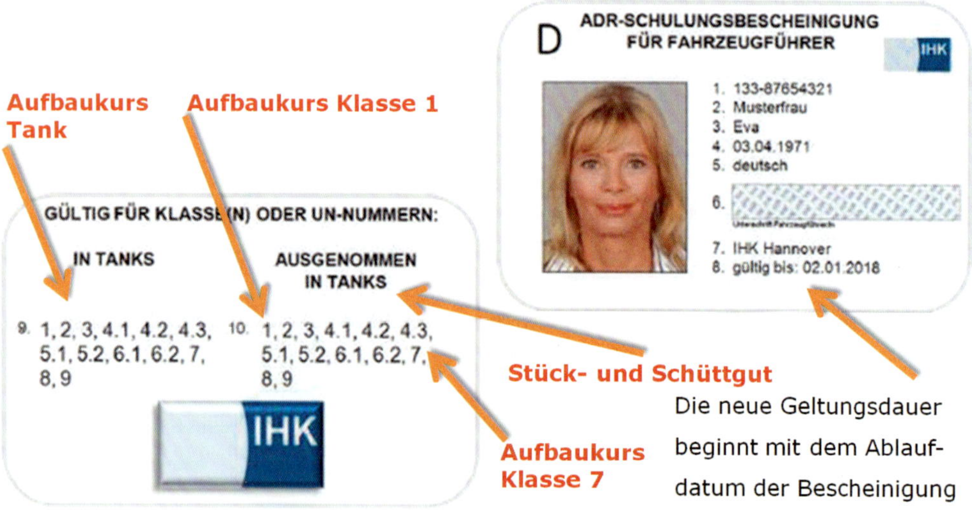

Muster alte ADR-Bescheinigung (außen)

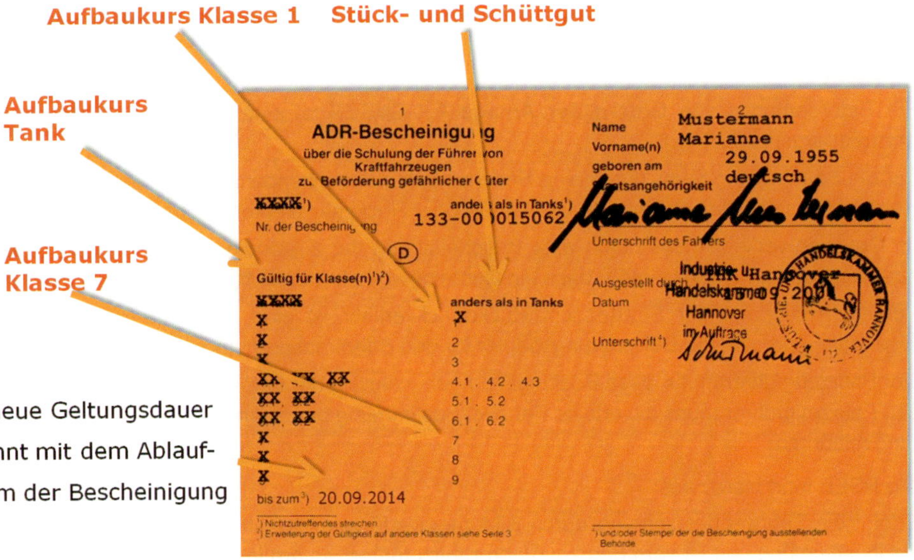

1

ADR-Bescheinigung

über die Schulung der Führer von Kraftfahrzeugen zur Beförderung gefährlicher Güter

anders als in Tanks[1])

Nr. der Bescheinigung 133-00015062

(D)

Gültig für Klasse(n)[1])[2])

anders als in Tanks

X

2

3

4.1 . 4.2 . 4.3

5.1 . 5.2

6.1 . 6.2

7

8

9

bis zum[3]) 20.09.2014

2

Name Mustermann

Vorname(n) Marianne

geboren am 29.09.1955

Staatsangehörigkeit deutsch

Unterschrift des Fahrers

Ausgestellt durch IHK Hannover

Datum

Unterschrift[4])

[1]) Nichtzutreffendes streichen

[2]) Erweiterung der Gültigkeit auf andere Klassen siehe Seite 3

[4]) und/oder Stempel der die Bescheinigung ausstellenden Behörde

Muster alte ADR-Bescheinigung (innen)

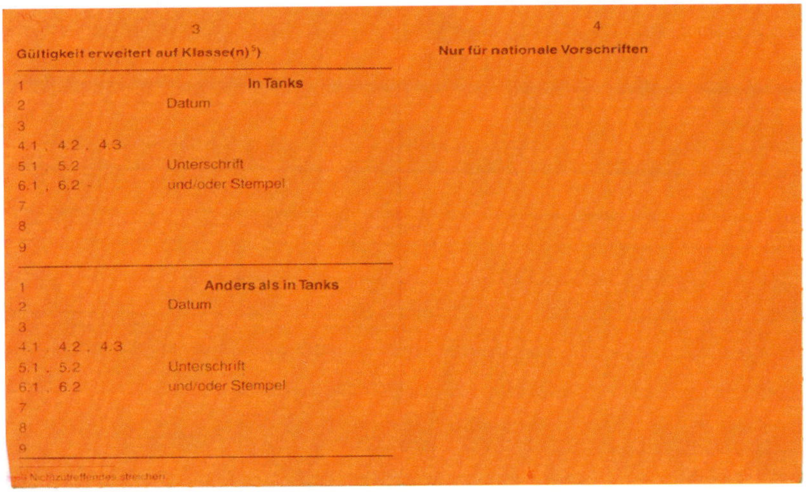

3

Gültigkeit erweitert auf Klasse(n)[5])

In Tanks

1
2 Datum
3
4.1 . 4.2 . 4.3
5.1 . 5.2 Unterschrift
6.1 . 6.2 und/oder Stempel
7
8
9

Anders als in Tanks

1
2 Datum
3
4.1 . 4.2 . 4.3
5.1 . 5.2 Unterschrift
6.1 . 6.2 und/oder Stempel
7
8
9

[5]) Nichtzutreffendes streichen

4

Nur für nationale Vorschriften

9.6 Weitere ggf. mitzuführende Dokumente

Fahrwegbestimmung

§ 35 GGVSEB

Für Beförderungen von **Gütern der Anlage 1 GGVSEB** ist eine behördliche **Fahrwegbestimmung** erforderlich.

Für die Beantragung muss durch eine Bescheinigung des Eisenbahn-Bundesamtes nachgewiesen werden, dass ein Gleisanschluss-, Container- oder Huckepackverkehr nicht möglich ist.

Im Containerverkehr muss durch eine Bescheinigung der zuständigen Wasser- und Schifffahrtsdirektion nachgewiesen werden, dass ein Containerverkehr auf dem Wasserweg nicht möglich ist.

Für die Anfuhr auf der Straße zum Huckepackverkehr ist eine Reservierungsbestätigung der Eisenbahn und/oder ein Beförderungspapier für den Bahntransport auszustellen.

Der Fahrzeugführer muss diese Bescheinigungen während der Beförderung mitführen.
Der Fahrzeugführer muss die erteilte Fahrwegbestimmung beachten und sie während der Beförderung mitführen.

Die RSEB führt hierzu aus:

Erfolgt die Fahrwegbestimmung durch Allgemeinverfügung, so gilt diese als Bescheid zur Fahrwegbestimmung und ist vom Fahrzeugführer mitzuführen, sofern in der Allgemeinverfügung nichts anderes bestimmt ist.

Muster einer Fahrwegbestimmung:

REMS MURR KREIS

Landratsamt

Landratsamt Rems-Murr-Kreis · Postfach 1413 · 7050 Waiblingen

Firma
Friedrich [illegible] OHG
Postfach [illegible]

70597 Stuttgart

ALTER POSTPLATZ 10
71332 WAIBLINGEN

Amt: Straßenverkehrsamt
Sachbearbeiter: Herr [illegible]
Bitte bei Antwort angeben
Tel. Durchwahl (0 71 51) 5 01-328

Ihre Nachricht / Zeichen vom: 26.4.2001 Kn/fl
Unsere Zeichen: 71.1/112.43 be-pi
Datum: 4.5.2001

Beförderung gefährlicher Güter (Flüssiggas)

Sehr geehrte Damen und Herren,

zu den nachgenannten Lieferorten sind folgende Strecken einzuhalten:

Ziel:	Fahrstrecke:
Fellbach, Stettener Straße	B 14 - Bühlstraße
Korb-Kleinheppach, Grabenstraße	B 29 - AS Großheppach - K 1912 - Kleinheppach - Ziel
Plüderhausen, Auf der Weid	B 29 - AS Plüderhausen - Aichenbachstraße - Remsstraße - Ziel
Schorndorf, Johannesstraße	B 29 - Stuttgarter Straße - Werderstraße - Burgstraße - Ziel
Winnenden-Hanweiler, Trollingerstraße	B 14 - Südumgehung Winnenden - K 1853 - Hanweiler - Ziel

Sie werden gebeten, den Fahrern eine entsprechende Fahrtanweisung zu geben.

Mit freundlichen Grüßen

[illegible]

Muster einer Allgemeinverfügung (Stadt Köln):

Allgemeinverfügung zur Bestimmung des Fahrwegs für die Beförderung von gefährlichen Gütern nach § 35 Abs. 3 Gefahrgutverordnung Straße, Eisenbahn und Binnenschifffahrt (GGVSEB) im Bereich der Stadt Köln

Gemäß § 35 Abs. 3 Satz 2 der Verordnung über die innerstaatliche und grenzüberschreitende Beförderung gefährlicher Güter auf der Straße, mit Eisenbahnen und auf Binnengewässern (GGVSEB) in der jeweils geltenden Fassung, wird hiermit bestimmt:

1 Anwendungsbereich

Diese Allgemeinverfügung gilt für

1.1 die in der Anlage 1 Nr. 4 GGVSEB genannten entzündbaren flüssigen Stoffe der Klasse 3 sowie

1.2 den in der Anlage 1 Nr. 2 Tabelle 2.1 aufgeführten Stoff der Klasse 2, UN 1965 Kohlenwasserstoffgas, Gemisch, Verflüssigt, N.A.G. (Gemisch A, A01, A02, A0, A1, B1, B2, B oder C)

2 Fahrweg

2.1 Allgemeines

Fahrweg sind die zu dem Positivnetz nach Nummer 2.2 zählenden Straßen und, soweit erforderlich, die sonstigen geeigneten Straßen nach Nummer 2.4.

Ausgeschlossen als Fahrweg sind Straßen des Negativnetzes nach Nummer 2.3.

2.2 Positivnetz

Zum Positivnetz zählen

- die in der Anlage 1 (Grundnetz) aufgeführten Straßen
- die in beiliegender Karte aufgeführten Straßen

in der jeweils am 1. Juli eines jeden Jahres gültigen Fassung.

2.3 Negativnetz

Zum Negativnetz zählen

- die nicht zum Positivnetz gehörenden Straßen

in der jeweils am 1. Juli eines jeden Jahres gültigen Fassung.

Unberührt bleiben die mit dem Zeichen 261 Straßenverkehrsordnung (StVO) oder mit anderen Fahrverbotszeichen nach StVO gekennzeichneten Straßen.

2.4 Fahrweg außerhalb des Positivnetzes

Soweit die Be- oder Entladestelle auf Strecken des Positivnetzes nicht erreicht werden kann, soll der Fahrweg über den kürzesten geeigneten Fahrweg führen. Hierbei sind möglichst Vorfahrtstraßen zu benutzen. Innerhalb des Negativnetzes ist eine Einzelfahrwegregelung bei der zuständigen Straßenverkehrsbehörde einzuholen.

Ist der Beförderer bzw. der Fahrer über die Eignung dieser Straße im Zweifel, muss die zuständige Straßenverkehrsbehörde befragt werden.

2.5 Autohöfe

Soweit Autohöfe auf Strecken des Positivnetzes nicht erreicht werden können, soll der Fahrweg über den kürzesten geeigneten Fahrweg führen. Hierbei sind möglichst Vorfahrtstraßen zu benutzen. Innerhalb des Negativnetzes bedarf es keiner Einzelfahrwegbestimmung durch die zuständige Straßenverkehrsbehörde.

3 Benutzung des Fahrweges

Für die Fahrt von der Beladestelle zu der der Beladestelle nächstgelegenen Autobahn-Anschlussstelle sowie von der der Entladestelle nächstgelegenen Autobahn-Anschlussstelle zu der Entladestelle sind grundsätzlich die Straßen des Positivnetzes (Nummer 2.2) zu benutzen. Dabei gilt der Grundsatz, dass der kürzeste geeignete Fahrweg zu benutzen ist.

Soweit geschlossene Ortschaften über Umgehungsstraßen umfahren werden können, sind diese zu benutzen.

4 Beschreibung des Fahrwegs für den Fahrzeugführer

4.1 Beschreibung des Fahrweges

Der Beförderer oder eine von ihm beauftragte Person hat den Fahrweg, nach dieser Allgemeinverfügung, z.B. durch farbliche Kennzeichnung in übersichtliche qualifizierte Straßenkarten oder durch eine Auflistung der Straßen, in der Reihenfolge ihrer Benutzung schriftlich zu beschreiben.

4.2 Mitführungspflicht

Der Fahrzeugführer hat eine Kopie der Allgemeinverfügung incl. ihrer Anlagen und die Fahrwegbeschreibung während der Fahrt mitzuführen. Der Fahrzeugführer ist durch den Beförderer in die Allgemeinverfügung und den Gebrauch der Fahrwegbeschreibung vor jeder Beförderung einzuweisen.

4.3 Abweichungen aus unvorhergesehenen Gründen

Muss der Fahrzeugführer aus unvorhergesehenen Gründen von dem beschriebenen Fahrweg abweichen, so hat er unverzüglich nach Erreichen einer geeigneten Haltemöglichkeit den von der festgelegten Fahrwegbeschreibung abweichenden Fahrweg in die Fahrwegbeschreibung einzutragen.

Muss der Fahrzeugführer aus betrieblichen Gründen vom festgelegten Fahrweg abweichen, ist ihm vor einer Weiterfahrt vom Beförderer ein neuer Fahrauftrag mit geändertem Fahrweg zu übermitteln. Absatz 1 gilt entsprechend.

5 Ordnungswidrigkeiten

Verstöße des Beförderers und Fahrzeugführers gegen die Pflichten aus dieser Allgemeinverfügung können gemäß § 37 Abs. 1 GGVSEB als Ordnungswidrigkeiten geahndet werden.

6 Inkrafttreten

Diese Allgemeinverfügung ergeht unter dem Vorbehalt des jederzeitigen Widerrufs und tritt am 1. Juli 2012 in Kraft.

7 Sofortige Vollziehung

Gemäß § 80 Abs. 2 Nr. 4 der Verwaltungsgerichtsordnung (VwGO) in der Fassung der Bekanntmachung vom 19. März 1991 (BGBl. III 340-1) wird hiermit die sofortige Vollziehung angeordnet.

Die Anordnung der sofortigen Vollziehung dieser Allgemeinverfügung ist erforderlich, um die ständige Versorgung von Gewerbe und Endverbrauchern mit den bezeichneten Gütern unter Aufrechterhaltung der notwendigen Sicherheit beim Transport zu gewährleisten. Aus diesen Gründen ist es nicht vertretbar, die Unanfechtbarkeit dieser Allgemeinverfügung und ggf. den längeren Zeitablauf von Rechtsmittelverfahren abzuwarten.

8 Rechtsbehelfsbelehrung

Gegen diese Allgemeinverfügung kann innerhalb eines Monats nach Bekanntgabe Klage beim Verwaltungsgericht Köln, Appellhofplatz, 50667 Köln erhoben werden. Die Klage ist schriftlich beim Verwaltungsgericht einzureichen oder zur Niederschrift des Urkundsbeamten/der Urkundsbeamtin der Geschäftsstelle des Gerichts zu erklären.

9 Hinweis

Aufgrund der Anordnung der sofortigen Vollziehung hat die Klage keine aufschiebende Wirkung. Die aufschiebende Wirkung kann beim Verwaltungsgericht Köln, Appellhofplatz, 50667 Köln, gemäß § 80 Absatz 5 der Verwaltungsgerichtsordnung (VwGO) beantragt werden.

Köln, den 18. April 2012

Der Oberbürgermeister
In Vertretung
Guido Kahlen
Stadtdirektor

Zusätzlicher Hinweis:
Der Text der Allgemeinverfügung , das Grundnetz sowie ein Netzplan können beim Amt für öffentliche Ordnung der Stadt Köln, Ottmar-Pohl-Platz 1, 51103 Köln bezogen werden. Die Informationen können darüber hinaus aus dem Internet unter www.stadt-koeln.de, Bürgerservice, Transport und Beförderung, abgerufen werden.
Die komplette Gefahrgutkarten - CD für NRW ist ausschließlich beim Landesbetrieb Straßenbau, Fachcenter Vermessung / Informationssysteme (FCVS) Deutz-Kalker-Straße 18-26, 50679 Köln, oder unter kundenbuero.fcvs@strassen.nrw.de gegen eine Gebühr zu beziehen (derzeit 20 €).

Gefahrgutstreckenplan 2012

Tankstellen
Gefahrgutstrecken 2012
Stadtbezirk

1:35.000

Auszug Straßenverzeichnis:

GRUNDNETZ

zur Allgemeinverfügung

gemäß § 35 Absatz 3 Gefahrgutverordnung Straße, Eisenbahn und Binnenschifffahrt (GGVSEB)

für das

STADTGEBIET KÖLN

Stand: 18.04.2012

STADT KÖLN

Amt für

öffentliche Ordnung

Grundnetz zur Allgemeinverfügung gem. § 35 Abs. 3 GGVSEB für das Stadtgebiet Köln

Straße	von	bis	Stadtteil
Aachener Str. (B 55)	Moltkestr.	Stadtgrenze	Neustadt Süd, Lindenthal, Braunsfeld, Müngersdorf, Junkersdorf, Weiden
Aachener Str. (L 111)	Habsburger Ring	Moltkestr.	Neustadt Süd
Agrippastr.	Krummer Büchel	Neuköllner Str.	Altstadt-Süd
Agrippinaufer (B 9, B 51)	Gustav-Heinemann-Ufer	Am Bayenturm	Neustadt-Süd
Alfred-Schütte-Allee	Drehbrücke	Am Schnellert	Deutz
Alte Kölner Str.	Gengeler Mauspfad	Stadtgrenze	Grengel
Alte Wipperfürther Str.	Frankfurter Str.	Herler Str.	Buchheim
Alter Deutzer Postweg	Frankfurter Str.	Im Lüsch	Heumar
Am Baggerfeld (L 93)	Escher Str.	Weiler Str.	Esch, Auweiler
Am Bayenturm (B 51)	Agrippinaufer	Bayenstr.	Altstadt-Süd
Am Eifeltor	Autobahnanschlußstelle Containerbahnhof	Kalscheurener Str.	Klettenberg
Am Grauen Stein	Östlicher Zubringerstr.	Konstantin-Wille-Str.	Humbold/Gremberg
Am Klosterhof	Prämonstratenserstr.	Schwednitzer Str.	Dünnwald
Am Kümpchenshof	Kyotostr.	Maybachstr.	Altstadt-Nord, Neustadt-Nord
Am Leystapel (B 51)	Holzmarkt	Heumarkt (Südseite)	Altstadt-Süd, Altstadt-Nord
Am Linder Kreuz	Frankfurter Str.	Troisdorfer Str.	Lind
Am Malzbüchel	An der Malzmühle	Heumarkt (Südseite)	Altstadt-Süd
Am Molenkopf	Am Niehler Hafen	Ausbauende	Niehl
Am Niehler Hafen	Am Mohlenkopf	Hafeneinfahrt Boltensternstr.	Niehl
Am Pescher Holz	Donatusstr.	BAB 57	Pesch
Am Rinkenpfuhl	Marsilstein	Hahnenstr.	Altstadt-Süd
Am Schnellert	Poller Kirchweg	Alfred-Schütte-Allee	Deutz
Am Verteilerkreis (B 51)	(Kreisverkehr)	Militärringstr.	Marienburg
Am Vorgebirgstor	Vorgebirgstr.	Höninger Weg	Zollstock
Amsterdamer Str.	Riehler Str.	Industriestr.	Neustadt-Nord, Riehl, Niehl
An der Malzmühle	Mühlenbach	Am Malzbüchel	Altstadt-Süd
An der Schanz (B 51)	Niederländer Ufer	Mülheimer Brücke	Riehl
Athener Ring	Mercatorstr.	Merianstr.	Chorweiler
Auenweg	Mindener Str.	Deutz-Mülheimer-Str.	Deutz, Mülheim
Augustinerstr. (L 111)	Heumarkt	Pipinstr.	Altstadt-Nord
Äußere Kanalstr.	Maarweg	Robert-Perthel-Str.	Ehrenfeld, Neu-Ehrenfeld, Bilderstöckchen
Auweilerstr. (K 10)	Pescher Str.	Doktorshof	Esch/Auweiler
Auweilerstr. (K 7)	Doktorshof	Weiler Str.	Esch/Auweiler
BAB (L 84)	Frankfurter Str. Po	Flughafen	Urbach, Grengel
Bahnhofstr. Po (L 99)	An der Sparkasse	Kaiserstr.	Porz
Barbarossaplatz (B 9)	Roonstr.	Neue Weyerstr.	Neustadt-Süd
Bayenstr. (B 51)	Am Bayenturm	Holzmarkt	Altstadt-Süd
Bayenthalgürtel (K 12)	Oberländer Ufer	Bonner Str.	Marienburg
Bensberger Str. (L 489)	Heumarer Mauspfad	Rösrather Str.	Eil
Bergerstr.	Hauptstr. Zü	Frankfurter Str.	Porz, Eil
Bergisch Gladbacher Str. (B 506)	Mülheimer Ring	Paffrather Str.	Buchheim, Holweide, Dellbrück
Bergisch Gladbacher Str. (L 286)	Paffrather Str.	Stadtgrenze	Mülheim
Bergischer Ring (L 188)	Pfälzischer Ring	Wiener Platz	Mülheim
Berliner Str. (B 51)	Clevischer Ring	Stadtgrenze	Mülheim, Höhenhaus, Dünnwald
Bernkasteler Str.	Zollstockgürtel	Neuer Weyerstraßerweg	Zollstock
Berrenrather Str.	Universitätsstr.	Militärringstr.	Sülz
Berrenrather Str. (K 2)	Militärringstr.	Stadtgrenze	Sülz
Bertoldistr.	Rendsburger Platz	Waldecker Str.	Mülheim
Betzdorfer Str.	Deutz-Kalker Str.	Gießener Str.	Deutz
Bismarckstr.	Venloer Str.	Moltkestr.	Neustadt-Nord
Blaubach	Rothgerberbach	Mühlenbach	Altstadt-Süd
Blockstr. (K 7)	Weilerstr.	Thujaweg	Volkhoven/Weiler
Blumenbergsweg (L 43)	Mercatorstr.	Neusser Landstr.	Blumenberg, Fühlingen
Boltensternstr. (K 1)	Riehler Str.	Industriestr.	Riehl, Niehl

Seite 1

Anweisungen für begaste Einheiten

5.5.2.4.3 ADR

Wird eine begaste Einheit befördert, so sind Anweisungen für die Beseitigung von Rückständen des Begasungsmittels einschl. zu den (ggf.) verwendeten Begasungsgeräten zu geben. Sie sind in der Sprache des Versandlandes, zusätzlich ggf. in Deutsch, Englisch oder Französisch, abzufassen.

Genehmigungen (Klasse 1)

5.4.1.2.1 c) ADR

Beförderungen von Mustern, Stoffen und Gegenständen einer n.a.g.-Eintragung oder die nach Verpackungsanweisung P 101 verpackt sind, müssen von der zuständigen Behörde genehmigt sein.

Die Genehmigung ist mitzuführen.

Zulassungsbescheinigung eines Schutzabteils (Klasse 1)

5.4.1.2.1 d) ADR

Eine gemeinsame Verladung von Versandstücken mit Stoffen oder Gegenständen der Verträglichkeitsgruppe B, mit Versandstücken mit Stoffen oder Gegenständen der Verträglichkeitsgruppe D ist gestattet, doch ist eine besonders vorgeschriebene Trennung durch Verwendung getrennter Abteile oder Einstellen in ein besonderes Umschließungssystem erforderlich.

Die Trennungsmethode muss von der zuständigen Behörde genehmigt sein.
Die Genehmigung muss mitgeführt werden.

Genehmigungen (Klasse 4.1 und 5.2)

5.4.1.2.3 ADR

Die Beförderung von selbstzersetzlichen Stoffen und organischen Peroxiden kann genehmigungspflichtig sein.

Diese Genehmigung ist mitzuführen.

9. Versenden

10. Befördern, Ausrüsten und Überwachen

10.1 Befördern, einschließlich Tunnelregelungen

10.1.1 Befördern

Das ADR weist diverse Regelungen für die **Durchführung des Beförderungsvorgangs** auf.

Diese Regelungen unterscheiden den **Beförderungsvorgang** für

- **Versandstücke,**
- **in loser Schüttung und**
- **in Tanks.**

Weitere Regelungen betreffen die Fahrzeugbesatzung, die Beförderungseinheiten und besondere Gefahrklassen und -güter.

Fahrzeugarten für Versandstücke

7.2.1 und 7.2.2 ADR

Versandstücke dürfen grundsätzlich in

- **gedeckten** Fahrzeugen/geschlossene Container oder

- **bedeckte** Fahrzeugen/bedeckte Container oder
- **offene** Fahrzeuge (ohne Plane) / offene Container (ohne Plane)

befördert werden.

Versandstücke mit Verpackungen aus **nässe-empfindlichen** Werkstoffen müssen in

- gedeckten Fahrzeugen/geschlossenen Containern oder
- bedeckten Fahrzeugen/bedeckten Containern

befördert werden.

Sondervorschriften für die Beförderung von Versandstücken

7.2.4 ADR

Viele **Beförderungsregelungen** sind **produktspezifisch**.

Daher werden sie in Form von **Sondervorschriften** abgefasst, die in der Tabelle 3.2A in der Spalte 16 der jeweiligen UN-Nummer zugeordnet werden.

Die Sondervorschriften werden mit dem Buchstaben „**V**" (V=Vehicle) und der laufenden Nummer codiert. Aktuell existieren 14 Sondervorschriften, von denen aber nur 11 für den Straßenverkehr belegt sind.

Im Wesentlichen handelt es sich um die produktspezifische Zuweisung des Einsatzes von bedeckten/gedeckten Fahrzeugen/Containern.

Beispiele:

V3:

Bei der Beförderung von pulverförmigen, rieselfähigen Stoffen sowie von Feuerwerkskörpern muss der Containerboden eine nicht metallene Oberfläche oder Abdeckung haben.

V5:

Die Versandstücke dürfen nicht in Kleincontainern befördert werden.

V8:

Diese Sondervorschrift legt detailliert die Beförderungsbedingungen für durch Temperaturkontrolle stabilisierte Stoffe fest.

V14:

Druckgaspackungen, die gem. Kap. 3.3 Sondervorschrift 327 für Wiederaufarbeitungs- oder Entsorgungszwecke befördert werden, dürfen nur in belüfteten oder offenen Fahrzeugen oder Containern befördert werden.

Vorschriften für die Beförderung in loser Schüttung

7.3.1 ADR

Die Beförderung von Gefahrgütern in loser Schüttung stellt im Verhältnis zu den anderen Beförderungsarten ein größeres Risiko dar. Daher sind die Regelungen sehr detailliert und restriktiv.

Ein Gut darf in **loser Schüttung** in Schüttgut-Containern, Containern oder Fahrzeugen nur befördert werden, wenn

- in Kapitel 3.2 Tabelle A Spalte 10 eine **Sondervorschrift** mit einem mit den Buchstaben „**BK**" beginnenden alphanumerischen Code angegeben ist, welche diese Beförderungsart ausdrücklich zulässt, und die anwendbaren Vorschriften des Abschnitts 7.3.2 zusätzlich zu den Vorschriften dieses Abschnitts eingehalten werden; oder
- in Kapitel 3.2 Tabelle A Spalte 17 eine **Sondervorschrift** mit einem mit den Buchstaben „**VV**" beginnenden alphanumerischen Code angegeben ist, welche diese Beförderungsart ausdrücklich zulässt, und die in Abschnitt 7.3.3 aufgeführten Bedingungen dieser Sondervorschrift zusätzlich zu den Vorschriften dieses Abschnitts eingehalten werden.

Abgesehen hiervon dürfen ungereinigte leere Verpackungen in loser Schüttung befördert werden, sofern diese Beförderungsart durch andere Vorschriften des ADR/RID nicht ausdrücklich verboten ist.

Stoffe, die bei während der **Beförderung** wahrscheinlich **auftretenden Temperaturen flüssig** werden können, sind **nicht** zur Beförderung in loser Schüttung **zugelassen**.

Schüttgut-Container, Containern oder Aufbauten von Fahrzeugen müssen **staubdicht** und so **verschlossen** sein, dass unter normalen Beförderungsbedingungen, einschließlich der Auswirkungen von Vibration oder Temperatur-, Feuchtigkeits- oder Druckänderungen, vom **Inhalt nichts nach außen** gelangen kann.

Feste Stoffe in loser Schüttung müssen so **verladen** und **gleichmäßig verteilt** werden, dass **Bewegungen**, die zu einer Beschädigung des Schüttgut-Container, Containers oder Fahrzeugs oder zu einem Austreten der gefährlichen Güter führen können, auf ein **Minimum reduziert** werden.

Sofern **Lüftungseinrichtungen** angebracht sind, müssen diese **durchgängig** und **betriebsbereit** sein.

Feste Stoffe in loser Schüttung dürfen **nicht gefährlich** mit dem **Werkstoff** des Schüttgut-Containers, Containers, des Fahrzeugs der **Dichtungen** und der **Ausrüstung**, einschließlich **Deckel** und **Planen**, sowie mit den **Schutzauskleidungen**, die mit dem Ladegut in Kontakt stehen, **reagieren** oder diese bedeutsam **schwächen**.

Schüttgut-Container, Container oder Fahrzeuge müssen so **gebaut** oder **angepasst** sein, dass die Güter **nicht zwischen Bodenabdeckungen** aus Holz gelangen oder **in Berührung** mit den Teilen des Schüttgut-Containers, Containers oder Fahrzeugs **kommen** können, die durch den Stoff oder Rückstände dieses Stoffes **angegriffen** werden können.

Vor der Befüllung und der Übergabe zur Beförderung muss jeder Schüttgut-Container, Container oder jedes Fahrzeug **untersucht** und **gereinigt** werden, um sicherzustellen, dass innerhalb und außerhalb des Schüttgut-Containers, Containers oder Fahrzeugs **keine Rückstände** verbleiben, die

- eine gefährliche Reaktion mit dem für die Beförderung vorgesehenen Stoff verursachen können;
- die bauliche Unversehrtheit des Schüttgut-Containers, Containers oder Fahrzeugs schädigen können oder
- die Tauglichkeit des Schüttgut-Containers, Containers oder Fahrzeugs die gefährlichen Güter zurückzuhalten, beeinträchtigen können.

Während der **Beförderung** dürfen an der äußeren Oberfläche des Schüttgut-Containers, Containers oder des Aufbaus des Fahrzeugs **keine gefährlichen Rückstände** anhaften.

Wenn mehrere Verschlusssysteme hintereinander angebracht sind, ist das System, das sich am nächsten zu dem zu befördernden Stoff befindet, vor dem Befüllen zu verschließen.

Leere Schüttgut-Container, Container oder Fahrzeuge mit denen ein gefährlicher fester Stoff befördert wurde, sind **in derselben Weise zu behandeln**, **wie** es das ADR/RID für **befüllte** Schüttgut-Container, Container oder Fahrzeuge vorschreibt, es sei denn, es wurden angemessene Maßnahmen ergriffen, um eine Gefahr auszuschließen.

Wenn Schüttgut-Container, Container oder Fahrzeuge für die Beförderung von Gütern in loser Schüttung verwendet werden, die eine **Staubexplosion** verursachen oder **entzündbare Dämpfe** abgeben können (z.B. im Fall von bestimmten Abfällen), sind Maßnahmen zu ergreifen, um **Zündquellen auszuschließen** und eine gefährliche **elektrostatische Entladung** während der Beförderung, dem Befüllen oder Entladen zu **verhindern**.

Stoffe, z.B. Abfälle, die **gefährlich miteinander reagieren** können, sowie Stoffe verschiedener Klassen und nicht dem ADR/RID unterliegende Güter, die gefährlich miteinander reagieren können, dürfen in ein und demselben Schüttgut-Container, Container oder Fahrzeug **nicht miteinander vermischt** werden.

Gefährliche Reaktionen sind:

- eine Verbrennung und/oder Entwicklung beträchtlicher Wärme;
- eine Entwicklung entzündbarer und/oder giftiger Gase;
- die Bildung ätzender flüssiger Stoffe oder
- die Bildung instabiler Stoffe.

Bevor ein Schüttgut-Container, Container oder Fahrzeug befüllt wird, ist eine **Sichtprüfung** vorzunehmen, um sicherzustellen, dass er/es in **bautechnischer** Hinsicht **geeignet** ist, seine Innenwände, seine Decke und sein Boden **frei** von **Ausbuchtungen** oder **Beschädigungen** sind und dass die **Innenbeschichtungen** oder **Rückhalteeinrichtungen frei** von Schlitzen, Rissen oder anderen **Beschädigungen** sind, welche die Tauglichkeit des Schüttgut-Containers, Containers oder Fahrzeugs die Ladung zurückzuhalten, beeinträchtigen können.

„**In bautechnischer Hinsicht geeignet**“ bedeutet, soweit für das betreffende Beförderungsmittel zutreffend, dass die **Bauelemente** des Schüttgut-Containers, Containers oder Fahrzeugs wie obere und untere seitliche Längsträger, obere und untere Querträger, Türschwellen und Türträger, Bodenquerträger, Eckpfosten und Eckbeschläge in einem Schüttgut-Container oder Container, **keine größeren Beschädigungen** aufweisen.

„**Größere Beschädigungen**“ umfassen

- Ausbuchtungen, Risse oder Bruchstellen in Bauelementen oder tragenden Elementen, welche die Unversehrtheit des Schüttgut-Containers, Containers oder des Aufbaus des Fahrzeugs beeinträchtigen können
- mehr als eine Verbindungsstelle oder eine untaugliche Verbindungsstelle (z.B. überlappende Verbindungsstelle) in oberen oder unteren Querträgern oder Türträgern;
- mehr als zwei Verbindungsstellen in einem der oberen oder unteren seitlichen Längsträgern;
- eine Verbindungsstelle in einer Türschwelle oder in einem Eckpfosten;
- Türscharniere und Beschläge, die verklemmt, verdreht, zerbrochen, nicht vorhanden oder in anderer Art und Weise nicht funktionsfähig sind;
- undichte Dichtungen und Verschlüsse;
- jede Verwindung der Konstruktion eines Schüttgut-Containers oder Containers, die stark genug ist, um eine ordnungsgemäße Positionierung des Umschlaggeräts, ein Aufsetzen und ein Sichern auf Fahrgestellen oder Fahrzeugen zu verhindern;
- jede Beschädigung an Hebeeinrichtungen oder an den Aufnahmepunkten für die Umschlagseinrichtungen;
- jede Beschädigung an der Bedienungsausrüstung oder der betrieblichen Ausrüstung.

Die RSEB führt hierzu aus (siehe auch Kapitel 7 Gefahrgutumschließungen):

Der aus dem Urteil des OLG Düsseldorf vom 23. August 1991 (5 Ss OWi 132/91 - OWi 82/91 I) hervorgehende Verhältnismäßigkeitsgrundsatz ist auch auf Beschädigungen gemäß Abschnitt 7.1.4 Absatz 2, die tiefer als 19 mm sind, anzuwenden. Insbesondere bei der Beförderung gefährlicher Güter in loser Schüttung muss gewährleistet sein, dass alle Bauelemente einschließlich Längs- und Seitenwände frei von Rissen oder Bruchstellen und nicht durchgerostet oder anders verschlissen sind, um den sicheren Einschluss der Gefahrgüter zu gewährleisten.

Zusätzliche Vorschriften bei Verwendung von „BK“-codierten Schüttgut-Containern

7.3.2 ADR

Die Codes „**BK 1**“ und „**BK 2**“ in Kapitel 3.2 Tabelle A Spalte 10 haben folgende Bedeutung:

- **BK 1: Die Beförderung in bedeckten Schüttgut-Containern ist zugelassen.**
- **BK 2: Die Beförderung in geschlossenen Schüttgut-Containern ist zugelassen.**

Der verwendete Schüttgut-Container muss den Vorschriften des Kapitels 6.11 entsprechen.

Güter der Klasse 4.2

Die in einem Schüttgut-Container beförderte Gesamtmasse muss so bemessen sein, dass die Selbstentzündungstemperatur größer als 55 °C ist.

Güter der Klasse 4.3

Diese Güter müssen in wasserdichten Schüttgut-Containern (Code BK 2) befördert werden.

Güter der Klasse 5.1

Die Schüttgut-Container müssen so gebaut oder angepasst sein, dass die Güter nicht mit Holz oder anderen unverträglichen Werkstoffen in Berührung kommen.

Güter der Klasse 6.2

Tierische Stoffe der Klasse 6.2

Tierische Stoffe, die **ansteckungsgefährliche** Stoffe (**UN-Nummern 2814, 2900 und 3373**) enthalten, sind zur Beförderung in Schüttgut-Containern zugelassen, sofern folgende Vorschriften erfüllt werden:

- Bedeckte Schüttgut-Container BK 1 sind zugelassen, vorausgesetzt, sie werden nicht bis zum höchstzulässigen Fassungsraum befüllt, um zu verhindern, dass Stoffe mit der Abdeckung in Berührung kommen. Geschlossene Schüttgut-Container BK 2 sind ebenfalls zugelassen.
- Geschlossene und bedeckte Schüttgut-Container und ihre Öffnungen müssen bauartbedingt dicht sein oder durch Anbringen einer geeigneten Auskleidung abgedichtet werden.
- Die tierischen Stoffe müssen vollständig mit einem geeigneten Desinfektionsmittel behandelt werden, bevor sie für die Beförderung verladen werden.

- Bedeckte Schüttgut-Container müssen mit einer zusätzlichen oberen Auskleidung bedeckt werden, die durch absorbierendes Material, das mit einem geeigneten Desinfektionsmittel behandelt ist, beschwert ist.
- Geschlossene oder bedeckte Schüttgut-Container dürfen erst nach gründlicher Reinigung und Desinfektion wieder verwendet werden.

Zusätzliche Vorschriften können von den entsprechenden nationalen Gesundheitsbehörden festgelegt werden.

Abfälle der Klasse 6.2 (UN-Nummer 3291)

- Geschlossene Schüttgut-Container und ihre Öffnungen müssen bauartbedingt dicht sein. Diese Schüttgut-Container müssen nicht poröse innere Oberflächen haben und müssen frei von Rissen oder anderen Eigenschaften sein, die zu einer Beschädigung der darin enthaltenen Verpackungen, einer Verhinderung der Desinfektion oder einer unbeabsichtigten Freisetzung führen könnten.
- Abfälle der UN-Nummer 3291 müssen innerhalb der geschlossenen Schüttgut-Container in UN-bauartgeprüften und -zugelassenen flüssigkeitsdicht verschlossenen Kunststoffsäcken enthalten sein, die für feste Stoffe der Verpackungsgruppe II geprüft und gemäß Unterabschnitt 6.1.3.1 gekennzeichnet sind. Die Nettomasse jedes Kunststoffsacks darf höchstens 30 kg betragen.
- Einzelne Gegenstände mit einer Masse von mehr als 30 kg, wie verschmutzte Matratzen, dürfen mit Genehmigung der zuständigen Behörde ohne Kunststoffsack befördert werden.
- Abfälle der UN-Nummer 3291, die flüssige Stoffe enthalten, dürfen nur in Kunststoffsäcken befördert werden, die ausreichend absorbierendes Material enthalten, um die gesamte Menge flüssiger Stoffe aufzusaugen, ohne dass davon etwas in den Schüttgut-Container gelangt.
- Abfälle der UN-Nummer 3291, die scharfe Gegenstände enthalten, dürfen nur in UN-bauartgeprüften und -zugelassenen starren Verpackungen befördert werden, die den Vorschriften der Verpackungsanweisung P 621, IBC 620 oder LP 621 entsprechen.
- Starre Verpackungen gemäß Verpackungsanweisung P 621, IBC 620 oder LP 621 dürfen ebenfalls verwendet werden. Sie müssen ordnungsgemäß gesichert sein, um unter normalen Beförderungsbedingungen Beschädigungen zu verhindern. Abfälle in starren Verpackungen und Kunststoffsäcken, die zusammen in demselben geschlossenen Schüttgut-Container befördert werden, müssen ausreichend voneinander getrennt sein, z.B. durch geeignete starre Absperrungen oder Trennwände, Maschennetze oder andere Mittel zur Sicherung, um eine Beschädigung der Verpackungen unter normalen Beförderungsbedingungen zu verhindern.
- Abfälle der UN-Nummer 3291 in Kunststoffsäcken dürfen in geschlossenen Schüttgut-Containern nicht so stark komprimiert werden, dass die Säcke nicht mehr dicht bleiben.
- Nach jeder Beförderung muss der geschlossene Schüttgut-Container auf ausgetretenes oder verschüttetes Ladegut untersucht werden. Wenn Abfälle der UN-Nummer 3291 in einem geschlossenen Schüttgut-Container ausgetreten sind und verschüttet wurden, darf dieser erst nach gründlicher Reinigung und, soweit erforderlich, nach Desinfektion oder Dekontamination mit einem geeigneten Mittel wieder verwendet werden. Mit Ausnahme von medizinischen oder veterinärmedizinischen Abfällen dürfen keine anderen Güter zusammen mit Abfällen der UN-Nummer 3291 befördert werden. Diese anderen, in demselben geschlossenen Schüttgut-Container beförderten Abfälle müssen auf eventuelle Kontaminationen untersucht werden.

Güter der Klasse 7
Hier gelten die speziellen Regelungen in 4.1.9.2.3 ADR. Es handelt sich um Regelungen, die ein Entweichen der Stoffe verhindern und kein Verlust an Abschirmung auftritt.

Güter der Klasse 8
Diese Güter müssen in wasserdichten Schüttgut-Containern befördert werden.

Sondervorschriften bei Beförderung mit „VV"-Codierung

7.3.3 ADR

Viele Beförderungsregelungen sind produktspezifisch.

Daher werden sie in Form von **Sondervorschriften** abgefasst, die in der Tabelle 3.2A in der Spalte 17 der jeweiligen UN-Nummer zugeordnet werden.

Die Sondervorschriften werden mit dem Buchstaben „**VV**" (V=Vehicle) und der laufenden Nummer codiert. Aktuell existieren 17 Sondervorschriften.

Beispiele:

VV2:
Die Beförderung in loser Schüttung in gedeckten Fahrzeugen mit Metallaufbau, in geschlossenen Containern aus Metall und in mit einer nicht brennbaren Plane bedeckten Fahrzeugen oder Großcontainern, deren Aufbau aus Metall besteht oder deren Boden und Wände gegen das Ladegut geschützt sind, ist zugelassen.

VV11:
Die Beförderung in loser Schüttung in besonders eingerichteten Fahrzeugen und Containern ist zugelassen, sofern Gefahren für Mensch, Tier und Umwelt vermieden werden, z.B. durch Beförderung in Säcken oder durch luftdichte Anschlüsse.

Die RSEB erläutert diesen Zusammenhang:

Ist ein gefährliches Gut sowohl zur Beförderung in loser Schüttung als auch in Tanks zugelassen, so kann die Beförderung in loser Schüttung auch in **Silotanks** erfolgen, wenn der Tank die Anforderungen des ADR/RID an die Umschließung nach Kapitel 7.3 erfüllt. Erfolgt die Beförderung in einem gemäß ADR/RID zugelassenen Tank so muss der Tank und die Durchführung der Beförderung allen vorgeschriebenen Anforderungen genügen (u.a. Tankcodierung, Fahrerschulung Aufbaukurs Tank).

Vorschriften für die Beförderung in Tanks

7.4 ADR

Ein gefährliches Gut darf in Tanks nur befördert werden, wenn in der Spalte 10 oder 12 des Kapitels 3.2 Tabelle A eine Tankcodierung angegeben ist oder eine zuständige Behörde eine Zulassung (gemäß Unterabschnitt 6.7.1.3) erteilt hat.

Bei der Beförderung müssen die Vorschriften des Kapitels 4.2, 4.3, 4.4 bzw. 4.5 eingehalten werden (Verwendungsvorschriften für Tanks).

Es ist aber darauf zu achten, dass mit dem Tankcode zwar der Tanktyp genehmigt, aber die Entscheidung zur Zulässigkeit bezüglich Werkstoff (z.B. für Tankkörper, Ausrüstungen, Dichtungen) immer offen ist.

Die Fahrzeuge, unabhängig davon, ob es sich um starre Fahrzeuge, Zugfahrzeuge, Anhänger oder Sattelanhänger handelt, müssen die jeweiligen Vorschriften der Kapitel 9.1 und 9.2 und des Abschnitts 9.7.2 bezüglich des gemäß Kapitel 3.2 Tabelle A Spalte 14 zu verwendenden Fahrzeugs erfüllen.

Sollen Tankfahrzeuge der Codes FL, OX oder AT zum Einsatz kommen, so gilt:

- Ist „FL“ vorgeschrieben, darf nur „FL“ eingesetzt werden.
- Ist „OX“ vorgeschrieben, darf nur „OX“ eingesetzt werden.
- Ist „AT“ vorgeschrieben, darf „FL“, „OX“ oder „AT“ eingesetzt werden.

Verschiedene Vorschriften für die Fahrzeugbesatzung, die Beförderungseinheiten und für besondere Klassen oder Güter:

Fahrgäste

8.3.1 ADR

Abgesehen von den Mitgliedern der Fahrzeugbesatzung dürfen Fahrgäste in Beförderungseinheiten mit gefährlichen Gütern nicht befördert werden.

Bremseinrichtungen

8.3.7 ADR

Fahrzeuge mit gefährlichen Gütern dürfen nur mit **angezogener Feststellbremse** halten oder parken. **Anhänger** ohne Bremseinrichtungen müssen durch die Verwendung mindestens eines in Unterabschnitt 8.1.5.2 beschriebenen **Unterlegkeils** gegen Wegrollen gesichert werden.

Verwendung von elektrischen Anschlussverbindungen

8.3.8 ADR

Bei Beförderungseinheiten, die mit einem automatischen Blockierverhinderer ausgerüstet sind und aus einem Kraftfahrzeug und einem Anhänger O_3 oder O_4 bestehen, müssen die elektrischen Anschlussverbindungen das Zugfahrzeug und den Anhänger während der Beförderung ununterbrochen verbinden.

Zusätzliche Vorschriften für besondere Klassen oder Güter

8.5 ADR

In der Tabelle 3.2A Spalte 19 sind besondere Betriebsvorschriften festgelegt.

Diese sind codiert von S1 bis S24, wobei nicht alle den Beförderungsvorgang betreffen, sondern auch das Be- und Entladen betreffen, auch spezielle Anforderungen an Ausrüstungsgegenstände stellt und spezielle Auflagen an die Überwachung stellt.

Beispiele:

S1:
Regelungen für die Beförderung von Gefahrgütern der Klasse 1

S3:
Regelungen für die Beförderung ansteckungsgefährlicher Stoffe

S4:
Regelungen für die Beförderung unter Temperaturkontrolle

S8:
Wenn eine Beförderungseinheit mehr als 2000 kg dieses Gutes befördert, dürfen Halte aus Betriebsgründen während der Beförderung möglichst nicht in der Nähe von Wohngebieten oder belebten Plätzen erfolgen. Ein längeres Halten in der Nähe solcher Orte ist nur mit Zustimmung der zuständigen Behörden zulässig.

S10:
Während der Monate April bis Oktober müssen die Versandstücke, wenn es die Vorschriften des Aufenthaltsstaates vorsehen, beim Halten und Parken des Fahrzeugs gegen Sonneneinwirkung wirksam geschützt sein, z.B. durch Planen, die mindestens 20 cm über der Ladung angebracht sind.

10.1.2 Tunnelregelungen

Ab 01.01.2011 müssen die seit 2007 mit mehrjähriger Übergangsfrist eingeführten Tunnelregelungen endgültig in allen ADR-Staaten angewendet werden.

Die Zuordnung des Tunnelbeschränkungscode zu den Gefahrgütern ist im ADR zeitgerecht umgesetzt worden, er ist in Tabelle 3.2A in der Spalte 15 zusammen mit der Beförderungskategorie zu finden.

Nach wie vor ist es erforderlich, für grenzüberschreitende Transporte eventuelle nationale, zusätzliche Bestimmungen für Tunnelpassagen zu eruieren, da es noch weitergehende Bestimmungen für Tunneldurchfahrten gibt.

In Deutschland kann man sich über die Tunnelkategorisierungen auf der Internetseite des Bundesministeriums für Verkehr, Bau und Stadtentwicklung (www.bmvbs.de) informieren.

Für die internationalen Tunnelregelungen gibt es spezielle Informationen unter dem Link http://www.unece.org/trans/danger/publi/adr/country-info_e.htm.

Tunnelbeschränkungen

1.9 ADR

Bei der Anwendung von Beschränkungen für die Durchfahrt von Fahrzeugen mit gefährlichen Gütern durch Tunnel, muss die zuständige Behörde den Straßentunnel einer der festgelegten Tunnelkategorien zuordnen. Dabei sind die Tunneleigenschaften, die Risikoeinschätzung, einschließlich Verfügbarkeit und Eignung alternativer Strecken und Verkehrsträger, und Überlegungen zur Verkehrsleitung zu berücksichtigen. Derselbe Tunnel darf mehreren Tunnelkategorien zugeordnet sein, z.B. in Abhängigkeit von der Uhrzeit oder dem Wochentag usw.

Kategorisierung

Die Kategorisierung basiert auf der Annahme, dass in Tunneln **drei Hauptgefahren** bestehen, die zu zahlreichen Opfern oder ernsthaften Schäden am Tunnelbauwerk führen können:

- Explosionen;
- Freiwerden giftiger Gase oder flüchtiger giftiger flüssiger Stoffe;
- Brände.

Hierzu existieren 5 Tunnelkategorien:

Einteilung der Tunnel in 5 Tunnelkategorien:
abhängig von (Auswahl):

baulichen Gegebenheiten
(Lüftungsanlagen, Fluchtwege, Löschanlagen, Beleuchtung, Videoüberwachung, Notrufeinrichtungen)

Verkehrsverhältnissen
(Richtungsverkehr, Gegenverkehr, Standstreifen, Pannenbuchten, Länge)

Kategorie A:

Keine Beschränkungen

Kategorie B:

Beschränkungen für gefährliche Güter, die zu einer sehr großen **Explosion** führen können, wie

Klasse 1	Verträglichkeitsgruppen A und L Bei > 1.000 kg Nettoexplosivstoffmenge/Beförderungseinheit die Unterklassen 1.1; 1.2 und 1.5 (ausgenommen Verträglichkeitsgruppen A und L)
Klasse 3	UN 1204; 2059; 3064; 3343; 3357; 3379
Klasse 4.1	Klassifizierungscodes D und DT, sowie UN 3221; 3222; 3231; 3232
Klasse 5.2	UN 3101; 3102; 3111; 3112

Bei der Beförderung in Tanks:

Klasse 2	Klassifizierungscodes F, TF und TFC
Klassen 4.2, 4.3 und 5.1	jeweils Verpackungsgruppe I.
Klasse 6.1	UN-Nummer 1510

Kategorie C:

Beschränkungen für gefährliche Güter, die zu einer sehr großen oder großen **Explosion** oder einem umfangreichen **Freiwerden giftiger Stoffe** führen können, wie

Klasse 1	Unterklassen 1.1; 1.2 und 1.5 (ausgenommen Verträglichkeitsgruppen A und L) und 1.3 (Verträglichkeitsgruppen H und J) Bei > 5.000 kg Nettoexplosivstoffmenge/Beförderungseinheit die Unterklasse 1.3 (Verträglichkeitsgruppen C und G)
Klasse 7	UN 2977; 2978

Bei der Beförderung in Tanks

Klasse 2	Klassifizierungscodes 2A, 2O, 3A, und 3O, und Klassifizierungscode, die nur die Buchstaben T, TC, TO und TOC enthalten
Klasse 3	Klassifizierungscodes FC, FT1, FT2 und FTC, jeweils Verpackungsgruppe I
Klasse 6.1	Verpackungsgruppe I, ausgenommen UN-Nummer 1510
Klasse 8	Klassifizierungscodes CT1, CFT und COT mit Verpackungsgruppe I

und die Güter aus der Kategorie B

Kategorie D:

Beschränkungen für gefährliche Güter, die zu einer sehr großen oder großen Explosion, einem umfangreichen Freiwerden giftiger Stoffe oder einem großen Brand führen können, wie

Klasse 1	Unterklasse 1.3 (Verträglichkeitsgruppen C und G)
Klasse 2	Klassifizierungscodes F, FC, T, TF, TC, TO, TFC und TOC
Klasse 4.1	selbstzersetzliche Stoffe der Typen C, D, E, F und UN 2956; 3241; 3242; 3251
Klasse 5.2	Peroxide der Typen C, D, E, F
Klasse 6.1	Klassifizierungscodes TF1, TFC und UN 3381 bis 3390, je Verpackungsgruppe I
Klasse 8	Klassifizierungscodes CT1, CFT und COT mit Verpackungsgruppe I
Klasse 9	Klassifizierungscodes M9 und M10

Bei der Beförderung in Tanks oder in loser Schüttung

Klasse 3	komplett
Klasse 4.2	Verpackungsgruppe II
Klasse 4.3	Verpackungsgruppe II
Klasse 6.1	Klassifizierungscode TF1, TFC und TFW mit Verpackungsgruppe I Eintragungen für beim Einatmen giftige Stoffe, denen in Tab. 3.2A, Spalte 6 die SV 354 zugeordnet ist Eintragungen für beim Einatmen giftige Stoffe der UN-Nummern 3381 bis 3390
Klasse 8	Klassifizierungscodes CF1, CFT und CW1 mit Verpackungsgruppe I und Klassifizierungscode CF1 und CFT mit Verpackungsgruppe II
Klasse 9	Klassifizierungscodes M2 und M3

sowie die Güter aus der Kategorie C.

Kategorie E

Beschränkungen für alle gefährlichen Güter mit Ausnahme von UN 2919, 3291, 3331, 3359 und 3373 sowie für alle gefährlichen Güter nach den Vorschriften des Kapitels 3.4, wenn die beförderten Mengen 8 Tonnen Bruttogesamtmasse je Beförderungseinheit überschreiten.

Keine Beschränkungen für die Beförderung gefährlicher Güter.

Beschränkungen für gefährliche Güter, die zu einer sehr großen Explosion führen können.

Beschränkungen für gefährliche Güter, die zu einer sehr großen Explosion, einer großen Explosion oder einem umfangreichen Freiwerden giftiger Stoffe führen können.

Beschränkungen für gefährliche Güter, die zu einer sehr großen Explosion, einer großen Explosion, einem umfangreichen Freiwerden giftiger Stoffe oder einem großen Brand führen können.

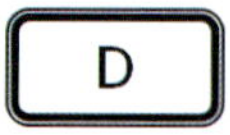

Beschränkungen für alle gefährlichen Güter mit Ausnahme der UN-Nummern 2919, 3331 [RADIOAKTIVE STOFFE, UNTER SONDERVEREINBARUNG BEFÖRDERT], 3291 [KLINISCHER ABFALL], 3359 [BEGASTE EINHEIT] und 3373 [BIOLOGISCHER STOFF, KATEGORIE B], sowie für alle begrenzten Mengen (Limited Quantities), wenn 8 t Bruttogesamtmasse je Beförderungseinheit überschritten wird.

Tunnelbeschränkungen

8.6 ADR

Wenn eine **Beförderungseinheit** gefährliche Güter enthält, denen **unterschiedliche Tunnelbeschränkungscodes** zugeordnet wurden, ist der gesamten **Ladung** der **restriktivste** dieser Tunnelbeschränkungscodes **zuzuordnen**.

Gefährliche Güter, die in Übereinstimmung mit Abschnitt 1.1.3 befördert werden, unterliegen nicht den Tunnelbeschränkungen und sind bei der Bestimmung des der gesamten Ladung einer Beförderungseinheit zuzuordnenden Tunnelbeschränkungscodes nicht zu berücksichtigen, außer es werden Begrenzte Mengen (Limited Quanties) in der Größenordnung mehr als 8 t auf Fahrzeugen/Containern mit einer zulässigen Gesamtmasse von mehr als 12 t befördert.

Das bedeutet im Umkehrschluss, die **Tunnelregelungen** sind nur anzuwenden bei **kennzeichnungspflichtigen** Transporten und bei Transporten von Begrenzten Mengen, die eine "Kennzeichnungspflicht" mit dem Zeichen für Limited Quantities am Fahrzeug/Container haben.

Einteilung der Gefahrgüter in Beschränkungscode:

(B) (1000C) (B/D) (C) (C5000D) (C/D) (C/E) (D) (D/E) (E) (-)

(zu finden in Tabelle 3.2 A, Spalte 15)

abhängig von:

- **UN-Nummer**
- **Verpackungsgruppe I, II, III**
- **Beförderungsmenge**
- **Limited Quantities (zgM >12 t, Bruttomasse >8 t)**
- **Beförderung in:**

Versandstücken
loser Schüttung
Tanks
Bei Sammelladungen gilt der Tunnelbeschränkungscode des gefährlichsten Gefahrgutes für die gesamte Ladung

Beschränkungscode:

(B) (C) (D) (E)

- **Beschränkung einzuhalten bei Beförderung in:**
  - **Versandstücken**
  - **loser Schüttung**
  - **Tanks**

Beschränkungscode:

(B/D)
(C/D)
(C/E)
(D/E)

Beförderung in Tanks — **Beförderung als Stück-/Schüttgut**

10. Befördern, Ausrüsten und Überwachen

Nachdem der der gesamten Ladung der Beförderungseinheit zuzuordnende Tunnelbeschränkungscode bestimmt worden ist, gelten folgende Beschränkungen für die Durchfahrt dieser Beförderungseinheit durch Tunnel:

Tunnel-Beschränkungscode	Tunnelkategorie				
	A	B	C	D	E
B (alle Transporte)	Erlaubt	Verboten	Verboten	Verboten	Verboten
B1000C (Explosivstoffe)	Erlaubt	Erlaubt NEM ≤ 1000 kg Verboten NEM > 1000 kg	Verboten	Verboten	Verboten
B/D (Stück-/Schüttgut)	Erlaubt	Erlaubt	Erlaubt	Verboten	Verboten
B/D (Tank)	Erlaubt	Verboten	Verboten	Verboten	Verboten
B/E (Stück-/Schüttgut)	Erlaubt	Erlaubt	Erlaubt	Erlaubt	Verboten
B/E (Tank)	Erlaubt	Verboten	Verboten	Verboten	Verboten
C (alle Transporte)	Erlaubt	Erlaubt	Verboten	Verboten	Verboten
C5000D (Explosivstoffe)	Erlaubt	Erlaubt	Erlaubt NEM ≤ 5000 kg Verboten NEM > 5000 kg	Verboten	Verboten
C/D (Stück-/Schüttgut)	Erlaubt	Erlaubt	Erlaubt	Verboten	Verboten
C/D (Tank)	Erlaubt	Erlaubt	Verboten	Verboten	Verboten
C/E (Stück-/Schüttgut)	Erlaubt	Erlaubt	Erlaubt	Erlaubt	Verboten
C/E (Tank)	Erlaubt	Erlaubt	Verboten	Verboten	Verboten
D (alle Transporte)	Erlaubt	Erlaubt	Erlaubt	Verboten	Verboten
D/E (Stückgut)	Erlaubt	Erlaubt	Erlaubt	Erlaubt	Verboten
D/E (Schüttgut/Tank)	Erlaubt	Erlaubt	Erlaubt	Verboten	Verboten
E (alle Transporte)	Erlaubt	Erlaubt	Erlaubt	Erlaubt	Verboten
Limited Quantity > 8 t	Erlaubt	Erlaubt	Erlaubt	Erlaubt	Verboten
UN 2919, UN 3291, UN 3331, UN 3359, UN 3373	Erlaubt	Erlaubt	Erlaubt	Erlaubt	Erlaubt

Beispiele:

UN 1203, Beförderungskategorie 2, Tunnelbeschränkungscode (D/E)

Versandstücke ≤ 333 L: **Alle Tunnel erlaubt**
> 333 L: **Tunnel A, B, C, D erlaubt, Tunnel E verboten**

Tank: **Tunnel A, B, C erlaubt, Tunnel D und E verboten**

UN 1965, Beförderungskategorie 2, Tunnelbeschränkungscode (B/D)
Versandstücke ≤ 333 kg: **Alle Tunnel erlaubt**
> 333 kg: **Tunnel A, B, C erlaubt, Tunnel D und E verboten**

Tank: **Tunnel A erlaubt, Tunnel B, C, D und E verboten**

200 L UN 1203 und 200 kg UN 1965 in Versandstücken (1200 Punkte):
Wegen des Tunnelbeschränkungscode B/D für UN 1965:
Tunnel A, B, C erlaubt,
Tunnel D und E verboten

Vorschriften für Straßenverkehrszeichen und Bekanntgabe von Einschränkungen

1.9.5.3 ADR i.V.m. 8.6.2 ADR

Die Beschränkungen sollen mit Verkehrszeichen gemäß dem Wiener Übereinkommen gekennzeichnet werden, ergänzt um Zusatztafeln, die die entsprechende Tunnelkategorie angeben.

Zusätzlich müssen alternativ Strecken zur Umfahrung des Tunnels ausgewiesen werden.

Wenn Vertragsparteien besondere betriebliche Maßnahmen anwenden, die für die Verringerung von Risiken ausgelegt sind und sich auf bestimmte oder alle Fahrzeuge beziehen, die den Tunnel benutzen, wie Anmeldung vor dem Befahren oder Durchfahrt in Konvois mit Begleitfahrzeugen, müssen diese offiziell bekannt und der Allgemeinheit zugänglich gemacht werden.

Die Kennzeichnung erfolgt mit diesen **Verkehrszeichen**:

327 Tunnelzeichen

Abblendlichtpflicht

Wendeverbot

328 Nothaltebucht

Nur für Unfälle/Pannen

Streckenverbot für kennzeichnungspflichtige Gefahrgutfahrzeuge in Tunneln der entsprechenden Kategorie

Vorwegweiser für Tunnelumfahrungen

10.2 Ausrüsten

Mit **Ausrüsten** ist das **Mitführen** diverser **Schutzausrüstungsgegenstände während** der **Beförderung** zu verstehen.

Diese Ausrüstung wird im **ADR** in den **schriftlichen Weisungen** aufgeführt auf der Grundlage des Abschnittes 8.1.4 und 8.1.5 ADR.

Fahrpersonal muss auch noch aufgrund **anderer Rechtsbereiche** zusätzliche Ausrüstungsgegenstände mitführen, die das ADR nicht fordert.

Personal welches Gefahrgüter/-stoffe lagert, verpackt, verlädt, entlädt, auspackt und einlagert muss ggf. aus den Regelungen des **Arbeitsschutzes**, der **Betriebssicherheitsverordnung** und weiterer spezieller Regelungen mit Schutzausrüstungsgegenständen ausgestattet werden.

Gerade im Umgang mit Gefahrgütern/Gefahrstoffen ist sehr viel Wert auf eine vollständige, geeignete, zugelassene und funktionsfähige Schutzausstattung zu legen.

Der **deutsche Gesetzgeber** hat dem Rechnung getragen und eine Verordnung über Sicherheit und Gesundheitsschutz bei der Benutzung persönlicher Schutzausrüstungen bei der Arbeit **(PSA-Benutzungsverordnung PSA-BV**) erlassen:

Diese Verordnung gilt für die Bereitstellung persönlicher Schutzausrüstungen durch Arbeitgeber sowie für die Benutzung persönlicher Schutzausrüstungen durch Beschäftigte bei der Arbeit.

Persönliche Schutzausrüstung im Sinne dieser Verordnung ist jede Ausrüstung, die dazu bestimmt ist, von den Beschäftigten benutzt oder getragen zu werden, um sich gegen eine Gefährdung für ihre Sicherheit und Gesundheit zu schützen sowie jede mit demselben Ziel verwendete und mit der persönlichen Schutzausrüstung verbundene Zusatzausrüstung.

- Unbeschadet seiner Pflichten nach den §§ 3, 4 und 5 des Arbeitsschutzgesetzes darf der Arbeitgeber nur persönliche Schutzausrüstungen auswählen und den Beschäftigten bereitstellen, die den Anforderungen der Verordnung über das Inverkehrbringen von persönlichen Schutzausrüstungen entsprechen,
- die Schutz gegenüber der zu verhütenden Gefährdung bieten, ohne selbst eine größere Gefährdung mit sich zu bringen,
- für die am Arbeitsplatz gegebenen Bedingungen geeignet sind und
- den ergonomischen Anforderungen und den gesundheitlichen Erfordernissen der Beschäftigten entsprechen.

Persönliche Schutzausrüstungen müssen den Beschäftigten individuell passen.

Sie sind grundsätzlich für den Gebrauch durch eine Person bestimmt. Erfordern die Umstände eine Benutzung durch verschiedene Beschäftigte, hat der Arbeitgeber dafür zu sorgen, dass Gesundheitsgefahren oder hygienische Probleme nicht auftreten.

Werden mehrere persönliche Schutzausrüstungen gleichzeitig von einer oder einem Beschäftigten benutzt, muss der Arbeitgeber diese Schutzausrüstungen so aufeinander abstimmen, dass die Schutzwirkung der einzelnen Ausrüstungen nicht beeinträchtigt wird.

Durch Wartungs-, Reparatur- und Ersatzmaßnahmen sowie durch ordnungsgemäße Lagerung trägt der Arbeitgeber dafür Sorge, dass die persönlichen Schutzausrüstungen während der gesamten Benutzungsdauer gut funktionieren und sich in einem hygienisch einwandfreien Zustand befinden.

Bei der Unterweisung nach § 12 des Arbeitsschutzgesetzes hat der Arbeitgeber die Beschäftigten darin zu unterweisen, wie die persönlichen Schutzausrüstungen sicherheitsgerecht benutzt werden. Soweit erforderlich, führt er eine Schulung in der Benutzung durch.

Für jede bereitgestellte persönliche Schutzausrüstung hat der Arbeitgeber erforderliche Informationen für die Benutzung in für die Beschäftigten verständlicher Form und Sprache bereitzuhalten.

Die **Ausrüstung nach ADR** gliedert sich in drei Bereiche:

- **Feuerlöschausrüstung**
- **Ausrüstung der Fahrzeuge**
- **Ausrüstung für die Mitglieder der Fahrzeugbesatzung**

Feuerlöschausrüstung

8.1.4 ADR

Jede Beförderungseinheit muss mit **mindestens einem tragbaren Feuerlöschgerät** für die **Brandklassen**

A
(brennbare feste Stoffe)

B
(brennbare flüssige Stoffe)

C
(brennbare gasförmige Stoffe)

mit einem **Mindestfassungsvermögen** von **2 kg Pulver** (oder einem entsprechenden Fassungsvermögen für ein anderes geeignetes Löschmittel) ausgerüstet sein, das geeignet ist, einen Brand des Motors oder des Fahrerhauses der Beförderungseinheit zu bekämpfen.

Zusätzliche Geräte sind wie folgt **vorgeschrieben**:

Die RSEB führt hierzu aus:
Die Anrechnung bezieht sich nur auf das gesamte Mindestfassungsvermögen der vorgeschrieben Feuerlöschgeräte. Aus der verwendeten Formulierung „Zusätzliche Geräte sind wie folgt vorgeschrieben:" ergibt sich, dass die Beförderungseinheit mit mindestens je einem Feuerlöschgerät nach den Buchstaben a und b ausgestattet sein muss.

- für **Beförderungseinheiten** mit einer **höchstzulässigen Masse von mehr als 7,5 Tonnen** ein oder mehrere tragbare Feuerlöschgeräte für die Brandklassen A, B und C mit einem gesamten Mindestfassungsvermögen von **12 kg Pulver** (oder einem entsprechenden Fassungsvermögen für ein anderes geeignetes Löschmittel), von denen **mindestens eines ein Mindestfassungsvermögen von 6 kg** haben muss;

- für Beförderungseinheiten mit einer **höchstzulässigen Masse von mehr als 3,5 Tonnen bis einschließlich 7,5 Tonnen** ein oder mehrere tragbare Feuerlöschgeräte für die Brandklassen A, B und C mit einem gesamten Mindestfassungsvermögen von **8 kg Pulver** (oder einem entsprechenden Fassungsvermögen für ein anderes geeignetes Löschmittel), von denen **mindestens eines ein Mindestfassungsvermögen** von 6 kg haben muss;

- für **Beförderungseinheiten** mit einer **höchstzulässigen Masse von höchstens 3,5 Tonnen** ein oder mehrere tragbare Feuerlöschgeräte für die Brandklassen A, B und C mit einem gesamten Mindestfassungsvermögen von **4 kg Pulver** (oder einem entsprechenden Fassungsvermögen für ein anderes geeignetes Löschmittel);

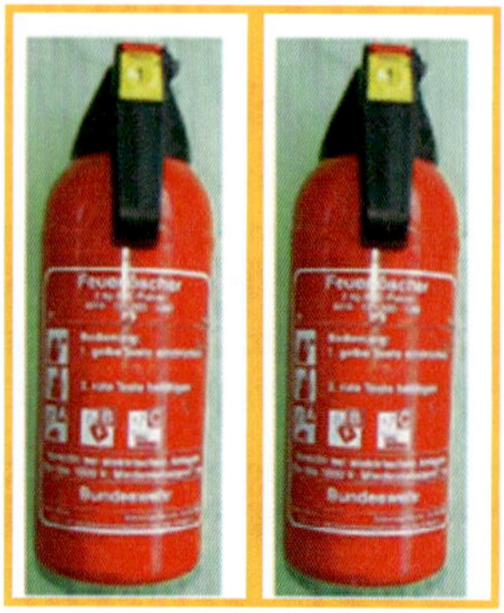

Beförderungseinheiten, die gefährliche Güter gemäß Unterabschnitt 1.1.3.6 (**nicht kennzeichnungspflichtig**) befördern, müssen mit **mindestens einem tragbaren Feuerlöschgerät** für die Brandklassen A, B und C mit einem Mindestfassungsvermögen von **2 kg Pulver** (oder einem entsprechenden Fassungsvermögen für ein anderes geeignetes Löschmittel) ausgerüstet sein.

Ist das Fahrzeug mit einer festen, automatischen oder leicht auszulösenden Einrichtung zur Bekämpfung eines Motorbrandes ausgerüstet, so muss das tragbare Feuerlöschgerät nicht zur Bekämpfung eines Motorbrandes geeignet sein. Die Löschmittel müssen so beschaffen sein, dass sie weder im Fahrerhaus noch unter Einwirkung der Hitze eines Brandes giftige Gase entwickeln.

Die Feuerlöschgeräte müssen mit einer **Plombierung** versehen sein, mit der nachgeprüft werden kann, dass die Geräte nicht verwendet wurden.

Die RSEB führt hierzu aus:
Eine Plombierung im Sinne von Unterabschnitt 8.1.4.4 ADR kann beispielsweise auch eine Plastiksicherung an der Abzugsvorrichtung sein, die bei der Benutzung irreversibel zerstört wird. Die Sicherung des Feuerlöschgerätes muss den Eindruck erwecken, dass das Feuerlöschgerät ordnungsgemäß geprüft und einsetzbar ist. Eine Manipulation muss glaubhaft auszuschließen sein.

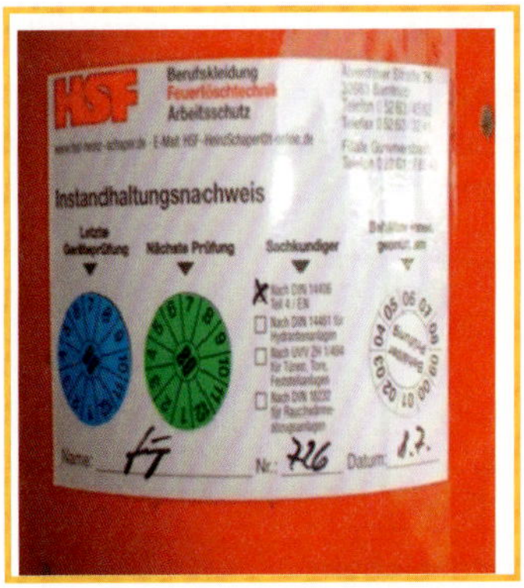

Die tragbaren Feuerlöschgeräte müssen für die Verwendung auf einem Fahrzeug geeignet sein und die entsprechenden Anforderungen der **Norm EN 3 Tragbare Feuerlöscher Teil 7** erfüllen.

Außerdem müssen sie mit einem **Konformitätszeichen** einer von einer zuständigen Behörde anerkannten Norm sowie, je nach Fall, mit einer **Aufschrift mit mindestens der Angabe des Datums (Monat, Jahr) der nächsten wiederkehrenden Prüfung oder des Ablaufs der höchstzulässigen Nutzungsdauer** versehen sein.

Die Feuerlöschgeräte müssen in Übereinstimmung mit den zugelassenen nationalen Normen einer **wiederkehrenden Prüfung** unterzogen werden, um die Funktionssicherheit zu gewährleisten.

Gem. § 36 GGVSEB müssen Feuerlöscher **in Deutschland alle 2 Jahre** geprüft werden.

Die **Feuerlöschgeräte** müssen so auf der Beförderungseinheit angebracht sein, dass sie für die Fahrzeugbesatzung **leicht erreichbar** sind. Die Anbringung hat so zu erfolgen, dass die Feuerlöschgeräte so **gegen Witterungseinflüsse geschützt** sind, dass ihre Betriebssicherheit nicht beeinträchtigt ist.

Die Mitglieder der **Fahrzeugbesatzung** müssen mit der **Bedienung** der Feuerlöschgeräte **vertraut** sein.

Ausrüstung der Fahrzeuge und der Mitglieder der Fahrzeugbesatzung

8.1.5 ADR

Jede Beförderungseinheit mit gefährlichen Gütern muss mit Ausrüstungsteilen für den allgemeinen und persönlichen Schutz ausgestattet sein. Die Ausrüstungsteile sind nach der Gefahrzettelnummer der geladenen Güter auszuwählen. Die Gefahrzettel-Nummern können anhand des Beförderungspapiers bestimmt werden.

Es ist immer zu berücksichtigen, dass auf den Fahrzeugen z.B. auch aufgrund verkehrsrechtlicher Vorschriften weitere Ausrüstungsgegenstände mitgeführt werden müssen (z.B. der Verbandkasten).

Die RSEB führt hierzu aus:

Die nach den neuen schriftlichen Weisungen mitgeführte Ausrüstung muss dem Schutzziel entsprechend geeignet sein.

Die folgende **Ausrüstung** muss sich an Bord der **Beförderungseinheit** befinden:

- **ein Unterlegkeil** je Fahrzeug, dessen Abmessungen der höchsten Gesamtmasse des Fahrzeugs und dem Durchmesser der Räder angepasst sein müssen;

- **zwei selbststehende Warnzeichen**

- **Augenspülflüssigkeit**
  (Nicht erforderlich für Gefahrzettel der Muster 1, 1.4, 1.5, 1.6, 2.1, 2.2 und 2.3)

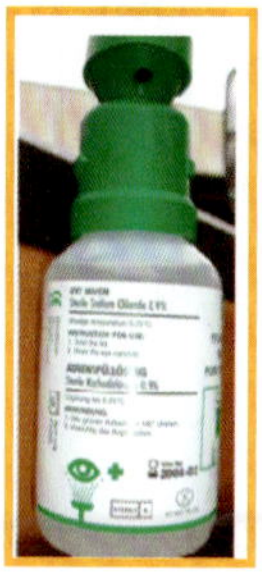

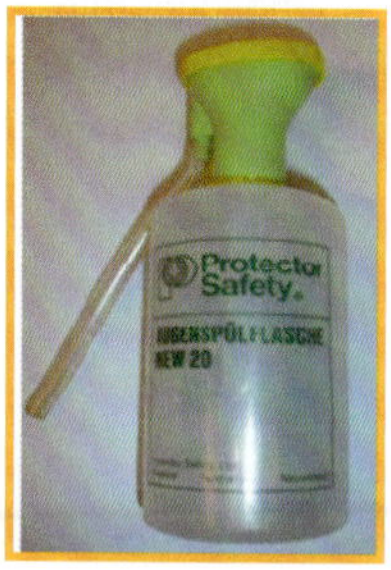

- **eine Kanalabdeckung**,
- **eine Schaufel**,
- **ein Auffangbehälter**,

  nur für feste und flüssige Stoffe mit Gefahrzettelnummer 3, 4.1, 4.3, 8 und 9

Für jedes Mitglied der **Fahrzeugbesatzung**:

- **eine Warnweste** (z.B. nach Norm EN 471)

- **ein tragbares Beleuchtungsgerät** ohne Oberfläche aus Metall, durch die Funken erzeugt werden könnten.

  Zusätzlich ist die **Sondervorschrift S2** des Kapitels 8.5 ADR zu beachten:
  Das Ladeabteil gedeckter Fahrzeuge, die flüssige Stoffe mit einem Flammpunkt bis höchstens 60 °C oder die entzündbare Stoffe oder Gegenstände der Klasse 2 befördern, darf nur mit solchen tragbaren Beleuchtungsgeräten betreten werden, die so beschaffen sind, dass sie entzündbare Dämpfe oder Gase, die sich im Inneren des Fahrzeugs ausgebreitet haben könnten, nicht entzünden können.

- **ein Paar Schutzhandschuhe**

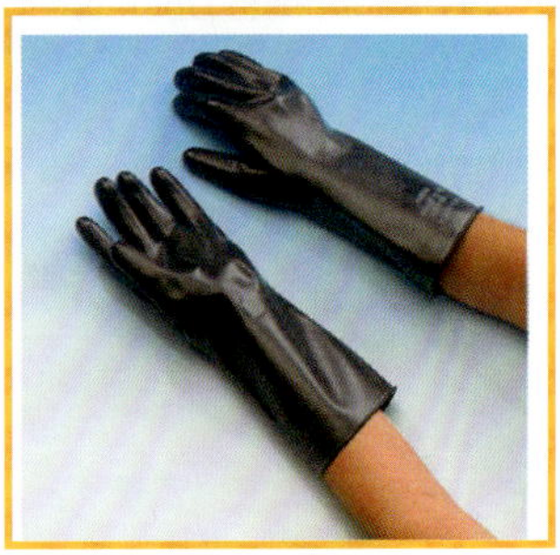

- **einen Augenschutz** (z.B. Schutzbrille)

- **eine Notfallfluchtmaske**
  bei Beförderung von Gefahrgütern mit Gefahrzettelnummer 2.3 oder 6.1.
  Der Filter muss neuwertig, versiegelt sein und das Ablaufdatum darf nicht überschritten sein.

Die **schriftlichen Weisungen** für Maßnahmen bei einem Unfall oder Notfall geben noch „versteckte" Hinweise auf mögliche Ausrüstungsgegenstände, deren Mitführung sinnvoll und ggf. erforderlich ist. „Gefordert" sind sie allerdings explizit nicht.

Beispiele:
Es soll nicht in ausgelaufene Stoffe getreten werden.

Dies lässt sich bei einer Unfall-/Notfallsituation möglicherweise nicht verhindern.

Hier ist als sinnvolle zusätzliche Ausrüstung empfehlenswert:

- z.B. säurefeste Überstiefel

Es soll möglichst das Eintreten von Stoffen in Gewässer oder in die Kanalisation verhindert werden bzw. sollen ausgetretene Stoffe eingedämmt werden.

Hier ist als sinnvolle zusätzliche Ausrüstung empfehlenswert:

- Ein Spaten und zusätzliches Aufsaugmaterial zur Aufnahme ausgetretener Stoffe,
- Ein verschließbares Behältnis, wo aufgesaugtes, ausgelaufenes/ausgetretenes Gefahrgut behelfsmäßig eingefüllt und zur Entsorgung befördert werden kann.

Bei Stoffen, die in Berührung mit Wasser entzündbare Gase entwickeln, sollen ausgetretene Stoffe möglichst durch Abdecken trocken gehalten werden (das gilt aber sinnvollerweise auch für andere Stoffe, die mit Wasser reagieren könnten).

Hier ist als sinnvolle zusätzliche Ausrüstung empfehlenswert:

- ein größeres Stück wasserdichte Plane.

Bei der Beförderung können noch weitere Ausrüstungsteile erforderlich werden. Viele Industriebereiche fordern grundsätzlich einen Arbeitsschutzhelm und Sicherheitsschuhe. Im Bereich entzündbarer Stoffe kommt noch ein schwer entflammbarer und antistatischer Arbeitsanzug hinzu. Im Chemiebereich kann ein Chemikalienanzug oder Säureschutzbekleidung erforderlich werden.

10.3 Überwachen

Vorschriften für die Überwachung der Fahrzeuge

8.4.1 ADR

Fahrzeuge, die gefährliche Güter in den **Mengen** befördern, die in den besonderen Vorschriften **S1 (6) und S14 bis S24** des Kapitels 8.5 für ein bestimmtes Gut gemäß Kapitel 3.2 Tabelle A Spalte 19 angegeben sind, **müssen überwacht werden**.

Ohne Überwachung dürfen sie in einem **Lager** oder im **Werksbereich** parken, wenn dabei ausreichende Sicherheit gewährleistet ist.

Sind solche **Parkmöglichkeiten nicht vorhanden**, darf das Fahrzeug, nachdem geeignete Sicherheitsmaßnahmen getroffen wurden, **abseits** an einem **Platz** geparkt werden, der den in den nachstehenden **Absätzen a), b) oder c)** genannten Bedingungen entspricht:

a) **ein Parkplatz, der von einem Beauftragten, der über die Art der Ladung und den Aufenthaltsort des Fahrzeugführers unterrichtet sein muss, bewacht wird;**

b) **ein öffentlicher oder privater Parkplatz, auf dem für das Fahrzeug wahrscheinlich nicht die Gefahr besteht, durch andere Fahrzeuge beschädigt zu werden; oder**

c) **eine abseits von öffentlichen Hauptverkehrswegen und Wohngebieten gelegene geeignete Freifläche, die normalerweise nicht als öffentlicher Durchgangs- oder Versammlungsort dient.**

Die Parkplätze nach Absatz b) dürfen nur benutzt werden, wenn solche nach Absatz a) nicht vorhanden sind; die nach Absatz c) dürfen nur benutzt werden, wenn solche nach Absatz a) und b) fehlen.

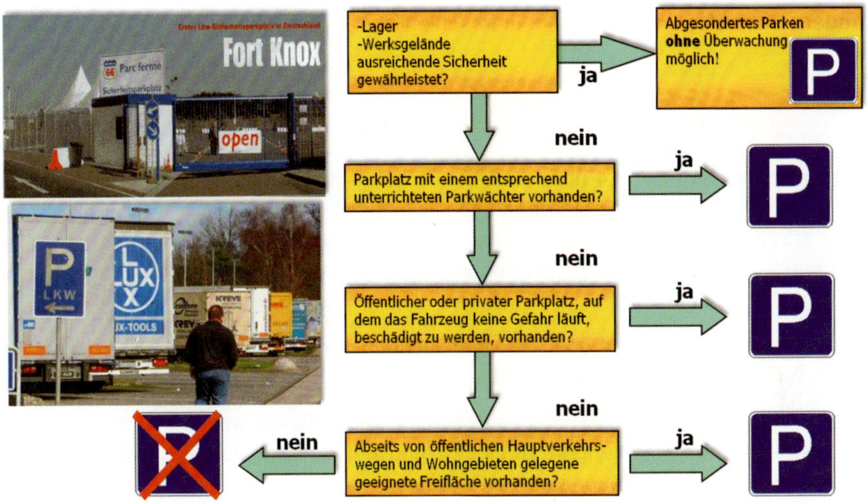

Die GGVSEB konkretisiert diese Überwachungsregelungen in der Anlage 2 Ziffer 3.3:

Ergänzend zu Kapitel 8.4 sind **alle mit orangefarbener Tafel kennzeichnungspflichtigen Fahrzeuge und Container** entsprechend den Vorgaben nach Abschnitt 8.4.1 ADR zu **überwachen**. **Gleiches** gilt **für Anhänger** einer kennzeichnungspflichtigen Beförderungseinheit, die von der Zugmaschine oder dem Motorwagen **getrennt abgestellt** werden; **in diesen Fällen darf die Kennzeichnung am Anhänger nicht entfernt werden. Bei abgestellten Anhängern mit UN 1202 Heizöl/Diesel ist dies wiederum nicht erforderlich.**

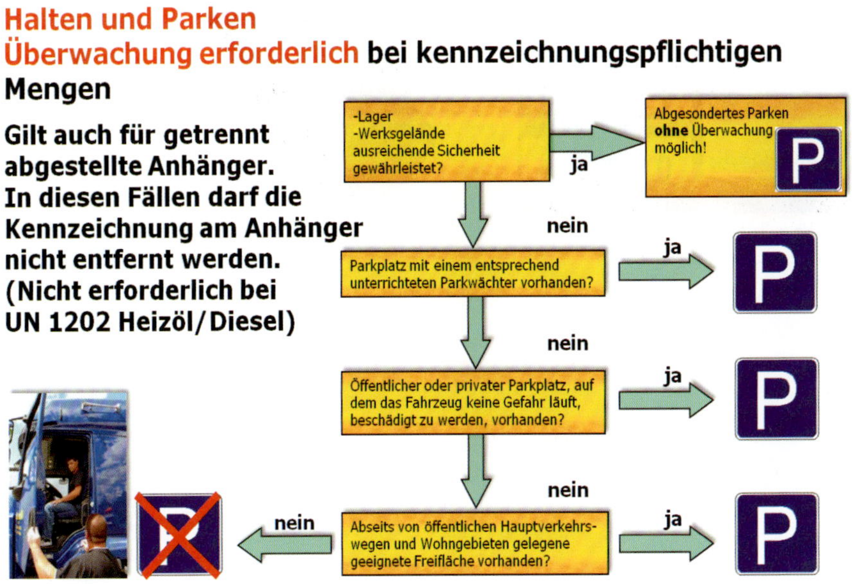

10. Befördern, Ausrüsten und Überwachen

Beladene MEMU müssen überwacht werden; ohne Überwachung dürfen sie in einem Lager oder im Werksbereich parken, wenn dabei ausreichende Sicherheit gewährleistet ist. Ungereinigte leere MEMU sind von dieser Vorschrift freigestellt.

Die **Sondervorschriften** spezifizieren unterschiedliche Grenzmengen und Regelungen für die Überwachung.

Beispiele:

S15:
Die Vorschriften des Kapitels 8.4 über die Überwachung der Fahrzeuge gelten für Fahrzeuge, die beliebige Mengen dieser Stoffe befördern. Die Anwendung der Vorschriften des Kapitel 8.4 ist jedoch nicht erforderlich, wenn der Laderaum nach der Beladung verschlossen ist oder die beförderten Versandstücke auf andere Weise gegen jedes unrechtmäßige Entladen geschützt sind.

S16:
Die Vorschriften des Kapitels 8.4 über die Überwachung der Fahrzeuge gelten, wenn die Gesamtmasse dieses Gutes im Fahrzeug 500 kg überschreitet.

Außerdem müssen Fahrzeuge, die mehr als 500 kg dieses Gutes befördern, stets so überwacht werden, dass böswillige Handlungen verhindert und der Fahrzeugführer sowie die zuständigen Behörden bei Verlusten oder Feuer alarmiert werden.

Die RSEB führt hierzu aus:

Alarmeinrichtungen ersetzen nicht die in Kapitel 8.4 und 8.5 S1 (6), S14 bis S24 ADR vorgeschriebene Überwachung.

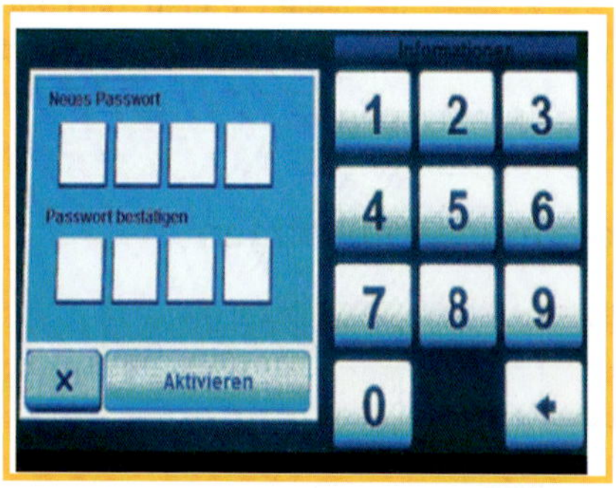

11. Be- und Entladen

Die wesentlichen Be- und Entladeregelungen und weitere sogenannte Handhabungsvorschriften sind im Kapitel 7.5 ADR aufgeführt.

Das Gefahrgutbeförderungsgesetz legt für den deutschen Rechtsraum fest, dass das Be- und Entladen zum Beförderungsprozess (als Vorbereitungs- und Abschlusshandlung) gehört.

Von besonderer Bedeutung ist die Festlegung, dass sowohl **Fahrzeug wie auch Fahrzeugführer am Be- aber auch am Entladeort den geltenden Vorschriften genügen** müssen. Die Beladung darf nicht erfolgen, wenn bei einer Kontrolle der Dokumente Verstöße gegen die Rechtsvorschriften festgestellt werden, wenn das Fahrzeug, seine Ausrüstung zur Be- und Entladung, aber vor allem auch der Fahrzeugführer den Rechtsvorschriften nicht genügen.

Das heißt beispielsweise, dass das Verladepersonal sich nicht nur davon überzeugen muss, dass Container und Fahrzeug nicht beschädigt sind, so dass die Unversehrtheit von Fahrzeug, Container oder Ladung gesichert ist, sondern auch davon, dass der Fahrzeugführer ausgeruht am Beladeort erschienen ist und nicht vielleicht schon die Lenkzeit überschritten hat.

Eine Entladung darf nicht erfolgen, wenn eine sichere Entladung in Frage gestellt ist. Allerdings darf man daraus nicht den Schluss ziehen, eine mit Sicherheitsmängeln behaftete Gefahrgutbeförderungseinheit z.B. einfach zurück zu schicken. Damit würde man ebenfalls einen gefahrgutrechtlichen Verstoß begehen. Hier ist dem Fahrzeugführer Unterstützung zu gewähren, die der Beseitigung des Mangels dienlich ist (z.B. durch Bereitstellung von möglichen Bergungsverpackungen für beschädigte Versandstücke oder eine Abstellmöglichkeit für das Fahrzeug, damit der Fahrer eventuell seine Ruhezeiten erfüllen kann bzw. Kontakt mit seinem Spediteur/Fuhrunternehmer aufnehmen kann, um die Mängelbeseitigung am Fahrzeug in die Wege zu leiten).

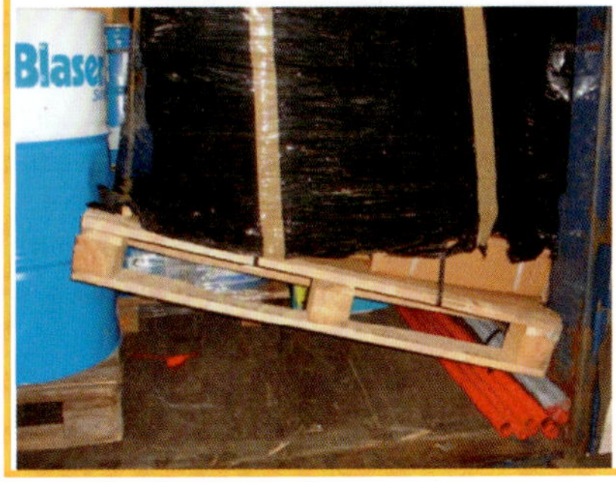

Viele größere Unternehmen führen diese **Kontrollen** sehr effektiv im Rahmen ihrer Qualitätssicherungsprogramme in Form von standardisierten **Checklisten** durch.

Auch das Aufsetzen eines Containers, Schüttgut-Containers, Tankcontainers oder ortsbeweglichen Tanks auf ein Fahrzeug gilt als Beladen, das Absetzen als Entladen.

Bestimmte gefährliche Güter dürfen nur als **geschlossene Ladung** befördert werden.

Dabei kommt die **Ladung** nur von einem **einzigen Absender**, dem der ausschließliche **Gebrauch** eines Fahrzeugs/Containers **vorbehalten** ist und alle **Ladevorgänge** nach den **Anweisungen** des **Absenders** oder **Empfängers** durchgeführt werden.

In diesem Fall kann die zuständige Behörde verlangen, dass nur an einer Stelle be- bzw. entladen wird.

Sind **Ausrichtungspfeile** vorgeschrieben (oder bereits angebracht), müssen die Versandstücke und auch Umverpackungen in **Übereinstimmung** damit **verladen** werden.

Flüssige Güter müssen, soweit durchführbar, unter trockenen gefährlichen Gütern verladen werden.

Zusammenladeverbote

7.5.2 ADR

Versandstücke mit unterschiedlichen Gefahrzetteln dürfen nicht zusammen in einem Fahrzeug/Container verladen werden, sofern die Zusammenladung nicht auf der Grundlage der angebrachten Gefahrzettel zugelassen ist.

Gemäß 5.1.2.1 ADR gelten die Zusammenladeverbote auch bei Umverpackungen.

Tabelle der Zusammenladeverbote:

Gefahrzettel	1	1.4	1.5	1.6	2.1 2.2 2.3	3	4.1	4.1 + 1	4.2	4.3	5.1	5.2	5.2 + 1	6.1	6.2	7A 7B 7C	8	9
1	siehe gesonderte Tabelle										d)							b)
1.4					a)	a)	a)		a)	a)	a)	a)		a)	a)	a)	a)	a),b),c)
1.5																		b)
1.6																		b)
2.1 2.2 2.3		a)			X	X	X		X	X	X	X		X	X	X	X	X
3		a)			X	X	X		X	X	X	X		X	X	X	X	X
4.1		a)			X	X	X		X	X	X	X		X	X	X	X	X
4.1 + 1								X										
4.2		a)			X	X	X		X	X	X	X		X	X	X	X	X
4.3		a)			X	X	X		X	X	X	X		X	X	X	X	X
5.1	d)	a)			X	X	X		X	X	X	X		X	X	X	X	X
5.2		a)			X	X	X		X	X	X	X		X	X	X	X	X
5.2 + 1													X					
6.1		a)			X	X	X		X	X	X	X		X	X	X	X	X
6.2		a)			X	X	X		X	X	X	X		X	X	X	X	X
7A 7B 7C		a)			X	X	X		X	X	X	X		X	X	X	X	X
8		a)			X	X	X		X	X	X	X		X	X	X	X	X
9	b)	a),b),c)	b)	b)	X	X	X		X	X	X	X		X	X	X	X	X

X Zusammenladung zugelassen.

a) Zusammenladung mit Stoffen und Gegenständen der Verträglichkeitsgruppe 1.4S zugelassen.

b) Zusammenladung mit Gütern der Klasse 1 mit Rettungsmitteln der Klasse 9 (UN-Nummern 2990, 3072 und 3268) zugelassen.

c) Zusammenladung von Airbag-Gasgeneratoren, Airbag-Modulen oder Gurtstraffern der Unterklasse 1.4 Verträglichkeitsgruppe G (UN-Nummer 0503) mit Airbag-Gasgeneratoren, Airbag-Modulen oder Gurtstraffern der Klasse 9 (UN-Nummer 3268) zugelassen.

d) Zusammenladung von Sprengstoffen (ausgenommen UN 0083 Sprengstoff Typ C) mit Ammoniumnitrat (UN-Nummern 1942 und 2067), Alkalimetall-Nitraten und Erdalkalimetall-Nitraten zugelassen, vorausgesetzt, die Einheit wird für Zwecke des Anbringens von Großzetteln (Placards), der Trennung, des Verladens und der höchstzulässigen Ladung als Sprengstoffe der Klasse 1 betrachtet. Zu den Alkalimetall-Nitraten gehören Cäsiumnitrat (UN 1451), Lithiumnitrat (UN 2722), Kaliumnitrat (UN 1486), Rubidiumnitrat (UN 1477) und Natriumnitrat (UN 1498). Zu den Erdalkalimetall-Nitraten gehören Bariumnitrat (UN 1446), Berylliumnitrat (UN 2464), Calciumnitrat (UN 1454), Magnesiumnitrat (UN 1474) und Strontiumnitrat (UN 1507).

11. Be- und Entladen

Versandstücke, die Stoffe oder Gegenstände der Klasse 1 enthalten und mit einem Zettel nach Muster 1, 1.4, 1.5 oder 1.6 versehen sind, die aber unterschiedlichen Verträglichkeitsgruppen zugeordnet sind, dürfen nicht zusammen in einem Fahrzeug/Container verladen werden, sofern nicht gemäß nachstehender Tabelle für die jeweiligen Verträglichkeitsgruppen ein Zusammenladen zulässig ist:

Zusammenladungsmöglichkeiten für Verträglichkeitsgruppen von Gütern und Gegenständen der Klasse 1 nach Unterabschnitt 7.5.2.2 ADR

Verträglichkeits-gruppen	A	B	C	D	E	F	G	H	J	L	N	S
A	X											
B		X		a)								X
C			X	X	X		X				b), c)	X
D		a)	X	X	X		X				b), c)	X
E			X	X	X		X				b), c)	X
F						X						X
G			X	X	X		X					X
H								X				X
J									X			X
L										d)		
N			b), c)	b), c)	b), c)						b)	X
S		X	X	X	X	X	X	X	X		X	X

X Zusammenladung zugelassen.

a) Versandstücke mit Gegenständen der Verträglichkeitsgruppe B und Versandstücke mit Stoffen oder Gegenständen der Verträglichkeitsgruppe D dürfen zusammen in ein Fahrzeug oder einen Container verladen werden, vorausgesetzt, sie sind wirksam getrennt, so dass keine Gefahr der Explosionsübertragung von Gegenständen der Verträglichkeitsgruppe B auf Stoffe oder Gegenstände der Verträglichkeitsgruppe D besteht. Die Trennung ist durch die Verwendung getrennter Abteile oder durch Einsetzen einer der beiden Arten von explosiven Stoffen oder Gegenständen mit Explosivstoff in ein besonderes Umschließungssystem zu bewerkstelligen. Beide Trennungsmethoden müssen von der zuständigen Behörde zugelassen sein.

b) Verschiedene Arten von Gegenständen der Klassifizierung 1.6N dürfen nur als Gegenstände der Klassifizierung 1.6N zusammengeladen werden, wenn durch Prüfungen oder Analogieschluss nachgewiesen ist, dass keine zusätzliche Detonationsgefahr durch Übertragung unter den Gegenständen besteht. Andernfalls sind sie als Gegenstände der Unterklasse 1.1 zu behandeln.

c) Wenn Gegenstände der Verträglichkeitsgruppe N mit Stoffen oder Gegenständen der Verträglichkeitsgruppe C, D, oder E zusammengeladen werden, sind die Gegenstände der Verträglichkeitsgruppe N so zu behandeln, als hätten sie die Eigenschaften der Verträglichkeitsgruppe D.

d) Versandstücke mit Stoffen und Gegenständen der Verträglichkeitsgruppe L dürfen mit Versandstücken mit gleichartigen Stoffen und Gegenständen derselben Art dieser Verträglichkeitsgruppe zusammen in ein Fahrzeug oder einen Container verladen werden.

Bei Anwendung der Zusammenladeverbote in einem Fahrzeug sind die in geschlossenen, vollwandigen Containern enthaltenen Güter nicht zu berücksichtigen.

Ungeachtet dessen gelten die **Zusammenladeverbote**

- betreffend die Zusammenladung von Versandstücken mit einem Zettel nach Muster 1, 1.4, 1.5 oder 1.6 mit anderen Versandstücken
- betreffend die Zusammenladung von explosiven Stoffen und Gegenständen mit Explosivstoff verschiedener Verträglichkeitsgruppen für die in einem Container enthaltenen gefährlichen Güter und die anderen, in dasselbe Fahrzeug verladenen gefährlichen Güter,

unabhängig davon, ob die letztgenannten in einem oder in mehreren anderen Containern enthalten sind.

Die Zusammenladung von in begrenzten Mengen verpackten gefährlichen Gütern mit allen Arten von explosiven Stoffen und Gegenständen mit Explosivstoff, ausgenommen solcher der Unterklasse 1.4 und der UN-Nummern 0161 und 0499, ist verboten.

Ausnahme 28 Gefahrgutausnahmeverordnung GGAV 2005

Eine deutsche Ausnahme erweitert die Zusammenladung von bestimmten Gütern der Klasse 1:

Die Ausnahme 28 gestattet unbefristet das Zusammenladen der folgenden Automobilteile mit dem Klassifizierungscode 1.4G

- UN 0431 PYROTECHNISCHE GEGENSTÄNDE für technische Zwecke und
- UN 0503 AIRBAG-GASGENERATOREN, PYROTECHNISCH oder AIRBAG-MODULE, PYROTECHNISCH oder GURTSTRAFFER, PYROTECHNISCH

mit den in der nachfolgenden Tabelle genannten Gütern der Klassen 2, 3, 8 und 9 unter den in dieser Ausnahme genannten Bedingungen:

UN	Bezeichnung	Klasse / Klassifizierungscode	Verpackungsgruppe	Höchstmenge
1	2	3	4	5
1090	ACETON	3/F1	II	333 l
1133	KLEBSTOFFE	3/F1	II und III	333 / 1000 l
1139	SCHUTZANSTRICHLÖSUNG	3/F1	II und III	333 / 1000 l
1170	ETHANOL, LÖSUNG	3/F1	II	333 l
1173	ETHYLACETAT	3/F1	II	333 l
1219	ISOPROPANOL	3/F1	II	333 l
1263	FARBE oder FARBZUBEHÖRSTOFFE	3/F1	II und III	333 / 1000 l
1268	ERDÖLDESTILLATE, N.A.G. oder ERDÖLPRODUKTE	3/F1	II	333 l
1300	TERPENTINÖLERSATZ	3/F1	III	1000 l
1805	PHOSPHORSÄURE, LÖSUNG	8/C1	III	1000 l
1866	HARZLÖSUNG, entzündbar.....	3/F1	II und III	333 / 1000 l
1950	DRUCKGASPACKUNGEN mit entzündbaren Gasen bis max. 1 l Inhalt	2/5F	–	333 kg
1987	ALKOHOLE, N.A.G.	3/F1	III	1000 l
1993	ENTZÜNDBARER FLÜSSIGER STOFF, N.A.G.	3/F1	II und III	333 / 1000 l
2735	AMINE, FLÜSSIG, ÄTZEND, N.A.G.	8/C7	III	1000 l
2796	SCHWEFELSÄURE, mit höchstens 51 % Säure oder BATTERIEFLÜSSIGKEIT, SAUER	8/C1	II	333 l
2797	BATTERIEFLÜSSIGKEIT, ALKALISCH	8/C5	II	333 l
3077	UMWELTGEFÄHRDENDER STOFF, FEST, N.A.G.	9/M7	III	1000 kg
3082	UMWELTGEFÄHRDENDER STOFF, FLÜSSIG, N.A.G.	9/M6	III	1000 l
3268	AIRBAG-MODULE, pyrotechnisch oder GURTSTRAFFER, pyrotechnisch	9/M5	III	1000 kg

Zusammenladeverbote:

Versandstücke mit Gefahrzettel Nr. 1, 1.4, 1.5, 1.6

dürfen nicht mit Versandstücken mit anderen Gefahrzetteln zusammen verladen werden

Vorsichtsmaßnahmen bei Nahrungs-, Genuss- und Futtermitteln

7.5.4 ADR

Versandstücke sowie ungereinigte leere Verpackungen, einschließlich Großverpackungen und Großpackmittel (IBC), mit Zetteln nach

- **Muster 6.1 oder 6.2 oder solche mit Zetteln nach**
- **Muster 9, die Güter der UN-Nummern 2212, 2315, 2590, 3151, 3152 oder 3245**

dürfen in Fahrzeugen, in Containern und an Belade-, Entlade- und Umladestellen **nicht mit Versandstücken**, von denen bekannt ist, dass sie **Nahrungs-, Genuss- oder Futtermittel enthalten**, übereinander gestapelt werden oder in deren unmittelbarer Nähe verladen werden.

Werden diese Versandstücke mit den genannten Zetteln in unmittelbarer Nähe von Versandstücken verladen, von denen bekannt ist, dass sie Nahrungs-, Genuss- oder Futtermittel enthalten, müssen sie **von diesen getrennt** sein:

- durch vollwandige Trennwände. Diese Trennwände müssen so hoch sein wie die Versandstücke mit oben genannten Zetteln; oder
- durch Versandstücke, die nicht mit Zetteln nach Muster 6.1, 6.2 oder 9 versehen sind, oder durch Versandstücke, die mit Zetteln nach Muster 9 versehen sind, aber keine Güter der UN-Nummern 2212, 2315, 2590, 3151, 3152 oder 3245 enthalten, oder
- durch einen Abstand von mindestens 0,8 m,

es sei denn, die Versandstücke mit oben genannten Zetteln sind zusätzlich verpackt oder vollständig abgedeckt (z.B. durch Folie, Stülpkarton oder sonstige Maßnahmen).

Vorsichtsmaßnahmen bei Nahrungs-, Genuss- und Futtermitteln:

Versandstücke mit Gefahrzettel

Nr. 6.1,

6.2 und

Nr. 9

UN-Nummer
UN 2212, UN 2315
UN 2590, UN 3151
UN 3152, UN 3245

getrennt halten von

durch:

- vollwandige Trennwände oder
- andere Versandstücke oder
- einen Abstand von min. 0,8 m oder
- zusätzliche Verpackung (Umverpackung) oder
- vollständige Abdeckung (z.B. Folie, Stülpkarton)

Begrenzung der beförderten Mengen

7.5.5 ADR

Für die Beförderung von bestimmten Gütern der

- **Klasse 1,**
- **Klasse 4.1 selbstzersetzliche Stoffe,**
- **Klasse 5**

gibt es Mengengrenzen, aus deren Beförderung sich zusätzliche Verpflichtungen ergeben.

Hierzu existieren auch Sondervorschriften im Kapitel 3.2 Tabelle A Spalte 18.

Weitere Begrenzungen ergeben sich für die Beförderung von explosiven Stoffen oder Gegenständen mit Explosivstoff in MEMU.

Achtung!!! Wichtig!!!

Die RSEB führt hier in Erläuterung zu den Pflichten des Fahrzeugführers aus:

Bei flüssigen gefährlichen Gütern, ausgenommen bei verflüssigten Gasen, hat der **Fahrzeugführer** nach § 28 Nr. 3 Satz 2 der GGVSEB einen **Füllungsgrad** von **höchstens 90 %** einzuhalten, wenn der Befüller (Betreiber der Abfüllanlage) den höchstzulässigen Füllungsgrad nicht angeben kann. Füllungsgrade, die in anderen Veröffentlichungen (z.B. berufsgenossenschaftlichen Regelungen) genannt werden, finden keine Anwendung.

Handhabung und Verstauung

7.5.7 ADR

Dieser Abschnitt regelt die **Ladungssicherung** bei Gefahrguttransporten.

Ladungssicherung stellt gerade bei Gefahrgutbeförderungen hohe Anforderungen an das **verladende Personal** und den **Fahrzeugführer**.

Neben den u.a. allgemeinen Rahmenregelungen empfiehlt das ADR diese Hilfsmittel für die konkrete Durchführung der Ladungssicherung:

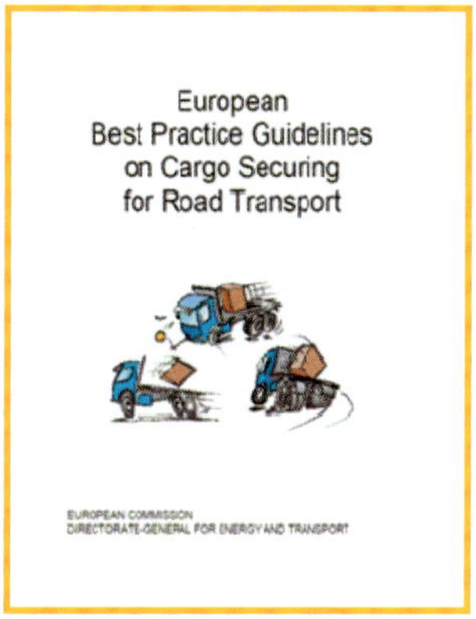

Anleitungen für das Verstauen gefährlicher Güter können den von der Europäischen Kommission veröffentlichten „**European Best Practice Guidelines on Cargo Securing for Road Transport**" (Europäische Leitlinien für optimale Verfahren der Ladungssicherung im Straßenverkehr) entnommen werden.

Ladungssicherungsmaßnahmen gelten als erfüllt, wenn sie die Anforderungen der Norn EN 12195-1:2010 erfüllen.

Weitere Anleitungen werden auch von zuständigen Behörden und Industrieverbänden zur Verfügung gestellt. In Deutschland ist der Verein der deutschen Ingenieure (VDI) beauftragt entsprechende Regelwerke zu entwickeln. Der **VDI** hat dies mit der **Normenreihe VDI 2700 ff**. realisiert. Diese Richtlinien stellen den „**Stand der Technik**" dar.

Aber auch viele berufsgenossenschaftliche Werke dienen der Umsetzung gesetzlicher Forderungen (z.B. **BGI 649 Ladungssicherung auf Fahrzeugen**).

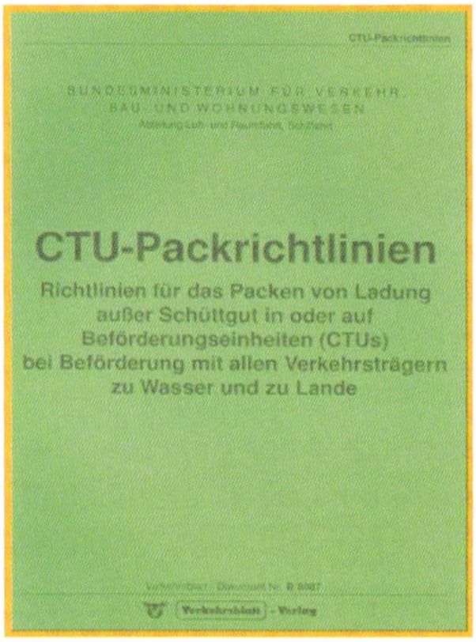

Einen wichtigen Standard im internationalen Transport, insbesondere im Seetransport, stellen die **CTU-Packrichtlinien** dar.

Ein sehr gutes System für die Umsetzung in der Praxis stellt das **Bundesamt für Materialforschung** (BAM) mit dem „**Ladungssicherungs-Informations-System** (LIS)" zur Verfügung.

Als letztes soll für den **internationalen Containertransport** auf das dreibändige **Containerhandbuch** des Gesamtverbandes der deutschen Versicherer **GDV** verwiesen werden.

Alle diese Regelwerke zur Ladungssicherung werden in der Reihe Ladungssicherung des Verkehrs-Verlag Fischer praxisgerecht aufbereitet.

Die deutsche Straßenverkehrsordnung hält grundsätzliche Regelung vor, die natürlich auch für den Gefahrguttransport anzuwenden sind. Dabei stellen die rechtlichen Verantwortlichkeiten eine besondere Bedeutung dar.

§ 22 (1) Straßenverkehrsordnung (StVO)

Die Ladung sowie Spannketten, Geräte und sonstige Ladeeinrichtungen sind so zu verstauen und zu sichern, dass sie selbst bei Vollbremsung oder plötzlicher Ausweichbewegung weder ganz noch teilweise verrutschen, umfallen, hin- und herrollen, herabfallen oder vermeidbaren Lärm erzeugen können.

Dabei sind die anerkannten Regeln der Technik zu beachten. (VDI-Richtlinien 2700 ff)

Aus der **Rechtsprechung**:

„ ... Für eine ordnungsgemäße tatsächliche Ladungssicherung ist insbesondere derjenige verantwortlich, der unter eigener Verantwortung das Fahrzeug beladen hat."

OLG Stuttgart, 27.12.1982 – 1 Ss 858/82 ebenso
OLG Celle, 11.09.2006, 222 Ss 280/06 ebenso
OLG Celle, 28.02.2007, 322 Ss 39/07

Verwaltungsvorschriften:

Zu verkehrssicherer Verstauung gehört sowohl eine die Verkehrs- und Betriebssicherheit nicht beeinträchtigende Verteilung der Ladung als auch deren sichere Verwahrung, wenn nötig Befestigung, die ein Verrutschen oder gar Herabfallen unmöglich machen.

Schüttgüter, wie Kies, Sand, aber auch gebündeltes Papier, die auf Lkw befördert werden, sind i.d.R. nur dann gegen Herabfallen besonders gesichert, wenn durch überhöhte Bordwände, Planen o.ä. Mittel sichergestellt ist, dass auch nur unwesentliche Teile der Ladung nicht herabfallen können.

Es ist vor allem verboten, Kanister oder Blechbehälter ungesichert auf der Ladefläche zu befördern.

Die RSEB führt hierzu zum § 28 GGVSEB Verantwortlichkeiten des Fahrzeugführers aus:

Belädt der **Fahrzeugführer** nicht selbst, so bleibt er im Rahmen der zumutbaren Einwirkungsmöglichkeiten neben demjenigen, der tatsächlich belädt, verantwortlich. Von dem **Fahrzeugführer** ist zu verlangen, dass er vor Abfahrt die Ladungssicherung durch äußere Besichtigung prüft und während der Fahrt erkennbare Störungen behebt oder beheben lässt.

§ 23 Straßenverkehrsordnung (StVO) Auszüge

Der Fahrzeugführer ist dafür verantwortlich, dass seine Sicht ... nicht durch die ... Ladung, Geräte oder den Zustand des Fahrzeugs beeinträchtigt wird.

Er muss dafür sorgen, dass das Fahrzeug, der Zug oder das Gespann sowie die Ladung ... vorschriftsmäßig sind und dass die Verkehrssicherheit des Fahrzeugs durch die Ladung... nicht leidet.

Zu verkehrssicherer Verstauung gehört sowohl eine die Verkehrs- und Betriebssicherheit nicht beeinträchtigende Verteilung der Ladung als auch deren sichere Verwahrung, wenn nötig Befestigung, die ein Verrutschen oder gar Herabfallen unmöglich machen.

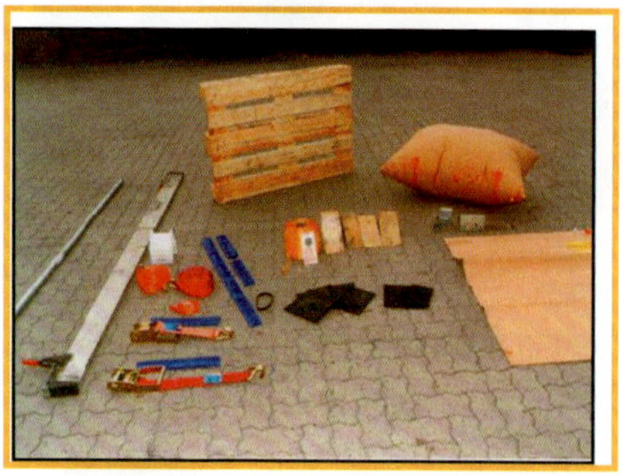

Ausrüstung der Wagen/Fahrzeuge oder Container mit Einrichtungen für die Sicherung und Handhabung der gefährlichen Güter.

Verantwortlich ist der Beförderer

Das ADR schreibt vor:

Die Fahrzeuge oder Container müssen gegebenenfalls mit Einrichtungen für die Sicherung und Handhabung der gefährlichen Güter ausgerüstet sein.

Versandstücke, die gefährliche Güter enthalten, und unverpackte gefährliche Gegenstände müssen durch geeignete Mittel gesichert werden, die in der Lage sind, die Güter im Fahrzeug oder Container so zurückzuhalten (z.B. Befestigungsgurte, Schiebewände, verstellbare Halterungen), dass eine Bewegung während der Beförderung, durch die die Ausrichtung der Versandstücke verändert wird oder die zu einer Beschädigung der Versandstücke führt, verhindert wird.

Sonstige Sicherungsmittel

Keil

Zinkenkralle

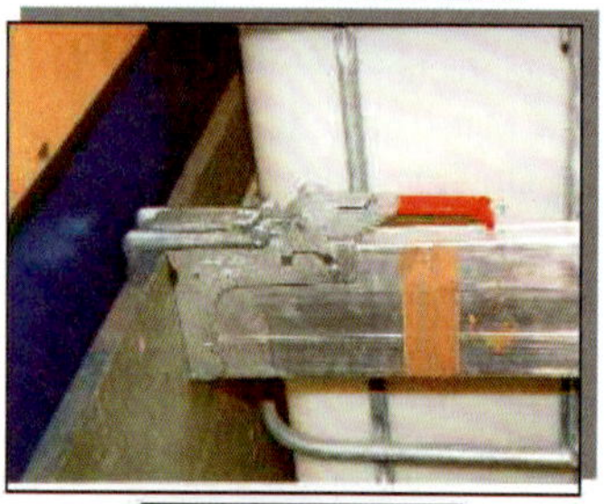

Sperrbalken

Luftsack

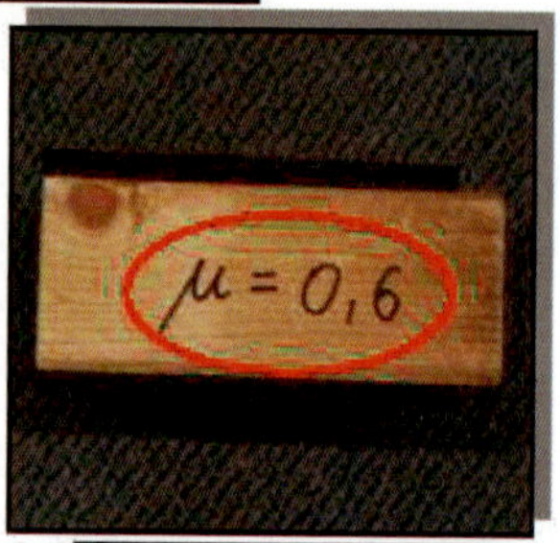

Antirutschholz

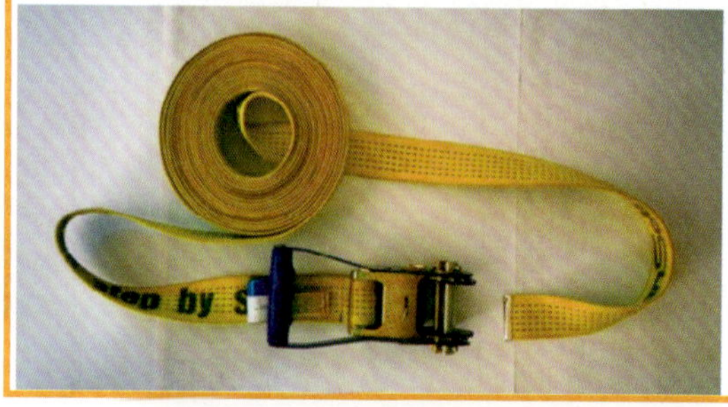

Wenn gefährliche Güter zusammen mit anderen Gütern (z.B. schwere Maschinen oder Kisten) befördert werden, müssen alle Güter in den Fahrzeugen oder Containern so gesichert oder verpackt werden, dass das Austreten gefährlicher Güter verhindert wird.

Die Bewegung der Versandstücke kann auch durch das Auffüllen von Hohlräumen mit Hilfe von Stauhölzern oder durch Blockieren und Verspannen verhindert werden.

Wenn Verspannungen wie Bänder oder Gurte verwendet werden, dürfen diese nicht überspannt werden, so dass es zu einer Beschädigung oder Verformung des Versandstücks kommt.

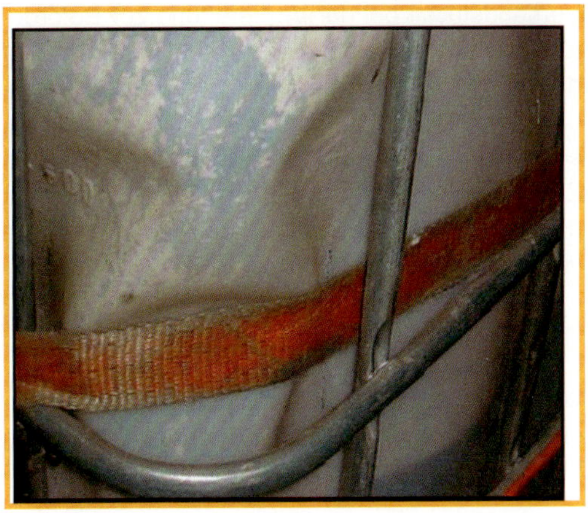

Versandstücke dürfen nicht gestapelt werden, es sei denn, sie sind für diesen Zweck ausgelegt. Wenn verschiedene Arten von Versandstücken, die für eine Stapelung ausgelegt sind, zusammen zu verladen sind, ist auf die gegenseitige Stapelverträglichkeit Rücksicht zu nehmen. Soweit erforderlich müssen gestapelte Versandstücke durch die Verwendung tragender Hilfsmittel gegen eine Beschädigung der unteren Versandstücke geschützt werden.

Die RSEB führt hierzu aus:

Aus der Formulierung des Unterabschnitts 7.5.7.2 ergibt sich kein grundsätzliches Stapelverbot. Für Versandstücke mit UN- und ADR/RID-Kennzeichnung einschließlich von Säcken gilt die Stapelfähigkeit bis zu einer Höhe von 3,0 m mit Ausnahme der Kombinationsverpackungen mit ADR/RID-Kennzeichnung und der IBC mit Angabe einer Stapellast „0“ in der UN-Kennzeichnung als nachgewiesen. Um den Forderungen dieses Unterabschnittes Rechnung zu tragen, ist beim Stapeln von Versandstücken die Stapelfähigkeit auf der unteren Ladung in geeigneter Weise sicherzustellen. Hierzu können z.B. die Kriterien nach Abschnitt 3.2.6 der CTU-Packrichtlinien herangezogen werden.

11. Be- und Entladen

Während des Be- und Entladens müssen Versandstücke mit gefährlichen Gütern gegen Beschädigung geschützt werden.

Besondere Beachtung ist der Handhabung der Versandstücke bei der Vorbereitung zur Beförderung, der Art des Fahrzeugs oder Containers, mit dem die Versandstücke befördert werden sollen, und der Be- und Entlademethode zu schenken, so dass eine unbeabsichtigte Beschädigung durch Ziehen der Versandstücke über den Boden oder durch falsche Behandlung der Versandstücke vermieden wird.

Die RSEB führt hierzu aus:
Die Bedingungen des Unterabschnitts 7.5.7.3 gelten als erfüllt, wenn z.B. die BG-Vorschrift Fahrzeuge (BGV D 29), die berufsgenossenschaftlichen Informationen BGI 599 (Sicheres Kuppeln von Fahrzeugen) und BGI 649 (Ladungssicherung auf Fahrzeugen) sowie das Arbeitsschutzgesetz (§§ 5, 6 – Gefährdungsbeurteilung) umgesetzt werden.

Die Vorschriften gelten auch für das Beladen und Verstauen von Containern auf Fahrzeugen sowie für das Entladen von Containern von Fahrzeugen.

Verbot der Öffnung von Versandstücken

7.5.7.5 und 8.3.3 ADR

Das **Öffnen** eines Versandstückes mit gefährlichen Gütern durch den Fahrzeugführer oder Beifahrer ist **verboten**.

Reinigung nach dem Entladen

7.5.8 ADR

Wird nach dem Entladen eines Fahrzeugs oder Containers, in dem sich verpackte gefährliche Güter befanden, festgestellt, dass ein Teil ihres Inhaltes ausgetreten ist, so ist das Fahrzeug oder der Container so bald wie möglich, auf jeden Fall aber **vor erneutem Beladen, zu reinigen**.

Ist eine Reinigung vor Ort nicht möglich, muss das Fahrzeug oder der Container unter Beachtung einer ausreichenden Sicherheit bei der Beförderung der nächsten geeigneten Stelle, wo eine Reinigung durchgeführt werden kann, zugeführt werden.

Eine ausreichende Sicherheit bei der Beförderung liegt vor, wenn geeignete Maßnahmen ergriffen wurden, die ein unkontrolliertes Freiwerden der ausgetretenen gefährlichen Güter verhindern.

Fahrzeuge oder Container, in denen sich gefährliche Güter in loser Schüttung befanden, sind vor erneutem Beladen in geeigneter Weise zu reinigen, wenn nicht die neue Ladung aus dem gleichen gefährlichen Gut besteht wie die vorhergehende.

Rauchverbot

7.5.9 ADR und 8.3.6 ADR

Bei **Ladearbeiten** ist das **Rauchen** in der Nähe der Fahrzeuge oder Container und in den Fahrzeugen oder Containern **untersagt**.

Das bedeutet aber nicht im Umkehrschluss, dass während der Fahrt geraucht werden darf.
Es ergibt sich aus dem § 4 GGVSEB „Allgemeine Sicherheitspflichten“ und aus anderen Rechtsbereichen ein Rauchverbot, auch wenn es nicht explizit ausgesprochen wird.

Bei Be- und Entladetätigkeiten gilt das Rauchverbot auch in den Fahrzeugen.

Umgang mit Feuer und offenem Licht

Anlage 2 Nr. 3.1 GGVSEB

Bei **Ladearbeiten** ist der **Umgang** mit **Feuer** oder **offenem Licht** in der Nähe der Fahrzeuge oder Container und in den Fahrzeugen oder Containern **untersagt**.

Maßnahmen zur Vermeidung elektrostatischer Aufladung

7.5.10 ADR

- **Bei entzündbaren Gasen,**
- **bei flüssigen Stoffen mit einem Flammpunkt bis höchstens 60 °C oder bei**
- **UN 1361 Kohle oder Ruß, Verpackungsgruppe II**

ist **vor** der **Befüllung** oder **Entleerung** der Tanks eine **elektrisch gut leitende Verbindung zwischen** dem **Aufbau** des Fahrzeugs, dem ortsbeweglichen Tank oder dem Tankcontainer und der **Erde** herzustellen. Außerdem ist die **Füllgeschwindigkeit** zu **begrenzen**.

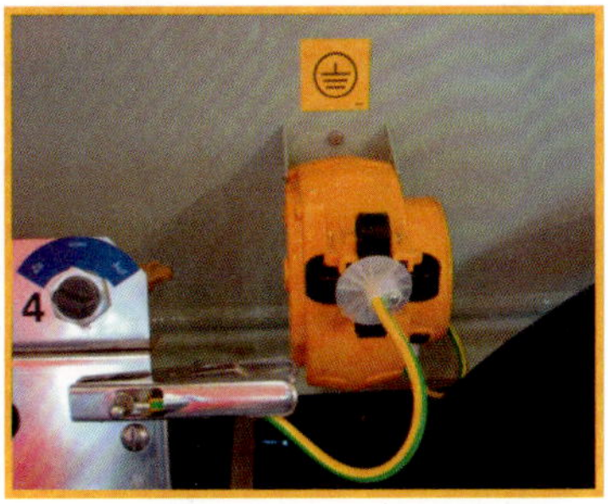

Betrieb des Motors bei Ladearbeiten

8.3.6 ADR

Abgesehen von den Fällen, in denen der Motor zum Betrieb von Pumpen oder anderen für das Beladen oder Entladen des Fahrzeugs erforderlichen Einrichtungen benötigt wird und die Rechtsvorschriften des Staates, in dem sich das Fahrzeug befindet, diese Verwendung gestatten, muss der Motor während der Belade- und Entladevorgänge abgestellt sein.

Zusätzliche Be- und Entladevorschriften für bestimmte Klassen und Güter

7.5.11 ADR

In der Tabelle 3.2A Spalte 18 werden zusätzliche Regelungen hinsichtlich der Be- und Entladung und der Handhabung für bestimmte Klassen und Güter getroffen. Diese Regelungen werden mit den Buchstaben „**CV**" codiert.

Es existieren 36 Sondervorschriften, von denen momentan aber nur 27 belegt sind.

Beispiele:

CV 2:
Vor dem Beladen ist die Ladefläche des Fahrzeugs oder des Containers gründlich zu reinigen.
Die Verwendung von Feuer und offenem Licht ist auf Fahrzeugen und in Containern, die diese Güter befördern, in ihrer Nähe sowie beim Be- und Entladen verboten.

CV 10:
Regelungen für Gasflaschen:

Die Flaschen gemäß Begriffsbestimmung in Abschnitt 1.2.1 müssen parallel oder quer zur Längsachse des Fahrzeugs oder Containers gelegt werden; in der Nähe der Stirnwände müssen sie jedoch quer zur Längsachse verladen werden.

Kurze Flaschen mit großem Durchmesser (etwa 30 cm und mehr) dürfen auch längs gelagert werden, wobei die Schutzeinrichtungen der Ventile zur Fahrzeugmitte oder Containermitte zeigen müssen.

Flaschen, die ausreichend standfest sind oder die in geeigneten Einrichtungen, die sie gegen Umfallen schützen, befördert werden, dürfen aufrecht verladen werden.

Liegende Flaschen müssen in sicherer und geeigneter Weise so verkeilt, festgebunden oder festgelegt sein, dass sie sich nicht verschieben können.

CV 33:
Diese Sondervorschrift beinhaltet sehr ausführlich Regelungen für **radioaktive Stoffe.**

CV 36:
Beförderung von gefährlichen Gasen:

Die Versandstücke sind vorzugsweise in offene oder belüftete Fahrzeuge oder in offene oder belüftete Container zu verladen. Wenn dies nicht möglich ist und die Versandstücke in anderen gedeckten Fahrzeugen oder anderen geschlossenen Containern befördert werden, müssen die

Ladetüren der Fahrzeuge oder Container mit folgender Kennzeichnung versehen sein, wobei die Buchstabenhöhe mindestens 25 mm betragen muss

ACHTUNG
KEINE BELÜFTUNG
VORSICHTIG ÖFFNEN

Diese Angaben müssen in einer Sprache abgefasst sein, die vom Absender als geeignet angesehen wird.

Die RSEB führt hierzu aus:
Die Beförderung von Stoffen, die unter der CV 36 befördert werden, sollte vorzugsweise nur in belüfteten Fahrzeugen/Wagen erfolgen.

Auf Grund der Unfallsituation sollten Gase der Klasse 2 in offenen oder belüfteten Fahrzeugen befördert werden. Entsprechende Vorgaben gibt es in der TRG 280 Nr. 4.4 *) und in dem Merkblatt 0211 des DVS – Deutscher Verband für Schweißen und verwandte Verfahren e.V.

*) *TRG 280 Allgemeine Anforderungen an Druckgasbehälter Betreiben von Druckgasbehältern*

Nur bei kurzfristigem Einsatz von nicht firmeneigenen Fahrzeugen (Mietfahrzeuge) kann ausnahmsweise auf die ausreichende Belüftung verzichtet werden, wenn das Fahrzeug keine Belüftungsmöglichkeiten hat. Zusätzlich zu der entsprechenden Aufschrift ist der Fahrzeugführer über die möglichen Gefahren einer nicht ausreichenden Belüftung zu informieren. Die Gasflaschen sollten nach der Beförderung nicht im Fahrzeug verbleiben.

Sofern durch eine konkrete Gefährdungsanalyse ausgeschlossen werden kann, dass von den im Fahrzeug beförderten Gasen eine konkrete Gefahr ausgeht, kann auf eine Belüftung verzichtet und die CV 36 angewendet werden.

12. Security

Unter „**Security (Sicherung)**" versteht man die **Maßnahmen** oder **Vorkehrungen**, die zu treffen sind, um den **Diebstahl** oder den **Missbrauch gefährlicher Güter**, durch den Personen, Güter oder die Umwelt gefährdet werden können, zu **minimieren**.

Zahlreiche Vorfälle in der Vergangenheit belegen den terroristisch begründeten Missbrauch von hierzu geeigneten Gefahrgütern.

Beispiele:

Juli 2006: Kofferbomber im Kölner Hauptbahnhof
Am 31. Juli 2006 scheiterte ein Bombenanschlag auf zwei Regionalzüge. Auf dem Kölner Hauptbahnhof hatten die mutmaßlichen Bombenleger, der später im Libanon gefasste Jihad H. und der in Kiel festgenommene Youssef E.H., in zwei Regionalzügen Kofferbomben deponiert. "Sie wollten zahlreiche unbeteiligte Zivilisten töten und Angst und Schrecken verbreiten." Nur wegen eines handwerklichen Fehlers seien die Bomben nicht detoniert. Gemeinsam deponierten die Libanesen an jenem Tag zwei Kofferbomben in zwei Regionalzügen. Glücklicherweise waren die Höllenmaschinen mit **Propangas, Benzin** und Zeitzünder fehlerhaft gebaut. Sie explodierten nicht, und die Attentäter konnten gefasst werden.

September 2007: Anschlagsvorbereitung im Sauerland
Deutsche Sicherheitskräfte nahmen drei mutmaßliche Terroristen fest. Die Festgenommenen wollten mit Autobomben viele Menschen verletzen. Die drei Männer sollen massive Terroranschläge in Deutschland geplant haben. Sie trafen die Vorbereitungen in einem idyllischen Städtchen im Hochsauerlandkreis. Die Bewohner sind entsetzt. Die drei Täter hatten sich bereits **Wasserstoffperoxidlösung** für die Anschläge besorgt. Die Fässer wurden bei der Bekanntgabe der Festnahme von der Bundesstaatsanwaltschaft präsentiert.

Am 11. April 2002 wurde ein Anschlag auf Touristen, die die Al-Ghriba-Synagoge auf Djerba besuchten, verübt. **Dabei fuhr ein Lastwagen, der mit 5 000 Litern Flüssiggas beladen war, gegen die Synagoge und explodierte.** Infolge des Anschlags starben 21 Touristen (14 davon aus Deutschland); weitere ca. 30 Personen wurden zum Teil schwer verletzt. Im Juni 2002 bekannte sich Al-Qaida zu der Tat.

Chemie-Terror: Verbände machen mobil

„Mehr Schutz für Gefahrguttransporte in Deutschland“ – Parken auf bewachtem Gelände

Von Thomas Kaiser und den Nachrichtendiensten

Frankfurt/Berlin. Verstärkte Anstrengungen zur Abwehr der von „Chemie-Terroristen“ in Deutschland ausgehenden Gefahren fordern Geheimdienstkreise. Sie haben Hinweise, wonach in der Bundesrepublik getarnt lebende-Terroristen der El Kaida des Islamisten Osama Bin Laden Anschläge auf oder mit Chemie-Tanklastwagen planen. In den USA haben Mitglieder der Al-Kaida-Bande im vergangenen Jahr versucht, in den Besitz eines Lkw zu gelangen, der mit gefährlichen und explosiven Chemikalien beladen war. „Wir gehen auf Grund unserer Informationen davon aus, dass bin Ladens Leute das auch bei uns versuchen wollen“, sagte ein Anti-Terror-Experte.

Vor diesem Hintergrund haben der Verband der Chemischen Industrie (VCI), der Bundesverband Güterkraftverkehr, Logistik und Entsorgung (BGL) sowie der Bundesverband Spedition und Logistik (BSL) in einer gemeinsamen Erklärung die rot-grüne Bundesregierung aufgefordert, in Zukunft erheblich mehr für den Schutz von Gefahrguttransporten zu tun. In Gesprächen seit dem 11. September 2001 sind die drei Verbände zu der Ansicht gelangt, „dass auf Grund der bestehenden Gefährdungslage, besondere Umsicht erforderlich sind“. Demnach seien Gefahrguttransporte beim Parken auf bewachtem oder abgeschlossenem Gelände abzustellen, Neufahrzeuge mit einem Diebstahlschutz auszustatten sowie Kommunikationsmöglichkeiten mit dem Fahrereinzurichten. Darüber hinaus müsse die Zuverlässigkeit der Fahrer von Dienstleistungsunternehmen des Straßengüterverkehrsgewerbes überprüft werden.

Derweil hat ein El-Kaida-Mitglied gestern mit weiteren Anschlägen auf amerikanische Ziele gedroht.

Hierzu wurde im **ADR** das **Kapitel 1.10** aufgenommen, welches die Einzelregelungen für die Beförderung festlegt.

Anwendungspflicht

1.10.4 ADR

Die Regelungen **brauchen nicht angewendet** werden,

- wenn die Mengengrenzen für kennzeichnungspflichtige Transporte nach Tabelle 1.1.3.6.3 („1000-Punkte-Tabelle“) nicht überschritten werden,
- für Beförderungen von „Limited Quantities“,
- für Beförderungen von Excepted Quantities,
- für die sonstigen Freistellungsregelungen z.B. nach 1.1.3.6 ADR,
- bei Transporten in Tanks bzw. in loser Schüttung, wenn die Mengengrenzen nach Tabelle 1.1.3.6.3 („1000-Punkte-Tabelle“) nicht überschritten werden,
- für die Beförderung von UN 2912 RADIOAKTIVE STOFFE MIT GERINGER SPEZIFISCHER AKTIVITÄT (LSA-I) und UN 2913 RADIOAKTIVE STOFFE, OBERFLÄCHENKONTAMINIERTE GEGENSTÄNDE (SCO-I).

Diese Befreiungsregelungen gelten nicht bei diesen UN-Nummern:
0029, 0030, 0059, 0065, 0073, 0104, 0237, 0255, 0267, 0288, 0289, 0290, 0360, 0361, 0364, 0365, 0366, 0439, 0440, 0441, 0455, 0456 und 0500 und der UN-Nummern 2910 und 2911, sofern der Aktivitätswert den A_2-Wert überschreitet

Anwendung

Bei Überschreitung der Mengengrenzen des kennzeichnungspflichtigen Transports (Tabelle 1.1.3.6.3 ADR)

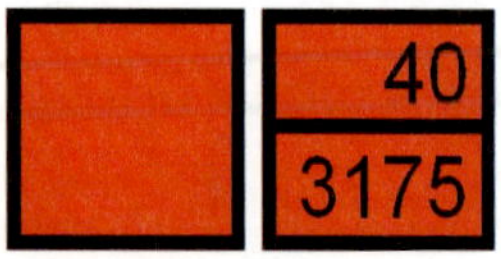

- **für Versandstücke**
- **lose Schüttung**
- **Tanktransport**

Ausnahme:
UN 0029, 0030, 0059, 0065, 0073, 0104, 0237, 0255, 0267, 0288, 0289, 0290, 0360, 0361, 0364, 0365, 0366, 0439, 0440, 0441, 0455, 0456, 0500
UN 2910, 2911 bei Überschreitung des Aktivitäts-Wertes von A_2
Keine Anwendung bei:
UN 2912 und 2913

nicht bei Transporten von

- **Begrenzten Mengen (Limited Quantities)**
- **Freigestellten Mengen (Excepted Quantities)**
- **sonstigen Freistellungsregelungen**

Besteht die **Anwendungspflicht (Überschreiten der Mengengrenzen)** gelten diese allgemeinen Regelungen:

Allgemeine Vorschriften

1.10.1 ADR

- Alle an der Beförderung gefährlicher Güter beteiligten Personen müssen entsprechend ihren Verantwortlichkeiten, die in diesem Kapitel aufgeführten Vorschriften für die Sicherung beachten.

- Gefährliche Güter dürfen nur Beförderern zur Beförderung übergeben werden, deren Identität in geeigneter Weise festgestellt wurde.

- Bereiche innerhalb von
  - Terminals für das zeitweilige Abstellen,
  - Plätzen für das zeitweilige Abstellen,
  - Fahrzeugdepots,
  - Liegeplätzen und Rangierbahnhöfen,

  die für das zeitweilige Abstellen während der Beförderung gefährlicher Güter verwendet werden, müssen ordnungsgemäß gesichert, gut beleuchtet und, soweit möglich und angemessen, für die Öffentlichkeit unzugänglich sein.

  Als Bereiche für das zeitweilige Abstellen gelten solche Plätze, auf denen regelmäßig die Beförderung unterbrochen wird, z.B. wegen Wechsels der Beförderungsart. Die Bereiche für die Öffentlichkeit in angemessener Form unzugänglich zu gestalten, bedeutet nicht automatisch, dass ein Zaun gebaut werden muss. Organisatorische Regelungen wie Zugangsregelungen für Personen mit und ohne Fahrzeug, d.h. Ausschluss unkontrollierten Zuganges und auch technische Überwachung können ausreichend sein.

- Jedes Mitglied der Fahrzeugbesatzung muss während der Beförderung gefährlicher Güter einen Lichtbildausweis mit sich führen.

  Die RSEB führt hierzu aus: Der Lichtbildausweis muss ein amtlicher Ausweis (z.B. Personalausweis, Pass, Führerschein oder Fahrerkarte für das digitale Kontrollgerät) sein.

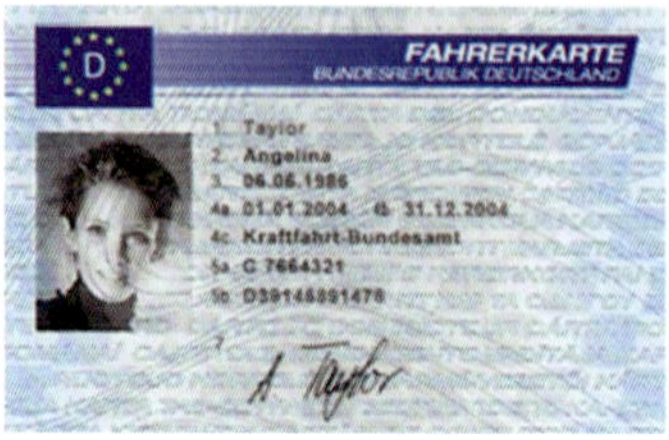

- Sicherheitsüberprüfungen gemäß Abschnitt 1.8.1 (Behördliche Gefahrgutkontrollen) und Unterabschnitt 7.5.1.1 (Kontrolle bei der Ankunft am Be- und Entlade-Ort) müssen sich auch auf angemessene Maßnahmen für die Sicherung erstrecken.

- Die zuständige Behörde (in Deutschland die Industrie- und Handelskammern) muss auf dem neuesten Stand befindliche Verzeichnisse über alle gültigen Schulungsbescheinigungen für Fahrzeugführer kennzeichnungspflichtiger Fahrzeuge führen, die durch sie oder andere anerkannte Stellen ausgestellt wurden.

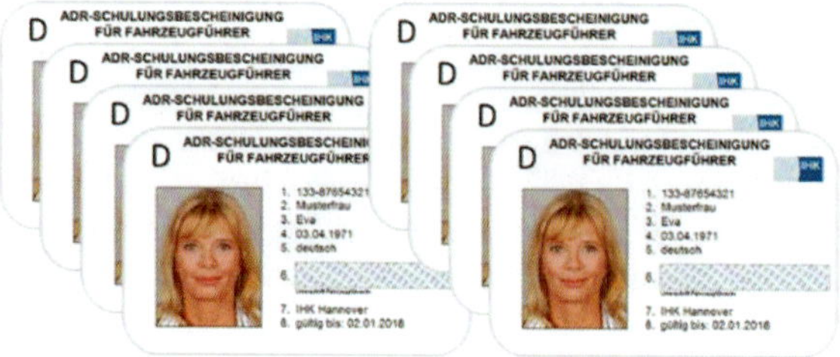

Unterweisung im Bereich der Sicherung

1.10.2 ADR

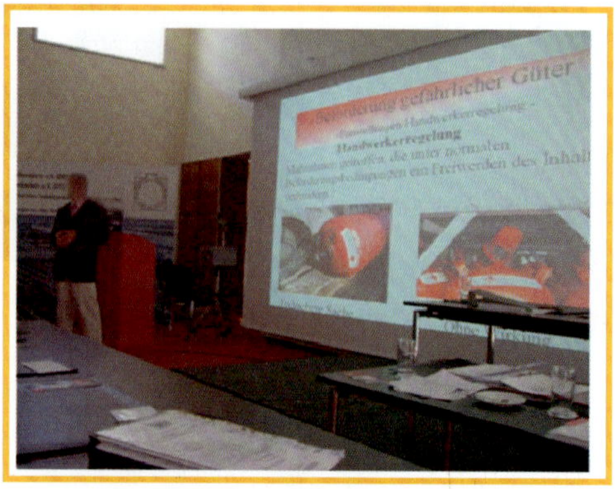

Alle an der Beförderung gefährlicher Güter beteiligten Personen müssen vor der Übernahme gefahrgutrechtlicher Pflichten unterwiesen worden sein (1.3 ADR).

Diese erstmalige Unterweisung und Auffrischungsunterweisungen müssen auch Bestandteile beinhalten, die der Sensibilisierung gegenüber der Sicherung dienen.

Die Auffrischungsunterweisung im Bereich der Sicherung muss nicht unbedingt nur mit Änderungen der Vorschriften zusammenhängen.

Die Unterweisung zur Sensibilisierung gegenüber der Sicherung muss sich auf die Art der Sicherungsrisiken, deren Erkennung und die Verfahren zur Verringerung dieser Risiken sowie die bei Beeinträchtigung der Sicherung zu ergreifenden Maßnahmen beziehen.

Sie muss Kenntnisse über eventuelle Sicherungspläne entsprechend dem Arbeits- und Verantwortungsbereich des Einzelnen und dessen Rolle bei der Umsetzung dieser Pläne vermitteln.

Eine solche Unterweisung muss bei der Aufnahme einer Tätigkeit, welche die Beförderung gefährlicher Güter umfasst, erfolgen oder überprüft und in regelmäßigen Abständen durch Auffrischungskurse ergänzt werden.

Eine detaillierte Beschreibung der gesamten im Bereich der Sicherung erhaltenen Unterweisung ist vom Arbeitgeber aufzubewahren und dem Arbeitgeber oder der zuständigen Behörde auf Verlangen zur Verfügung zu stellen.

Die detaillierten Beschreibungen müssen vom Arbeitgeber für den von der zuständigen Behörde festgelegten Zeitraum aufbewahrt werden.

Vorschriften für gefährliche Güter mit hohem Gefahrenpotential

1.10.3 ADR

Gefährliche Güter mit hohem Gefahrenpotenzial sind solche, bei denen die Möglichkeit eines Missbrauchs zu terroristischen Zwecken und damit die Gefahr schwerwiegender Folgen, wie der Verlust zahlreicher Menschenleben, massive Zerstörungen oder, insbesondere im Fall der Klasse 7, tiefgreifende sozioökonomische Veränderungen, besteht.

Diese Güter sind in den Tabellen 1.10.3.1.2 und 1.10.3.1.3 ADR aufgelistet (nachfolgend abgedruckt). In diesen Tabellen findet auch der „terroristische" Gedanke seinen Niederschlag. Bei den betroffenen Gütern wird in die Transportarten Versandstück, lose Schüttung, Tank und radioaktive Stoffe unterschieden. Viele Güter werden für terroristische Aktivitäten z.B. erst interessant, wenn sie in einer großen Menge im Tank transportiert werden und daher mit relativ geringen Mitteln zur effektiven Explosion gebracht werden können. Das gleiche Gefahrgut im Versandstück stellt für den Terroristen u.U. eine zu hohe logistische Anforderung dar bzw. hat das Gefahrgut im Versandstück nicht die gleiche Wirkkraft wie im Tank.

Die RSEB konkretisiert hier, dass bei nicht kennzeichnungspflichtigen Transporten die Vorschriften für die Sicherung nicht anzuwenden sind, auch wenn die Mengengrenzen in der Tabelle 1.10.5 (gemäß ADR 2011) überschritten werden.

Sicherungspläne

1.10.3.2 ADR

Wer mit derartigen Gefahrgütern umgeht, muss einen Sicherungsplan erstellen.

Dabei kann durchaus unterschieden werden, ob ein Unternehmen physisch über das Gefahrgut verfügt oder nicht. Entsprechend können die Maßnahmen festgelegt werden. Wichtig ist auch, dass nicht der logistische Bereich oder gar einzelne Beförderungsvorgänge, sondern das Unternehmen mit seinem Gesamtpotential betrachtet wird. Möglich ist auch die Übernahme von oder der Verweis auf Elemente aus anderen im Unternehmen bereits vorhandenen Regelungen auf Grund bereits bestehender Rechtsverpflichtungen. Für den Gefahrgutbeauftragten kommt die Prüfung hinzu, ob ein Sicherungsplan existiert. Er muss diese Sicherungspläne jedoch nicht selbst erstellen.

Die RSEB verweist dazu auf „Hinweise zur Umsetzung neuer gesetzlicher Sicherungsbestimmungen für die Beförderung gefährlicher Güter“, gemeinsam erarbeitet von den Verbänden BGL, DSLV, VCH, VCI, VDV, und VPI, als Hilfe zur Umsetzung der Vorschriften für die Sicherung und zur Erstellung der Sicherungspläne.

Ein Sicherungsplan ist ein hochsensibles Dokument und darf nur berechtigten Personen zugänglich gemacht werden.

Beförderer, Absender und Empfänger sollten untereinander und mit den zuständigen Behörden zusammenarbeiten, um Hinweise über eventuelle Bedrohungen auszutauschen, geeignete Sicherungsmaßnahmen zu treffen und auf Zwischenfälle, welche die Sicherung gefährden, zu reagieren.

Die RSEB empfiehlt, dass die Sicherungspläne durch die Überwachungsbehörden im Rahmen von Stichproben bzw. aus gegebenem Anlass Plausibilitätskontrollen unterzogen werden. Die Notwendigkeit für Prüfungen im Detail kann sich in besonderen Fällen ergeben.

Liste der gefährlichen Güter mit hohem Gefahrenpotential

Tabelle 1.10.3.1.2 ADR

Klasse	Unterklasse	Stoff oder Gegenstand	Menge		
			Tank (Liter)[c)]	lose Schüttung (kg)[d)]	Versandstück (kg)
1	1.1	Explosive Stoffe und Gegenstände mit Explosivstoff	a)	a)	0
	1.2	Explosive Stoffe und Gegenstände mit Explosivstoff	a)	a)	0
	1.3	Explosive Stoffe und Gegenstände mit Explosivstoff der Verträglichkeitsgruppe C	a)	a)	0
	1.4	explosive Stoffe und Gegenstände mit Explosivstoff der UN-Nummern 0104, 0237, 0255, 0267, 0289, 0361, 0365, 0366, 0440, 0441, 0455, 0456 und 0500	a)	a)	0
	1.5	Explosive Stoffe und Gegenstände mit Explosivstoff	0	a)	0
2		Entzündbare Gase (nur mit Klassifizierungscode F)	3.000	a)	b)
		Giftige Gase (Klassifizierungscodes T, TF, TC, TO, TFC oder TOC), mit Ausnahme von Druckgaspackungen	0	a)	0
3		Entzündbare flüssige Stoffe der Verpackungsgruppen I und II	3.000	a)	b)
		Desensibilisierte explosive flüssige Stoffe	0	a)	0
4.1		Desensibilisierte explosive Stoffe	a)	a)	0
4.2		Stoffe der Verpackungsgruppe I	3.000	a)	b)
4.3		Stoffe der Verpackungsgruppe I	3.000	a)	b)
5.1		Entzündend (oxidierend) wirkende flüssige Stoffe der Verpackungsgruppe I	3.000	a)	b)
		Perchlorate, Ammoniumnitrat und ammoniumnitrathaltige Düngemittel und Ammoniumnitrat-Emulsionen oder -Suspensionen oder -Gele	3.000	3.000	b)
6.1		Giftige Stoffe der Verpackungsgruppe I	0	a)	0
6.2		Ansteckungsgefährliche Stoffe der Kategorie A (UN-Nummern 2814 und 2900 mit Ausnahme von tierischen Stoffen)	a)	0	0
8		Ätzende Stoffe der Verpackungsgruppe I	3.000	a)	b)

a) gegenstandslos

b) Unabhängig von der Menge gelten die Vorschriften des Abschnitts 1.10.3 nicht.

c) Ein in dieser Spalte angegebener Wert gilt nur, wenn die Beförderung in Tanks gemäß Kapitel 3.2 Tabelle A Spalte 10 oder 12 zugelassen ist. Für Stoffe, die nicht zur Beförderung in Tanks zugelassen sind, ist die Angabe in dieser Spalte gegenstandslos.

d) Ein in dieser Spalte angegebener Wert gilt nur, wenn die Beförderung in loser Schüttung gemäß Kapitel 3.2 Tabelle A Spalte 10 oder 17 zugelassen ist. Für Stoffe, die nicht zur Beförderung in loser Schüttung zugelassen sind, ist die Angabe in dieser Spalte gegenstandslos.

Liste der Grenzwerte für die Beförderungssicherheit bestimmter Radionuklide
Tabelle 1.10.3.1.3 ADR

Element	Radionuklid	Grenzwert für die Beförderungssicherung (TBq)
Americium	Am-241	0,6
Gold	Au-198	2
Cadmium	Cd-109	200
Californium	Cf-252	0,2
Curium	Cm-244	0,5
Cobalt	Co-57	7
Cobalt	Co-60	0,3
Caesium	Cs-137	1
Eisen	Fe-55	8000
Germanium	Ge-68	7
Gadolinium	Gd-153	10
Iridium	Ir-192	0,8
Nickel	Ni-63	600
Palladium	Pd-103	900
Promethium	Pm-147	400
Polonium	Po-210	0,6
Plutonium	Pu-238	0,6
Plutonium	Pu-239	0,6
Radium	Ra-226	0,4
Ruthenium	Ru-106	3
Selenium	Se-75	2
Strontium	Sr-90	10
Thallium	Tl-204	200
Thulium	Tm-170	200
Ytterbium	Yb-169	3

Für Gemische von Radionukliden kann die Feststellung, ob der Grenzwert für die Beförderungssicherung erreicht oder überschritten wurde, durch Bildung der Summe der Quotienten aus der Aktivität jedes Radionuklids und dem für dieses Radionuklid geltenden Grenzwert für die Beförderungssicherung berechnet werden. Wenn die Summe der Quotienten kleiner als 1 ist, ist der Radioaktivitätsgrenzwert des Gemisches weder erreicht noch überschritten.
Wenn radioaktive Stoffe Nebengefahren anderer Klassen aufweisen, müssen die Kriterien der Tabelle 1.10.3.1.2 ebenfalls berücksichtigt werden (siehe auch Abschnitt 1.7.5).

Elemente des Sicherungsplans

1.10.3.2.2 ADR

- spezifische Zuweisung der Verantwortlichkeiten im Bereich der Sicherung an Personen, welche über die erforderlichen Kompetenzen und Qualifikationen verfügen und mit den entsprechenden Befugnissen ausgestattet sind;
- Verzeichnis der betroffenen gefährlichen Güter oder der Arten der betroffenen gefährlichen Güter;
- Bewertung der üblichen Vorgänge und den sich daraus ergebenden Sicherungsrisiken, einschließlich der transportbedingten Aufenthalte, des verkehrsbedingten Verweilens der Güter in den Fahrzeugen, Tanks oder Containern vor, während und nach der Ortsveränderung und des zeitweiligen Abstellens gefährlicher Güter für den Wechsel der Beförderungsart oder des Beförderungsmittels (Umschlag), soweit angemessen;
- klare Darstellung der Maßnahmen, die für die Verringerung der Sicherungsrisiken entsprechend den Verantwortlichkeiten und Pflichten des Beteiligten zu ergreifen sind, einschließlich:
  - Unterweisung;
  - Sicherungspolitik (z.B. Maßnahmen bei erhöhter Bedrohung, Überprüfung bei Einstellung von Personal oder Versetzung von Personal auf bestimmte Stellen, usw.);
  - Betriebsverfahren (z.B. Wahl und Nutzung von Strecken, sofern diese bekannt sind, Zugang zu gefährlichen Gütern während des zeitweiligen Abstellens [wie in Absatz c) bestimmt], Nähe zu gefährdeten Infrastruktureinrichtungen, usw.);
  - für die Verringerung der Sicherungsrisiken zu verwendende Ausrüstungen und Ressourcen;
- wirksame und aktualisierte Verfahren zur Meldung von und für das Verhalten bei Bedrohungen, Verletzungen der Sicherung oder damit zusammenhängenden Zwischenfällen;
- Verfahren zur Bewertung und Erprobung der Sicherungspläne und Verfahren zur wiederkehrenden Überprüfung und Aktualisierung der Pläne;
- Maßnahmen zur Gewährleistung der physischen Sicherung der im Sicherungsplan enthaltenen Beförderungsinformation und
- Maßnahmen zur Gewährleistung, dass die Verbreitung der im Sicherungsplan enthaltenen Information betreffend den Beförderungsvorgang auf diejenigen Personen begrenzt ist, die diese Informationen benötigen. Diese Maßnahmen dürfen die an anderen Stellen des ADR/RID vorgeschriebene Bereitstellung von Informationen nicht ausschließen.

Maßnahmen zum Schutz gegen Diebstahl der Fahrzeuge

1.10.3.3 ADR

Fahrzeuge, die Gefahrgüter oder radioaktive Stoffe mit hohem Gefahrenpotential befördern, müssen mit Vorrichtungen, Ausrüstungen oder Systemen zum Schutz des Fahrzeugs oder der Ladung ausgestattet sein, die jederzeit funktionsfähig und wirksam sind.

Die Anwendung dieser Schutzmaßnahmen darf die Reaktion auf Notfälle nicht gefährden.

Wenn möglich, sollten Telemetriesysteme oder andere Methoden oder Vorrichtungen zur Transportverfolgung bei Beförderungen mit hohem Gefahrenpotential eingesetzt werden.

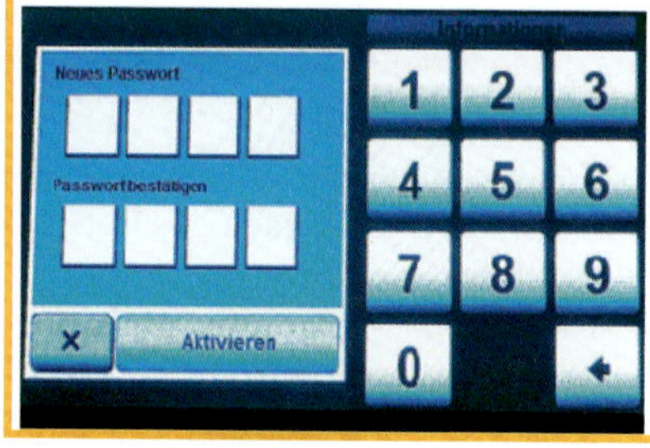

Grundsätzliche Maßnahmen in der praktischen Durchführung:

- Zündschlüssel abziehen, Fahrerkabine, Fenster und Laderaum verschließen, auch wenn das Fahrzeug nur kurzfristig verlassen wird

- Betankungen nach Möglichkeit nicht an öffentlichen Tankstellen

- Nach Möglichkeit keine Stopps für Zigaretten, Zeitungen etc.

- Keine Personen mitnehmen, die nicht zur Besatzung gehören

- Fahrzeug nach Pausen ohne Aufsicht vor erneutem Fahrtantritt auf äußere Auffälligkeiten kontrollieren

- Fahrtroutenänderungen nur in Absprache mit der eigenen Firma

- Bei Unregelmäßigkeiten ggf. Polizei verständigen

Parken und Übernachten:

- auf sicheren und bewährten Parkplätzen
- keine zufällige Parkplatzwahl (Parkplatzliste bei www.iru.org)
- Fahrzeuge nicht an abgelegenen, schlecht/unbeleuchteten Plätzen abstellen
- in Sichtweite anderer Kraftfahrer parken

13. Gefahrenabwehr

Vorfälle mit Gefahrgut wird es immer geben. Einen hundertprozentigen Schutz wird man bei Anwendung aller Schutzmaßnahmen trotzdem nicht erreichen können.

Deshalb ist es sehr sinnvoll, sich auch Gedanken über die **Gefahrenabwehr** zu machen.
Dies soll nun Thema des abschließenden Kapitels sein.

Kommen Sie doch einmal in eine Unfallsituation mit einem Gefahrstoff/Gefahrgut, bleiben Sie ungeschützt der Unfallstelle und dem Gefahrenbereich fern.

Machen Sie den **Gefahrenbereich kenntlich**, so dass jeder darauf aufmerksam werden kann.

Informieren Sie in jedem Fall die vorgeschriebenen **Einsatzkräfte** (Werksfeuerwehr oder örtliche Feuerwehr) und den **Gefahrgutbeauftragten** Ihres Unternehmens und Ihren **Vorgesetzten**.

Warnen Sie weitere **Mitarbeiter** in der Nähe der Unfallstelle.

Achten Sie bei Ihren **Erstmaßnahmen** auf Ihren **persönlichen Schutz**. Gehen Sie **kein Risiko** ein.

Wenn verfügbar, befolgen Sie die **Anweisungen** der **Schriftlichen Weisungen** und der örtlichen **Betriebsanweisungen**!

13. Gefahrenabwehr

Welche **Maßnahmen** nach einem Vorfall zu ergreifen sind, und auch die **Reihenfolge** bzw. Priorität, hängt vom **Einzelfall** ab:

Die **Benachrichtigung** der zuständigen **Behörden** muss auf jeden Fall erfolgen:

Die Beteiligten müssen die dem Ort des Gefahreneintritts nächstgelegenen zuständigen Behörden unverzüglich benachrichtigen oder benachrichtigen lassen und mit den notwendigen Informationen versehen oder versehen lassen, wenn die beförderten gefährlichen Güter eine besondere Gefahr für Andere bilden ...

Unfallmeldung		Polizei (110)
WO?	Unfallort	Industriegebiet, südlich Abfahrt Uranstadt, Firma, Gefahrgut
WAS?	Unfallgeschehen	Palette mit 3 Säure-Kunststofffässern beim Abladen vom Lkw vom Gabelstapler heruntergefallen
WER?	Unfallbeteiligte	Staplerfahrer, Lkw-Fahrer, Lagerarbeiter
WIEVIEL?	Verletzte / Anzahl	ja, Verletzungen durch verspritzte Säure beim Lagerarbeiter und Lkw-Fahrer
GEFAHRGUT?	Art / Menge	Schwefelsäure 2 150 Liter Fässer
	Bezeichnung, Kennzeichnungsnummer, Eigenschaften gemäß Schriftlicher Weisung	UN 2796 Schwefelsäure, 8, Verpackungsgruppe II Verätzungsgefahr; kann untereinander, mit Wasser und mit anderen Stoffen heftig reagieren; ausgetretener Stoff kann ätzende Dämpfe entwickeln; Gefahr für Gewässer oder Kanalisation
	Zustand der Ladung	2 Fässer aufgeplatzt, Säure verspritzt und ausgelaufen
WER?	Name + Anschrift des Meldenden	Karl Plutonium; Fa. Gefahrgut (Uranstadt)

Eine vorrangige Bedeutung hat die **Brandbekämpfung**.

Feuerlöscher dienen nur der Bekämpfung von **Entstehungsbränden**.

Ein 6 kg Pulverlöscher hat eine maximale Einsatzdauer von ca. 11 Sekunden.

Daher ist es von großer Bedeutung, die zur Verfügung stehenden Feuerlöscher effektiv einzusetzen (siehe umseitige Hinweise).

Wenn man sich nicht über den richtigen Einsatz eines Feuerlöschers im Klaren ist:

Auf jedem Löscher ist eine kurze **Bedienungsanweisung** abgebildet:

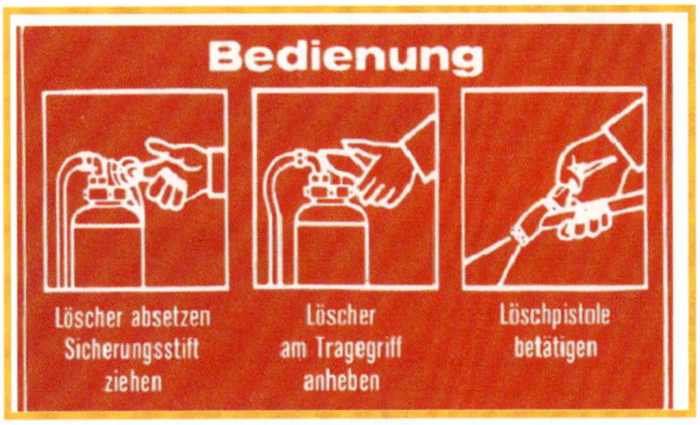

ACHTUNG!!: Feuerlöscher stehen mit ca. 18 bar unter Druck. Löschpistole gut festhalten!

Richtige Anwendung von Feuerlöschern

Feuer in Windrichtung angreifen

Von vorne nach hinten und von unten nach oben löschen

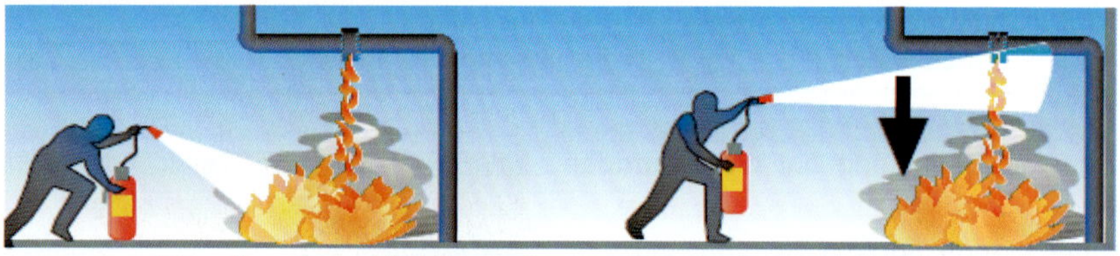

Aber: Tropf- und Fließbrände von oben nach unten löschen

Nicht hintereinander löschen sondern mehrere Löscher gleichzeitig einsetzen

Vorsicht vor Wiederentzündung – Glutnester immer mit Wasser nachlöschen

Eingesetzte Feuerlöscher nicht mehr aufhängen, sondern neu füllen lassen

Wenn möglich sollte das **Eindringen** von **Flüssigkeiten ins Erdreich** verhindert werden.

Stehen keine speziellen Bindemittel zur Verfügung, kann man sich mit Sand, Erdreich oder anderen aufsaugenden Materialien behelfen.

Es sollte möglichst versucht werden, keine **Flüssigkeiten** in die **Kanalisation gelangen** zu lassen.

Kanaldeckel können mit Folien oder Planen abgedeckt werden, wobei der Kanaldeckel idealerweise aufgenommen werden und dann die Folie eingelegt werden sollte, die dann mit dem Kanaldeckel wiederum beschwert wird. Auf diese Weise erreicht man eine relativ effektive Dichtigkeit.

- Vermeiden Sie die Bildung von zündfähigen bzw. explosiven Dampf-Luftgemischen.
- Wenn möglich sorgen Sie für eine Belüftung der Unfallstelle, um einer Entzündung vorzubeugen.
- Achten Sie auf mögliche Zündquellen (heiße Oberflächen von Auspuffanlagen)
- Vermeiden Sie eine mögliche Funkenbildung (z.B. durch elektrostatische Aufladung)
- Achten Sie auf die Einhaltung eines strikten Rauchverbots!

Treten Sie, wenn möglich, nicht ohne geeignete Schutzbekleidung in ausgelaufene Stoffe oder berühren diese und vermeiden das Einatmen von Dunst, Rauch, Staub und Dämpfen durch Aufhalten auf der dem Wind zugewandten Seite.

Versuchen Sie, kleinere Leckagen ohne Selbstgefährdung behelfsmäßig abzudichten.